Stiftung Volkswagenwerk Hannover Bericht 1986/87

Stiftung Volkswagenwerk, Hannover, Oktober 1987
Postfach 81 05 09, Kastanienallee 35, D-3000 Hannover 81
Telefon (05 11) 83 81-0   Telex 9-22 965

Redaktion Dr. Sabine Jeratsch

Einbandgestaltung Atelier Professor Klaus Grözinger, Braunschweig
Grafiken und Tabellen Werbestudio Baars, Bovenden; Manfred Henze, Hannover
Fotos Atelier Gerhards, Hannover, S. 56 (1); G. W. Bachert, München, S. 55 (1), 56 (1);
Klaus Baumers, Mülheim/Ruhr, S. 56 (1); J. H. Darchinger, Bonn, S. 53 (1), 54 (1), 55 (2);
DGB, Düsseldorf, S. 54 (1); Joachim Giesel, Hannover, S. 54 (1);
Claus Herzog, Aachen, S. 199; Hitzenaath, Köln, S. 53 (1); Kurt Julius, Hannover, S. 53 (1);
Wolfgang Krebs, Hannover, S. 55 (4); A. G. Kremer, Hannover, S. 25, 53 (1), 54 (2), 55 (1), 75;
Naturmuseum Senckenberg, Frankfurt/M., S. 33; Hans-Joachim Nehls, Hannover/svw, S. 22;
Photoreportas Athenaikou Typou/N. Phlorou, Athen, S. 16;
Klaus P. Siebahn, Bonn, S. 9, 21, 44, 55 (2), 56 (2), 85, 86 (o.), 91, 135, 191, 192, 207, 220, 247, 251;
Josef A. Slominski, Essen, S. 54 (1); G. Stoletzki/NHP, Hannover, S. 56 (1);
Wolleh S. 54 (1); Institutsfotos S. 10, 15, 38, 79, 80, 86 (u.), 97, 107, 151, 155, 170, 178 f., 182;
Archiv Stiftung Volkswagenwerk S. 53 ff. (32); Zeichnung S. 22 Antoine Grumbach, Paris
Für freundliche Abdruckserlaubnis danken wir: Verlag Ernst & Sohn, Berlin, für S. 128
(nach: Hochschule für Gestaltung Ulm. Hrsg. Herbert Lindinger. 1987, S. 50);
Barbara Bayer-von Dohnanyi und Chr. Kaiser Verlag, München, für S. 141
(nach: Dietrich Bonhoeffer, Bilder aus seinem Leben. Eberhard Bethge... 1986, S. 225)

Verlag Vandenhoeck & Ruprecht, Göttingen

Gesamtherstellung Hubert & Co., Göttingen

ISSN 0585-3044
ISBN 3-525-86501-5

Stiftung Volkswagenwerk Hannover

Bericht 1986/87

Vandenhoeck & Ruprecht Göttingen

Inhaltsverzeichnis

Bildverzeichnis

Vorwort

Zum 25. Male legt die Stiftung Volkswagenwerk über ihre Arbeit in einem Jahresbericht öffentlich Rechenschaft ab. Sie läßt darin auch die Zeit seit ihrer Gründung Revue passieren; auf eine Geschichte oder Festschrift hat sie verzichtet. Den 25. Jahrestag der Konstituierung ihres Kuratoriums hat sie am 27. Februar 1987 mit einer regulären Arbeitssitzung begangen. Ihr ist allerdings zu diesem Tage die besondere Ehrung widerfahren, daß der Bundespräsident das Kuratorium in seinen Dienstsitz, die Villa Hammerschmidt in Bonn, eingeladen und selbst an den Beratungen teilgenommen hat.

25 Jahre Stiftung Volkswagenwerk – das heißt Bewilligungen von nahezu 3 Milliarden Deutsche Mark zur Förderung der Grundlagenforschung, der wissenschaftlichen Infrastruktur, der internationalen Wissenschaftsbeziehungen, des wissenschaftlichen Nachwuchses. Die Vielfalt wird aus diesem Bericht deutlich. Die in Zahlen ausdrückbare Spannweite der Förderung reicht von wenigen tausend Mark für ein wissenschaftliches Symposion bis zu fast 45 Millionen Mark für das erste molekularbiologische Großforschungsinstitut in Deutschland.

Bedarf entsteht stets neu. Dem Neuen und Unerprobten eine Chance zu geben ist eine der selbstgestellten Aufgaben der Stiftung Volkswagenwerk. Dem dient auch der Wechsel ihrer Schwerpunkte. So ist zum Beispiel 1986 die Förderung der Nordamerika-Studien nach elf Jahren beendet, ein neues Programm zur Förderung der wissenschaftlichen Zusammenarbeit auf allen Gebieten mit der Volksrepublik China eröffnet worden. Es hat eine schnell wachsende Nachfrage ausgelöst und entspricht offenbar den Bedürfnissen der Wissenschaft.

Besondere Aufmerksamkeit verdient die Anbahnung einer wissenschaftlich-technischen Zusammenarbeit mit der Deutschen Demokratischen Republik. Sobald ein entsprechendes Regierungsabkommen abgeschlossen sein wird, lassen sich Kontakte zwischen Hochschule und außeruniversitären Forschungsinstituten der Bundesrepublik Deutschland und der Deutschen Demokratischen Republik erwarten. Die Stiftung Volkswagenwerk ist bereit, dabei ihre erfahrenen Dienste zu leisten – so wie sie es in der Vergangenheit im Verhältnis zu vielen anderen Staaten getan hat. Die Unabhängigkeit ihrer Meinungsbildung wie der Finanzierung wird sich dabei erneut bewähren können.

Trotz einer guten Ertragslage muß die Stiftung in vielen Fällen eine Förderung aus finanziellen Gründen versagen oder sogar schon im Vorfeld von einer Antragstellung abraten. In der starken Nachfrage nach Hilfe durch die Stiftung Volkswagenwerk spiegelt sich die Forschungspotenz der Hochschulen und außeruniversitären Forschungsinstitute ebenso wider wie die Verknappung ihrer ordentlichen Haushaltsmittel. Es wäre segensreich, wenn die Vorschläge der Stiftung Volkswagenwerk aufgegriffen würden, ihre frühere, durch Geldentwertung erheblich verminderte Leistungskraft gelegentlich der bevorstehenden Veräußerung staatlicher Beteiligungen an Wirtschaftsunternehmen durch eine ansehnliche Kapitalzufuhr wiederherzustellen. Die Stiftung ist dafür dankbar, daß die Ministerpräsidenten der Länder den Vorschlag aufgegriffen haben und dafür eintreten.

Die Stiftung Volkswagenwerk hätte ihre stattliche Förderbilanz nicht erreichen können, wenn sie nicht stets von Gutachtern und Ratgebern in den Einrichtungen der Wissenschaft des In- und Auslandes und auch in den Wissenschafts- und Finanzbehörden des Bundes und der Länder außerordentlich wohlwollend unterstützt worden wäre. Dafür sagt sie wiederum Dank.

Werner Remmers
Vorsitzender des Kuratoriums

Rolf Möller
Generalsekretär

Am 27. Februar 1962 war das erste Kuratorium der Stiftung Volkswagenwerk zu seiner konstituierenden Sitzung zusammengetreten. Den 25. Jahrestag dieses Beginns der Stiftungsarbeit beging das jetzige Kuratorium mit einer üblichen Kuratoriumssitzung; der Tag erfuhr aber dadurch eine besondere Würdigung, daß der Bundespräsident zu dieser Sitzung in seinen Amtssitz eingeladen und selbst an den Beratungen teilgenommen hat.

Foto Siebahn

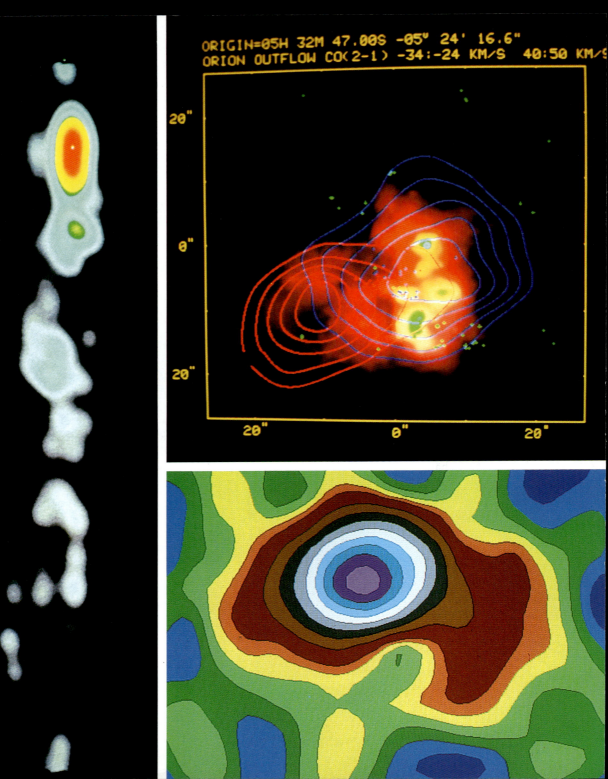

ORIGIN=05H 32M 47.00S -05" 24' 16.6"
ORION OUTFLOW CO(2-1) -34:-24 KM/S   40:50 KM/S

Stiftung Volkswagenwerk zur Förderung von Wissenschaft und Technik in Forschung und Lehre

I. Überblick

Die Stiftung Volkswagenwerk ist eine privatrechtliche Stiftung zur Förderung von Wissenschaft und Technik in Forschung und Lehre. Sie wurde im Jahre 1961 von der Bundesrepublik Deutschland und dem Land Niedersachsen gegründet und nahm im Jahre 1962 ihre Arbeit auf. Sitz der Stiftung ist Hannover. Die staatliche Stiftungsaufsicht obliegt nach dem Niedersächsischen Stiftungsgesetz der Bezirksregierung Hannover. *Stiftungsgrundlagen*

Die Stiftung verdankt ihre Entstehung einem Staatsvertrag zwischen dem Land Niedersachsen und der Bundesrepublik Deutschland, der die Auseinandersetzungen um die nach 1945 unklaren Eigentumsverhältnisse am Volkswagenwerk beendete. Nach diesem Staatsvertrag wurde die damalige Volkswagenwerk GmbH in eine Aktiengesellschaft umgewandelt, und 60 Prozent des Aktienkapitals wurden durch Ausgabe sogenannter Volksaktien in Privateigentum überführt. Der Erlös aus dem Verkauf dieser Aktien bildet das ursprüngliche Stiftungskapital von rund 1 Milliarde Mark.

Die der Stiftung Volkswagenwerk jährlich zur Verfügung stehenden Förderungsmittel stammen in erster Linie aus den Erträgen des Stiftungskapitals, das 1987 rund 1,4 Milliarden DM beträgt. Weiter hat die Stiftung Anspruch auf Dividendeneinnahmen aus den Anteilen des Bundes und des Landes Niedersachsen an der Volkswagen AG. Und schließlich erzielt sie auch Erträge aus Zwischenanlagen. Von 1962 bis 1986 wurden Förderungsmittel in Höhe von insgesamt rund 2,6 Milliarden DM erwirtschaftet (vgl. hierzu auch S. 115 und Wirtschaftsbericht).

Kuratorium Den Vorstand der Stiftung bildet ein ehrenamtlich arbeitendes Kuratorium von 14 Mitgliedern (vgl. auch S. 287), von denen je 7 von der Bundesregierung und der Niedersächsischen Landesregierung für eine Amtszeit von fünf Jahren berufen werden; Wiederberufung ist nur einmal möglich. Das Kuratorium verwaltet die Stiftung und entscheidet über das Förderungsprogramm und die Vergabe der Förderungsmittel. Weiter legt es den Verteilungsschlüssel für regionale und überregionale Mittel fest und verabschiedet den jährlichen Wirtschaftsplan, die Jahresrechnungen sowie die Jahresberichte über die Tätigkeit der Stiftung.

Das Kuratorium trifft seine Entscheidungen mit einer Mehrheit von zwei Dritteln der abgegebenen Stimmen. Die Kuratoren entscheiden selbstverantwortlich und frei von Weisungen; sie sind während ihrer Amtszeit nicht abberufbar.

Sitzungen des Kuratoriums Das Kuratorium trat im Jahre 1986 zu drei Sitzungen zusammen: am 17. März und 13. Juni in Hannover sowie – zur 83. Sitzung – am 22. November auf Einladung von Kurator Dr. Närger in München. Am 1. Oktober 1986 übergab der Vorsitzende des Kuratoriums, Dr. Remmers, im Rahmen einer Pressekonferenz in Hannover den Jahresbericht 1985/86 der Öffentlichkeit. Am 27. Februar 1987 war das Kuratorium mit seiner 84. Sitzung aus Anlaß des 25. Jahrestages der ersten Kuratoriumssitzung am 27.2.1962 Gast des Bundespräsidenten in der Villa Hammerschmidt in Bonn.

Wechsel in der Zusammensetzung Mit dem Frühjahr 1987 trat ein Wechsel in der Zusammensetzung des Kuratoriums ein, da zum 28. Februar die Amtszeit für acht Kuratoren abgelaufen war.

Neu berufen wurden Frau Ilse Brusis, Professor Dr. Norbert Kloten, Professor Dr. Gottfried Landwehr, Professor Dr.-Ing. Kurt Leschonski, Professor Dr. Hans Maier, Dr. Egbert Möcklinghoff.

Professor Dr. Hans Jürgen Bretschneider und Dr. Andreas von Bülow wurden nach Ablauf der ersten Amtszeit wiederberufen.

Ausgeschieden sind die Kuratoren Professor Dr. Kurt H. Biedenkopf, Dr. Heribald Närger, Professor Dr. Werner Pöls und Professor Dr. Hans-Joachim Queisser nach Ablauf ihrer zweiten Amtsperiode, Professor Dr. Hans Kurt Tönshoff nach Ablauf der ersten Amtszeit. Alois Pfeiffer hatte sein Amt 1986 niedergelegt.

Vorsitzender des Kuratoriums ist Dr. Werner Remmers; Stellvertretende Vorsitzende sind Dr. Heinz Riesenhuber und Dr. Andreas von Bülow.

12

Die Geschäfte der Stiftung werden durch den vom Kuratorium bestellten Generalsekretär geführt. Zu den Aufgaben der von ihm geleiteten Geschäftsstelle gehören die Vorbereitung und Ausführung der Kuratoriumsbeschlüsse, die Vermögensverwaltung der Stiftung sowie die Verwendungsprüfung der Förderungsmittel. (Zur Geschäftsstelle vgl. auch S. 75 ff. und S. 288 ff.)

Geschäftsstelle

Die Förderungsmittel der Stiftung sind entsprechend der Satzung als zweckgebundene Zuwendungen an förderungswürdige Einrichtungen der Wissenschaft und Technik in Forschung und Lehre zu vergeben. Sie können für verschiedene Verwendungsarten bereitgestellt werden. Es ist sicherzustellen, daß sie als zusätzliche Mittel verwendet werden, d. h. nicht den Etat entlasten. Mittel dürfen nur in Ausnahmefällen über die Dauer von fünf Jahren hinaus gewährt werden. Die Stiftung stimmt ihre Aktivitäten mit wichtigen anderen Förderungseinrichtungen ab.

Förderungs-grundlagen

Die Stiftung Volkswagenwerk kann Vorhaben aller Wissenschaftsbereiche unterstützen, sie konzentriert ihre Förderung jedoch grundsätzlich auf zeitlich begrenzte Schwerpunkte. Ihr Schwerpunktprogramm, das aktuelle Fragestellungen und Entwicklungen in Forschung und Lehre aus den Geistes- und Gesellschaftswissenschaften, den Ingenieur-, Natur- und Biowissenschaften aufgreift und bewußt in begrenztem Rahmen auch fachoffene Förderung pflegt, wird entsprechend dem Wissenschaftsbedarf und in Abgrenzung zu anderen Förderungseinrichtungen fortentwickelt. Eine Falttabelle im Kapitel „25 Jahre Stiftungsarbeit" faßt alle Förderungsschwerpunkte seit 1962 zusammen (S. 29).

Schwerpunkte

Eine Übersicht über das derzeitige Förderungsprogramm findet sich auf der Umschlag-Innenseite und der S. 60 f.; es umfaßt zur Zeit 32 Schwerpunkte und Programme vorwiegend fachübergreifenden Charakters. Schwerpunkte, die beendet sind, aber im Berichtszeitraum noch zu Bewilligungen geführt haben, werden in der Tabelle nur summarisch geführt.
Die Darstellung der einzelnen Schwerpunkte und Programme einschließlich einer Übersicht der darin 1986/87 geförderten Projekte folgt auf den Seiten 129 ff.

Schwerpunkt-liste

In einer „Negativliste" sind Anliegen und Bereiche zusammengestellt, die – im wesentlichen aus satzungsrechtlichen Gründen – von der Stiftung nicht gefördert werden (vgl. S. 61 f.).

Negativliste

Antragstellung Anträge zur Förderung von Forschungsvorhaben können jederzeit schriftlich und in der Regel ohne weitere Formerfordernisse an die Geschäftsstelle der Stiftung Volkswagenwerk gerichtet werden. Sie sollen so abgefaßt sein, daß sie sowohl der Stiftung als auch den von ihr zu Rate gezogenen Gutachtern ein für die Prüfung ausreichendes Bild des geplanten Vorhabens vermitteln (vgl. hierzu im einzelnen S. 67 f.). Das Begutachtungs- und Entscheidungsverfahren ist strikt vertraulich.

Auslands-förderung Anträge aus dem Ausland – in deutscher oder englischer Sprache abzufassen – sind deutschen Anträgen grundsätzlich gleichgestellt, doch werden für eine nähere Prüfung Angaben über eine der Schwerpunktthematik entsprechende definierte Kooperation mit wissenschaftlichen Einrichtungen oder Wissenschaftlern in der Bundesrepublik Deutschland vorausgesetzt (vgl. S. 64 ff.).

Ein Schwerpunkt zur Energieforschung wird an der TH Darmstadt aufgebaut. Die Stiftung Volkswagenwerk hat für die Startphase 1,4 Millionen DM bewilligt, die für drei Forschungsprojekte unter dem Gesamtthema „Grundlagen einer effektiven und schadstoffarmen Verbrennung zur Energiegewinnung" bestimmt sind.

Das Teilprojekt von Prof. Dr. K. H. Homann, Institut für Physikalische Chemie, erforscht die Entstehung von polycyclischen aromatischen Kohlenwasserstoffen bei Temperaturen bis zu 2000° C. (S. 82 f. u. S. 205)

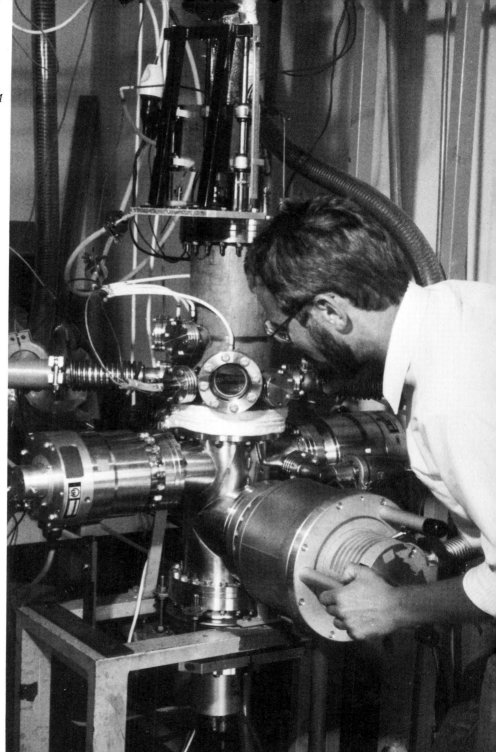

Institutsfoto

Im Juni 1987 konnte im Beisein des Bundespräsidenten Richard von Weizsäcker und der griechischen Kultusministerin Melina Merkouri der Erweiterungsbau für das archäologische Forschungsmuseum auf der griechischen Insel Samos eingeweiht werden, dessen Errichtung die Stiftung Volkswagenwerk mit 800 000 DM ermöglicht hat. Es ist für die Funde des Hera-Heiligtums auf Samos, der wichtigsten antiken Kultstätte dieser Göttin in Griechenland, bestimmt und enthält auch Werkstätten für Restauratoren und einen Studien- und Bibliotheksraum. Die Ausgrabungen werden seit Ende des vorigen Jahrhunderts von deutschen Archäologen durchgeführt, seit 1976 unter der Leitung von Professor Dr. H. Kyrieleis (Abt. Athen des Deutschen Archäologischen Instituts). Als wichtigsten Fund beherbergt das Museum den 1980 entdeckten Kuros von Samos, für dessen 4,80 m Höhe das bereits im Bau befindliche Museum eigens umgestaltet werden mußte. (Bericht 1979/80, S. 204)

II. 25 Jahre Stiftungsarbeit

Bei einem Rückblick auf 25 Jahre Stiftung Volkswagenwerk stellt sich zunächst die Frage: Gibt es einen sichtbaren Ausdruck ihrer Arbeit? Was wäre ohne sie nicht in der Forschungswelt? Was oder wozu hat sie „angestiftet"?

Diese Rückschau will also keinen historischen Abriß der Stiftung geben – dafür sei auf die kleine Schrift „20 Jahre Stiftung Volkswagenwerk" von 1982 und auf die nachfolgenden Jahresberichte verwiesen. Sie soll Schlaglichter setzen zum Selbstverständnis der Stiftung und zu Aspekten ihrer Arbeit, dargestellt an einigen herausgegriffenen Beispielen aus den fast 16 000 Projekten, die in den 25 Jahren mit zusammen nahezu drei Milliarden Mark gefördert wurden.
Beginnen wir mit dem ersten Teil der anfangs gestellten Frage, mit sichtbaren Zeugnissen der Stiftungstätigkeit.

Sichtbare Zeugnisse

Weithin sichtbar ist das 100-Meter-Radioteleskop in Effelsberg in der Eifel, das größte vollbewegliche Radioteleskop der Welt. Der Plan, der extrem hohe Anforderungen an die technische Leistung auch der Konstruktion stellte, wurde 1964 an die Stiftung herangetragen. Es sollte Beobachtungen bis zur Grenzwellenlänge von 3 cm und damit die Strahlung von Molekülansammlungen zwischen den Sternen der Milchstraße zugänglich machen. Ein wahrhaft kühnes Unternehmen, nicht ohne Risiko, aber wohl durchdacht. Von öffentlichen Haushalten war zur damaligen Zeit nicht zu erwarten, daß sie kurzfristig die hohen Investitionsmittel für ein Projekt bereitstellen könnten, das nicht auf technologische Umsetzung angelegt und dessen Gewinn für unsere Gesellschaft nicht quantitativ zu werten war. Eine private Stiftung konnte hier schnell helfen. Nachdem das Kuratorium der Stiftung grundsätzlich der Finanzierung des Baues eines solchen Radioteleskops zugestimmt hatte, gelang es, die Max-Planck-Gesellschaft und das Land Nordrhein-Westfalen für diese

17

Pläne und für ein zu gründendes Max-Planck-Institut für Radio-Astronomie in Bonn zu gewinnen. Das Land Nordrhein-Westfalen übernahm es, ein Grundstück zur Verfügung zu stellen. Es zeigte sich jedoch, daß es gar nicht einfach war, ein geeignetes Gelände zu finden. Um Störungen des außerordentlich empfindlichen Gerätes zu vermeiden, mußte es weit von elektrischen Anlagen und befahrenen Straßen entfernt sein, außerdem mußte es durch eine Tallage gegen die fast allgegenwärtigen Funk- und Radarfrequenzen abgeschirmt sein, ohne in der Beobachtungsmöglichkeit allzusehr eingeschränkt zu werden. In der Eifel fand sich das geeignete Grundstück. Im Mai 1971 konnte das Effelsberger Radioteleskop eingeweiht werden. Es hat seitdem Wissenschaftler aus aller Welt zu Gast. Die dort erzielten Ergebnisse haben mitgeholfen, die deutsche Astronomie wieder zur Weltgeltung zu bringen. Mit gutem Grund kann man heute sagen, daß die von der Stiftung für den Bau des Teleskops aufgewandten 28,6 Millionen Mark gut angelegt wurden. (Vgl. a. Bild S. 10)

Bei diesen Erfahrungen verwundert es nicht, daß die Stiftung ein gutes Jahrzehnt nach dieser Förderung erneut um Hilfe im Bereich der Radio-Astronomie angesprochen wurde. Diesmal ging es um ein 30-Meter-Spiegel-Radioteleskop, das einen Vorstoß in den Millimeter-Wellenbereich bis dicht an die Durchlässigkeitsgrenze der Atmosphäre ermöglichen soll. Millimeterwellen werden von Molekülen im interstellaren Raum ausgestrahlt. Man kann mit Hilfe von Millimeterstrahlung zum Beispiel den CO-Gehalt der Molekülwolken des Orion-Nebels im Detail erforschen. Auch für dieses Gerät waren extrem hohe Anforderungen an Konstruktion und Technik gestellt, zum Teil mußten neue Technologien entwickelt werden. Nur in enger Zusammenarbeit zwischen den Projektwissenschaftlern und der Industrie konnte in relativ kurzer Zeit das heute leistungsfähigste Teleskop der Astronomie für Beobachtungen im Bereich zwischen 3 und 0,8 Millimeter Wellenlänge realisiert werden. Es steht in 2850 Meter Höhe auf dem Pico Veleta in der Sierra Nevada in Südspanien und nahm nach einem Jahr Probemessungen im Herbst 1986 seine Arbeit auf. Träger des deutsch-französischen Gemeinschaftsunternehmens ist das Institut für Radio-Astronomie (IRAM) in Grenoble, das gemeinsam von der Max-Planck-Gesellschaft und dem Centre National de la Recherche Scientifique (CNRS) gegründet wurde.

Wenden wir uns von den Sternen dem Mikrokosmos zu, zum Beispiel der Röntgenmikroskopie lebender Zellen. Daß auch dieser Weg über eine Sternwarte, die der Universität Göttingen führt, liegt an deren Wissenschaftlern Professor Dr. G. Schmahl und Dr. D. Rudolph. Sie haben seit 1977 mit finanzieller Hilfe der Stiftung Volkswagenwerk ein Röntgenmikroskop entwickelt, das derzeit in Berlin an der Elektronen-Synchrotron-Speicherringanlage BESSY betrieben wird. Es erlaubt für die Mikroskopie lebender Zellen und von Vorgängen in ihrem Innern eine Auflösung bis zu 100 Ångström (also in der Größenordnung von einem Hunderttausendstel Millimeter), die im Grenzbereich zwischen Licht- und Elektronenmikroskopie liegt. – Die Elektronenmikroskopie, die eine noch höhere Auflösung böte, läßt keine Untersuchung lebender Objekte zu, da diese durch die notwendige spezielle Vorbehandlung der Zellproben abgetötet werden. – Auch hier konnte die Stiftung Volkswagenwerk ein Unternehmen fördern, das in seinem Ansatz unkonventionell und vielversprechend, dessen Ergebnis aber keineswegs gewiß war; und sie unterstützt auch die Bemühungen der Wissenschaftler um eine Weiterentwicklung des Gerätes.

Seit Anfang 1987 fördert die Stiftung die Entwicklung einer neuen Methode der zerstörungsfreien Mikrocharakterisierung von Oberflächen am Physikalischen Institut der Technischen Universität Clausthal. Die Wissenschaftler streben eine echte Abbildung von Oberflächen fester Körper im nahezu atomaren Maßstab an, also unter einem Nanometer (1 nm = 1 Millionstel mm); im Unterschied zu anderen hochauflösenden Mikrocharakterisierungsverfahren sollen damit auch dynamische Untersuchungen, also von sich verändernden Vorgängen, möglich werden (vgl. auch S. 88).

Zwei weitere Beispiele aus dem Mikrobereich, der für die Weiterentwicklung der Wissenschaft, vor allem für Halbleiter- und Werkstoff-Forschung, von so großem Interesse ist, daß die Stiftung hierfür eigene Schwerpunkte eingerichtet hat – 1980 „Mikrostrukturwissenschaft", 1985 „Mikrocharakterisierung von Werkstoffen und Bauelementen":
An der Technischen Hochschule Aachen haben Professor Dr. H. Beneking und seine Mitarbeiter seit 1981 ein Elektronenstrahl-Lithographiegerät aufgebaut, das in der Lage ist, im Direktschreibeverfahren feine Strukturen beliebiger Geometrie im Bereich von 10 Nanometern kleinster Linienbreite zu erzeugen – damals eines der in diesem Bereich am weitesten entwickelten Geräte auch im Vergleich mit anderen Ländern.

In ähnlich kleine Dimensionen will das Mikrostrukturlabor in Stuttgart vordringen, das im September 1986 am Physikalischen Institut der Universität Stuttgart eingeweiht wurde. Es wird gemeinsam von mehreren Instituten der Universität und dem Max-Planck-Institut für Festkörperforschung betrieben. Sein Herzstück ist eine Elektronenstrahl-Lithographieanlage mit der zur Zeit weltweit höchsten Auflösung – das erste Gerät dieser Art in Europa. Es soll die Entwicklung und Erforschung extrem dünner Halbleitermaterialien für Hochgeschwindigkeitsschaltkreise und optoelektronische Bauelemente ermöglichen. Bei Strukturelementen von Galliumarsenid und Indium-Gallium-Arsenid, die kleiner als 50 Nanometer sind, sind grundlegend neue elektrische und optische Eigenschaften zu erwarten, die in verschiedenen Arbeiten vom Standpunkt der physikalischen Grundlagenforschung her untersucht werden sollen. Die Stiftung Volkswagenwerk hat sich neben dem Land Baden-Württemberg und dem Bund zu gut einem Drittel an den Gesamtkosten (16 Millionen DM) des Labors beteiligt.

Die Entwicklung neuartiger Technologien zur Herstellung von Halbleiterbauelementen kleinster Abmessungen zwischen 1 und 1/100 Mikrometer (also bis zu 1/100 000 mm) zu erforschen ist Ziel des im September 1986 eingeweihten Mikrostrukturlabors in Stuttgart. Sein Herzstück ist eine Elektronenstrahl-Lithographie-Anlage (unten) mit der zur Zeit weltweit höchsten Auflösung. (Siehe links u. Bericht 1984/85, S. 137f.)

Doch es geht keineswegs nur um spektakuläre Geräte, die dem Menschen unendlich weit Entferntes oder unendlich Kleines nahebringen. „Sichtbar" sind auch eine ganze Reihe von Instituten – nicht nur in Deutschland, sondern in vielen Ländern der Welt –, die ohne eine Starthilfe der Stiftung Volkswagenwerk nicht (oder erst sehr viel später) gegründet worden wären und die ihr zum Teil auch ihre Heimstatt verdanken. Hier soll nur eine kleine Auswahl angesprochen werden, zunächst vor allem solche Beispiele, die zur internationalen Zusammenarbeit beitragen.

„Kinder" der Stiftung Volkswagenwerk – Starthilfen weltweit

In vielen westdeutschen Hochschulorten stehen Gästehäuser für einen längeren Forschungsaufenthalt ausländischer Wissenschaftler bereit; häufig sind zusätzlich Internationale Begegnungszentren der Wissenschaft eingerichtet worden. Beides geht auf einander ablösende und sich ergänzende Förderungsschwerpunkte der Stiftung Volkswagenwerk zurück, für die seit 1962 zusammen mehr als 100 Millionen Mark aufgewendet wurden.

In Heidelberg konnte zur 600-Jahr-Feier der Universität 1986 mit Hilfe der Stiftung ein Internationales Wissenschaftsforum als Tagungsstätte und Zentrum für den wissenschaftlichen Austausch auf allen Fachgebieten begründet und ausgebaut werden.

Foto Siebahn

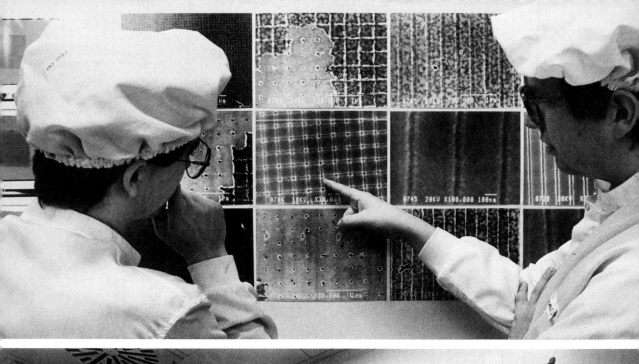
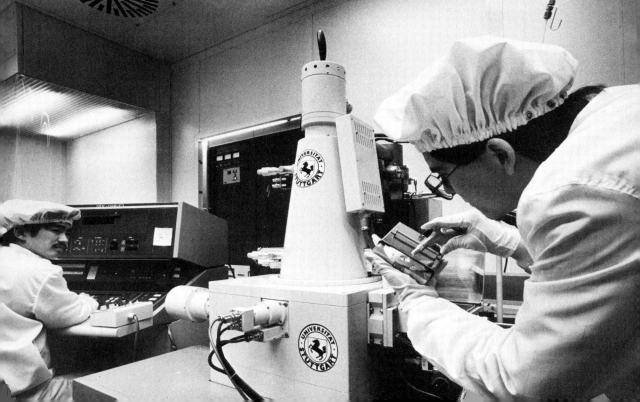

A propos de la Maison Suger

In Paris entsteht zur Zeit in der rue Suger, im Herzen des Universitätsviertels Quartier Latin, ein von der Maison des Sciences de l'Homme getragenes europäisches Wissenschaftliches Begegnungszentrum, für das die Stiftung etwa die Hälfte der Kosten trägt (die übrigen Mittel werden überwiegend von französischer Seite, aber auch aus anderen europäischen Ländern, z. B. Norwegen, aufgebracht – also auch in der Finanzierung ein „Gemeinschaftsunternehmen"). Ein gleichzeitig bewilligtes Stipendienprogramm für Studienaufenthalte jüngerer deutscher Nachwuchswissenschaftler in Paris hat, ganz im Sinne der Stiftung, zu einem Komplementärprogramm des französischen Erziehungsministeriums angeregt.

Mit dem Wissenschaftskolleg zu Berlin konnte 1981 ein langgehegter Plan auch der Stiftung Volkswagenwerk zur Gründung eines deutschen „Institute for Advanced Study" in Zusammenarbeit mit dem Land Berlin verwirklicht werden.

International bekannte und viel genutzte Wirkungsstätten sind auch das Mathematische Forschungsinstitut Oberwolfach, dem die Stiftung in den sechziger Jahren Grundstück und Gebäude zur Verfügung gestellt (und Anfang 1987 einen Erweiterungsbau bewilligt) hat, und die Forschungsstätte zur Kulturgeschichte der frühen Neuzeit der Herzog August Bibliothek Wolfenbüttel, die mit Stiftungsmitteln auf- und ausgebaut werden konnte.

Das Deutsche Historische Institut in London verdankt der Stiftung Volkswagenwerk sowohl seine Entstehung in den siebziger Jahren (bereits 1968 hatte sich der Deutsch-Britische Historikerkreis bei einer Veranstaltung im Hause der Stiftung konstituiert) als auch seine 1982 bezogenen neuen Arbeitsräume. Mit Unterstützung der Stiftung wurde die Hochmagnetfeldanlage der Max-Planck-Gesellschaft innerhalb des Centre National de la Recherche Scientifique in Grenoble gebaut (1972; hier machte Professor von Klitzing 1980 seine Entdeckung zum Quanten-Hall-Effekt, für die er 1985 den Nobelpreis erhielt). Starthilfen erhielten auch das Humangenetische Forschungslabor in Chiang Mai/Thailand (1975), das Max-Planck-Institut für Psycho-Linguistik in Nijmegen (1977), das R. W. Pohl-Institut für Festkörperphysik der Tongji-Universität in Shanghai und das Paul-Ehrlich-Institut für Experimentelle Medizin der Tongji Medizinischen Universität in Wuhan/VR China (1979/80), das Internationale Institut für die Wissenschaft vom Menschen in Wien (1984) und der Max-Born-Lehrstuhl für Naturphilosophie in Jerusalem (1985).

Foto Nehls

Während im ersten Jahrzehnt mehrfach Institute oder Gastlehrstühle für deutsche Studien eingerichtet wurden – in Bloomington/USA, in Jerusalem und Tel Aviv, in Coventry, Leicester und am St. Antony's College in Oxford – hat die Stiftung in den letzten Jahren auch den Ausbau Europäischer Studien vor allem in den USA (z. B. am Wilson Center in Washington) gefördert. In Südostasien dienen Austauschprogramme für Gastwissenschaftler am Institute of Southeast Asian Studies in Singapore Wissenschaftlern aus Deutschland ebenso wie denen aus den verschiedenen Ländern der Region.

Auch einige wenige von vielen möglichen Beispielen vergleichbarer Starthilfen aus der deutschen Forschungslandschaft seien hier erwähnt, zunächst der sechziger und frühen siebziger Jahre:

das Institut für Molekularbiologische Forschung in Braunschweig-Stöckheim, erstes Großforschungsinstitut in der Bundesrepublik Deutschland für dieses Gebiet, inzwischen zum Zentrum für Biotechnologie ausgebaut;

das Forschungsinstitut für Kinderernährung in Dortmund;

das Diabetes-Forschungsinstitut in Düsseldorf;

Departements für Biomedizinische Technik in Aachen und Erlangen-Nürnberg;

das Zentralinstitut für Seelische Gesundheit in Mannheim (heute der Universität Heidelberg angegliedert);

das Klinische Institut zur Erforschung des Herzinfarktes der Universität Heidelberg;

das Deutsche Institut für Fernstudien (DIFF) in Tübingen;

das Institut für die Pädagogik der Naturwissenschaften (IPN) in Kiel;

das Institut für Didaktik der Mathematik in Bielefeld;

das Zentralinstitut für Empirische Sozialforschung in Köln;

die Hochschul-Informations-System (HIS) GmbH in Hannover;

das Georg-Eckert-Institut für Internationale Schulbuchforschung in Braunschweig;

das Institut für Asienkunde in Hamburg;

das Forschungsinstitut der Deutschen Gesellschaft für Auswärtige Politik in Bonn;

die räumliche Unterbringung der Archive der Friedrich-Ebert-, der Konrad-Adenauer- und der Friedrich-Naumann-Stiftung.

Und zuletzt auch einige Beispiele von Starthilfen aus den letzten drei bis vier Jahren:

Institut und Forschungsprofessur für Wissenschaftsgeschichte an der Universität Göttingen (Juni 1987);

eine Professur für Technikgeschichte an der Technischen Universität Berlin;

ein Forschungsschwerpunkt „Technomathematik" an der Universität Kaiserslautern;

ein Programm zur Förderung der kleineren außereuropäischen Sprach- und Kulturwissenschaften an der Mainzer Akademie der Wissenschaften und der Literatur;

eine Stiftungsprofessur für Sozial-Anthropologie an der Universität Bielefeld;

der Aufbau eines Kanada-Instituts an der Universität Augsburg;

die Errichtung eines physikalisch-biophysikalischen Schwerpunktes an der privaten Universität Witten/Herdecke;

ein Kontaktprogramm Hochschule/Industrie für deutsche und amerikanische Wissenschaftler, das an der Stanford Universität in Kalifornien vorbereitet wird.

Soviel zu einigen „sichtbaren" Ergebnissen aus 25 Jahren Stiftungstätigkeit – Einrichtungen, die ohne diese Unterstützung so wohl nicht in der Welt wären. Alle solche Starthilfen und Förderungen sind Anfinanzierungen, „An-Stiftungen", zum Teil in dem Sinne, daß die Stiftung Volkswagenwerk bereits für die Startphase mit ihrer Förderungsbereitschaft andere Geld- (oder Grundstück-)Geber zu gewinnen weiß oder solche – wie beispielsweise bei den Gästehäusern oder Internationalen Begegnungszentren – zur Auflage macht. In jedem Fall beschränkt die Satzung der Stiftung ihre Förderung auf eine begrenzte Zeit, in der Regel auf höchstens fünf Jahre. Daran muß eine andere Finanzierung anschließen, wenn der Start geglückt ist. Meist ist es die öffentliche Hand, die die Trägerschaft übernimmt.

Damit sind wir schon bei der Frage, was die Stiftung Volkswagenwerk neben sichtbaren Einzelprojekten im übertragenen Sinn „angestiftet" habe. Dazu muß jedoch weiter ausgeholt werden. Denn hierbei geht es um Grundsätzliches der Förderungskonzeption und Förderungspolitik der Stiftung und um ihren Standort innerhalb der gesamten Wissenschaftsförderung der Bundesrepublik Deutschland. Deshalb zunächst zurück zu den Anfängen.

Beginn vor 25 Jahren

Als die Stiftung Volkswagenwerk im Jahre 1962 ihre Arbeit aufnahm – im Februar das Kuratorium, im Mai Ansätze zu einer Geschäftsstelle – waren fast zehn Jahre seit dem ersten veröffentlichten Gedanken an eine solche Stiftung* vergangen, sechs Jahre seit dem ersten Antrag im Bundestag, drei Jahre seit Abschluß des Staatsvertrages und ein Jahr seit der förmlichen Gründung durch Unterzeichnung von Stiftungsurkunde und Satzung. Die Wissenschaft in der Bundesrepublik Deutschland war im Vergleich zu heute arm und hatte einen erheblichen Nachholbedarf auf fast allen Gebieten – materiell, personell und im Forschungspotential. Institute und Forschungsräume waren zum Teil noch von Kriegseinwirkungen gezeichnet, in jedem Fall beengt, die Geräte größtenteils veraltet. Auch in Bereichen, in denen deutsche Wissenschaftler bis in die dreißiger Jahre unseres Jahrhunderts international eine führende Rolle spielten, war nun ein deutlicher Rückstand gegenüber anderen Ländern zu verzeichnen. Viele Nachwuchswissenschaftler wanderten ins Ausland ab. Hierbei spielte vielfach auch die strukturelle Situation an unseren Hochschulen eine Rolle.

---

* In: Deutsche Zeitung und Wirtschaftszeitung Nr. 75 vom 19. 9. 1953, S. 7

26

Die allgemeine Aufbaustimmung und die Fortschrittsfreudigkeit der sechziger Jahre brachten insgesamt auch ein forschungsfreundliches Klima mit sich. Die Notwendigkeit der Wissenschaftsförderung als Motor des Fortschritts war in der öffentlichen Meinung unbestritten. Das führte zum Beispiel auch zu einem erheblichen öffentlichen Engagement, mit dem die Gründung einer wissenschaftsfördernden (Deutschen) Stiftung Volkswagenwerk, ihre Aufgaben, ihr Status, diskutiert wurde, nicht nur im politischen Bereich, sondern auch in den Medien. Die damalige Wochenzeitschrift Christ und Welt war daran besonders beteiligt. Aber auch die Parlamente des Bundes und des Landes Niedersachsen diskutierten mehrfach und intensiv die Privatisierung der damaligen Volkswagenwerk GmbH und die Gründung einer wissenschaftsfördernden Stiftung – ebenso natürlich die Mitarbeiter des namengebenden Werkes (zur Gründung vgl. im einzelnen S. 11).

Die besondere Art ihrer Existenz verdankt die Stiftung Volkswagenwerk der Intensität dieser Diskussionen und Verhandlungen sowie der Weitsicht der Politiker, die die Verhandlungen führten und schließlich die Stiftung mit dem breit angelegten Zweck der „Förderung von Wissenschaft und Technik in Forschung und Lehre" gründeten. Innerhalb eines grundsätzlich und traditionell staatlich finanzierten Bildungs- und Wissenschaftssystems wurde sie bewußt als eine Stiftung des bürgerlichen, nicht des öffentlichen Rechts geschaffen und damit als eine von den Bindungen des öffentlichen Haushaltsrechts freie, nicht an die strengen Regeln staatlicher Tätigkeit oder an föderative Grenzen gebundene, flexible und dynamische Institution.

Das Gründungskuratorium der Stiftung Volkswagenwerk, das unmittelbar nach seiner Berufung vor 25 Jahren am 27. Februar 1962 zu seiner konstituierenden Sitzung zusammentrat, sah sich vor eine „ebenso schöne wie schwierige Aufgabe gestellt"*. Es hatte eine Satzung, die es im Sinne der Stifter und der Wissenschaft in die Förderungspraxis umzusetzen galt, es hatte Förderungsmittel aus dem verzinsten Kapital (für das erste Jahr, 1962, knapp 100 Millionen Mark), und es hatte sein allgemeines Erfahrungswissen um Forschungsdefizite im kleinen und im großen. Nur eines hatte es nicht: Zeit, aufgrund gezielter Analysen und Erhebungen ein Programm und eine Konzeption zu entwickeln. Dies mußte es pragmatisch tun, und es begann damit unverzüglich, wenn auch, der Situation entsprechend,

---

* Vorwort zum Bericht 1962, Seite 5

in kleinen Schritten. Bereits in der ersten Sitzung wurde ein erstes Programm ausgeschrieben – das Kuratorium stellte eine viertel Million Mark für die Sturmflutforschung bereit, denn zehn Tage zuvor hatte die große Sturmflutkatastrophe von 1962 die deutsche Nordseeküste verheert.

In der Förderungsübersicht des ersten Jahresberichts sind bereits vier Programme verzeichnet – neben der Sturmflutforschung das Gästehaus-Programm für ausländische Wissenschaftler, die Förderung von Bibliotheken und Auslandsbezogene Wissenschaft. Auch die Anfänge für ein Programm der Nachwuchsförderung (das „Stiftung Volkswagenwerk-Stipendium"), für die späteren Schwerpunkte Musiker-Gesamtausgaben, für Molekularbiologie und Bildungs- und Curriculumforschung wurden bereits im ersten Arbeitsjahr der Stiftung gelegt. Weitere Programme folgten, bis die Stiftung ab 1970 dazu überging, keine „Breitenförderung" mehr zu betreiben, sondern weitgehend nur noch im Rahmen von Schwerpunkten zu fördern. Diese Entscheidung resultierte ebenso aus den Erfahrungen der ersten Jahre wie aus den Wandlungen, die die Situation der Wissenschaft und ihrer Finanzierung im Laufe dieser Zeit erfahren hatte. Vor allem die erhebliche Zunahme öffentlicher Haushaltsmittel für die Wissenschaft, besonders auf der Seite des Bundes, und ein insgesamt sehr viel stärkeres Engagement staatlicher Wissenschafts- und Bildungspolitik erlaubten eine gezieltere Eingrenzung der Stiftungsaktivitäten. (Zur Entwicklung der Schwerpunkte s. Tabelle rechts.)

Finanzielle Grundlagen

Finanzielle Grundlage der Förderungstätigkeit sind das eigene Vermögen der Stiftung und die ihr zustehenden Dividenden auf VW-Aktien der beiden Stifter Bundesrepublik Deutschland und Land Niedersachsen (vgl. auch S. 11). Die Stiftung Volkswagenwerk erhält keine Zuwendungen aus laufenden öffentlichen Haushalten. Seit 1962 ist der finanzielle Rahmen im Durchschnitt gleich geblieben – etwa 100 bis 120 Millionen DM jährlich –, während die Wissenschaftsetats des Bundes und der Länder ebenso wie der der Deutschen Forschungsgemeinschaft (DFG) entsprechend dem Kaufkraftschwund des Geldes kontinuierlich angehoben wurden. Die Förderungsmittel der DFG haben 1986 bereits die Milliardengrenze erreicht und damit das Zehnfache ihrer Mittel von 1962, die damals denen der Stiftung etwa entsprachen. Nach der Kaufkraft des Geldes

kann die Stiftung heute nur noch etwa ein Drittel des Volumens ihrer Anfangszeit bewirken. Dies zwingt zu einem kritischen Überdenken der Förderungskonzeption. Und hieraus resultiert der Aufruf zu einer „Zustiftung", den die Stiftung – vor allem im Hinblick auf die Verkaufsabsichten des Bundes bezüglich seiner VW-Aktien – mit Nachdruck wiederholt.

Für einen solchen Fall haben die Stifter Bund und Land Niedersachsen schon 1961 in die Satzung der Stiftung Volkswagenwerk die Möglichkeit hineingeschrieben, den Verkaufserlös der Stiftung zu überlassen. Wenn die Bundesregierung das in die Tat umsetzte, könnte die Stiftung daraus gewinnbringende Anlagen machen – zum Nutzen der Wissenschaft. Es lohnte, darüber nachzudenken, ob nicht die Leistungskraft der Stiftung Volkswagenwerk als des wichtigsten ergänzenden Finanziers gerade der Hochschulforschung neben der Deutschen Forschungsgemeinschaft wieder hergestellt werden sollte, wie sie ihr die Stifter bei ihrer Gründung zugedacht haben.
Die Westdeutsche Rektorenkonferenz, die Ministerpräsidenten aller Bundesländer haben, wie verschiedene andere, diesen Gedanken unterstützt. Es ist zu hoffen, daß auch die Bundesregierung dafür gewonnen werden kann. Der Bundeskanzler hat die Verbesserung der Lage der Stiftungen in sein Regierungsprogramm aufgenommen. Die Wissenschaft hätte den Nutzen.

Standortbestimmung

Der Standort der Stiftung Volkswagenwerk innerhalb der Gesamtförderung von Wissenschaft und Forschung in der Bundesrepublik Deutschland ist im großen Rahmen durch die Satzung bestimmt: die privatrechtliche Struktur, die ebenso Flexibilität wie Neutralität verleiht und die Möglichkeit gibt, auch Forschungsrisiken zu tragen; die Autonomie des Kuratoriums; die mit der Auflage, nicht die staatlichen Etats zu entlasten, vorgegebene Komplementärfunktion zur bereits bestehenden Forschungsfinanzierung; die Möglichkeit zur Auslandsförderung.

Flexibilität, Neutralität, Starthilfen- und Feuerwehr-Funktion waren ebenso wie Risiko-Bereitschaft denn auch erste Stichwörter für eine „stiftungstypische" Förderungsarbeit. Die inhaltliche Bestimmung der Stiftungskonzeption hatte sich frühzeitig auf Förderung der wissenschaftlichen Zusammenarbeit, besonders über die Grenzen von Fächern und Ländern hinweg, auf Reform von Forschung und Lehre

– vor allem durch Innovation neuer wissenschaftlicher Richtungen und Methoden, aber auch durch neue Wege der Nachwuchsförderung – und auf zukunftsweisende Aufgaben („Lebensfragen") gerichtet. Einen besonderen Akzent hat die Stiftung seit jeher der internationalen Förderung gegeben. Für diese Entscheidung hat die unheilvolle Abschnürung von internationalen Kontakten nach 1933 ebenso eine Rolle gespielt wie die Gewißheit, daß die Entwicklung der Wissenschaft an den politischen Grenzen nicht halt macht, oft dagegen guten wirtschaftlichen und politischen Beziehungen über Grenzen hinweg den Weg bereitet.

Ihre Unabhängigkeit gibt der Stiftung Volkswagenwerk die Stärke, auch dort zu handeln, wo anderen der Mut fehlt oder durch komplizierte Verwaltungsregeln genommen wird. Auch kann die Stiftung schnell handeln. Sie kann für andere Geldgeber mit ihrem Beispiel vorangehen und damit letztlich Gelder freisetzen, die ohne solches Beispiel nicht gewährt worden wären.

Mit Ausnahme der „Feuerwehr-Funktion", die in den ersten Jahren mit den allgemein knapperen Forschungsmitteln wesentlich häufiger in Anspruch genommen werden mußte als heute, ist die Stiftung dem oben skizzierten Rahmen im Laufe der 25 Arbeitsjahre treu geblieben; er wurde aber, den Wandlungen der Forschungslandschaft entsprechend, ständig mit neuen Inhalten gefüllt. Gerade aus der Komplementärfunktion heraus ergibt sich die Notwendigkeit, das Förderungsprogramm nicht nur kontinuierlich in dem Sinne zu verändern, daß neue Schwerpunkte entwickelt, andere abgeschlossen werden, sondern in gewissen Zeitabständen in kritischer Rückbesinnung und Vorschau auch die Gesamtkonzeption neu zu überdenken. Das tat das Kuratorium mehrfach in den vergangenen fünfundzwanzig Jahren, und zur Zeit ist erneut eine Grundsatzdiskussion im Gange, die voraussichtlich im Winter 1987/88 zu einer Komprimierung des Schwerpunktprogramms führen wird.

Konzeption der Stiftung – Anstöße geben, Neues bewirken, Außergewöhnliches fördern

Wer die Namen der Schwerpunkte vor allem aus den früheren Jahren auf der Übersicht Seite 29 aufmerksam liest und mit dem alten Fächerkanon unserer Universitäten vergleicht, wie er in den sechziger und frühen siebziger Jahren gültig war, der findet unter diesen Schwerpunkten eine Reihe neuer Disziplinen und (meist interdiszipli-

Eine „Feuerwehr-Funktion" nahm die Stiftung seinerzeit bei einzelnen Notgrabungen in Gebieten mit wichtigen wissenschaftlichen Funden wahr, die durch Umwelteinflüsse, z. B. das Auflaufen eines Stausees, bedroht wurden. In der hessischen „Grube Messel", einer der bedeutendsten Wirbeltierfundstellen der Welt, droht die Zerstörung durch eine Mülldeponie. Ihre Ölschiefer sind vor etwa 50 Millionen Jahren durch Ablagerung eines Urwaldsees bei subtropischem bis tropischem Klima entstanden. Die Stiftung hatte 1976–1980 mit 1,2 Mio DM Grabungen des Frankfurter Forschungsinstituts Senckenberg ermöglicht. Neben spektakulären Wirbeltierfunden (z. B. Urpferdchen, oben) konnten hier auch Bakterien, Algen, Blätter, Blüten, Samen, Früchte, Insekten in oft ungewöhnlicher Qualität der Erhaltung freigelegt werden. Ergebnisse der Forschungen wurden auf einer interdisziplinären Arbeitstagung über Geologie, Geochemie und Paläontologie der Grube Messel im April 1987 diskutiert (S. 228 u. Bericht 1975/76, S. 45 f.; Bericht 1978/79, S. 69)

Fotos Naturmuseum
Senckenberg

Urpferdchen aus der
Grube Messel
Art: Propalaeotherium
parvulum)
Senckenberg-Grabungen 1980
Trächtige Stute mit Magen-
inhalt und Resten des Embryos
Schulterhöhe (Stockmaß):
ca. 30 cm
Geologisches Alter: unteres
Mittel-Eozän, ca. 49 Mio Jahre

Forschungsbohrungen
(Kernbohrungen) in der Grube
Messel 1980

närer) Fachrichtungen, die es bis dahin an den Hochschulen kaum gab: Molekulare und Physikalische Biologie, Biomedizinische Technik, Systemforschung, Ausbildungsforschung im Schul- und Hochschulbereich, Bildungsplanung und -ökonomie, Curriculumforschung, gegenwartsbezogene Forschung über außereuropäische Regionen, Verwaltungswissenschaft, Rechtstatsachenforschung, Archäometrie. Auch die Computer-Tomographie wurde durch Initiativen der Stiftung in die deutsche Hochschulmedizin eingeführt, indem sie die ersten Geräte dafür zur Verfügung stellte. In den achtziger Jahren setzen sich solche Initiativen fort mit Schwerpunkten zu Physik und Chemie unkonventioneller Materialien, Synergetik, Mikrostrukturwissenschaft, Mikrocharakterisierung von Werkstoffen, Förderung der Infrastruktur in den Ingenieurwissenschaften, Management von Forschung und Entwicklung, Forschungswettbewerb zu Fragen der Rüstungskontrolle/Sicherheitspolitik.

Auf jedem dieser Gebiete führte die Förderung zur Heranbildung von qualifiziertem wissenschaftlichen Nachwuchs, oft auch zur Ausstattung von Instituten mit bahnbrechenden modernen Ausrüstungen. Viele der Förderungen der Stiftung sind so angelegt, daß Wissenschaftler verschiedener Disziplinen gemeinsam neue interdisziplinäre Fragestellungen in Angriff nehmen oder daß mehrere Institute ihren Sachverstand und ihre technische Ausstattung gemeinsam nützen.

Über einige der neuen Entwicklungen in verschiedenen Fachbereichen wird im folgenden ausführlicher berichtet. Wenn dabei ein Abschnitt über „Neue Dimensionen in den Natur- und Ingenieurwissenschaften" fehlt, so deshalb, weil gerade Projekte aus diesem Bereich besonders geeignet sind, „Sichtbare Zeugnisse" der Stiftungsarbeit (S. 17 ff.) oder Beispiele des Zusammenwirkens (S. 46 ff.) zu illustrieren und sie dort vorgestellt werden.

Bei der Förderung internationaler wissenschaftlicher Zusammenarbeit und auslandsbezogener Forschung deutscher Wissenschaftler läßt sich die Stiftung von mehreren Zielen leiten: Probleme anderer Länder und Erdteile sollen Eingang in die deutsche Forschung finden; die Zusammenarbeit mit Wissenschaftlern hochentwickelter ausländischer Wissenschaftssysteme soll vermehrt werden; jüngere deutsche Wissenschaftler sollen die Möglichkeit erhalten, zeitweise an den besten Plätzen im Ausland zu arbeiten; wissenschaftlichen Einrichtungen in Ländern, die noch der Entwicklung bedürfen, soll durch Partnerschaft mit deutschen Wissenschaftlern geholfen wer-

34

den. So gibt es Fördergebiete, die sich mit Lateinamerika, Afrika und Asien oder mit der Region Südostasien befassen, ein auf die Mittelmeerländer und Afrika, Asien und Lateinamerika bezogenes Partnerschafts-Programm für die Ingenieur- und Naturwissenschaften und seit 1986 ein fachoffenes China-Programm zur Förderung der deutsch-chinesischen wissenschaftlichen Zusammenarbeit.

Ein wesentliches Kriterium bei aller Förderungsarbeit der Stiftung ist die wissenschaftliche Qualität und Besonderheit des Vorhabens. Die Kombination dieser beiden Kriterien kann entscheidend sein, wenn – wie bei dem jüngst (1986) beendeten „Wettbewerb Biowissenschaften" – aus einer über alle Erwartungen großen Anzahl von Anträgen ausgewählt werden muß.

Um für neue Wissenschafts- und Förderungsbereiche initiativ zu werden, beschreitet die Stiftung unterschiedliche Wege:
neben dem Rahmenangebot ihrer Schwerpunkte macht sie durch Ausschreibungen oder Wettbewerbe auf bestimmte Fragestellungen und neue Forschungsrichtungen aufmerksam;
sie regt Untersuchungen zu einzelnen Forschungsgebieten an und veröffentlicht sie bei besonderem Anlaß in ihrer Schriftenreihe;
sie hilft, neue Institutionen für Fragestellungen zu gründen, für deren Behandlung es noch keine oder eine nur unzureichende Forschungsinfrastruktur gibt;
sie fördert den wissenschaftlichen Nachwuchs auf speziellem Gebiet;
sie führt Menschen aus unterschiedlichen wissenschaftlichen und praktischen Bereichen zum Erfahrungsaustausch in Arbeitstagungen und Symposien zusammen.
Sie wirkt aber auch über den engeren Bereich eigener Wissenschaftsförderung hinaus, wenn sie durch Veröffentlichung von Studien und Berichten in ihrer Schriftenreihe Fragen aktualisiert, auf Förderungsbedarf hinweist, Bestandsaufnahmen vorlegt.

Neue Disziplinen der Biowissenschaften

Am Anfang der Schwerpunkte, die in neue Richtungen vorstoßen, wurde nicht von ungefähr die Molekularbiologie genannt. Bereits 1962 hatte die Stiftung den Förderungsbedarf auf diesem Gebiet erkannt und als erste Förderungseinrichtung in der Bundesrepublik Deutschland eine systematische Unterstützung begonnen, die neben dem bereits erwähnten Molekularbiologischen Institut in Braunschweig-Stöckheim unter anderem auch 3 Millionen Mark als Starthilfe für die Europäische Organisation für Molekularbiologie (EMBO) und deren Planung eines Europäischen Gemeinschaftsinstituts einschloß (das schließlich 1978 nach langwierigen Geburtswehen in Heidelberg eingeweiht werden konnte).

„Die Molekularbiologie ist das Kind der Biochemie und der Genetik. Sie ist aber ihren Eltern unter dem schlechten Einfluß ihrer Taufpatin Physik durchgebrannt, um neue Fragen zu stellen und sie mit neuen physikalischen Methoden zu beantworten..." So versuchte Nobelpreisträger Max S. Perutz (Cambridge) noch 1969, bei der Einweihung des Stiftungshauses, seinen Zuhörern dieses neue interdisziplinäre Fachgebiet zu erläutern.

Den ersten dringenden Hinweis auf Bedarf und Förderungsnotwendigkeit dieses Bereiches erhielt die Stiftung – und das ist fast symptomatisch für die damalige Situation – aus dem Ausland, und zwar von dem ungarisch-amerikanischen Physiker Leo Szilard. Junge Naturwissenschaftler, die sich zu einer „Gesellschaft für physikalische Biologie" zusammengeschlossen hatten, waren die ersten Antragsteller.

Die Stiftung selbst entwickelte an diesem ersten, verschiedene Disziplinen zusammenführenden und verkrustete Wissenschaftsstrukturen durchbrechenden Schwerpunkt eine Reihe von Förderungsinstrumenten, die für sie charakteristisch werden sollten: „In schnellem Zugriff" nutzte sie 1965 die Gelegenheit eines zum Kauf stehenden passenden Laborgebäudes für die Gründung eines zentralen Instituts, das von Wissenschaftlern aus Hochschulen und Max-Planck-Gesellschaft gemeinsam beantragt worden war und betrieben werden sollte. Es ist das bereits erwähnte heutige Großforschungsinstitut für Biotechnologie in Braunschweig-Stöckheim, das sie mit rund 55 Millionen Mark finanziert hat.

Um den für die neue Fachrichtung fehlenden wissenschaftlichen Nachwuchs auszubilden, wurde ein spezielles Stipendium für Biologie-Ergänzungsstudien eingerichtet und – als Vorreiter im deutschen Wissenschaftsbereich – auch mit Zeitungsinseraten öffentlich ausgeschrieben. Zur genaueren Abschätzung des Förderungsbedarfs in den verschiedenen Bereichen gab die Stiftung 1965 eine Bestandsaufnahme zur Situation dieses interdisziplinären Fachgebietes in Auftrag, griff eine Reihe der darin gemachten Förderungsempfehlungen auf und publizierte den Bericht 1968 in ihrer Schriftenreihe*, um ihn auch anderen Förderungseinrichtungen und vor allem politischen Instanzen zur Kenntnis zu bringen und damit weitere Aktivitäten für diesen Bereich anzuregen. Bei Beendigung des Schwerpunktes 1975 wurde ein Teilgebiet – die Zellbiologie – noch bis 1982 gefördert.

Auch die Biomedizinische Technik, die ingenieurwissenschaftliche Disziplinen mit medizinischen und biowissenschaftlichen verbindet, verdankt der Stiftung Volkswagenwerk wesentliche Impulse für ihre Einführung in das deutsche Wissenschaftssystem. Als dem Kuratorium 1968 die Bestandsaufnahme zur Biomedizinischen Technik vorgelegt wurde, die ein Jahr darauf in der Schriftenreihe erschien**, gab es noch keinen geläufigen deutschen Namen für dieses Gebiet. Das Medium der öffentlichen Ausschreibung wurde auch hier aufgegriffen und noch ausgebaut: in breit angelegtem Rahmen wurde im Juli 1968 an allen Hochschulen die Starthilfe für ein Hochschul-Department, die Unterstützung interdisziplinärer Arbeitsgruppen sowie Stipendien zur Ausbildungsförderung auf diesem Gebiet, auch im Ausland, angeboten.

Anstöße für Archäometrie und Kulturgut-Forschung

Ähnlich steht es mit der Archäometrie – einem Schwerpunkt, der die verstärkte Anwendung natur- und ingenieurwissenschaftlicher Methoden in den Kulturwissenschaften, vor allem in Archäologie und Kunstwissenschaft, erproben und stimulieren sollte. Interdisziplinäre Arbeitsgruppen, Ergänzungsausbildung für den wissenschaftlichen Nachwuchs, Starthilfen für spezielle zentrale Laboreinrichtungen haben neben den geförderten Forschungsprojekten zur Schaffung der notwendigen Infrastruktur verholfen. Mit dem Rathgen-Forschungslabor der Staatlichen Museen Preußischer Kulturbesitz ermöglichte die Stiftung den Berliner Museen, ein bereits im vorigen Jahrhundert gegründetes, im Kriege zerstörtes Labor für die naturwissenschaftliche Untersuchung der Museumsbestände – damals für lange Zeit einmalig in der Welt – mit modernsten Geräten wieder aufzubauen. In München konnte das Bayerische Landesamt für Denkmalpflege ein Physikalisch-Chemisches Zentrallaboratorium vor allem für Gesteins- und Glaskonservierung einrichten, das Deutsche Bergbau-Museum Bochum erhielt eine Starthilfe für das „Institut Zollern" als

---

* Marie Luise Zarnitz: Molekulare und physikalische Biologie. 1968 [Bd. 5]
** Gerd Klasmeier: Biomedizinische Technik. 1969 [Bd. 6]

Fachstelle für Grundlagenforschung an Kulturdenkmälern, in Ägypten entstand ein Institut für Restaurierungskunde an der Universität Kairo.

Restaurierungsfragen spielten auch eine Rolle im Schwerpunkt „Erfassen, Erschließen, Erhalten von Kulturgut als Aufgabe der Wissenschaft". Hier ist vor allem das breitangelegte Programm zur Restaurierung wertvoller Altbestände an wissenschaftlichen Bibliotheken zu nennen, das 1977 mit Hilfe einer dazu berufenen Expertenkommission entwickelt wurde und unter anderem zur gezielten Einrichtung von Buch-Restaurierungswerkstätten an 15 Hochschul- und Landesbibliotheken führte, wobei die Verpflichtung des jeweiligen Unterhaltsträgers zur Fortfinanzierung Voraussetzung einer Bewilligung war. Mit der Einbindung der meisten entsprechenden Werkstätten in Universitäten war zugleich die Möglichkeit gegeben, naturwissenschaftliche Untersuchungen durch unmittelbare Kontakte mit den entsprechenden Instituten anzuregen und einzubeziehen. Beispiele für solche Untersuchungen sind etwa Bekämpfung von Pilzbefall und Mikroorganismen, Untersuchungen zur Altersbeständigkeit von Papier oder zur Entwicklung von Maßnahmen gegen „Kupfer-" oder „Tintenfraß".

Restaurierungsfragen waren aber nur *ein* Aspekt des Kulturgut-Schwerpunktes; andere waren die Erfassung von Denkmälern, Aufnahme von bedrohtem Natur- und Kulturgut in ausgewählten Regionen, wissenschaftliche Erfassung der Bestände in kleineren Museen und Spezialsammlungen sowie die Erschließung von Archiv- und Bibliotheksbeständen. Dem immensen Bedarf an Aktionen auf diesem Gebiet konnte die Stiftung mit ihren begrenzten Mitteln nur beispielhaft begegnen, indem sie Anstöße gab und neue Wege zu weisen versuchte. Sie läßt deshalb nicht nach, auf die Förderungsnotwendigkeit hinzuweisen, und hat sich auch für weitere Beispiele kulturgutwissenschaftlicher Dokumentation bei Beendigung des Schwerpunktes 1982 bewußt offengehalten (vgl. S. 137 ff.).

Neue Richtungen in der historischen Forschung

Auch in der Förderung historischer Forschungsarbeiten ist die Stiftung Volkswagenwerk aufgeschlossen gegenüber neuen Ansätzen und Vorhaben besonderer Größenordnung oder besonderen Schwierigkeitsgrades. Projekte zur frühneuzeitlichen Geld- und Währungsgeschichte (Prof. Irsigler, Universität Trier), zur Demographie-Geschichte (Prof. Imhof, Freie Universität Berlin) und zur Erschließung von zehntausenden frühneuzeitlicher Leichenpredigten (Dr. Lenz, Universität Marburg) bezweckten zugleich die Erprobung des Einsatzes elektronischer Datenträger für die Bearbeitung historischer Quellenbestände. Verbundprojekte unter starker Beteiligung auch ausländischer Wissenschaftler wie das von der Historischen Kommission zu Berlin koordinierte Programm „Inflation und Wiederaufbau in Deutschland und Europa 1914 bis 1924" sollten auch die internationale Kooperation und den Austausch der deutschen Geschichtswissenschaft mit ausländischen Forschungsinteressen stärken. Im Bereich der Zeitgeschichte wird besonderes Augenmerk auf die Erschließung und wissenschaftliche Auswertung von größeren Quellenbeständen gelegt. Die Stiftung hat den Anstoß für die fortlaufende Edition der Kabinettsprotokolle der Bundesregierung seit 1949 durch das Bundesarchiv Koblenz gegeben, sie hat die Zusammenarbeit zwischen Archiven und Forschungsinstituten bei der Erschließung und Verfilmung der Akten der amerikanischen Militärregierung in Deutschland (OMGUS) unterstützt und sie fördert in ähnlicher Weise die Erschließung der Akten der britischen Militärregierung in Deutschland. Durch die fünfjährige Startfinanzierung eines entsprechenden Arbeitsbereichs an der Universität Mannheim (Prof. Weber) hat sie die Erforschung der Frühgeschichte der SBZ/DDR institutionalisieren helfen.

Die Starthilfen zur Einrichtung einer Professur für Technikgeschichte an der Technischen Universität Berlin und (1987) eines Instituts für Wissenschaftsgeschichte an der Universität Göttingen wurden bereits auf Seite 25 erwähnt (vgl. auch S. 81 f.). Der zunehmenden Bedeutung wissenschafts- und technikgeschichtlicher Fragestellungen in ihrem sozialen Kontext hat die Stiftung frühzeitig Aufmerksamkeit geschenkt. Dieser gerade in der Gegenwart verstärkt beachteten Forschungsrichtung war für mehrere Jahre ein eigener Förderungsschwerpunkt gewidmet.

Innovationen in den Sozialwissenschaften

Auch um eine Neuorientierung der Sozialwissenschaften in der Bundesrepublik Deutschland hat sich die Stiftung Volkswagenwerk frühzeitig bemüht. Zunächst wurde versucht, die sozialwissenschaftlichen Fächer – oft unter Einbeziehung der Sprachwissenschaften und vor allem der Geographie – an die aktuellen Probleme insbesondere der

Länder, die heute die sogenannte Dritte Welt bilden, heranzuführen. Einen anderen Schwerpunkt der Förderung sozialwissenschaftlicher Forschung bildeten ab Mitte der siebziger Jahre grundlegende Probleme und Krisenphänomene der entwickelten Industriegesellschaften. Daneben gab es Einzelförderungen auch größeren Umfangs wie das bereits erwähnte Zentralarchiv für Empirische Sozialforschung in Köln.

Die großen Programme zur gegenwartsbezogenen Regionenforschung begann die Stiftung 1964 vor allem durch drei wesentliche Förderungen zu Lateinamerika: einmal durch die Unterstützung der Arbeitsgemeinschaft Deutscher Lateinamerikaforschung (ADLAF); in engem Zusammenhang damit stand das „Kontaktprogramm zur sozialwissenschaftlichen Forschung in Lateinamerika" (COSAL), und schließlich finanzierte sie Gründung und Anfangsjahre des Ibero-Amerika-Instituts für Wirtschaftsforschung an der Universität Göttingen seit 1964. Eine parallele Entwicklung ergab sich 1965 für den Ostasienraum, wobei hier auch der Förderung der Sprachvermittlung besonderes Gewicht gegeben wurde. Weitere angesprochene Regionen – in der Regel auch mit Modellen der Sprachausbildung und mit Starthilfen für Institute oder Lehrstühle verbunden – waren der Vordere und Mittlere Orient (1971–1981), Osteuropa (1971–1980; 1981–1984 erweitert auf „Kommunistisch regierte Staaten und ihre Gesellschaftssysteme"), Südostasien (seit 1976) und Nordamerika (1976–1986). Speziell auf die Dritte Welt bezogene Forschung ist seit 1980 in dem Schwerpunkt „Grundlegende Entwicklungen in Lateinamerika, Asien und Afrika" zusammengefaßt.

Den besonderen Problemen der Industriegesellschaften gilt der Schwerpunkt „Demokratische Industriegesellschaften im Wandel", der auch vielfach Gelegenheit bot, die Forschungsinfrastruktur der Sozialwissenschaften in der Bundesrepublik zu verbessern.

Der von 1972 bis 1978 bestehende Schwerpunkt „Systemforschung", der Wirtschafts- und Sozialwissenschaftler mit Ingenieur-, Natur- und Informationswissenschaftlern zusammenführte, begann mit einem Antrag des Club of Rome zu einer internationalen Untersuchung über die Lebensbedingungen, die der Mensch am Ende des 20. Jahrhunderts zu erwarten habe. Das Projekt führte zur Studie „Grenzen des Wachstums"*, in der die Probleme erstmals so artiku-

---

* Dennis Meadows, Donella Meadows, Erich Zahn, Peter Milling: Die Grenzen des Wachstums – Bericht des Club of Rome zur Lage der Menschheit. Deutsche Verlags-Anstalt, Stuttgart 1974 (Amerikanische Ausgabe „The Limits to Growth", Universe Books, New York 1972)

liert wurden, daß sie besondere wissenschaftliche und politische Aktualität gewannen und lebhafte, auch sehr kontrovers geführte Diskussionen auslösten. Gleichzeitig veröffentlichte die Stiftung in ihrer Schriftenreihe eine Bestandsaufnahme zur Systemforschung*, um auf die neuartigen Aufgaben für die Wissenschaft auf diesem Gebiet aufmerksam zu machen und einen Überblick über die Situation dieses Forschungsbereiches in der Bundesrepublik Deutschland zu geben.

Sechs Jahre später konnte die Stiftung das wesentliche Ziel ihrer Förderung als erfüllt ansehen und den Schwerpunkt beenden. Ein Bericht über die Förderung** wurde zur kritischen Bewertung der erkennbaren grundlegenden Strömungen und der neu entwickelten Ansätze und Methoden der Systemforschung, aber auch ihrer Möglichkeiten und Grenzen, 1978 in Auftrag gegeben und 1981 veröffentlicht. Wie häufig bei Beendigung eines Schwerpunktes hat die Stiftung auch hier ein Teilgebiet – die Energieforschung – für eine begrenzte Zeit als Förderungsprogramm weitergeführt.

Impulse für die Bildungsforschung

Mit ihrem Satzungsauftrag, Forschung *und* Lehre zu fördern, sah sich die Stiftung Volkswagenwerk vor einem für die Wissenschaftsförderung damals neuem Feld, vor einer Herausforderung, die sie annahm: Als erste deutsche Förderungseinrichtung hat sie in den sechziger Jahren versucht, in überregionalem Rahmen ein in einzelnen Teilen aufeinander abgestimmtes Programm für Bildungsforschung und Ausbildungsförderung zu entwickeln und in die Praxis umzusetzen. Die Maßnahmen basierten auf zahlreichen Anregungen, Empfehlungen, Untersuchungen, die an sie herangetragen wurden oder die sie in Auftrag gegeben hatte. In verschiedenen Arbeitskreisen und Beratungsgremien hat die Stiftung Wissenschaftler, Experten der Bildungsplanung und Vertreter einschlägiger Institutionen wie Bildungsrat, Wissenschaftsrat, Kultusministerkonferenz, Bundesministerium für wissenschaftliche Forschung, Westdeutsche Rektorenkonferenz, Deutsche Forschungsgemeinschaft und Bundesvereinigung der kommunalen Spitzenverbände zusammengeführt. Als die Absicht,

---

* Erich Zahn: Systemforschung in der Bundesrepublik Deutschland. 1972 [Bd. 9]
** Rolf Kappel, Ingo A. Schwarz: Systemforschung 1970–1980, Entwicklungen in der Bundesrepublik Deutschland. Materialien zu einem Förderungsschwerpunkt der Stiftung Volkswagenwerk. 1981, Bd. 21

eine „Arbeitsgemeinschaft für Bildungsforschung" für eine dauerhafte und in die Breite gehende Förderung zu schaffen, im Jahre 1968 an der kulturpolitischen Brisanz eines derartigen Projekts scheiterte, wählte die Stiftung einen Teil der vordringlichen Probleme für eine Schwerpunktförderung aus, die unter anderem die empirisch ausgerichtete Erziehungswissenschaft, Curriculumforschung und -entwicklung, Hochschul- und Fachdidaktik, Unterrichtstechnologie und -organisation im Schul- und Hochschulbereich sowie ein mit 75 Millionen Mark ausgestattetes Sonderprogramm zur Ausbildungsförderung von Mathematikern und Naturwissenschaftlern im Höheren Schuldienst umfaßte.

Im Verlauf dieser fast ein Jahrzehnt betriebenen Aktivitäten wurde eine Reihe von Instituten und Lehrstühlen startfinanziert, die später von der öffentlichen Hand fortgeführt wurden. Insgesamt hat die Stiftung für Vorhaben der Bildungsforschung und Ausbildungsförderung fast 350 Millionen Mark bereitgestellt. Allein 21 000 Stipendien wurden vergeben.

Das Engagement der Stiftung hatte zugleich eine allgemeine Sensibilisierung für die Bedeutung der Bildungsforschung und die Notwendigkeit einer aktiven Bildungspolitik bewirkt. Die öffentlichen Geldgeber begannen sich stärker zu formieren, setzten größere Beträge für erforderliche wissenschaftliche Arbeiten ein.

Anfang 1968 vereinbarten Bund und Länder die gemeinsame Förderung von Wissenschaft und Bildungsplanung, die 1969 im Grundgesetz verankert wurde. 1970 wurde erstmals ein „Bildungsbericht" der Bundesregierung herausgegeben. Die Stiftung Volkswagenwerk sah ihre Initiativfunktion als erfüllt an. Nach Abwicklung der begonnenen Programme konnte sie sich 1975 weitgehend aus diesem Bereich zurückziehen. Ihr Bemühen, neue Wege vor allem der universitären Ausbildung und Nachwuchsförderung für besondere Bereiche modellhaft aufzuzeigen, hat sie jedoch beibehalten.

Modelle der Ausbildungs- und Nachwuchsförderung

Beispiele der unmittelbaren Gegenwart für besondere Formen der Ausbildungs- und Nachwuchsförderung sind das McCloy Academic Scholarship Program für deutsche Nachwuchswissenschaftler an der Harvard University in den USA, das „Berlin Program in Advanced

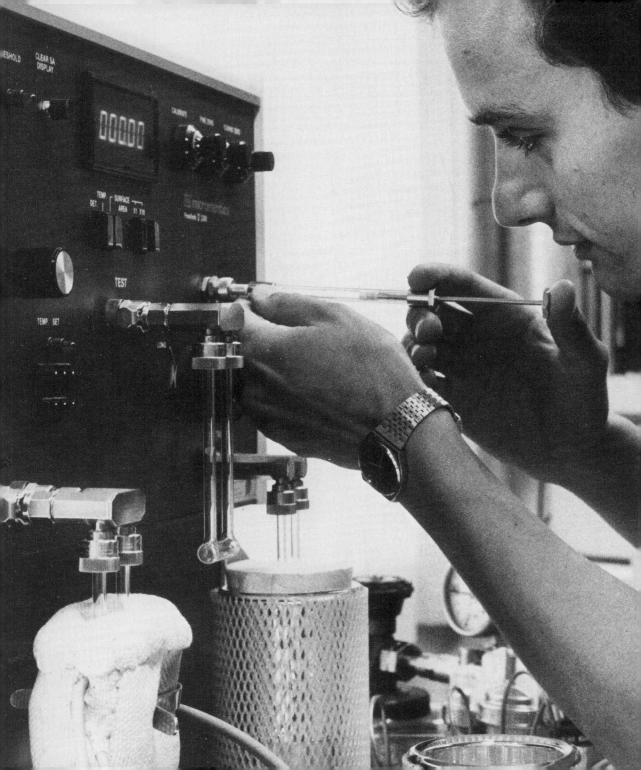

Praktikum „Ingenieur-keramik“.
Um die Anwendung keramischer Werkstoffe im Maschinenbau durch fach-übergreifende Zusammen-arbeit in Forschung und Lehre zu fördern, haben sich an der Universität Karlsruhe sechs Institute der Fakultät für Maschinenbau zusammengeschlossen und ein Institut für Keramik im Maschinenbau gegründet. Im Rahmen ihres Schwer-punktes „Förderung der Infrastruktur in den Ingenieurwissenschaften“ hat die Stiftung Volkswagen-werk dem Institut Mittel für die zusätzliche Geräte-ausstattung eines neuartigen Praktikums, das in dieser umfassenden Form bisher an keiner Hochschule in der Bundesrepublik existiert, zur Verfügung gestellt. Das Bild zeigt einen Prak-tikumsteilnehmer bei der Eingabe einer genau defi-nierten Menge Stickstoff zur Kalibrierung eines Gerätes zur Messung der spezifischen Oberfläche von Keramikpulvern nach dem Stickstoffadsorptionsver-fahren. Um optimal dicht sinternde Produkte zu erhalten, ist eine hohe spezifische Oberfläche er-forderlich. (S. 89f. u. S. 209)

Foto Siebahn

German and European Studies“ für amerikanische Nachwuchswis-senschaftler an der Freien Universität Berlin, das Stipendien-Pro-gramm für deutsche Geistes- und Gesellschaftswissenschaftler an der Maison des Sciences de l'Homme in Paris, das Kekulé-Stipendien-Programm für Doktoranden der Chemie, das spezielle Ergänzungs-stipendium in der Klinischen Medizin, das Programm zur Ausbil-dungsförderung in der Holzpathologie. Dazu gehören aber auch die Aufbau- bzw. Ergänzungstudiengänge für Osteuropa-Studien in Ber-lin und München, der Forschungswettbewerb Rüstungskontrolle, die institutsgebundene Ausbildung von wissenschaftlichem Nachwuchs im Bereich der sicherheitspolitischen Forschung an verschiedenen au-ßeruniversitären Instituten, das Bielefelder Forschungs- und Ausbil-dungsprogramm zu Südostasien. In vielen Schwerpunkten, vor allem mit geistes- und gesellschaftswissenschaftlicher Themenstellung, ist die Unterstützung kleiner Gruppen von Nachwuchswissenschaftlern in Forschungs- und Ausbildungsprojekten unter der Leitung eines er-fahrenen Wissenschaftlers als spezielles Förderungsinstrument vorge-sehen – ein Instrument, das sich in einem Anfang der achtziger Jahre entwickelten Modellprogramm „Institutsgebundene Nachwuchsför-derung“ bewährt hatte und daher in die Förderungspraxis einer Reihe von Schwerpunkten übernommen wurde. Zur Verbesserung der Infrastruktur in den Ingenieurwissenschaften werden zahlreiche neuartige Praktika, bisher vor allem zur CAD/CAM- bzw. CIM-Aus-bildung, gefördert, die ebenfalls vielfach Modellcharakter haben. Auch auf den im Schwerpunkt „Management von Forschung und Entwicklung“ angebotenen Wissenschaftler-Transfer soll hier hinge-wiesen werden.

Ein neuer bundesweiter Anstoß war auch mit der bis 15. Juli 1987 be-fristeten Ausschreibung zur Förderung beispielhafter Graduierten-kollegs in den Geistes- und Gesellschaftswissenschaften verbunden, die eine bemerkenswerte Resonanz gefunden hat (vgl. auch S. 168 f.). Hier geht es darum, einen konkreten forschungsorientierten institu-tionellen Rahmen zu schaffen, der vielversprechenden graduierten Nachwuchswissenschaftlern in einer zu Kooperation und Wettbe-werb herausfordernden Atmosphäre, möglichst fächerübergreifend, das nötige Rüstzeug vermittelt. Eine Initiative der Stiftung in dieser Richtung wurde seit 1984 unter dem Stichwort „Universitätskolleg“ systematisch mit Experten verschiedener Fachrichtungen beraten, vor allem in einem Rundgespräch mit Vertretern aus Wissenschaft und Wissenschaftsverwaltung im Frühjahr 1985. Gleichzeitig entwickelte der Wissenschaftsrat seine (im Januar 1986 in endgültiger Fassung vorgelegten) „Empfehlungen zur Struktur des Studiums" mit den darin empfohlenen „Graduiertenkollegs". Die Beratungen beider Modelle fanden in kontinuierlichem gegenseitigen Informationsaustausch statt, so daß die Stiftung Volkswagenwerk ihr im Sommer 1986 ausgeschriebenes Programm zur Förderung von forschungsorientierten Kollegs in einer Kombination beider Richtungen offen für eine breite Skala von Möglichkeiten angelegt hat.

Abgrenzung und Zusammenwirken

Es wurde mehrfach die Maxime der Stiftung Volkswagenwerk erwähnt, nicht zu fördern, was in den erklärten Aufgabenbereich anderer fördernder Einrichtungen gehört, sondern gerade dort aktiv zu werden, wo – sei es aus Gründen des Haushaltsrechts, der Forschungsstruktur, der verfügbaren Mittel oder auch nur der Zielsetzung – keine Unterstützung von anderer Seite erfolgt. Das setzt eine selbstverständliche Abstimmung und gegenseitige Unterrichtung voraus. Besonders eng sind natürlich Kontakte, Abstimmung und Abgrenzung zur Deutschen Forschungsgemeinschaft, den Institutionen der Wissenschaftsverwaltung wie Wissenschaftsrat, Rektorenkonferenz, Kultusministerkonferenz, den Wissenschaftsministerien von Bund und Ländern und mit anderen forschungsfördernden Stiftungen. Die längeren und intensiveren Erfahrungen vor allem der amerikanischen Stiftungen hat sich die Stiftung Volkswagenwerk von Anfang an zunutze gemacht und auch manches gemeinsame Projekt mit ihnen entwickelt. An einem kontinuierlichen Erfahrungsaustausch mit anderen Stiftungen im internationalen Bereich war das Kuratorium frühzeitig interessiert. Heute findet vor allem ein regelmäßiger und institutionalisierter Austausch der europäischen Stiftungen untereinander im „Hague Club" statt.

Mit den oben erwähnten Graduiertenkollegs ist ein gutes Beispiel dafür gegeben, wie eine Abstimmung und wechselseitige Anregung zwischen verschiedenen Institutionen der Wissenschaftsverwaltung und -förderung erfolgen kann. Ein sehr frühes Beispiel für ein Zusammenwirken auch mit dem Wissenschaftsrat war das „Stiftung Volkswagenwerk-Stipendium" (1963–1970). Bereits 1960, vor der Gründung der Stiftung, hatte der Wissenschaftsrat auf die überfüllten Hochschulen und mangelnden wissenschaftlichen Nachwuchs für Forschung und Lehre hingewiesen. Das Kuratorium hat diese Fragen schon im ersten Arbeitsjahr aufgegriffen und Anfang 1963 ein umfassendes Stipendienprogramm mit wissenschaftlicher Begleituntersuchung beschlossen. Es bezog sich auf Stipendien für Dissertationen, für Zweitstudien sowie für Studienaufenthalte bei internationalen Behörden und Organisationen.

Das zunächst auf fünf Jahre angelegte und mit 45 Millionen Mark dotierte Programm wurde über die Hochschulen und Hochbegabten-Förderungswerke abgewickelt. 1966 wurden die Ergebnisse der Begleituntersuchung vorgelegt und im Verlauf der nächsten Jahre in drei Teilen in der Schriftenreihe der Stiftung Volkswagenwerk veröffentlicht*. – Die Stiftung selbst folgte Empfehlungen des Berichtes durch ein modifiziertes und begrenztes Programm für fachbezogene Ergänzungsstudien, während sie die breite Doktorandenförderung der nun beginnenden staatlichen Finanzierung nach dem Graduiertenförderungsgesetz überlassen konnte.

Das Gästehaus-Programm und die Internationalen Begegnungszentren der Wissenschaft wurden mit der Alexander von Humboldt-Stiftung gemeinsam entwickelt, die auch im wesentlichen die Betreuung der Programme übernahm.

Auch bei dem zu Beginn erwähnten 100-Meter-Radioteleskop in Effelsberg in der Eifel hatte eine Anregung von außen eine Rolle gespielt, diesmal seitens der Deutschen Forschungsgemeinschaft mit ihrer 1962 erschienenen Denkschrift „Astronomie", in der die Notwendigkeit einer intensiven Förderung der Radio-Astronomie in der Bundesrepublik Deutschland hervorgehoben wurde.

Ein anderes Beispiel solchen Zusammenwirkens mit der Deutschen Forschungsgemeinschaft aus den frühen Jahren war die Theoretische Chemie: die Deutsche Forschungsgemeinschaft hielt ein Schwerpunktprogramm für notwendig, das nicht recht in Gang kam, weil nicht genügend ausgebildete Wissenschaftler für dieses Gebiet vorhanden waren. In enger Abstimmung beider Institutionen entwickelte die Stiftung Volkswagenwerk ein Programm zur Nachwuchsförderung für dieses Gebiet durch Ergänzungsstudien, Forschungsstipendien, Sommerschulen, Arbeitsgruppen und schließlich durch ein Zen-

---

* Fritz Gebhardt: Promotion und Stipendium. 1967 [Bd. 3]; Willi Pöhler: Auslese und Förderung. Das Auswahlsystem und die Zweitstudienförderung der Stiftung Volkswagenwerk. 1968 [Bd. 4]; Christian von Ferber, Fritz Gebhardt, Willi Pöhler: Begabtenförderung oder Elitebildung. Erhebung über das Förderungsprogramm der Hochbegabtenförderungswerke. 1970 [Bd. 7]

trum für Theoretische Chemie in Frankfurt, das sie 1966 mit einer Starthilfe gründen half. Als nach dieser Vorbereitung das Förderungsprogramm der Deutschen Forschungsgemeinschaft richtig anlaufen konnte, zog sich die Stiftung Volkswagenwerk aus dem Bereich wieder zurück. Diese Förderung zeigt auch, wie mit relativ geringen Mitteln – insgesamt wurde eine Million Mark für diesen Schwerpunkt verbraucht – durch gezielte Maßnahmen wichtige Anstöße gegeben werden können.

Ähnliches Zusammenwirken gibt es auch heute: die Stiftung fördert eine neue Forschungsrichtung an einer Universität, einem Institut. Das dort angesammelte Know-how und die stiftungsfinanzierte apparative Ausstattung können die Grundlage für einen Sonderforschungsbereich (SFB) der Deutschen Forschungsgemeinschaft bilden. So besteht, um ein jüngstes Beispiel zu nennen, seit Anfang 1987 der SFB „Höchstfrequenz- und Höchstgeschwindigkeitsschaltungen aus III-V-Halbleitern" an der Universität - Gesamthochschule - Duisburg, der zum Teil auf Vorarbeiten durch im Schwerpunkt „Mikrostrukturwissenschaft" geförderte Forschungen basiert. Von Bedeutung ist hier vor allem die apparative Ausstattung für ein Vorhaben am Fachbereich Halbleitertechnologie, das seit 1982 teilweise in Zusammenarbeit mit dem Max-Planck-Institut für Festkörperforschung in Stuttgart bearbeitet wird und von der Stiftung mit über 2,5 Millionen Mark gefördert wurde; allein 1,1 Millionen Mark dieser Mittel wurden für die Finanzierung einer Anlage für die metallorganische Gasphasenepitaxie (MOCVD) in Duisburg verwendet, die eine wichtige Grundlage für die Herstellung von Halbleiterschichtstrukturen auch für den neuen Sonderforschungsbereich darstellt.

Noch deutlicher ist der Zusammenhang mit dem Anfang 1986 eingerichteten Sonderforschungsbereich „Physikalische und chemische Grundlagen der Molekularelektronik", an dem Physiker und Chemiker aus verschiedenen Instituten der Universität Stuttgart sowie das Max-Planck-Institut für Festkörperforschung und zwei chemische Institute der Universität Tübingen beteiligt sind. In der Stellungnahme der Deutschen Forschungsgemeinschaft an den Wissenschaftsrat bei der Vorbereitung dieses Sonderforschungsbereiches wurde darauf hingewiesen, daß man in Stuttgart und Tübingen auf Vorarbeiten im Schwerpunkt „Physik und Chemie unkonventioneller Materialien: Herstellung und Charakterisierung" der Stiftung Volkswagenwerk aufbauen kann.. Besonders hervorgehoben wird das

„… Mikrostrukturlabor in den Physikalischen Instituten, das mit einem hohen Aufwand nicht zuletzt von seiten der Stiftung Volkswagenwerk finanziert worden ist und eine Einrichtung darstellt, ohne die viele der im Antrag geplanten Arbeiten und damit letztlich der beantragte Sonderforschungsbereich insgesamt kaum denkbar wären…" – Die Einrichtung des neuen Sonderforschungsbereiches hatte sich bereits bei der Entscheidung der Stiftung 1984, für das „Mikrostrukturlabor" 5,8 Millionen Mark, überwiegend für Großgeräte zur Verfügung zu stellen, abgezeichnet. Von den Forschungsvorhaben, die von Wissenschaftlern des neuen Sonderforschungsbereiches mit Bezug zu dessen Thematik mit Drittmittelförderung durchgeführt werden, sind allein zehn von der Stiftung finanziert, während sich die übrigen zehn Vorhaben auf die DFG, das Bundesforschungsministerium und andere verteilen.

In beiden Fällen waren die Schwerpunkte – der inzwischen abgeschlossene „Physik und Chemie unkonventioneller Materialien" und die „Mikrostrukturwissenschaft" – von der Stiftung Volkswagenwerk gezielt eingerichtet worden, um neue, zukunftsweisende Forschungsrichtungen zu initiieren und zu fördern.

Auch bei den Förderungen über das Niedersächsische Vorab geschieht es immer häufiger, daß mit Stiftungsmitteln an niedersächsischen Forschungsstätten die Grundlagen für eine spezielle Geräteausstattung oder Infrastruktur geschaffen werden, die für die Einrichtung eines Sonderforschungsbereiches oder für bestimmte aus Bundesmitteln finanzierte Projektförderungen Voraussetzung sind (vgl. auch S. 259 ff.).

Forscher und Förderer

Weder die Wissenschaft selbst noch die Forschungsförderung gäbe es ohne die Menschen, die sie betreiben. Zwar schreibt die Satzung der Stiftung Volkswagenwerk vor, daß die Förderungsmittel an wissenschaftliche Einrichtungen zu vergeben sind. Trotzdem ist es natürlich die Persönlichkeit des einzelnen Wissenschaftlers, seine Leistung, seine Forschungsideen, sein persönlicher Einsatz, die die Grundlage einer jeden Bewilligung bilden.

Forscher und Förderer stehen in stetem Kreislauf des Gebens und Nehmens. Die Wissenschaftler, die Förderungsmittel empfangen, geben durch Forschungsleistung und durch ihre Arbeit der Scientific

49

community. Als Gutachter für die Einrichtungen der Forschungsförderung setzen sie unentgeltlich ihren Sachverstand und ihre Arbeitszeit ein. In Gesprächs- und Beraterkreisen wirken sie als Katalysatoren und Promotoren. Aus dem Kontakt mit ihnen erwachsen auch dem Förderer vielfältige Anregungen, die zu neuen Schwerpunkten und Programmen führen.

Die Stiftung Volkswagenwerk hat keinen festen Gutachterstamm, sondern sie wählt die Gutachter jeweils nach den besonderen Erfordernissen jedes einzelnen Forschungsprojektes aus, nahezu zweitausend Gutachter in jedem Jahr, davon mehr als ein Zehntel aus dem Ausland.

Partner der gutachtenden und beratenden oder zu fördernden Wissenschaftler in der Stiftung Volkswagenwerk sind das Kuratorium als Entscheidungsorgan und die Mitarbeiter der Geschäftsstelle für mündliche und schriftliche Kontakte bei der Vorbereitung und Abwicklung von Projekten und Programmen. Die Kuratoren, von den beiden Stiftern berufen, werden aus unterschiedlichen Bereichen des öffentlichen Lebens ausgewählt: aus Wissenschaft, Wirtschaft, Politik und Verwaltung. Immer war bisher auch ein Vertreter der Gewerkschaften dabei. Durch diese Vielfalt der Persönlichkeiten soll gewährleistet sein, daß in die Entscheidungsfindung Gesichtspunkte aus möglichst vielen Bereichen unserer Gesellschaft einfließen.
Die Kuratoren werden für eine Amtszeit von fünf Jahren berufen. Eine einmalige Wiederwahl ist möglich. Um eine größere Kontinuität im Kuratorium zu gewährleisten, wurde für einen Teil der Gründungskuratoren die Amtszeit um zweieinhalb Jahre verlängert, so daß nun alle zweieinhalb Jahre ein begrenzter Wechsel stattfindet. Die längste Amtszeit von zwölfeinhalb Jahren erreichten zwei Kuratoren „der ersten Stunde", Dr. Günter Grunwald und Professor Dr. Carl Wurster.
Der erste Vorsitzende des Kuratoriums war der damalige Ministerpräsident von Niedersachsen, Dr. Georg Diederichs. Sein Vorgänger im Amt des Ministerpräsidenten, Hinrich Wilhelm Kopf, der an der Gründung der Stiftung entscheidenden Anteil hatte, erlebte ihren Arbeitsbeginn nicht mehr. – Im Juni 1963 wurde der Vorsitz im Kuratorium auf Vorschlag Dr. Diederichs auf Dr. E. h. Richard Voigt, ehemaliger Niedersächsischer Kultusminister, übertragen, der ihn bis zum Ende seiner Amtszeit 1969 behielt. Dr. Georg Anders und Professor Dr. Otto Weber waren die ersten stellvertretenden Kuratoriumsvorsitzenden.

Während heute zwei bis drei Kuratoriumssitzungen im Jahr die Regel sind – eine Reihe von Entscheidungen können auf schriftlichem Wege getroffen werden –, traten die Kuratoren im ersten Jahr fast alle zwei Monate zusammen. Alle Grundlagen für das Selbstverständnis, für Verfahrensweisen und Förderungsrichtlinien, für die Antragsbearbeitung und Bewilligungsabläufe mußten erst neu entwickelt und erarbeitet werden. Ab Mai 1962 wurde das Kuratorium dabei von einer Geschäftsstelle unterstützt; sie bestand zunächst aus drei Personen, dem Generalsekretär und zwei Mitarbeitern, am Jahresende waren es neun, ein Jahr später vierzehn. Es war eine echte Pionierzeit für Kuratorium und Geschäftsstelle. Die Mitarbeiterzahl der Geschäftsstelle hat im Laufe der Jahre langsam und kontinuierlich zugenommen, bis sie nach dem ersten Jahrzehnt etwa den heutigen Stand (95) erreicht hat.

Da eine Förderungsinstitution von den Persönlichkeiten lebt, die sie leiten, sind bei diesem Rückblick auf 25 Jahre Stiftungsarbeit alle Mitglieder des Kuratoriums seit 1962 auf den folgenden Seiten abgebildet. Ihnen folgen die drei Generalsekretäre: Dipl.-Ing. Dr.-Ing. E.h. Gotthard Gambke, vorher bei der Deutschen Forschungsgemeinschaft, der die Geschäftsstelle der Stiftung aufbaute und von 1962–1975 leitete; ihm folgte 1976–1982 Dr. Walter Borst, der vom Bundesministerium für Forschung und Technologie kam; seit 1983 wird die Geschäftsstelle von Rolf Möller geführt, davor Präsident der Universität Kiel und Staatssekretär im Niedersächsischen Wissenschaftsministerium, 1979–1983 Kurator der Stiftung.

Die Mitglieder des Kuratoriums der Stiftung Volkswagenwerk seit 1962

Bilder nach Amtszeiten – auf der letzten Bildseite die Generalsekretäre

Anders, Dr. Georg, 1962–1967

Bennemann, Otto, 1969–1974
Biedenkopf, Professor Dr. Kurt H., 1977–1987
Bretschneider, Professor Dr. Hans Jürgen, seit 1982
Brusis, Ilse, seit 1987
Bülow, Dr. Andreas von, seit 1982

Cassens, Dr. Johann-Tönjes, seit 1983

Diederichs, Dr. Georg, 1962–1967

Engell, Professor Dr. Hans-Jürgen, seit 1984

Grunwald, Dr. Günter, 1962–1974

Haferkamp, Wilhelm, 1967
Hahn, Dr. Carl H., seit 1984
Hamm-Brücher, Dr. Hildegard, 1974–1984
Hansen, Werner, 1967–1972
Hauff, Dr. Volker, 1974–1984
Heidermann, Dr. Horst, 1974–1979
Henle, Dr. Günter, 1962–1967
Hettlage, Professor Dr. Karl Maria, 1966–1974

Justi, Professor Dr. Eduard, 1962–1969

Kaufmann, Professor Dr. Carl, 1962–1967
Killy, Professor Dr. Walther, 1967–1972
Klasen, Dr. Karl, 1974–1984
Kloten, Professor Dr. Norbert, seit 1987

Laermann, Professor Dr. Karl-Hans, seit 1984
Landwehr, Professor Dr. Gottfried, seit 1987
Langeheine, Richard, 1967–1977
Leschonski, Professor Dr.-Ing. Kurt, seit 1987
Leussink, Professor Dr.-Ing. Hans, 1972–1982
Löwenthal, Professor Dr. Richard, 1967–1977
Lotz, Professor Dr. h.c. Kurt, 1968–1974

Maier, Professor Dr. Hans, seit 1987
Merkle, Professor Dr. h.c. Hans L., 1967–1977

Mikat, Professor Dr. Paul, 1967–1977
Möcklinghoff, Dr. Egbert, seit 1987
Möller, Rolf, 1979–1983

Närger, Dr. Heribald, 1977–1987
Nordhoff, Professor Dr. Heinrich, 1962–1968

Ochel, Dipl.-Ing. Dr. E.h. Willy, 1962–1967
Oertzen, Professor Dr. Peter von, 1972–1982

Pestel, Professor Dr.-Ing. Eduard, 1969–1979
Peters, Professor Dr. Hans, 1962–1966
Pfeiffer, Alois, 1982–1986
Pöls, Professor Dr. Werner, 1977–1987

Queisser, Professor Dr. Hans-Joachim, 1977–1987

Raffert, Joachim, 1972–1982
Remmers, Dr. Werner, seit 1979
Riesenhuber, Dr. Heinz, seit 1984
Rosenberg, Ludwig, 1962–1967

Scheidemann, Dr. Karl-Friedrich, 1967–1972
Staudinger, Professor Dr. Hansjürgen, 1967–1972

Thomée, Professor Dr. Friedrich, 1974–1984
Tönshoff, Professor Dr. Hans Kurt, 1982–1987
Troll, Professor Dr. Carl, 1962–1967

Vetter, Heinz Oskar, 1972–1982
Voigt, Dr. E.h. Richard, 1962–1969

Weber, Professor Dr. Otto, 1962–1966
Wurster, Professor Dr. Carl, 1962–1974

Die Generalsekretäre

Borst, Dr. Walter, 1976–1982
Gambke, Dipl.-Ing. Dr.-Ing. E.h. Gotthard, 1962–1975
Möller, Rolf, seit 1983

Georg Anders
1962–1967
stellv. Vorsitzender
1962–1967

Georg Diederichs
1962–1967
Vorsitzender
1962–1963

Günter Grunwald
1962–1974

Günter Henle
1962–1967

Eduard Justi
1962–1969

Carl Kaufmann
1962–1967

Heinrich Nordhoff
1962–1968

Willy Ochel
1962–1967

Hans Peters
1962–1966

Ludwig Rosenberg
1962–1967

Carl Troll
1962–1967

Richard Voigt
1962–1969
Vorsitzender
1963–1969

Otto Weber
1962–1966
Stellv. Vorsitzender
1962–1966

Carl Wurster
1962–1974
Stellv. Vorsitzender
1967–1974

Die Mitglieder des
ersten Kuratoriums,
das am
27. Februar 1962
zur konstituierenden
Sitzung
zusammentrat

Karl Maria Hettlage
1966–1974
Stellv. Vorsitzender
1967–1974

Wilhelm Haferkamp
Februar–Juli 1967

Werner Hansen
1967–1972

Walther Killy
1967–1972

Richard Langeheine
1967–1977
Vorsitzender
1969–1972

Richard Löwenthal
1967–1977

Hans L. Merkle
1967–1977
Stellv. Vorsitzender
1974–1977

Paul Mikat
1967–1977

Karl-Friedrich
Scheidemann
1967–1972

Hansjürgen Staudinger
1967–1972

Kurt Lotz
1968–1974

Otto Bennemann
1969–1974

Eduard Pestel
1969–1979
Vorsitzender
1977–1979

Hans Leussink
1972–1982

Peter von Oertzen
1972–1982
Vorsitzender
1972–1977

Joachim Raffert
1972–1982

Heinz Oskar Vetter
1972–1982

Hildegard
Hamm-Brücher
1974–1984

Volker Hauff
1974–1984
Stellv. Vorsitzender
1974–1982

Horst Heidermann
1974–1979

Karl Klasen
1974–1984
Stellv. Vorsitzender
1977–1984

Friedrich Thomée
1974–1984

Kurt H. Biedenkopf
1977–1987

Heribald Närger
1977–1987

Werner Pöls
1977–1987

Hans-Joachim Queisser
1977–1987

Rolf Möller
1979–1983
Generalsekretär
seit 1983

Werner Remmers
seit 1979
Vorsitzender
seit 1979

Hans Jürgen
Bretschneider
seit 1982

Andreas von Bülow
seit 1982
Stellv. Vorsitzender
seit 1982

Alois Pfeiffer
1982–1986

Hans Kurt Tönshoff
1982–1987

Johann-Tönjes Cassens
seit 1983

Hans-Jürgen Engell
seit 1984

Carl H. Hahn
seit 1984

Karl-Hans Laermann
seit 1984

Heinz Riesenhuber
seit 1984
Stellv. Vorsitzender
seit 1984

Ilse Brusis
seit 1987

Norbert Kloten
seit 1987

Gottfried Landwehr
seit 1987

Kurt Leschonski
seit 1987

Hans Maier
seit 1987

Egbert Möcklinghoff
seit 1987

Generalsekretäre

Gotthard Gambke
1962–1975

Walter Borst
1976–1982

Rolf Möller (abgebildet als Kurator 1979–1983)
Generalsekretär seit 1983

III. Grundlagen und Arbeitsweise

Grundlagen

Die Stiftung Volkswagenwerk wurde als eine rechtsfähige Stiftung *Status und Aufgaben* bürgerlichen Rechts von der Bundesrepublik Deutschland und dem Land Niedersachsen im Jahre 1961 gegründet. Ihr wurde von den Stiftern die Aufgabe gestellt, Wissenschaft und Technik in Forschung und Lehre zu fördern. Sie verfügt über eigenes Stiftungsvermögen, erhält weder von öffentlicher noch von privater Seite Zuschüsse, ist unabhängig und in ihren Entscheidungen autonom. Sie unterliegt der staatlichen Stiftungsaufsicht. Einzelheiten zu Organisation und Verwaltung, Satzung und Rechtsgrundlagen sind den Seiten 11 ff., 75 ff. und dem Anhang zu entnehmen.

Die Stiftung Volkswagenwerk kann ihre Mittel flexibel einsetzen. Sie *Mittelvergabe* wird zum Beispiel dort tätig, wo für wichtige Projekte öffentliche Mittel nicht oder nicht schnell genug zur Verfügung stehen oder wo das Engagement einer unabhängigen und neutralen Institution aus anderen Gründen erforderlich ist. Da die Stiftung bei der privaten Natur ihrer Gelder nicht an staatliches Haushaltsrecht gebunden ist, kann sie sich der jeweils gegebenen speziellen Situation anpassen. Die bewilligten Mittel sind nicht an Haushaltsjahre gebunden und verfallen nicht am Schluß eines Kalenderjahres. Allerdings können sie nur in Ausnahmefällen über die Dauer von fünf Jahren hinaus gewährt werden.

Nach der Satzung müssen die Mittel der Stiftung Volkswagenwerk zusätzlich verwendet werden; die Mittel sollen also nicht die eigentlichen Unterhaltsträger der geförderten Einrichtungen, insbesondere nicht den Staat, entlasten. Sie sollen auch nicht zur Deckung von Etatlücken herangezogen werden oder andere Geldgeber veranlassen, ihre Zuwendungen entsprechend zu kürzen. Die Satzung der Stiftung sieht weiter vor, daß die Förderungsmittel als zweckgebundene Zuwendungen zu vergeben sind. Damit wird eine pauschale Gewährung allgemeiner, nicht spezifizierter Zuschüsse ausgeschlossen. Die Stiftung finanziert daher keine Vorhaben, deren Zielsetzung und Mittelbedarf nicht festlegen. Sie stellt auch nicht anderen forschungsfördernden Einrichtungen Mittel für deren allgemeine Förderungsarbeit zur Verfügung.

*Verwendungs-
zweck* Die Stiftung Volkswagenwerk kann prinzipiell Förderungsmittel für alle Verwendungsarten bereitstellen. So kann sie für Forschungsprojekte zum Beispiel Personalmittel und Reisekostenzuschüsse vergeben, die Beschaffung von Geräten, Büchern und Arbeitsmaterial ermöglichen oder die Bereitstellung von Räumen unterstützen. In Ausnahmefällen kommt bei schon geförderten Vorhaben zusätzlich die Vergabe von Druckkostenzuschüssen in Betracht. Die Stiftung hat ein eigenes Symposienprogramm zur Förderung wissenschaftlicher Veranstaltungen und sieht in einer Reihe von Schwerpunkten eine gezielte und spezifizierte Nachwuchsförderung vor. In besonderen Fällen unterstützt sie auch die Errichtung neuer Lehrstühle oder Forschungsstätten durch Starthilfen.

Die privatrechtliche Natur der Stiftung stellt sie in ihren Entscheidungen frei vom Gleichbehandlungsgrundsatz und von der Notwendigkeit, ablehnende Entscheidungen näher zu begründen.

Förderungsmittel

*Herkunft
der Mittel* Das Kapital der Stiftung Volkswagenwerk betrug am Jahresende 1986 rund 1,4 Milliarden DM. Die jährlich zur Verfügung stehenden Förderungsmittel stammen aus der Anlage des Stiftungskapitals, den Dividenden, die der Stiftung aus Anteilen der Bundesrepublik Deutschland und des Landes Niedersachsen an der Volkswagen Aktiengesellschaft zustehen, sowie aus sonstigen Erträgen.

*Überregionale
und regionale
Mittel* Die Förderungsmittel werden für regionale und überregionale wissenschaftliche Einrichtungen vergeben. Der vom Kuratorium der Stiftung festgelegte Verteilungsschlüssel bestimmt, daß von diesen Mitteln 25 v. H. auf regionale Einrichtungen in den Ländern entfallen (vgl. auch S. 297).

*Niedersächsi-
sches Vorab* „Vorab" steht satzungsgemäß ein Teilbetrag der Förderungsmittel dem Land Niedersachsen zu, über deren Verwendung das Kuratorium aufgrund von Vorschlägen des Niedersächsischen Landesministeriums (Landesregierung) entscheidet. Dieses sogenannte Niedersächsische Vorab umfaßt – nach Abzug der anteiligen Verwaltungskosten – den Gegenwert der Dividende, die der Stiftung aus Anteilen

des Landes Niedersachsen an der Volkswagen Aktiengesellschaft zufließen, sowie 10 v. H. der übrigen Erträge einschließlich derer aus
dem Anteil des Bundes an der Volkswagen Aktiengesellschaft. (Vgl.
hierzu auch S. 259 ff.)

Konzeption und Schwerpunkte

Das Kuratorium der Stiftung Volkswagenwerk sieht es als seine Auf- *Konzeption*
gabe an, die Aktivitäten der Stiftung in den Gesamtrahmen von Forschung und Lehre und ihrer Förderung einzufügen. Dabei liegt der
Stiftung besonders daran, solche Themen und Gebiete aufzugreifen,
die vom Staat oder von anderen forschungsfördernden Stellen aus
verschiedenen Gründen nicht oder noch nicht ausreichend berücksichtigt werden. Sie versucht durch Schwerpunktbildung und exemplarische Einzelförderungen Entwicklungen zu stimulieren, Einsei-
tigkeiten auszugleichen und Modelle zu schaffen. Wichtig erscheint
ihr vor allem, hochqualifizierte Forschungskapazität und neue For-
schungsgebiete zu etablieren, insbesondere auf Gebieten, die – mögli-
cherweise erst längerfristig – zum Erkennen oder Lösen gesellschaft-
lich wichtiger Aufgaben beitragen können. Dabei ist eine interdisziplinäre, überregionale und internationale Kooperation im wissenschaftlichen Bereich von besonderem Gewicht.

Die Stiftung ist darauf angewiesen, Anregungen aus der Wissenschaft *Kontakte*
für ihr Förderungsprogramm zu erhalten. Diesem Ziel dienen zum *Abstimmung*
Beispiel das fachlich nicht begrenzte Symposienprogramm sowie die
Finanzierung exzeptionell förderungswürdiger Projekte außerhalb
der Schwerpunkte. Ihm dienen aber auch Gutachterkreise, Veranstaltungen mit Vertretern der Wissenschaft sowie Gespräche mit Ministerien und wissenschaftsfördernden Institutionen.

Die Stiftung Volkswagenwerk fördert grundsätzlich im Rahmen von *Die Förderungs-*
Schwerpunkten. Sie versucht, ihr Förderungsangebot – neben der *schwerpunkte*
ausführlichen Darstellung im Jahresbericht und der gezielten Information durch Merkblätter für Antragsteller und Informationsschriften zu bestimmten Förderungsbereichen – auch durch Pressemitteilungen, Anzeigen und öffentliche Ausschreibungen so bekanntzumachen, daß mögliche Interessenten vollständig, gleichmäßig und recht-
zeitig darüber unterrichtet werden.
Das Förderungsprogramm der Stiftung ist nicht starr; vielmehr werden die Schwerpunkte jeweils den Erfordernissen der Wissenschaft

angepaßt. Die folgende Aufstellung enthält die zur Zeit bestehenden Förderungsschwerpunkte. Für vereinzelte Förderungen außerhalb der Schwerpunkt siehe Seite 255 ff.

Schwerpunkt-liste ## Schwerpunkte mit überwiegend geistes- und gesellschaftswissenschaftlicher Themenstellung

Antike in der Moderne – Wirkungs- und Rezeptionsgeschichte des „klassischen" Altertums

Forschungen zur frühneuzeitlichen Geschichte: Vom vor-reformatorischen Reich zum nach-napoleonischen Deutschland (1500–1820)

Geschichte und Zukunft europäischer Städte – Historisch-sozialwissenschaftliche Stadtforschung

Beispiele kulturwissenschaftlicher Dokumentation (Einzelprogramme)

Forschungen zum deutschen Widerstand 1933–1945

Deutschland nach 1945 – Entstehung und Entwicklung der Bundesrepublik Deutschland und der DDR

Demokratische Industriegesellschaften im Wandel

Süderweiterung der Europäischen Gemeinschaft

Gegenwartsbezogene Forschung zur Region Südostasien

Grundlegende Entwicklungen in Lateinamerika, Asien und Afrika

Management von Forschung und Entwicklung

Forschung und Ausbildung im Bereich der Sicherheitspolitik (Einzelprogramme)

Programm zur Förderung von Graduiertenkollegs in den Geistes- und Gesellschaftswissenschaften (Ausschreibung am 15.7.1987 beendet)

Schwerpunkte mit überwiegend natur-, ingenieur- und biowissenschaftlicher Themenstellung

Synergetik

Metallorganische Reaktionen für die organische Synthese

Mikrostrukturwissenschaft

Partnerschaft mit ingenieur- und naturwissenschaftlichen Instituten im Ausland

Fachübergreifende Gemeinschaftsprojekte in den Ingenieurwissenschaften

Prozeßmodelle von trennenden und umformenden Fertigungsverfahren

Verhalten metallischer und keramischer Werkstoffe unter Betriebsbedingungen

60

Mikrocharakterisierung von Werkstoffen und Bauelementen
Grundlagen technischer Verbrennungsvorgänge
Förderung der Infrastruktur in den Ingenieurwissenschaften
Parasitäre Krankheiten von Holzgewächsen
– Ausbildung in der Holzpathologie –
Programm: Spezielles Ergänzungsstipendium in der Klinischen
Medizin (Erste Ausschreibung beendet)
Wettbewerb Biowissenschaften (Ausschreibung beendet)
In Vorbereitung: Archäometallurgie

Fachoffene Schwerpunkte

Symposienprogramm
Akademie-Stipendien
China-Programm: Förderung der deutsch-chinesischen wissen-
schaftlichen Zusammenarbeit

In fachorientierten Schwerpunkten

Programm: Förderung habilitierter Wissenschaftler

Grundsätzlich werden Anträge, die keinem dieser Schwerpunkte zugeordnet werden können, abgelehnt. Damit stellt die Stiftung Volkswagenwerk weder den wissenschaftlichen Wert von Projekten, die
nicht in ihr Förderungsprogramm einzuordnen sind, noch die Qualifikation der Antragsteller in Frage.

In einer Negativliste hat die Stiftung Volkswagenwerk solche Anlie- *Negativliste*
gen und Bereiche zusammengestellt, die – im wesentlichen aus satzungsrechtlichen Gründen – von der Stiftung nicht gefördert werden. Die Stiftung möchte mit dieser aus der Förderungspraxis entstandenen, nicht abschließenden Aufstellung möglichen Interessenten
die Mühe einer erfolglosen Antragstellung ersparen helfen. Auch
diese Negativliste enthält keine Werturteile. Sie umfaßt:

Pauschale Erhöhungen oder Deckung von Institutsetats oder
Schließung von Etatlücken
Erstattung anderweitig gewährter Vorfinanzierung
Errichtung von Kapitalstiftungen
Entwicklungs- und Erprobungsarbeiten zu wissenschaftlich be-
reits gelösten Problemen

Auswertung von Patenten
Nicht gemeinnützige Projekte
Karitative Anliegen
Aus- und Aufbau von Krankenhäusern
Bestrahlungsgeräte, die zugleich der Therapie dienen sollen
Schulen und Fachschulen
Volkshochschulen und sonstige Einrichtungen der Erwachsenenbildung
Studentenwohnheime, Studentenzentren
Studienkollegs
Kongresse und Ausstellungen
Aufstockung von Beihilfen für Auslandsreisen, die von anderer Seite bereits gefördert werden
Aufstockung von Stipendien, die von anderer Seite gewährt werden
Druckkostenzuschüsse ohne Verbindung mit Stiftungsprojekten
Erwerb, Vervollständigung oder Unterhaltung von Sammlungen aller Art.

Weitere Grundsätze Die Stiftung Volkswagenwerk geht von dem Grundsatz aus, keine Mittel für Vorhaben bereitzustellen,

> die in den erklärten und ausreichend geförderten Aufgabenbereich anderer Stellen fallen,
> deren Finanzierung die Wiederaufnahme einer abgeschlossenen Förderung der Stiftung bedeuten würde.

Der erste dieser Grundsätze betrifft unter anderem Förderungswünsche aus Großforschungseinrichtungen. Die Stiftung geht allgemein davon aus, daß die Großforschungseinrichtungen von ihren Trägern ausreichend finanziert werden und in ihren Entscheidungen und Prioritätensetzungen beweglich genug sind, um insbesondere auch neue Arbeitsrichtungen, die an sich einem Förderungsschwerpunkt der Stiftung zugeordnet werden könnten, im Rahmen der staatlichen Betriebs- und Investitionsmittelzuwendungen aufzunehmen. Das heißt jedoch nicht, daß Vorhaben in Zusammenarbeit mit oder an Großforschungseinrichtungen generell von einer Förderung durch die Stiftung ausgeschlossen sind. Allerdings legt die Stiftung in solchen Fällen besonders strenge Maßstäbe an.

Vorhaben, die über einen Zeitraum von fünf Jahren hinaus laufende Kosten verursachen, fördert die Stiftung grundsätzlich nur, wenn es gesichert erscheint, daß spätestens nach diesem Zeitraum die laufenden Kosten von anderer Seite getragen werden.

Nachwuchsförderung

Ein wichtiges Anliegen ist der Stiftung Volkswagenwerk seit jeher die Nachwuchsförderung. Sie hält eine Reihe von speziell auf deutschen wissenschaftlichen Nachwuchs gerichtete Förderungsprogramme und -möglichkeiten bereit. Zu nennen sind hier aus der Schwerpunktliste die Programme Sicherheitspolitik (Forschungswettbewerb Rüstungskontrolle), Graduiertenkollegs, Holzpathologie und Klinische Medizin sowie die Habilitiertenförderung.

Eine Anzahl weiterer Stipendienprogramme – zum Beispiel das Kekulé-Stipendium für Doktoranden der Chemie, das McCloy Academic Scholarship Program an der Harvard-Universität/USA, das Internship-Programm für die USA am Zentrum für Nordamerika-Forschung (ZENAF) der Universität Frankfurt/M., die institutsgebundene Ausbildung auf dem Gebiet der sicherheitspolitischen Forschung, das Stipendienprogramm für deutsche Geistes- und Sozialwissenschaftler der Maison des Sciences de l'Homme/Paris oder in Princeton/USA – werden über andere Einrichtungen gefördert und abgewickelt (vgl. auch S. 100 ff.).
Das vom St. Antony's College betreute Oxford-Stipendienprogramm für regionenbezogene Sozialforschung in ausgewählten Ländern der Dritten Welt steht ebenso promovierten Nachwuchswissenschaftlern wie Professoren offen.

Im Schwerpunkt „Akademie-Stipendien", der belasteten Hochschullehrern eine zusätzliche Freistellung von den Lehrverpflichtungen ermöglicht, drängt die Stiftung regelmäßig darauf, als Vertreter habilitierte Nachwuchswissenschaftler in ungesicherter Stellung heranzuziehen, damit sie die Chance einer Bewährung als Hochschullehrer bekommen.

Auch die Forschungsprojekte – die häufigste Förderungsart unter den Bewilligungen der Stiftung Volkswagenwerk – haben sich als Instrument der Nachwuchsförderung bewährt: in vielen von ihnen können sich jüngere Promovierte oder Graduierte als Mitarbeiter unter der wissenschaftlichen Verantwortung des Projektleiters weiter qualifizieren.

Daneben bietet die Stiftung in einer Reihe von Schwerpunkten die Förderung besonders qualifizierter Graduierter durch spezielle Forschungs- und Ausbildungsprojekte in kleinen Gruppen von Stipendiaten (mindestens zwei, in der Regel nicht mehr als drei) unter der individuellen Betreuung durch erfahrene Hochschullehrer an, wobei auch Aufenthalte an ausländischen Instituten einbezogen werden können.

Und schließlich besteht in den meisten Schwerpunkten auch eine Möglichkeit zur Vergabe von Forschungs- und/oder Ausbildungsstipendien, zum Teil ebenfalls mit der Möglichkeit zu Auslandsaufenthalten. Die entsprechenden Schwerpunkte sind im Anhang bei den allgemeinen – 1986 vor allem hinsichtlich der Stipendiensätze veränderten – Richtlinien zur Stipendienvergabe aufgeführt. Die einzelnen Schwerpunktdarstellungen (S. 129 ff.) bzw. Merkblätter für Antragsteller informieren über weitere Einzelheiten.

Auslandsbezogene Förderung

Grundlagen Anträge aus dem Ausland sind deutschen Anträgen prinzipiell gleichgestellt. Das bedeutet vor allem, daß auch ausländische wissenschaftliche Einrichtungen Anträge unmittelbar bei der Stiftung Volkswagenwerk stellen können (ebenso wie ihnen die Stiftung Förderungsmittel unmittelbar bewilligen und auszahlen kann). Solche Anträge können allerdings grundsätzlich nur bearbeitet werden, wenn sie einem der Förderungsschwerpunkte der Stiftung zuzurechnen sind und konkrete Angaben über eine Kooperation mit wissenschaftlichen Einrichtungen oder Wissenschaftlern in der Bundesrepublik Deutschland enthalten. Anträgen, die nicht in deutscher Sprache abgefaßt sind, sollte zur Erleichterung der Bearbeitung eine deutschsprachige Zusammenfassung beigegeben werden.

Abgrenzung Einige Schwerpunkte sind auf deutsche Bewilligungsempfänger bzw. Staatsangehörige begrenzt, obwohl sie ebenfalls der internationalen Zusammenarbeit dienen: Internationale Begegnungszentren, Symposienprogramm, Akademie-Stipendien. Gleiches gilt für einige auf Nachwuchs- und Ausbildungsförderung bezogene Schwerpunkte und Programme: Forschungswettbewerb zu Fragen der Rüstungskontrolle, Graduiertenkollegs, Förderung der Infrastruktur in den Ingenieurwissenschaften, Parasitäre Krankheiten von Holzgewächsen, Spezielles Ergänzungsstipendium in der Klinischen Medizin sowie Habilitiertenförderung.

Mögliche Formen der bei Auslandsanträgen erforderlichen Zusammenarbeit wären – um nur einige Beispiele zu nennen – ein gegenseitiger Wissenschaftler- oder Stipendiatenaustausch, Gastprofessuren, das gleichzeitige Angehen gleicher Probleme mit unterschiedlichen Methoden oder in sich gegenseitig kontrollierenden oder ergänzenden Untersuchungen. *Kooperation*

Hinsichtlich der Notwendigkeit und der Intensität der Kooperation stellt die Stiftung durchaus unterschiedliche Anforderungen je nach den Erfordernissen des angesprochenen Fachgebietes und Schwerpunktes:

So gelten in den Natur- und Ingenieurwissenschaften bei Anträgen aus industrialisierten Ländern strenge Maßstäbe; angesichts der in diesen Gebieten allgemein üblichen Zusammenarbeit erwartet die Stiftung hier, daß die Notwendigkeit einer speziellen Kooperation mit deutschen Wissenschaftlern oder Instituten aus der spezifischen Situation des Vorhabens heraus belegt wird.

Der Förderung von Gemeinschaftsprojekten mit natur- und ingenieurwissenschaftlichen Instituten in weniger hoch entwickelten Regionen dient ein spezielles Partnerschaftsprogramm.

Bei einer Zusammenarbeit mit Wissenschaftlern oder wissenschaftlichen Einrichtungen aus Ländern mit sich noch entwickelnden Wissenschaftsstrukturen können die Maßstäbe weniger stringent sein. Hier hat die Stiftung auch im gesellschaftswissenschaftlichen Bereich eine Reihe von Schwerpunkten speziell mit dem Ziel eingerichtet, Wissenschaftler und wissenschaftliche Institutionen aus diesen Regionen mit einzubeziehen, wie die Schwerpunkte „Grundlegende Entwicklungen in Lateinamerika, Asien und Afrika", „Gegenwartsbezogene Forschung zur Region Südostasien" sowie „Süderweiterung der Europäischen Gemeinschaft". In bestimmten Zusammenhängen und speziellen Förderungsprogrammen (z.B. im Schwerpunkt Grundlegende Entwicklungen in Lateinamerika, Asien und Afrika) kann hier das Kooperationsgebot flexibel gehandhabt werden und unter Umständen ganz entfallen (z.B. im Schwerpunkt Südostasienforschung).

Offen für alle Fachgebiete ist das im Juni 1986 eingerichtete China-Programm zur Förderung der deutsch-chinesischen wissenschaftlichen Zusammenarbeit.

Bewilligungen an wissenschaftliche Einrichtungen im Ausland können auch deutschen Wissenschaftlern zugute kommen, wenn es sich beispielsweise um die zeitlich befristete Finanzierung von Gastpro- *Wissenschaftliche Interdependenz*

65

fessuren oder Gastaufenthaltsprogrammen handelt oder wenn mit diesen Auslandsbewilligungen intensive Formen der Zusammenarbeit ermöglicht werden.

Umgekehrt partizipieren ausländische Wissenschaftler und ihre Institutionen auf vielfältige Weise auch an Bewilligungen der Stiftung an deutsche Empfänger. In besonderem Maße gilt dies für das Partnerschaftsprogramm in den Ingenieur- und Naturwissenschaften, bei dem über 80 Prozent der bereitgestellten Förderungsmittel zugunsten der ausländischen Partner verwendet werden. Aber auch in anderen Schwerpunkten weist ein erheblicher Anteil der Inlandsbewilligungen einen derartigen Auslandsbezug auf. Hier ist vor allem das Symposienprogramm zu nennen, in dem die Stiftung großen Wert auf internationale Beteiligung an den Veranstaltungen legt.

Inter-nationalität der Wissenschaft

Die Stiftung Volkswagenwerk bemüht sich in besonderem Maße, wie auch die Konzeption ihrer Auslandsförderung zeigt, der Internationalität der Wissenschaft Rechnung zu tragen und wissenschaftliche Kontakte und Zusammenarbeit über die Grenzen von Ländern und Kontinenten hinweg zu fördern und zu stimulieren. In gleicher Weise pflegt sie auch selbst vielfältige internationale Kontakte. Fast wöchentlich sind Besucher aus dem Ausland in der Geschäftsstelle; ebenso reisen Vertreter der Stiftung zu ausländischen wissenschaftlichen und forschungsfördernden Einrichtungen und zur Teilnahme an speziellen Veranstaltungen.

Der Vorsitzende des Kuratoriums des Stiftung Volkswagenwerk, Dr. Werner Remmers, und der Generalsekretär nahmen an der Einweihung des Internationalen Wissenschaftsforums Heidelberg teil, das die Stiftung anläßlich der 600-Jahr-Feier der Heidelberger Universität mit zwei Millionen DM startfinanziert hat.

Der Generalsekretär, Rolf Möller, war Gast bei einer Tagung der Europäischen Rektorenkonferenz in Kopenhagen und bei der 350-Jahr-Feier der Harvard University in Cambridge/USA. Im Juni 1986 beteiligte er sich als Dozent an der zweiwöchigen Tagung des Internationalen Salzburg-Seminars „The Role of Philanthropy and Non-Profit-Institutions". Weitere Reisen führten Mitarbeiter der Geschäftsstelle in die USA und verschiedene Länder Europas und Asiens.

Ebenso empfing die Stiftung Gäste aus allen Teilen Europas, aus den USA, Mittel- und Südamerika und verschiedenen Ländern Asiens und aus Afrika.

Antragstellung

Die Stiftung bearbeitet Anträge im allgemeinen nur im Rahmen ihrer Schwerpunkte. Anträge können schriftlich und in der Regel jederzeit ohne weitere Formerfordernisse an die Geschäftsstelle der Stiftung Volkswagenwerk gerichtet werden. Die Anträge sollen – auch sprachlich – so abgefaßt sein, daß sie sowohl der Stiftung als auch den von ihr zu Rate gezogenen Gutachtern ein verständliches und für die Prüfung ausreichendes Bild des geplanten Projekts vermitteln. Fachliche Ausführungen können dem Antrag gegebenenfalls auch als Anlage beigegeben werden.

Ein Antrag sollte folgende Informationen enthalten:

Hinweise zur Antragstellung

- Kurze, möglichst aussagefähige Bezeichnung des Vorhabens
- Zusammenfassung (1 bis 2 Seiten); bei auslandsbezogenen Anträgen zusätzlich auch in englischer Sprache
- Ausführliche Darstellung (Begründung und Zielsetzung, Methoden, ggf. Hypothesen)
- Erwartete Ergebnisse in Bezug zum gegenwärtigen Forschungsstand
- Bereits geleistete Vorarbeiten zum Thema
- Name, Ausbildung und Arbeitsbereich der am Projekt maßgeblich Beteiligten
- Angaben zu beabsichtiger wissenschaftlicher Kooperation (ggf. auch im Ausland)
- Durchführungsplan mit Angaben zum zeitlichen Ablauf
- Kostenplan
- Angaben über Vorlage dieses Antrags oder thematisch verwandter Anträge bei anderen Förderungsinstitutionen
- Bezeichnung des vorgesehenen Bewilligungsempfängers

Für spezielle Angaben zu den verschiedenen Schwerpunkten siehe die im Anhang abgedruckten Merkblätter für Antragsteller; zur Förderung von Veranstaltungen vgl. Merkblatt 1 / Symposienprogramm (S. 308 ff.).

Die Stiftung kann Förderungsmittel nur an Einrichtungen der Wissenschaft vergeben. Bei Antragstellern außerhalb des unmittelbaren Hochschulbereichs und der Max-Planck-Gesellschaft sind daher auch Angaben zu Rechtsform, Satzung, Besetzung der Organe und Gremien, Gemeinnützigkeit, Etatgestaltung und Haushaltsprüfung der zu fördernden Einrichtungen notwendig. Nicht institutionalisierte Projektgruppen werden um detaillierte Informationen zur rechtlichen und organisatorischen Zuordnung gebeten. Soweit ein Tätigkeitsbericht der antragstellenden Einrichtung vorliegt, sollte auch dieser übersandt werden.

Kostenplan Die Antragsbearbeitung wird erheblich erleichtert, wenn der Kostenplan nach folgenden Positionen gegliedert ist:

- Personalmittel
  Wissenschaftliches Personal
  Sonstiges Personal
- Laufende Sachmittel
  Reisekosten
  Sonstige laufende Sachkosten (z. B. Verbrauchsmaterial)
- Einmalige Sachmittel
  Geräte
  Sonstige einmalige Beschaffungen (z. B. Literatur, Baumittel)

In jedem Fall sollten die einzelnen Positionen – auch im Verhältnis zur vorhandenen Ausstattung – beziffert und begründet werden. Beim Personal sollten die Einstufungen der beantragten Stelle und die tatsächlich erforderlichen Beträge (ohne Vorwegnahme künftiger Tariferhöhungen) auf der Grundlage der geltenden Tarifverträge genannt werden. Bei Geräten mit einem Anschaffungswert über 150 000 DM sind zunächst die Möglichkeiten des Hochschulbauförderungsgesetzes zu prüfen und das Ergebnis im Antrag mitzuteilen.

Da die Stiftung satzungsgemäß laufende Personal- und Sachmittel nur in Ausnahmefällen über die Dauer von fünf Jahren hinaus gewähren darf, benötigt sie bei Projekten mit längerer Laufzeit – insbesondere wenn Starthilfen erbeten werden – Angaben über die Sicherstellung der künftigen Finanzierung.

Antragsbearbeitung

Abstimmung Gemäß ihrer Satzung hat die Stiftung Volkswagenwerk zum Zweck der Koordination eine Stellungnahme der obersten Behörde einzuholen, wenn eine solche für die antragstellende Einrichtung zuständig ist. Im allgemeinen handelt es sich dabei um Kultus- oder Wissenschaftsministerien der Länder oder um Ressorts des Bundes. Bei größeren Projekten ist eine vorherige Abstimmung des Antragstellers mit den jeweils in Frage kommenden Stellen zweckmäßig; dies gilt insbesondere für Projekte mit Folgekosten, die von der Stiftung Volkswagenwerk nicht übernommen werden können. Ein Dienstweg über die Behörden wird von der Stiftung Volkswagenwerk weder gefordert noch angestrebt. In der Praxis hat es sich als günstig erwiesen, wenn die Antragsteller aus Hochschulen und staatlichen Instituten ihre Anträge gleichzeitig sowohl der Stiftung als auch ihrer obersten Behörde zuleiten.

Die bei der Stiftung Volkswagenwerk eingehenden Anträge werden von Fachleuten begutachtet, meist einzeln und schriftlich, in geeigneten Fällen – z. B. im Rahmen ausgeschriebener Programme – in Gutachtergesprächen oder Arbeitskreisen. *Begutachtung*

Im Unterschied zu anderen Förderungseinrichtungen hat die Stiftung Volkswagenwerk keinen festen Gutachterstamm. Sie erbittet Gutachten entsprechend den Erfordernissen der einzelnen Anträge. Dabei werden je nach Antrag Fachleute aus verschiedenen Disziplinen, Hochschulen und Instituten, gegebenenfalls auch aus dem außeruniversitären Bereich und aus dem Ausland, befragt. Daß keine Gutachter aus der Fakultät oder dem Institut des Antragstellers ausgewählt werden, versteht sich von selbst. Den einzelnen Gutachter möchte die Stiftung möglichst nicht öfter als zwei- bis dreimal im Jahr bemühen. Im Durchschnitt werden zu einem Vorhaben mehrere Wissenschaftler um ihr Votum gebeten – bei großen, strittigen oder interdisziplinären Vorhaben mehr, bei einfacher gelagerten weniger. 1986 gingen insgesamt 2 292 gutachterliche Stellungnahmen ein, davon 227 aus dem Ausland. Mit besonderem Dank weist die Stiftung Volkswagenwerk darauf hin, daß alle Gutachten unentgeltlich erstellt werden.

Die Stiftung legt großen Wert auf die Vertraulichkeit der Begutachtung, um gerade auch in problematischen Fällen ein rückhaltloses Votum zu ermöglichen und damit allen Anträgen und Antragstellern gerecht zu werden. Das schließt nicht aus, daß im Einzelfall Auszüge aus Gutachten in anonymisierter Form dem Antragsteller vor oder mit der Entscheidung mitgeteilt werden, um ihm Gelegenheit zu geben, darauf einzugehen.

Das Kuratorium entscheidet im allgemeinen in mündlicher Verhandlung. Es finden jährlich mehrere Kuratoriumssitzungen statt, die von der Geschäftsstelle vorbereitet werden. Zur Beschleunigung der Entscheidungen wird zwischen den Sitzungen auch von einem schriftlichen Abstimmungsverfahren Gebrauch gemacht. Über kleinere Pro- *Entscheidung*

69

jekte kann der Generalsekretär entscheiden, sofern darin aufgeworfene Fragen nicht eine Behandlung durch das Kuratorium erforderlich machen. In jedem Fall wird das Kuratorium unterrichtet. Normalerweise ist bei umfangreichen Projekten bis zur Mitteilung einer Entscheidung mit einer Bearbeitungszeit von mindestens sechs Monaten zu rechnen. Aus wohlerwogenen Gesichtspunkten sieht die Stiftung grundsätzlich davon ab, Entscheidungen, insbesondere Ablehnungen, zu begründen. Sie bittet hierfür um Verständnis.

Abwicklung Die Ausführung der Kuratoriumsentscheidungen ist Aufgabe des Generalsekretärs und der Geschäftsstelle (vgl. auch S.75 ff.). In begrenztem Umfang gehören dazu auch Nachbewilligungen, zum Beispiel für anders nicht auszugleichende Kosten- und Tariferhöhungen. Ferner zählen hierzu die begleitende Betreuung und Beobachtung geförderter Vorhaben, die Prüfung der Verwendungsnachweise sowie die Ergebnisbewertung.

Datenschutz Im Rahmen der Antragsbearbeitung anfallende Daten werden von der Stiftung in Übereinstimmung mit dem Datenschutzgesetz gespeichert.

Bewilligungsgrundsätze

Im Falle einer Bewilligung werden der geförderten wissenschaftlichen Einrichtung die Mittel zur eigenverantwortlichen Verwendung überlassen. Die mit den Bewilligungen verbundenen Bedingungen, Auflagen und Anregungen dienen dazu, die Zweckbindung der Zuwendungen sicherzustellen, eine optimale Ausnutzung der Stiftungsmittel zu gewährleisten und den Verwendungsnachweis zu erleichtern. Soweit die zu fördernde Einrichtung an allgemeine staatliche oder an spezielle Grundsätze zur Bewirtschaftung von „Mitteln Dritter" gebunden ist, sind diese im Rahmen der Bewilligungsgrundsätze der Stiftung Volkswagenwerk anzuwenden. Zum wesentlichen Inhalt der Bedingungen gehört:

Zweckbindung/
Wirtschaft-
lichkeit Die bewilligten Mittel sind wirtschaftlich und sparsam zu verwenden. Sie dürfen nur für den unmittelbaren Bewilligungszweck benutzt werden. Um zu vermeiden, daß Gelder zinslos bei den Förderungsempfängern ruhen, werden die Mittel grundsätzlich erst zur Verfügung gestellt, wenn sie tatsächlich benötigt werden. Beim Einkauf sind Rabatt- und Skontomöglichkeiten auszuschöpfen (z.B. Forschungsrabatte).

Im einzelnen eröffnen die für die jeweilige Bewilligung geltenden Bedingungen die Möglichkeit, im Rahmen der bewilligten Mittel flexibel auf notwendige Anpassungen während der Projektlaufzeit zu reagieren. Größere finanzielle Abweichungen wie auch sachliche Umdispositionen bedürfen allerdings der vorherigen Einwilligung der Stiftung. *Umdisposition*

Vergütungen für Mitarbeiter sind der Tätigkeit und den örtlichen (Instituts-)Verhältnissen anzupassen. Auch Zuschüsse zu Reise- und Aufenthaltskosten können bei Inlands- und kürzeren Auslandsreisen bis zu den beantragten und bewilligten Beträgen und Sätzen abgerechnet werden. Soweit keine näheren Bestimmungen im Einzelfall getroffen sind, gelten als Höchstgrenze die Sätze des Reisekostenrechts des öffentlichen Dienstes. Bei längeren Auslandsaufenthalten verringern sich regelmäßig die dort vorgesehenen Sätze. Für ausländische Bewilligungsempfänger beziehen sich bewilligte Zuschüsse auf die bei ihnen gültigen Reisekosten-Richtlinien. Für Aufenthalte ausländischer Wissenschaftler im Inland können besondere Sätze gewährt werden. *Personal- und Reisekosten*

Ist die Anschaffung von größeren Geräten vorgesehen, hilft die Deutsche Gesellschaft für chemisches Apparatewesen e. V. (DECHEMA), Frankfurt/M., auf Bitte der Stiftung Volkswagenwerk bei Auswahl und Beschaffung. Bei der Bewilligung von Geräten wird vorausgesetzt, daß diese auch anderen wissenschaftlichen Einrichtungen zur Verfügung stehen, soweit das den Bewilligungszweck nicht beeinträchtigt; weitere Voraussetzung ist, daß die sachgemäße Nutzung, Unterbringung und Wartung sichergestellt sind. Die für Energieverbrauch, Versicherung, Wartung, Reparaturen, Ersatzteile usw. entstehenden laufenden Kosten werden von der Stiftung nicht übernommen. *Geräte*

Spätestens nach Abschluß der Förderungsmaßnahme ist der rechnerische Nachweis über die Verwendung der Mittel zu führen und über Verlauf und Ergebnisse des Vorhabens zu berichten. *Verwendungsnachweis*

Die Stiftung legt Wert darauf, daß die Projektergebnisse – vorzugsweise durch Publikationen in Fachorganen – der Öffentlichkeit zugänglich gemacht werden, wobei jedoch mit einem Druckkostenzuschuß der Stiftung nicht gerechnet werden sollte. *Veröffentlichung*

Wenn sich unmittelbar aus einem von der Stiftung geförderten Projekt wirtschaftliche Gewinne, Kostenerstattungen oder andere Erträge (einschließlich solcher aus Schutzrechten) ergeben, so ist dies *Gewinnbeteiligung* der Stiftung alsbald mitzuteilen. Die Stiftung behält sich vor, hieraus die Rückzahlung ihrer Förderungsmittel oder eine angemessene Beteiligung zu verlangen. Das gilt regelmäßig nicht für Einnahmen aus Publikationen.

Rücknahme Widerruf Einstellung Die Bewilligung kann zurückgenommen werden, wenn die Mittel nicht mindestens zum Teil innerhalb von zwei Jahren in Anspruch genommen worden sind. Die Stiftung behält sich vor, die Bewilligung zu widerrufen und gezahlte Gelder zurückzufordern, wenn die Bewilligungsbedingungen nicht beachtet, insbesondere die Mittel nicht zweckentsprechend verwendet werden oder der Verwendungsnachweis nicht erbracht wird. Aus wichtigem Grund oder bei Wegfall wesentlicher Voraussetzungen für eine erfolgreiche Durchführung kann die Stiftung die Förderung eines Vorhabens einstellen.

Schutzbestimmungen Der Förderungsempfänger verpflichtet sich, Sicherheitsvorschriften, Regeln und Konventionen einzuhalten, die in bestimmten Forschungsgebieten gelten oder als Standard angesehen werden (z.B. die Deklaration von Helsinki über die Planung und Durchführung von medizinischen und klinischen Versuchen am Menschen).

Die geltenden Bewilligungsgrundsätze sind im Anhang (S.299ff.) wiedergegeben.

Information der Öffentlichkeit

Die Stiftung Volkswagenwerk legt Wert auf eine ausführliche Unterrichtung der Öffentlichkeit. Einmal sieht sie sich als gemeinnützige Institution der Wissenschaftsförderung verpflichtet, Rechenschaft über ihre Tätigkeit abzulegen; zum anderen liegt ihr daran, das Interesse der Öffentlichkeit für Wissenschaft und Technik zu stärken.

Jahresbericht Umfassend unterrichtet das Kuratorium über die Tätigkeit der Stiftung durch den Jahresbericht, der jeweils im Oktober erscheint. Die Stiftung bringt ihre Jahresberichte – ebenso wie andere Publikationen – regelmäßig Parlamentariern in Bund und Ländern, Ministerien, Institutionen und Organisationen, soweit sie mit Forschung und Forschungsförderung befaßt sind, und Bibliotheken sowie Presse, Funk und Fernsehen zur Kenntnis.

72

Eine knappe Einführung in Aufgabe, Arbeitsweise und Wirken der Stiftung vermittelt eine im Februar 1987 erschienene Broschüre „Die Stiftung Volkswagenwerk". Sie soll in Wort und Bild Gelegenheit zu einem schnellen Kennenlernen der Stiftung geben.

Broschüre „Die Stiftung Volkswagenwerk"

Seit Beginn ihrer Tätigkeit legt die Stiftung Volkswagenwerk Wert darauf, auch eine breitere Öffentlichkeit über ihre Förderungsmöglichkeiten und über einzelne Forschungsvorhaben zu informieren. Sie versorgt dazu die Redaktionen von Tages- und Wochenzeitungen, Fachzeitschriften, Nachrichtenagenturen sowie Funk und Fernsehen, aber auch frei arbeitende Journalisten regelmäßig mit Pressemitteilungen. Die 1986 erschienenen Pressemitteilungen wurden von den genannten Medien wieder durch Abdrucke, über Interviews oder als „Kontaktadressen" zu den Wissenschaftlern lebhaft genutzt.

Pressearbeit

Neben der Jahrespressekonferenz im Oktober 1986 in Hannover, die vor allem der Vorstellung des Jahresberichts diente, lud die Stiftung anläßlich der 84. Kuratoriumssitzung, die auf den 25. Jahrestag der ersten Kuratoriumssitzung am 27. Februar 1962 fiel, zu einer weiteren Pressekonferenz in die Geschäftsstelle ein. Von den Konferenzen „vor Ort" ist eine Journalistentagung in Aachen hervorzuheben, bei der an zwei halben Tagen sechs Institute ihre von der Stiftung Volkswagenwerk geförderten Arbeiten Vertretern verschiedener Medien vorführten.

Die Stiftung erwartet von den geförderten Wissenschaftlern, daß sie selbst nicht nur auf wissenschaftsinternen Wegen – in Zeitschriften, Monographien u. a. –, sondern auch in den allgemein zugänglichen Medien (z. B. auch den ortsansässigen) über ihre Forschungsarbeiten und deren Ergebnisse berichten.

Seit Januar 1985 gibt die Stiftung auch wieder die in unregelmäßiger Folge, ein- bis zweimal jährlich, erscheinenden „Informationen der Stiftung Volkswagenwerk" heraus, durch die sie Hochschulen, Wissenschaftsverwaltungen und sonstige interessierte Stellen über Veränderungen im Förderungsprogramm informiert. Die „Informationen" dienen auch zur Aufrechterhaltung des Informationsflusses bis zum Erscheinen des jeweils nächsten Jahresberichts.

„Informationen der Stiftung Volkswagenwerk"

Über Förderungsthematik und -möglichkeiten einzelner Schwerpunkte und Programme informiert die Stiftung außerdem durch Merkblätter für Antragsteller und durch Ausschreibungen, auch in Wochen- und Tageszeitungen bzw. Fachzeitschriften.

Förderungsinformationen für Antragsteller

In der Reihe „Die Stiftung Volkswagenwerk informiert" sind Förderungsmöglichkeiten in einzelnen Wissenschafts- und Sachbereichen als Kurzinformationen schnell überschaubar zusammengefaßt. Zur Zeit liegen Neuausgaben der Schriften zu den Ingenieurwissenschaften (1984) und den Gesellschaftswissenschaften (1986) vor.

Eine englisch-deutsche Informationsbroschüre unterrichtet über den Schwerpunkt „Partnerschaft mit ingenieur- und naturwissenschaftlichen Instituten im Ausland".

Fremd-
sprachige
Informationen

Für ausländische Wissenschaftler und Institutionen geben Broschüren in Englisch (Outlines) und Französisch (Rapport sommaire d'activité) einen allgemeinen Überblick über Förderungsgrundlagen, -möglichkeiten und Schwerpunkte der Stiftung. Faltblätter mit Kurzinformationen sind in deutscher, englischer und französischer Sprache erhältlich.

Zu verschiedenen Schwerpunkten liegen auch Merkblätter oder Informationsschriften in englischer Übersetzung vor.

Schriftenreihe

In der Schriftenreihe der Stiftung Volkswagenwerk, die vom Verlag Vandenhoeck & Ruprecht, Göttingen, betreut wird, erscheinen in lockerer Folge Bestandsaufnahmen und Berichte zu aktuellen wissenschaftlichen Fragen, die oft als Orientierungshilfe bei der eigenen Schwerpunktplanung oder als kritischer Rückblick auf geförderte Schwerpunkte der Stiftung dienen. Sie werden in der Schriftenreihe publiziert, wenn die Ergebnisse von weitergehendem öffentlichen Interesse sind. Der zuletzt erschienene Band 24 von B. Fabian: Buch, Bibliothek und geisteswissenschaftliche Forschung, hat im In- und Ausland zu einer anhaltenden intensiven Diskussion und Auseinandersetzung mit den darin behandelten Problemen und Vorschlägen geführt und bereits eine Reihe von Wirkungen – auch in Förderungsaktivitäten der Stiftung – ausgelöst. (Vgl. auch Publikationsverzeichnis im Anhang.)

„Messe-Abend"
der Stiftung
Volkswagenwerk

Im April 1987 nutzte die Stiftung, wie bereits im Vorjahr, die Gelegenheit, daß die Industrie-Messe Hannover – unter anderem mit der Fachmesse „Forschung und Technologie" – alljährlich zahlreiche Wissenschaftler, Wissenschaftsjournalisten und andere Besucher aus Wissenschaft und Technik nach Hannover führt. Einer Einladung zu einem „Abendgespräch in der Stiftung Volkswagenwerk" folgten über 180 Gäste. Es bestand Gelegenheit zu Informationsgesprächen über das Förderungsprogramm der Stiftung, über Pläne zu Einzelanträgen und auch über die derzeit auch in Politik und Publizistik viel beachtete Frage der Finanzsituation der Stiftung.

Seit 1986 nutzt die Stiftung Volkswagenwerk die Gelegenheit, daß die Industrie-Messe Hannover in Verbindung mit der Fachmesse „Forschung und Technologie" alljährlich zahlreiche Wissenschaftler, Wissenschaftsjournalisten und andere Besucher aus Wissenschaft und Technik nach Hannover zieht, zu einem „Messe-Abend" im Hause der Stiftung. Der Einladung, die zu einem lebhaften Austausch von Ideen und zu intensiven Informationsgesprächen führte, folgten 1986 und 1987 weit über 100 Gäste.

Foto Kremer

Im Februar 1987 war die Stiftung Volkswagenwerk Gastgeber und *Presseforum* Mitorganisator eines Presseforums, zu dem erstmals der Arbeitskreis niedersächsischer Hochschulpressesprecher eingeladen hatte. Bei drei Vorträgen von Vertretern unterschiedlicher niedersächsischer Hochschulen und anschließendem informellen Beisammensein hatten Wissenschaftler, Journalisten und Mitarbeiter der Stiftung Gelegenheit zu zwangloser Begegnung und anregendem Gedankenaustausch.

Geschäftsstelle – Aufgaben und Entwicklung

Zu den Aufgaben der Geschäftsstelle gehören die Vorbereitung und *Aufgaben* Ausführung der Kuratoriumsbeschlüsse, die Vermögensverwaltung der Stiftung sowie die sachliche und wirtschaftliche Prüfung der Verwendung der Stiftungsmittel. Ein Schwergewicht ihrer Tätigkeit liegt in der Vorbereitung, Organisation und Abwicklung der Schwerpunkte und Programme, in der Bearbeitung von Anträgen – besonders durch Einleitung und Durchführung des Gutachterverfahrens –, in der Information und Beratung von Antragstellern und in der Abwicklung und Begleitung bewilligter Vorhaben.

Geschäfts-
führung
Die Geschäftsführung der Stiftung liegt in der Hand des vom Kuratorium bestellten Generalsekretärs; er leitet die Geschäftsstelle. Generalsekretär ist Staatssekretär a. D. Rolf Möller.

Mitarbeiter
Die Geschäftsstelle der Stiftung Volkswagenwerk war im September 1987 mit 94 Mitarbeitern besetzt. Von ihnen konnten zwei im Jahre 1986 und zwei Anfang 1987 ihr zehnjähriges Dienstjubiläum begehen. Im Sommer 1987 gehörten insgesamt 52 Mitarbeiter länger als zehn Jahre der Stiftung an, vierzehn davon mehr als 20 Jahre.

1986/87 wurden zwölf Mitarbeiter neu eingestellt, und zwar Dr. Herbert Steinhardt (Referent in Abt. I; 1986), Dr. Gertraud Müller-Matzanke (Referentin in Abt. I; 1. 1.–31. 7. 1987), Hans-Heinrich Brandes (Referent in der Zentralabteilung; 1987), die Sekretärinnen Birgit Bauer, Barbara Deecke, Bettina Kremer, Helga Mattner, Antje Peters (alle 1987) und die Auszubildenden Sigrid Bothe und Andrea Goly (1986), Christina Klemm und Gabriele Wagner (1987). Die 1984 eingestellten Auszubildenden Doris Rühmann und Sabine Wöhler wurden nach bestandener Abschlußprüfung 1986 von der Stiftung übernommen, 1987 die 1985 eingestellte Auszubildende Melanie Batke. Mit insgesamt vier Plätzen zur Ausbildung als Bürogehilfin will die Stiftung Volkswagenwerk ihren Beitrag zur Schaffung von Ausbildungsplätzen für junge Menschen leisten.

Aus der Geschäftsstelle ausgeschieden sind 1986/87 Dr. Adelheid Forschner (Referentin in Abt. I; 1986), Dr. Hans-Dieter Kastenholz (Referent in Abt. I; 1986), die Sekretärinnen Edda Kösling (1986), Silvia Turzer (1986) und Marianne Kuhn (1987), sowie Beate Nitzschke nach abgeschlossener Ausbildung.
Dr. Werner Seifart, Leiter der Zentralabteilung und ständiger Vertreter des Generalsekretärs, verließ die Geschäftsstelle der Stiftung nach achtzehnjähriger Zugehörigkeit zum Jahresende 1986. In den Ruhestand getreten sind Frau Anneliese Beltz-Gerlitz (1986) und Günter Viehweg (Referent in der Zentralabteilung; 1987).
Am 31. Oktober 1986 verstarb Frau Gisela Seele; sie war vierzehn Jahre Mitarbeiterin der Stiftung.

Für Organisationsplan, Bearbeiterübersicht und Namensverzeichnis der Mitarbeiter vgl. Kapitel VII.

Die Arbeitssituation der Geschäftsstelle war im Berichtsjahr durch
die hohe Zahl der Anträge, die diesmal genau die Tausendgrenze erreicht hatten (Vorjahr 1030), und durch die Vorbereitung und Einführung einer Reihe neuer Schwerpunkte gekennzeichnet. Darüber hinaus sind zum Wettbewerb Biowissenschaften über 900 Vorschläge mit Kurzdarstellungen eingegangen, die in der Antragsstatistik nicht mitgezählt sind.

Die Geschäftsstelle pflegt vielfältigen Meinungsaustausch vor allem *Kontakte* mit Wissenschaftlern aus dem In- und Ausland und mit anderen forschungsfördernden Einrichtungen, z.B. der Deutschen Forschungsgemeinschaft, dem Stifterverband für die Deutsche Wissenschaft, der Fritz Thyssen-Stiftung und anderen deutschen und ausländischen Stiftungen. Dies findet unter anderem Ausdruck in der großen Zahl von Besuchern in der Geschäftsstelle, in Reisen von Mitarbeitern auch in das außereuropäische Ausland und in der Teilnahme an wissenschaftlichen Tagungen (vgl. hierzu auch S.66). Zeitweilig stellt die Stiftung ihre Sitzungsräume auch Gästen zur Verfügung. So tagten hier u.a. die Technion-Gesellschaft, der Vorstand und Beirat der Arbeitsgemeinschaft Deutscher Stiftungen, der Hochschulausschuß der KMK sowie die Arbeitsgemeinschaft der Großforschungseinrichtungen (AGF).

Anfang 1987 konnte die Stiftung Volkswagenwerk auf eigene Initiative *DDR-Reise* erstmals eine Informationsreise zu wissenschaftlichen Einrichtungen in der Deutschen Demokratischen Republik in Berlin, Dresden, Halle, Jena und Leipzig durchführen, an der neben dem Generalsekretär und leitenden Mitarbeitern der Geschäftsstelle auch Repräsentanten befreundeter Wissenschaftsinstitutionen (Westdeutsche Rektorenkonferenz, Max-Planck-Gesellschaft, Schleiermachersche Stiftung) teilnahmen. – Vielleicht kann die Stiftung Volkswagenwerk bald auch für die wissenschaftliche Zusammenarbeit mit der DDR zu einem hilfreichen Förderer werden.

Anläßlich der 600-Jahr-Feier der Universität Heidelberg im Oktober *Ehrung* 1986 wurde der Generalsekretär der Stiftung durch Verleihung der Ehrenmedaille der Universität wegen der Verdienste um die Förderung der Wissenschaft geehrt.

Dr. Axel Horstmann hat sich im Sommer 1986 an der Universität *Habilitation* Hamburg für das Fach Philosophie habilitiert und wurde zum Privatdozenten ernannt.

Am Physikalischen Institut der Technischen Universität Clausthal wird unter Leitung von Prof. Dr. E. Bauer ein völlig neuartiges Elektronenmikroskop entwickelt, das die zerstörungsfreie Abbildung von Werkstoffoberflächen erlaubt. Darüber hinaus kann man sogar dynamische Prozesse untersuchen, was bei Veränderungen an der Oberfläche wichtig ist, z. B. bei der Oxidation oder bei der Aufbringung von Schutzschichten. Die Stiftung Volkswagenwerk fördert die Weiterentwicklung dieses Verfahrens in ihrem Schwerpunkt „Mikrocharakterisierung von Werkstoffen und Bauelementen" mit 1,2 Mio DM.
Das Bild zeigt den Phasenübergang auf einer Silizium-(111)-Einkristalloberfläche. Die Kristalloberfläche zeigt abhängig von der Temperatur zwei unterschiedliche atomare Strukturen: oberhalb von 840°C ist die (1 × 1)-Struktur stabil, darunter die (7 × 7)-Struktur. Beim Abkühlen des Kristalls beginnen bei 840°C die tannenbaumförmigen Gebiete mit (7 × 7)-Struktur an Oberflächenstufen zu wachsen, bis sie schließlich die ganze Oberfläche bedecken. (S. 88 u. S. 203)

Fulbright-Stipendium

Dr. Michael Maurer nahm im Herbst 1986 ein Fulbright-Stipendium wahr, das ihm – mit anderen deutschen Stipendiaten aus dem Wissenschaftsmanagement – bei einem sechswöchigen Studienaufenthalt in den USA mit wohlorganisiertem und inhaltlich dichtem Programm einen Einblick in das Höhere Bildungs- und Hochschulwesen der USA vermittelte.

China-Gutachten für GTZ

Dr. Siegfried Englert hat im Auftrag der Gesellschaft für Technische Zusammenarbeit, Eschborn, ein Gutachten für die Ernährungssicherung der Bevölkerung des Yi-meng-Gebirges in der Provinz Shandong, Volksrepublik China erstellt. Für den dazu erforderlichen China-Aufenthalt im Mai/Juni 1987 erhielt er drei Wochen Sonderurlaub.

Fortbildung

Im Rahmen der Mitarbeiterfortbildung werden insbesondere die Möglichkeiten des Niedersächsischen Gesetzes über die Freistellung von der Arbeit für Maßnahmen der Weiterbildung genutzt, vor allem zur Erweiterung von Sprachkenntnissen oder zu beruflicher Weiterbildung. Daneben unterstützt die Stiftung tätigkeitsspezifische Fortbildungsmöglichkeiten der Mitarbeiter.

Mitarbeiter-Seminare

Die traditionellen Einladungen der Stiftung an Gäste aus Wissenschaft und Förderungseinrichtungen zu Vorträgen mit Diskussion für alle Mitarbeiter der Geschäftsstelle wurden fortgesetzt. Professor Dr. H. Müller von der Technischen Universität Braunschweig gab im Mai 1986 einen Überblick zum Thema „Motorenentwicklung". Im Dezember 1986 sprach Prof. Dr. H.-D. Evers von der Universität Bielefeld zum Thema „Der große Osten – Forschungen in Südostasien". Im Januar 1986 nahmen die Mitarbeiter der Geschäftsstelle an einer Führung durch die Lateinamerika-Ausstellung der Stiftung im Niedersächsischen Landtag teil.

Betriebsrat

Im Frühjahr 1987 fand eine Neuwahl für den Betriebsrat der Stiftung statt, der aus fünf Mitarbeitern der Geschäftsstelle besteht. Gewählt wurden: Manfred Hoerner, Dr. Hagen Hof (stellv. Vors.), Priv.-Doz. Dr. Axel Horstmann, Ute Loch und Professor Dr. Wolfgang Wittwer (Vors.). Drei Mitglieder des neuen Betriebsrates haben bereits dem vorigen angehört. Wie schon bei den früheren Betriebsratswahlen gab es keine Listen, sondern Einzelkandidaten, und eine hohe Wahlbeteiligung.

Institutsbild

1μm

Zur Linderung der ländlichen Arbeitslosigkeit in Andalusien sind seit dem Ende der faschistischen Diktatur (1975) zahlreiche Arbeits- und Produktionsgenossenschaften als regionale und lokale Selbsthilfeorganisationen entstanden; in den achtziger Jahren gab es zwischen 400 und 500 Neugründungen jährlich. Entstehen, Funktionsweise und Erfolg dieser Kooperation werden durch ein Feldforschungsprojekt des Instituts für Soziologie der Universität Regensburg im Rahmen des Schwerpunktes „Süderweiterung der EG" untersucht.
Die hierbei im Herbst 198 aufgenommenen Bilder zeigen Beispiele aus Landkooperativen (Reisernte und Baumwollfeld in Lebriga/Cádiz) und einen Lagerplatz der Ziegelei-Cooperative „Los Galgos" für gebrannte Ziegeln in La Puebla de Cazalla/Sevil (Bericht 1983/84, S. 86)

Institutsfotos

IV. Förderungsbericht 1986/87

Nach der ausführlichen Rückschau auf 25 Arbeitsjahre der Stiftung Volkswagenwerk ist die Förderungsberichterstattung für 1986/87 etwas anders strukturiert als in den Vorjahren und damit zugleich gerafft: Vorangestellt sind einige herausragende Beispiele von Bewilligungen aus dem gesamten Förderungsbereich, aus den einzelnen Schwerpunkten ebenso wie Starthilfen und Projekte, die wegen ihrer besonderen Bedeutung außerhalb der Schwerpunkte gefördert wurden (vgl. dazu auch S. 254 ff.). Es folgt die Förderungsstatistik mit ihren Tabellen und graphischen Darstellungen. Bei der anschließenden Vorstellung des Förderungsprogramms entfällt die Beschreibung einzelner Projekte bei den Schwerpunkten. Auf die Darstellung der Förderungsmöglichkeiten folgt jeweils unmittelbar die Liste der 1986/87 geförderten Projekte. Auf zugehörige Vorhaben, die im Abschnitt „Beispielhafte Förderungen" ausführlicher beschrieben sind, wird jedoch verwiesen.

Beispielhafte Förderungen

Starthilfen, Modelle, Neue Wege in Forschung und Lehre

Wenn von den Wissenschaften heute neben „Techniken der Problemlösung" auch „Orientierungswissen" verlangt wird, so richtet sich diese Forderung nicht zuletzt an die Wissenschaftsgeschichte. Mit Recht erwartet man von ihr, daß sie durch Aufklärung über den nichtumkehrbaren Prozeß der Herausbildung unserer wissenschaftlich-technischen Kultur einen wesentlichen Beitrag zum Verständnis der Gegenwart leistet. Vor diesem Hintergrund hat die Stiftung Volkswagenwerk die Wissenschaftsgeschichte über eine Reihe von Jahren im Rahmen ihres Schwerpunktes „Wissenschaft und Technik – Historische Entwicklung und sozialer Kontext" mit erheblichen

Stiftungsprofessur für Wissenschaftsgeschichte in Göttingen

Mitteln gefördert (vgl. auch S. 40). Freilich steht das Fach in der Bundesrepublik Deutschland vor allem institutionell gegenüber anderen Ländern und besonders den USA noch immer zurück. Durch die Bereitstellung von 1,7 Millionen DM für die Startfinanzierung eines Instituts für Wissenschaftsgeschichte als Lehr- und Forschungszentrum an der Universität Göttingen und eines damit verbundenen Lehrstuhls will die Stiftung der akademischen Verankerung dieser Disziplin noch einmal nachhaltige Impulse geben. Die Universität Göttingen bietet schon durch ihre 250jährige eigene „Wissenschaftsgeschichte" und ihr reiches Archivmaterial, vor allem aber durch die Möglichkeiten enger Kooperation mit den Lehrstühlen für Philosophie (Prof. Dr. L. Krüger) und Medizingeschichte (Prof. Dr. U. Tröhler) gute Voraussetzungen für das neue Institut. Nach vierjähriger Startförderung durch die Stiftung wird die Finanzierung ab 1992 aus Landesmitteln übernommen.

Schwerpunkt Energieforschung in Darmstadt Als Starthilfe für den Aufbau eines Schwerpunktes zur Energieforschung an der Technischen Hochschule Darmstadt hat die Stiftung Volkswagenwerk im Rahmen ihres Schwerpunktes „Grundlagen technischer Vebrennungsvorgänge" für drei in thematischem Zusammenhang stehende Forschungsprojekte 1,4 Millionen DM bewilligt. Unter dem Gesamtthema „Grundlagen einer effektiven und schadstoffarmen Vebrennung zur Energiegewinnung" sollen in der jetzt geförderten Initiierungsphase drei Forschungsprojekte an verschiedenen Instituten bearbeitet werden:

Am Institut für Chemische Technologie beschäftigen sich Professor Dr. F. Fetting und Dr. H. Bockhorn mit der mathematischen Modellierung technischer Verbrennungsvorgänge. Um geeignete mathematische Modelle aufstellen zu können, die für die Auslegung von Brennkammern auch im Hinblick auf die Bildung von Schadstoffen wie Kohlenmonoxid, Stickoxid oder Ruß eine wichtige Voraussetzung sind, müssen genaue Messungen an verschiedenen Flammen durchgeführt werden.

Professor Dr. D. K. Hennecke, Fachgebiet Flugantriebe, untersucht die turbulenten Vermischungsvorgänge bei Gasströmen unter brennkammerähnlichen Bedingungen. Hierzu sind experimentelle Arbeiten geplant, die die zum Beispiel in Brennkammern von Gasturbinen, in Motoren oder Flugtriebwerken der Verbrennung vorausgehenden Vermischungsvorgänge von Brennstoffilm und Luft detailliert aufklären sollen. Auch hier ist neben den Experimenten die Aufstellung geeigneter physikalischer Modelle vorgesehen.

Die Entstehung von polycyclischen aromatischen Kohlenwasserstoffen bei Temperaturen bis zu 2000 °C untersucht Professor Dr. K. H. Homann, Institut für Physikalische Chemie. Die Bildung von höheren, meist aromatischen Kohlenwasserstoffen bei Verbrennungsprozessen und ihr Verbleiben im Abgas ist sowohl wegen der Unvollständigkeit der Verbrennung als auch wegen der Schadstoffemission unerwünscht. Die chemischen Reaktionen, die bei der Verbrennung zur Bildung dieser relativ komplizierten Verbindungen führen, sind noch nicht hinreichend bekannt und sollen durch Zerlegung der sehr komplexen Vorgänge in übersichtlichere Teilprozesse aufgeklärt werden. Der Plan, auch diese experimentellen Daten für rechnerische Simulationen der chemischen Vorgänge zu verwenden, unterstreicht die Bedeutung kombinierter theoretischer und experimenteller Untersuchungen in der Verbrennungsforschung. (Bild S. 15)

Im Januar 1987 wurde das Laser-Laboratorium Göttingen (LLG) gegründet, das in Kürze seinen Betrieb in der Rechtsform eines eingetragenen Vereins aufnehmen soll. Zur Finanzierung einer fünfjährigen Anlaufphase sind 18 Millionen DM aus Mitteln des Niedersächsischen Vorab der Stiftung Volkswagenwerk vorgesehen, wovon 2,2 Millionen DM 1986 bewilligt wurden. In enger Zusammenarbeit mit Universitäts- und Max-Planck-Instituten und mit der Industrie soll das Laser-Laboratorium als Hauptaufgabe zunächst die Grundlagen für eine technische Weiterentwicklung von Excimer- und Farbstofflasern sowie ihre Anwendung insbesondere in der Medizin, in der Oberflächenbearbeitung (z. B. Halbleiteroberflächen) und in der Oberflächenveredelung schaffen und durch laserspektroskopische Untersuchungen Verbrennungsprozesse optimieren.

Laser-Laboratorium in Göttingen

Im Jahre 1987 soll das Institutsgebäude für das Deutsche Institut für Lebensmitteltechnik in Quakenbrück fertiggestellt werden, dessen Gründung 1984 von der Landesregierung Niedersachsen beschlossen wurde. Für Bau und technische Einrichtung hat das Kuratorium der Stiftung Volkswagenwerk insgesamt 12 Millionen DM über das Niedersächsische Vorab bewilligt, davon 3 Millionen DM im Berichtsjahr. Das Land Niedersachsen trägt aus Haushaltsmitteln 9,4 Millionen DM zu den Gesamtkosten von 21,4 Millionen DM bei. Das neue Institut soll vor allem kleineren und mittleren Unternehmen der Lebensmittelindustrie helfen, vorhandene Forschungslücken zu schließen, die Herstellungsverfahren zu modernisieren und Wege für den Einsatz der Mikroelektronik bei der Nahrungsmittelproduktion aufzuzeigen. Der 1983/84 gegründete „Verein zur Förderung des Deut-

Institut für Lebensmitteltechnik

schen Instituts für Lebensmitteltechnik e. V." mit inzwischen 70 Mitgliedern hat für seine Arbeit folgende Schwerpunkte gesetzt: verfahrenstechnisch orientierte Forschung im Bereich der Lebensmitteltechnik, Ausbildung und Weiterbildung des wissenschaftlichen Nachwuchses und von Mitarbeitern der Lebensmittelindustrie sowie Betrieb von Prüfeinrichtungen und Versuchsanlagen als Serviceleistungen für die Industrie. Im Endausbau wird das Institut 33 Mitarbeiter haben. Bereits für 1987 wird erwartet, daß eigene Einnahmen vor allem aus Forschungs- und Entwicklungsaufträgen lebensmitteltechnischer Unternehmen die Hälfte der Betriebskosten decken.

Modellversuch Mikrofiches in wissenschaftlichen Bibliotheken

Neue Wege für das wissenschaftliche Bibliothekswesen sollen durch das Programm „Mikrofichierung zum Schutz der Bestände in wissenschaftlichen Bibliotheken der Bundesrepublik Deutschland einschließlich West-Berlins" erprobt werden. Bibliotheken bergen das Quellenmaterial der Geisteswissenschaftler und damit ihre Arbeitsmittel. Verluste und Schäden an seltenen alten Büchern aber zwingen wissenschaftliche Bibliotheken mehr und mehr dazu, die meist wertvollen Drucke nicht mehr auszuleihen. Damit trotzdem Forschung mit und an diesen Quellen weiterhin, auch außerhalb der Bibliotheken, möglich ist, hatte die Stiftung Volkswagenwerk im Berichtsjahr (Bewerbungsfrist bis 1. Oktober 1986) im Schwerpunkt „Beispiele kulturwissenschaftlicher Dokumentation" die Erprobung von Mikrofiches an wissenschaftlichen Bibliotheken mit insgesamt 2 Millionen DM ausgeschrieben. Aufgrund der Empfehlungen eines Beraterkreises wird die Stiftung einen Modellversuch zur Einrichtung von Mikrofichierstellen an einigen ausgewählten Bibliotheken fördern. Dort sollen von den vor 1900 erschienenen Büchern jeweils ein Masterfiche zum Verbleib am Bibliotheksstandort und mehrere Tochterfiches für Fernleihbestellungen hergestellt werden. Auf diese Weise wäre es den Bibliotheken möglich, die gefährdeten historischen Bücher in sogenannte Rara-Abteilungen zu überführen und sie nur noch den wissenschaftlichen Benutzern, die für ihre Arbeit nachweislich auf das Original angewiesen sind, am Ort zugänglich zu machen. Die Förderung erstreckt sich zunächst auf die apparative Grundausstattung für die Herstellung von Mikrofiches; daneben kann jeweils die Stelle einer fotografisch vorgebildeten Fachkraft für maximal drei Jahre anfinanziert werden, wenn die Bibliothek danach die Weiterbeschäftigung sicherstellt. Das Programm zur Erprobung von Mikrofiches soll dazu beitragen, den durch Kriegsverluste und Umwelteinflüsse ohnehin gefährdeten Bestand an historischer Literatur wirksam zu schützen und für künftige Forschungen zu erhalten.

Im Rahmen ihres Schwerpunktes „Beispiele kulturwissenschaftlicher Dokumentation" fördert die Stiftung Volkswagenwerk mit 5 Millionen Mark die Erarbeitung eines Handbuches der historischen Buchbestände in der Bundesrepublik Deutschland. Durch Beschreibung und detaillierte Bestandsübersichten von mehreren Hundert Bibliotheken soll es der bibliothekshistorischen wie der geisteswissenschaftlichen Forschung in gleicher Weise dienen. Wissenschaftlicher Herausgeber und Leiter der Zentralredaktion ist Professor Dr. B. Fabian, Universität Münster. Von der Stadt- und Universitätsbibliothek Frankfurt (Bild) wird eine der fünf Regionalredaktionen betreut. (S. 138 f. u. Bericht 1984/85, S. 72 f.)

Foto Siebahn

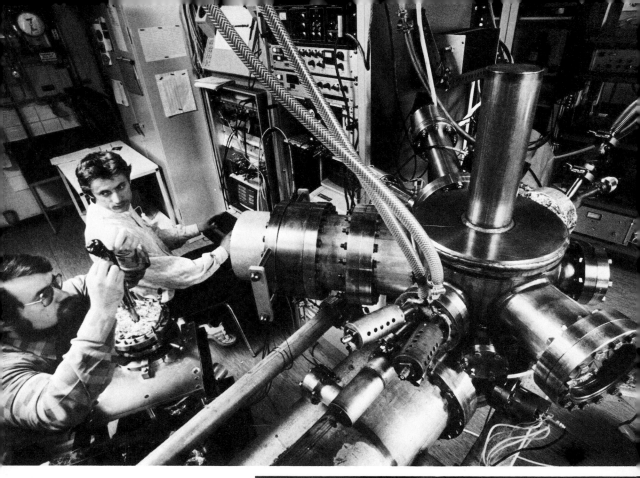

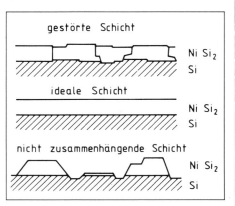

Schematische Darstellung möglicher Formen von Nickelsilizidschichten durch Tempern einer Nickelschicht auf Silizium:
gestörte Schicht durch Nickelüberschuß und Baufehler bei zu niedriger Temperatur
ideale Schicht bei richtiger Temperatur
nicht zusammenhängende Inseln bei zu hoher Temperatur
(s. a. REM-Aufnahme rechts)

*Mikrostrukturwissenschaft:
Am Institut für Festkörperphysik der Universität
Hannover (Prof. Dr. M.
Henzler) werden die elek-
trischen Transportmechanismen in dünnen Metall-
schichten durch schrittweise
Idealisierung möglichst
getrennt untersucht: In der
Apparatur im Bild oben
wird auf dem links gezeig-
ten Probenhalter auf einer
atomar glatten und reinen
Siliziumoberfläche nach
Abscheidung einiger Atom-
lagen Nickel eine einkri-
stalline Silizidschicht
erzeugt. Die vielen Flan-
sche und Zuführungen er-
lauben im gleichen
Ultrahochvakuum Herstel-
lung und Messung der
Schicht (Temperatur von
15 bis 1500 K, Magnetfeld
bis 4,5 Tesla). Die unteren
Bilder demonstrieren
Untersuchungsergebnisse.
(S. 179)*

Im Schwerpunkt „Mikrostrukturwissenschaft" hat die Stiftung Volkswagenwerk für drei miteinander im Zusammenhang stehende Forschungsprojekte 3,8 Millionen DM bewilligt. Mehr als die Hälfte dieser Mittel sind für die Beschaffung einer Molekularstrahl-Epitaxie-Anlage bestimmt, die im Institut für Hochfrequenztechnik der Technischen Universität Braunschweig (Prof. Dr.-Ing. H.-G. Unger, Prof. Dr. K. J. Ebeling) aufgestellt wird. Mit dieser komplizierten technischen Anlage wird es möglich, Schichtstrukturen aus verschiedenen Halbleitermaterialien herzustellen, bei denen Dicke und Zusammensetzung der einzelnen Schichten mit höchster Präzision eingestellt werden können. Mit dem Forschungsgerät will man neuartige Bauelemente entwickeln, die in der optischen Nachrichtentechnik – z. B. als Schalter in Vermittlungsstellen optischer Glasfaserübertragungsnetze oder als logische Grundbausteine in zukünftigen optischen Computern – Verwendung finden könnten.

Mit der neuen Anlage hergestellte Schichtstrukturen sollen auch für ein Forschungsprojekt zum „Quanten-Hall-Effekt in Halbleiter-Heterostrukturen" an der Physikalisch-Technischen Bundesanstalt (PTB), Braunschweig, verwendet werden. Dieses Projekt, an dem Dr. L. Bliek, Professor Dr. B. Kramer und weitere Wissenschaftler der PTB beteiligt sind, beschäftigt sich mit experimentellen und theoretischen Untersuchungen, die zur Erklärung des Quanten-Hall-Effektes beitragen sollen. Dieses neue Phänomen ist für die Definition der Einheit des elektrischen Widerstandes von großer Bedeutung. Durch die Förderung der Stiftung werden darüber hinaus wichtige Forschungsarbeiten in diesem Bereich ermöglicht.

Teile der Braunschweiger Arbeiten werden in Kooperation mit der Universität – Gesamthochschule – Paderborn (Prof. Dr. J.-M. Spaeth, Experimentalphysik) durchgeführt. In Paderborn will man mit Hilfe optischer Methoden des Nachweises der magnetischen Resonanz (ODMR) Verunreinigungen und bestimmte Defekte in Halbleitermaterialien charakterisieren. Dazu müssen die vorhandenen experimentellen Methoden so weiterentwickelt werden, daß eine möglichst hohe Ortsauflösung erreicht wird, wie sie für die Charakterisierung von Mikrostrukturen benötigt wird. Auch für dieses Projekt sollen die Mikrostrukturen mit der Braunschweiger Molekularstrahl-Epitaxie-Anlage maßgeschneidert hergestellt werden. Durch begleitende theoretische Rechnungen an der PTB erwarten die Paderborner Experimentalphysiker zusätzliche Hinweise für die Identifizierung verschiedener möglicher Defektstrukturen.

*Molekular-
strahl-Epitaxie-
Anlage
für neuartige
Halbleiter-
materialien*

Foto Siebahn (o.)
u. Institut

Materialforschung wird heute in steigendem Maße mit mikroskopischen Verfahren betrieben, die Objektstrukturen im Nanometerbe-
reich auflösen. Die hochauflösende Durchstrahlungs-Elektronenmi-
kroskopie und die Feldionenmikroskopie haben sogar atomare Auflösung, erfordern allerdings spezielle Objektpräparation und sind
deshalb nicht zerstörungsfrei. Dazu kommt seit wenigen Jahren das
Rastertunnelmikroskop mit ebenfalls nahezu atomarer Auflösung,
mit dem die Profile von Oberflächen auf kleinen Objektbereichen als
Einzelbild vermessen werden können. Zeitlich veränderliche Strukturen werden mit Raster-Mikroskopen mikrocharakterisiert, wobei
Auflösungen nahe 10 Nanometern (nm) erreicht werden können.

Eine neue Methode zur zerstörungsfreien Mikrocharakterisierung
von Oberflächen wird im Physikalischen Institut der Technischen
Universität Clausthal entwickelt. Dafür hat die Stiftung Volkswagenwerk Anfang 1987 im Schwerpunkt „Mikrocharakterisierung von
Werkstoffen und Bauelementen" 1,2 Millionen DM Förderungsmittel bewilligt. Das neue Mikrocharakterisierungsverfahren wird von
Professor Dr. E. Bauer und Dr. W. Telieps entwickelt. Bei der Abbil-
dungsmethode handelt es sich um die Reflexionsmikroskopie mit
langsamen Elektronen, eine methodische Weiterentwicklung aus dem
Oberflächenanalyseverfahren der Niederenergetischen Elektronenbeugung (LEED). Das Reflexionsmikroskop, bei dessen gegenwärtiger Vorstufe bereits 20 nm Auflösung erreicht werden, läßt sich wie
ein Durchstrahlungs-Elektronenmikroskop ohne Schwierigkeiten mit
der Elektronenbeugung zur feinstrukturellen Charakterisierung
kombinieren. Die Bestimmung der chemischen Zusammensetzung erfolgt ergänzend durch Auger-Elektronenabbildung. Mit dem Gerät
soll eine echte Abbildung von Oberflächen im nahezu atomaren
Maßstab, also unter 1 nm, erreicht werden. Insbesondere soll die Methode im Unterschied zu den anderen hochauflösenden Mikrocharakterisierungsverfahren auch dynamische Untersuchungen ermöglichen, wobei an eine zeitliche Auflösung von 50 Bildern pro Sekunde
gedacht wird. (Siehe auch Bild Seite 79.)

Zu einem Gemeinschaftsvorhaben „Dynamische Prozeß- und Anlagensimulation in der Verfahrenstechnik" haben sich vier Institute der
Universität Stuttgart zusammengeschlossen: Institut für Systemdynamik und Regelungstechnik (Prof. Dr.-Ing. E.-D. Gilles – zugleich Fe-
derführender, Prof. Dr.-Ing. M. Zeitz), Institut für Technische Thermodynamik und Thermische Verfahrenstechnik (Prof. Dr.-Ing. K.
Stephan), Institut für Chemische Verfahrenstechnik (Prof. Dr.-Ing.
G. Eigenberger) und das Institut für Kunststofftechnologie (Prof.

Dr.-Ing. H. G. Fritz). Die Stiftung Volkswagenwerk unterstützt das Vorhaben im (kürzlich beendeten) Schwerpunkt „Mathematische und Theoretische Grundlagen in den Ingenieurwissenschaften" mit rund 2,9 Millionen DM. Chemische Produktionsanlagen bestehen aus vielen sich unterschiedlich verhaltenden Komponenten, beispielsweise aus Apparaten, wie Wärmetauscher, Trennkolonnen und Reaktoren, sowie aus Anlagenkomponenten, wie Rohrleitungen, Ventile, Pumpen, Verdichter, Regler usw. Höhere Anforderungen an die Wirtschaftlichkeit haben zu immer stärker vernetzten Anlagen geführt. Auf diese Weise lassen sich Energie- und Rohstoffkosten senken und die Umweltbelastung vermindern. Dies muß allerdings durch eine erheblich komplexere Prozeßstruktur erkauft werden, die mitunter auch eine erschwerte Prozeßführung zur Folge hat. Planung und Betrieb chemischer Anlagen könnten deshalb durch rechnergestützte Verfahren erheblich vereinfacht werden. In der Industrie werden solche Verfahren bereits angewendet; sie ermöglichen eine optimale verfahrenstechnische Auslegung bei stationärem Betrieb. Die Auswirkung der energetischen Kopplung auf das dynamische Verhalten der Anlage kann jedoch allenfalls abgeschätzt werden. Hier setzt nun das Stuttgarter Verbundprojekt ein; es ist die zentrale Zielsetzung dieses Vorhabens, ein universell einsetzbares Simulationssystem zur Untersuchung des dynamischen Verhaltens einzelner Prozeßstufen und ihrer Wechselwirkung im Anlagenverbund zu schaffen. Damit wäre es dann möglich, bereits im Planungsstadium im einzelnen zu untersuchen, wie die Anlage auf Betriebseingriffe, zum Beispiel An- und Abfahren, Kapazitätsanpassung, und auf Störungen reagieren wird, so daß geeignete Regelungs- und Sicherheitskonzepte entwickelt werden können. Auch für die Ausbildung wäre ein solches Simulationssystem ein wichtiges Instrument.

Innerhalb der Fakultät für Maschinenbau der Universität Karlsruhe haben sich sechs Institute zu einer Arbeitsgemeinschaft zusammengeschlossen und das Institut für Keramik im Maschinenbau gegründet. Es hat die Aufgabe, das Gebiet der keramischen Werkstoffe für Anwendungen im Maschinenbau durch fachübergreifende Zusammenarbeit in Forschung und Lehre zu fördern. Um den Ingenieurstudenten eine weitere Vertiefung in die Problematik der Herstellung und der Eigenschaften keramischer Werkstoffe zu ermöglichen, wurde ein neuartiges Praktikum „Ingenieurkeramik" eingerichtet. Die Versuche befassen sich mit den Themenbereichen Rohstoffe, Herstellung und Charakterisierung von Formkörpern sowie wichtige Eigenschaften für die Anwendung im Maschinenbau. In dieser umfassen-

Neues Praktikum „Ingenieurkeramik"

89

den Form existiert ein solches Praktikum an keiner Hochschule in der Bundesrepublik. Für seinen Aufbau stellte die Stiftung dem Institut für Keramik im Maschinenbau der Universität Karlsruhe (Prof. Dr. F. Thümmler) im Schwerpunkt „Förderung der Infrastruktur in den Ingenieurwissenschaften" Mittel für eine zusätzliche Geräteausstattung im Wert von rund 580 000 DM zur Verfügung (s. Bild Seite 44).

Pilotprojekt „Rechnergestützte Qualitätssicherung"

Im gleichen Schwerpunkt bewilligte die Stiftung Volkswagenwerk dem Laboratorium für Werkzeugmaschinen und Betriebslehre, Abteilung Meßtechnik für die automatisierte Fertigung, der Technischen Hochschule Aachen (Prof. Dr.-Ing. T. Pfeifer) einen Zuschuß von 460 000 DM für den Aufbau eines Praktikums „Rechnergestützte Qualitätssicherung". Die Mittel dienen zur Beschaffung der erforderlichen zusätzlichen Rechnerausstattung. Die Anforderungen an die Qualitätssicherung in der Industrie sind in den letzten Jahren kontinuierlich gestiegen. Dieser steigenden Bedeutung trägt die Technische Hochschule Aachen Rechnung, indem sie in der 1985 verabschiedeten Diplomprüfungsordnung für die Vertiefungsrichtung Fertigungstechnik eine Pflichtvorlesung „Qualitätssicherung" eingeführt hat. Begleitend dazu sind Übungen und Praktika geplant. Die Studierenden des Maschinenbaues sollen damit die Möglichkeit erhalten, sich mit der Terminologie, dem strukturellen Aufbau und der betrieblichen Einbindung der Qualitätssicherung praxisnah vertraut zu machen. Mit dem Praktikum sollen die Studierenden vor allem auf den verstärkten Rechnereinsatz, auf die Einbindung der Qualitätssicherung in alle Bereiche des CIM-Konzeptes (rechnerintegrierte Fertigung) und auf die Intensivierung der Kontroll- und Regelfunktionen im Planungs- und Fertigungsprozeß vorbereitet werden. Das Vorhaben wurde so konzipiert, daß es durch seine allgemeingültige Struktur als Pilotprojekt für spätere Übertragungen auf andere Hochschulen dienen kann.

Modell und Erprobung von Computer Aided Design (CAD) in CIM-Systemen

Im Förderungsschwerpunkt „Management von Forschung und Entwicklung" unterstützt die Stiftung am Institut für Wirtschaftsinformatik der Universität des Saarlandes mit rund 685 000 DM ein auf drei Jahre angelegtes Forschungsvorhaben. Es soll unter der Leitung von Professor Dr. A.-W. Scheer die betriebswirtschaftlich-organisatorischen Konsequenzen des Einsatzes von Computer Aided Design (CAD) in Computer Integrated Manufacturing (CIM)-Systemen ermitteln und in Zusammenarbeit mit der Computerindustrie und mittelständischen Unternehmen des Maschinenbaus und der Fahrzeugindustrie ein praxisorientiertes EDV-Organisationssystem erproben.

In enger Zusammenarbeit mit der Computer-Industrie und mittelständischen Unternehmen, z. B. des Maschinenbaus, werden vom Institut für Wirtschaftsinformatik der Universität des Saarlandes die betriebswirtschaftlich-organisatorischen Konsequenzen des Einsatzes von Computer Aided Design (CAD) in Computer Integrated Manufacturing-Systemen (CIM) erprobt. Dazu muß ein erheblicher Teil der Arbeit vor Ort in den Unternehmen selbst geleistet werden.
Das Bild zeigt die vom Projektansatz mittelbar oder unmittelbar betroffenen Funktionsbereiche eines Unternehmens, die im Rahmen der bei den Pilotanwendern durchgeführten Ist-Aufnahme durch Mitarbeiter des Forschungsprojektes untersucht werden.

Foto Siebahn

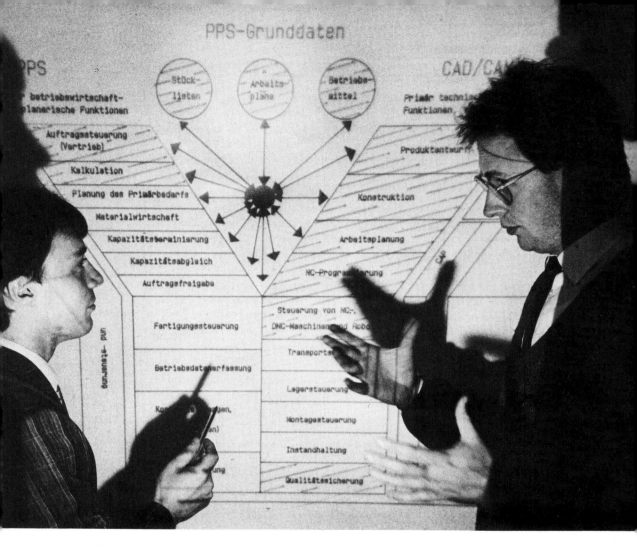

Die hier beabsichtigte Kooperation zwischen universitärer Forschung und der Industrie sieht auf der wissenschaftlichen Seite die Systementwicklung und -validierung sowie Einführung und Anpassung des neuen Systems in die Unternehmensorganisation vor, während die mit der Sysyteminstallation verbundenen praktischen Anpassungen den industriellen Partnern überlassen bleiben sollen. Die besondere gemeinsame Herausforderung besteht vor allem darin, die bisher in der Praxis weitgehend unabhängig voneinander installierten unterschiedlichen betriebswirtschaftlichen und technischen EDV-Systeme, etwa im Bereich der Konstruktion, Produktionsplanung und Fertigungssteuerung, der Betriebsdatenerfassung und Bürokommunikation, im Bereich der Hard- und Software miteinander zu koppeln und in ein integratives Gesamtsystem der Ablauf- und Aufbauorganisation einer Unternehmung einzubinden. Die mit der Integration und dem Zusammenwirken betriebswirtschaftlicher und technischer Datenverarbeitungssysteme verbundenen Veränderungen der Arbeitsorganisation, der Arbeitsplätze und -inhalte sowie der damit verbundenen Anforderungen und Verhaltensweisen sollen in enger Abstimmung und Kooperation mit den EDV-Anbietern und den ausgewählten industriellen Unternehmen zunächst im Modell und anschließend im Rahmen empirischer Betriebsuntersuchungen auch in der Praxis ermittelt und erprobt werden. Auch die mit neuen Arbeitsformen einhergehenden Akzeptanzschwierigkeiten sollen berücksichtigt und dafür gemeinsam Lösungen entwickelt werden.

Historischer Kommentar zum Grundgesetz Dem Fachbereich Rechtswissenschaft der Universität Hannover (Prof. Dr. H.-P. Schneider) hat die Stiftung Volkswagenwerk in ihrem Förderungsschwerpunkt „Deutschland nach 1945" für die wissenschaftliche, quellenmäßige und organisatorische Vorbereitung eines „Historischen Kommentars zum Grundgesetz" (so der vorläufige Arbeitstitel) 140 000 DM zur Verfügung gestellt. Ziel des Gesamtvorhabens ist eine nach Grundgesetzartikeln geordnete vollständige und kommentierte Gesamtausgabe aller Materialien und Quellennachweise zur Entstehungsgeschichte des Grundgesetzes und zu den nachfolgenden Verfassungsänderungen. In der jetzt finanzierten „Pilotphase" sollen das Forschungs- und Editionskonzept, der Gesamtumfang der historischen Material- und Quellenbestände sowie die editionstechnischen und methodischen Vorgehensweisen geklärt und erprobt werden. Die Arbeit wird begleitet von einem wissenschaftlichen Beirat, dem unter Vorsitz des Direktors des Deutschen Bundestages Dr. J. Bücker namhafte Rechtshistoriker und Staatsrechtler angehören. Im Rahmen der einjährigen Vorbereitungsphase will die Universität Hannover die institutionellen Voraussetzungen für die Errichtung einer „Forschungsstelle für Zeitgeschichte des Verfassungsrechts" am Fachbereich Rechtswissenschaft als besondere Trägerinstitution für die weitere Durchführung des Forschungsprogramms schaffen.

Sachinventar zu britischen Akten der Besatzungszeit Unter der Federführung des Deutschen Historischen Instituts London (Prof. Dr. A. M. Birke) beabsichtigen das Bundesarchiv Koblenz und die Archivverwaltungen der Länder Berlin, Hamburg, Niedersachsen, Nordrhein-Westfalen und Schleswig-Holstein, die umfangreichen, im Public Record Office (London) gelagerten Akten der Britischen Besatzungsverwaltung in Deutschland nach dem Zweiten Weltkrieg wissenschaftlich zu erschließen, zu bearbeiten und ein auf insgesamt 12 Bände angelegtes Sachinventar zu erstellen. Dieses für die deutsche wie internationale zeitgeschichtliche Forschung wichtige Arbeitsinstrument soll von deutschen Archivaren und Historikern mit Unterstützung der britischen Archivverwaltung in London erarbeitet und mit einem für solche Zwecke speziell entwickelten und erprobten EDV-Programm im Hauptstaatsarchiv Hannover druckfertig erstellt werden.

Die Aktenbestände der amerikanischen Militärregierung in der ehemaligen US-Besatzungszone wurden im sogenannten „OMGUS-Bestand" bereits Ende der 70er Jahre ebenfalls mit Förderung der Stiftung durch das Bundesarchiv in Koblenz und das Institut für Zeitgeschichte in München erschlossen und mikroverfilmt; sie sind mittlerweile zu einer unverzichtbaren Quellengrundlage für die Erforschung der deutschen Nachkriegsgeschichte geworden. Die Tatsache, daß die britische Militärverwaltung in Deutschland nach Umfang, Personalaufwand, Verwaltungsaufbau und regionaler Zuständigkeit weit größer war als die amerikanische, verdeutlicht die Bedeutung der britischen Dokumentenbestände und den Nutzen eines sachthematischen Inventars. Mit seiner Hilfe können sich Wissenschaftler zukünftig gezielt und umfassend über die britischen Archivalien im Public Record Office in London informieren.

Die Stiftung Volkswagenwerk hat für dieses Gemeinschaftsvorhaben, zu dem die Archivverwaltungen der beteiligten Länder erfreulicherweise ein Drittel des finanziellen Gesamtaufwands aus eigenen Mitteln beitragen, 1,2 Millionen DM in ihrem Schwerpunkt „Deutschland nach 1945" bereitgestellt.

Eine der größten Lücken in der Erforschung und Darstellung der deutschen Nachkriegsgeschichte bildeten bislang die Verhältnisse in der französischen Besatzungszone, nicht zuletzt auch deshalb, weil erst im Sommer 1986 die Aktenbestände der französischen Besatzungsmacht in Deutschland freigegeben und in einem Archiv in Colmar der historischen Forschung zugänglich gemacht wurden. Auf der Grundlage der noch weitgehend unausgewerteten französischen Archivalien will eine Gruppe jüngerer Historiker am Historischen Seminar der Universität Freiburg unter der Leitung von Professor Dr. H. A. Winkler und Professor Dr. H. Haumann eine quellenmäßig fundierte, exemplarische Darstellung der französischen Besatzungspolitik im Land Baden für die Zeit 1945–1952 erarbeiten. Hauptge-

Deutsch-französisches Projekt zur französischen Besatzungszeit in Baden

genstand dieser zeitgeschichtlichen Untersuchung soll die Entwicklung der politischen, wirtschaftlichen und sozialen Verhältnisse auf deutscher Seite sein, wie sie sich im Spannungsfeld von französischer Besatzungsmacht auf der einen Seite und von deutschen gesellschaftlichen Organisationen und der deutschen Bevölkerung auf der anderen gestalteten.

Im französisch besetzten Land Baden, das 1952 seine Eigenstaatlichkeit bei der Bildung des Landes Baden-Württemberg verlor, haben sich nach Ansicht der Freiburger Forschungsgruppe die von den beiden anderen West-Alliierten abweichenden Konzepte und Vorstellungen der französischen Besatzungspolitik besonders deutlich ausgeprägt. Aber auch auf deutscher Seite haben sich in der unmittelbaren Nachkriegszeit bemerkenswerte Sonderentwicklungen im politischen, wirtschaftlichen und sozialen Leben unter französischer Besatzung ergeben, die zwar nach dem Anschluß der französischen Zone an die Bi-Zone meist nicht weiterverfolgt wurden, jedoch für eine differenzierte Darstellung der französischen Deutschlandpolitik und der deutsch-französischen Beziehungen in der unmittelbaren Nachkriegszeit wichtig erscheinen.

An der Durchführung des dreijährigen Forschungsprogramms, für das die Stiftung Volkswagenwerk im Schwerpunkt „Deutschland nach 1945" 341 000 DM bewilligt hat, sind qualifizierte Nachwuchswissenschaftler ebenso wie namhafte deutsche und französische Historiker beteiligt. Das Vorhaben soll nicht nur zur Nachwuchsförderung, sondern auch allgemein zur deutsch-französischen Kooperation in der zeitgeschichtlichen Forschung beitragen.

Denkmalschutz und Steinzerfall

Ein innovatives Forschungsvorhaben zum „Steinzerfall", das am Institut für Denkmalpflege im Niedersächsischen Landesverwaltungsamt, Hannover (Prof. Dr. H.-H. Möller), und am Institut für Geomikrobiologie der Universität Oldenburg (Prof. Dr. W. E. Krumbein) durchgeführt wird, unterstützt die Stiftung im Rahmen des Niedersächsischen Vorab. Die Arbeitsgruppe Geomikrobiologie an der Universität Oldenburg befaßt sich seit längerem mit der energetischen und der Massebilanz des Einflusses der Mikroben auf die Bildung, Stabilisierung und Dynamik der Atmosphäre, der Sedimentgesteine und auf die Frage der Biodynamik der Zerstörung der Gesteine. – Allein über eine Million DM der bewilligten Mittel sind für erforderliche Geräte am Institut für Denkmalpflege bestimmt. Nach diesem Ausbau der erforderlichen Infrastruktur werden die weiteren Forschungen in Hannover vom Bundesministerium für Forschung und Technologie gefördert. – Dem Projekt, das thematisch an den inzwischen beendeten Stiftungsschwerpunkt „Archäometrie" und das dazu in Oldenburg mit 400 000 DM geförderte Forschungsvorhaben zur Geomikrobiologie und Biochemie verwitternder Kunstwerke aus mineralischen Werkstoffen anknüpft, könnte eine Pilotfunktion zukommen.

Im Rahmen des in Vorbereitung befindlichen Schwerpunktes „Archäometallurgie" hat das Institut für Ur- und Frühgeschichte der Universität Freiburg (Prof. Dr. H. Steuer) im Frühjahr 1987 eine Bewilligung von rund 690 000 DM für ein interdisziplinäres Forschungsvorhaben zur Frühgeschichte des Erzbergbaus und der Verhüttung im südlichen Schwarzwald erhalten. Es soll am Beispiel des Südschwarzwaldes Verfahren zur Gewinnung von Erkenntnissen über den Beginn und die Geschichte des frühmittelalterlichen Bergbaus erarbeiten. Daneben soll die Grundlage für eine chronologische Differenzierung der vorliegenden Relikte mittelalterlicher Erzgewinnung und -verhüttung geschaffen werden. Auch Einblicke in die soziale Organisation und die wirtschaftliche Struktur des alten Bergbaus im südlichen Schwarzwald könnten die Untersuchungen, vor allem des Quellenmaterials, erbringen. Obwohl im Schwarzwald Bergbau nachweislich seit dem 10. Jahrhundert betrieben wurde, steht eine umfassende Untersuchung dieses für die Entwicklung der Region wichtigen Wirtschaftszweiges noch aus. In dem für drei Jahre bewilligten Vorhaben sollen die archäologischen Reste mittelalterlicher Erzgewinnung und -verhüttung, vor allem von Blei und Silber, in dem Gebiet zwischen Offenburg im Norden und Laufenburg im Süden untersucht werden.

Erzbergbau im Schwarzwald

An dem Projekt beteiligen sich das Forschungsinstitut für Edelmetalle und Metallchemie in Schwäbisch-Gmünd (Dr. Ch. J. Raub), das Geologische Landesamt Baden-Württemberg in Freiburg (Dr. H. Maus) und das Landesbergamt Baden-Württemberg in Freiburg (Dipl.-Ing. K. Nast). Archäologen und Naturwissenschaftler wollen gemeinsam Quellen aufbereiten, Bergbaurelikte im Gelände erkunden und aufnehmen, kleinere Grabungen zur Gewinnung von datierendem Material durchführen sowie Proben von Erz und Schlacken analysieren, um damit im südlichen Schwarzwald Erzgewinnungsstätten, Siedlungsplätze sowie Aufbereitungs- und Verhüttungsanlagen aus der frühen Phase des Bergbaus zu lokalisieren und zu datieren.

Die vollständige Freilegung dieser Plätze muß späteren archäologischen Ausgrabungen größeren Umfanges überlassen bleiben.

Deutsch-amerikanisches Kooperations-modell Hoch-schule/Industrie

Für ein Programm zu neuartiger Zusammenarbeit zwischen Industrie und Universität im Bereich der Materialforschung und zugehöriger Anwendungen hat die Stiftung Volkswagenwerk Anfang 1987 der Universität Stanford, Kalifornien, eine Million DM zur Verfügung gestellt. Diese Förderung wird es der renommierten privaten amerikanischen Universität, die in unmittelbarer Nachbarschaft zum „Silicon Valley" liegt, erlauben, Gastforscher aus der Bundesrepublik Deutschland einzuladen. Mit dem Programm sollen neuartige Modelle für die Zusammenarbeit zwischen Industrie und Universität erprobt werden. Es ist geplant, zu speziellen Bereichen aus der Materialforschung gleichzeitig jeweils mehrere Gäste einzuladen, die zusammen ein Forschungsteam bilden. Die Besonderheit des Ansatzes liegt darin, daß gleichzeitig mit einem Wissenschaftler aus einer deutschen Universität ein Forscher aus der deutschen Industrie gemeinsam in Stanford arbeiten kann und dieses Team durch einen Hochschullehrer aus Stanford sowie einen amerikanischen Industrieforscher ergänzt werden soll. Es wird erwartet, daß durch dieses neue Modell Impulse für neue Formen der Zusammenarbeit zwischen der Forschung in Universität und Industrie in der Bundesrepublik Deutschland ausgehen. In Stanford wird das Programm, das nach Walter Schottky benannt ist, von Professor S. B. Hagström, Chairman des Department of Materials Science and Engineering, und Professor R. A. Huggins koordiniert. Das Programm baut auf Erfahrungen auf, die durch den „Walter Schottky-Gastlehrstuhl" in Stanford gesammelt wurden, der mit Hilfe der Stiftung sechs deutschen Gastprofessoren einen Forschungsaufenthalt ermöglichte.

Deutsch-chinesisches Verbundprojekt: Universal-rechner

Für den Aufbau eines nach dem Prinzip der Datentypenarchitektur arbeitenden Universalrechners als chinesisch-deutsches Verbundforschungsprojekt hat die Stiftung 500 000 DM an die Technische Universität Berlin bewilligt. Verantwortlich für das Vorhaben ist Professor Dr.-Ing. W. K. Giloi vom Forschungszentrum für Innovative Rechnersysteme und -technologie, einer gemeinsamen Forschungsstelle der Gesellschaft für Mathematik und Datenverarbeitung mbH und der Technischen Universität Berlin. Mit diesem Vorhaben soll die Grundlage für eine längerfristige Zusammenarbeit mit dem Department of Computer Science and Electronics der Shanghai Jiaotong University (Professoren Xie Zhiliang und Sun Yong-Qiang) gelegt werden. Die auf dem Gebiet innovativer Rechnerarchitekturen

Modell zur Hochwasservorhersage in der VR China:
In den Jahren 1978–1982 hat eine Arbeitsgruppe des Instituts für Wasserwirtschaft, Hydrologie und landwirtschaftlichen Wasserbau der Universität Hannover (Prof. Dr. K. Lecher) Untersuchungen zur Hochwasservorhersage in Flußgebieten mit Regelungssystemen durchgeführt, die mit rund 1 Million DM gefördert wurden. Auf der Grundlage dieser Arbeiten wird jetzt in Zusammenarbeit mit der East China Technical University of Water Resources in Nanjing ein vergleichbares Modell für den Gelben Fluß entwickelt. Der Gelbe Fluß ist der schwebstoffreichste Fluß der Erde; dies bringt eine Reihe wasserwirtschaftlicher Probleme mit sich, von denen die mehrfachen Verlagerungen des Unterlaufes und katastrophale Überschwemmungen die bekanntesten sind. Die Bilder zeigen den Lo-Fluß bei Longmen, den bedeutendsten Zubringer zum Gelben Fluß im Projektgebiet (oben), und den Mittellauf des Gelben Flusses mit starken Erosionserscheinungen zu beiden Seiten des Wasserlaufes im Hintergrund. (S. 194 u. Bericht 1985/86, S. 178)

Institutsfotos

für wissensverarbeitende Systeme tätige Berliner Arbeitsgruppe hat im vergangenen Jahrzehnt das Konzept der Datentypen-Architektur mit komplexen, sprach- oder anwendungsspezifischen Datenstruktur-Typen entwickelt und als Prototyp realisiert. Auf dieser Basis soll gemeinsam mit den chinesischen Partnern ein Rechnersystem der fünften Generation spezifiziert, entworfen und in Produktform realisiert werden. Dieser Rechner ist besonders geeignet, Sprachen der künstlichen Intelligenz zu unterstützen. Es ist nun vorgesehen, Rechner und Know-how an der Jiaotong University in Shanghai einzuführen als Grundlage für eine Zusammenarbeit für Softwareentwicklungen auf dem Gebiet der künstlichen Intelligenz.

Erfolgsfaktoren deutsch-chinesischer „Joint Ventures" An der Technischen Universität Berlin untersucht eine interdisziplinäre Forschungsgruppe unter Leitung der Professoren Dr. V. Trommsdorff und Dr. B. Wilpert die Erfolgsfaktoren deutsch-chinesischer Gemeinschaftsunternehmen. An dem Projekt ist eine größere Gruppe von Wissenschaftlern der Shanghai Jiaotong University beteiligt. Bei der Analyse der Erfolgsvoraussetzungen bzw. Schwachstellen dieser sogenannten Joint Ventures konzentrieren sich die Wissenschaftler vor allem auf die Bereiche Personalführung, Organisation, Arbeitsverhalten, Marketing-Management und Produktionskontrolle im System- und Kulturvergleich. Ziel des Vorhabens, das auch qualitative Erhebungen bei nahezu allen deutschen Firmen, die Joint Ventures in der Volksrepublik China betreiben, mit einschließt, ist ferner ein besseres Verständnis der chinesischen Voraussetzungen für die erfolgreiche Gründung und Durchführung von deutsch-chinesischen Gemeinschaftsunternehmen. Für das zweijährige Forschungsprojekt stellt die Stiftung Volkswagenwerk im Rahmen des Schwerpunktes „Grundlegende Entwicklungen in Lateinamerika, Asien und Afrika" rund 550 000 DM zur Verfügung.

Industriesoziologisches Pilotprojekt in Kolumbien Pilotfunktion für industriesoziologische Forschung in Kolumbien hat ein Kooperationsvorhaben der Universidad Nacional de Colombia, Bogotá (Prof. Dr. Anita Weiss de Belalcázar) und der Universität Bremen (Prof. Dr. M. Osterland) über industrielle Arbeitsbedingungen in Kolumbien. Es soll zugleich der dortigen Universität beim Aufbau eines entsprechenden Postgraduierten-Programms helfen. Die Stiftung Volkswagenwerk fördert das Projekt ebenfalls in dem Schwerpunkt „Grundlegende Entwicklungen in Lateinamerika, Asien und Afrika" mit insgesamt 585 000 DM. Ein kolumbianisches Soziologenteam, in das ein ausgewiesener deutscher Industriesoziologe einbezogen wird, möchte unterschiedliche Typen von Berufsverläufen und ihre – für ein Land der Dritten Welt mit heterogenen gesellschaftlichen und wirtschaftlichen Strukturen charakteristischen – Bestimmungsfaktoren empirisch ermitteln und erklären. Diese auch praktisch bedeutsame Fragestellung eignet sich in besonderer Weise zur Anpassung und Erprobung der in der international führenden deutschen Industriesoziologie bewährten Untersuchungsmethoden, es regt aber auch zur Rückbesinnung auf deutsche und europäische Industrialisierungsgeschichte an.

Auch in Afrika südlich der Sahara stellen jetzt die Städte den Lebensraum für einen zunehmenden Teil der Bevölkerung dar. Meist setzte dieser Urbanisierungsprozeß erst mit der Unabhängigkeit in den 50er und 60er Jahren unseres Jahrhunderts ein. Daher ist der Verstädterungsgrad dort im ganzen noch niedriger als in Lateinamerika oder Asien, wo dieser Vorgang und damit verbundene Probleme schon häufiger (auch in stiftungsgeförderten Projekten) untersucht wurden; afrikanische Städte jedoch weisen höhere Zuwachsraten der Bevölkerung auf. Geographen der Universitäten Frankfurt, Heidelberg und Mannheim unter Leitung der Professoren Dr. K. Vorlaufer, Dr. R. Henkel und Dr. W. Gaebe wollen gemeinsam mit Kollegen aus afrikanischen Ländern klären, ob und wie sich Stadtentwicklung und -struktur in Schwarzafrika von anderen Weltregionen unterscheiden und welche Rolle afrikanische Städte im gesamtgesellschaftlichen Entwicklungsprozeß spielen. Im Mittelpunkt des im Schwerpunkt „Grundlegende Entwicklungen in Lateinamerika, Asien und Afrika" mit 370 000 DM geförderten Vorhabens stehen die Städte Dakar (Senegal), Kumasi (Ghana), Lusaka (Sambia) und Mombasa (Kenia).

Urbainsierungsprozesse in Afrika

Probleme der Landwirtschaft und der ländlichen Räume in den südeuropäischen Mitgliedsländern der Europäischen Gemeinschaft gehören zu den für die Gesamtentwicklung der EG nach der Süderweiterung gravierenden Fragen. Entsprechende Forschungsthemen finden daher auch in dem betreffenden Förderungsschwerpunkt der Stiftung besondere Beachtung. Einem dieser südeuropäischen Problemgebiete der EG wendet sich ein deutsch-portugiesisches Forschungsteam unter Leitung des Hannoveraner Politologen Professor Dr. M. Vester und des Lissaboner Agrarsoziologen Professor Dr. A. de Barros in dem mit 397 000 DM geförderten Forschungsvorhaben „Die Agrarreform und das Problem ländlicher Entwicklung in Südportugal" zu. Der Alentejo, das südliche Portugal zwischen Tejo und Algarve, ist mit einem Drittel des portugiesischen Staatsgebiets die größte und rückständigste Region des EG-Landes mit dem niedrig-

Agrarreform in Südportugal

99

sten Entwicklungsniveau. Ähnlich wie im italienischen Mezzogiorno und im spanischen Andalusien zeigt sich die Problematik dieser Region in einer überwiegend extensiven Landwirtschaft, geringer Industrialisierung, hoher Arbeitslosigkeit und enormer Abwanderung. Im Unterschied zu den beiden anderen Regionen hat in Portugal nach dem Sturz der Diktatur im April 1974 ein großangelegter Versuch stattgefunden, die seit 1950 beschleunigte Marginalisierung des Alentejo durch eine Agrarreform umzukehren. Zum besseren Verständnis der bisher nur für die unmittelbare Phase der Umstrukturierung 1975/76 behandelten Agrarreform soll der Gesamtprozeß der Entwicklung seit 1950 betrachtet werden. Die Untersuchung des in einer rückständigen Region vorhandenen Entwicklungs- und Selbsthilfepotentials verspricht auch wichtige Aufschlüsse für andere agrarische Problemzonen der Europäischen Gemeinschaft.

Nachwuchs-förderung Über auslandsbezogene Nachwuchsförderung wird im nächsten Abschnitt berichtet.

Förderung des wissenschaftlichen Nachwuchses

McCloy Academic Scholarship Program Mit dem „McCloy Academic Scholarship Program", für das die Stiftung Volkswagenwerk im Berichtsjahr weitere 5 Millionen DM bereitgestellt hat, bietet sie seit 1982 jährlich einer kleinen Gruppe begabter und durch hohe Leistungen ausgewiesener junger deutscher Graduierter die Möglichkeit, zwei Jahre an der Harvard University zu studieren. Die Studienstiftung des deutschen Volkes (Mirbachstraße 7, 5300 Bonn 2) organisiert den Auswahlprozeß und wickelt die Stipendien ab. Eine ausführliche Programmbroschüre kann von dort auf Wunsch zur Verfügung gestellt werden.
Angesprochen sind Bewerber aus den Rechts-, Wirtschafts- und Gesellschaftswissenschaften sowie der Neueren Geschichte. Bewerber sollten nicht nur besonders gute Examina vorweisen können, sondern auch erkennen lassen, daß sie später für verantwortliche Stellungen in Wissenschaft, Politik, Wirtschaft, Verwaltung, Publizistik etc. infrage kommen.
Die Stipendiaten werden in einem Zwei-Jahres-Studiengang der John F. Kennedy School of Government der Harvard University für den Erwerb eines „Master of Public Administration" (MPA) eingeschrieben, der vielfältige individuelle Gestaltungsmöglichkeiten des Studienprogramms zuläßt. Für die Sommermonate zwischen den beiden

Studienjahren werden mehrmonatige Praktika bei internationalen, nationalen, regionalen, lokalen, karitativen oder anderen Organisationen vermittelt.

Um den besonderen Charakter des Programms für die deutsch-amerikanischen Beziehungen zu unterstreichen und um seine langfristige Weiterführung zu sichern, hat die Harvard University namhafte Persönlichkeiten aus den USA und der Bundesrepublik Deutschland gewonnen, die Schirmherrschaft über das McCloy-Stipendienprogramm zu übernehmen. Es handelt sich um Professor Dr. Kurt H. Biedenkopf; Edgar M. Bronfman B.A.; Arthur F. Burns; Gerald R. Ford; Dr. Carl H. Hahn; Henry A. Kissinger M.A., Ph.D.; Dr. Werner Remmers; David Rockefeller B.S., Ph.D.; Helmut Schmidt; Berndt von Staden; Professor Dr. Shepard Stone. Das Komitee trat am 3. April 1985 in New York in Anwesenheit von John J. McCloy aus Anlaß seines 90. Geburtstages erstmals zusammen.

Für die Startphase des Programms hat die Stiftung Volkswagenwerk nunmehr insgesamt 10 Millionen DM aufgebracht. Die Harvard University hat damit begonnen, Mittel für eine Kapitalstiftung zur langfristigen Fortsetzung dieser herausragenden Förderung einzuwerben. Von 1983 bis 1986 sind insgesamt 31 „McCloy Scholars" gefördert worden. Im Februar 1987 wurden weitere 8 Stipendiaten für den Jahrgang Herbst 1987 unter ca. 40 Endbewerbern ausgewählt:

Markus Fisseler, Rechtswissenschaft (Universität Würzburg)

Reinhard Gorenflos, Wirtschaftswissenschaft/Geschichte (Universität Freiburg)

Karin Hatzmann, Politikwissenschaft, Geographie, Geschichte (Universität Tübingen)

Dietmar Herz, Politikwissenschaft, Jura, Geschichte (Universität München)

Horst Kayser, Wirtschaftsingenieur, Elektronik (TH Darmstadt)

Andreas Mohr, Maschinenbau, Betriebswirtschaftslehre (Universität Stuttgart)

Julia Monar, Rechtswissenschaft (Universität Bonn)

Ralf Stegner, Politikwissenschaft, Geschichte, Germanistik (Universität Freiburg)

Als Gegenstück zu dem McCloy Academic Scholarship Program ist ein „Berlin Program in Advanced German and European Studies" an der Freien Universität Berlin eingerichtet worden, für das die Stiftung Volkswagenwerk 1985 – wie bereits im vorangegangenen Bericht erwähnt – 2,5 Millionen DM zur Verfügung gestellt hat. Dieses Programm soll vielversprechenden amerikanischen Nachwuchswis-

Berlin Program in Advanced German and European Studies für amerikanische Wissenschaftler

101

senschaftlern über einen Forschungsaufenthalt ein vertieftes Verständnis für deutsche und europäische Probleme vermitteln und damit zur Stärkung des in den USA vorhandenen Wissens über Europa und Deutschland beitragen. Das Programm sieht mindestens einjährige Aufenthalte amerikanischer Doktoranden oder bereits promovierter Nachwuchswissenschaftler in Berlin vor, die über ökonomische, rechtliche, politische und soziale Aspekte der zeitgenössischen deutschen und europäischen Entwicklung arbeiten wollen. Die Stipendiaten werden an der Freien Universität Berlin von einem Komitee betreut, in dem unter der Leitung von Professor Dr. Helga Haftendorn (Politikwissenschaft – Internationale Beziehungen) die Professoren Dr. H. Schulze (Neuere Geschichte), Dr. C.-L. Holtfrerich (Allgemeine Volkswirtschaftslehre, Volkswirtschaftspolitik und Wirtschaftsgeschichte), Dr. H.-D. Klingemann (Politische Soziologie, Parteien- und Verbändeforschung) und Dr. A. Randelzhofer (Völkerrecht, Internationales Recht, Rechtsvergleich) mitwirken. Ergänzende Aufenthalte an anderen Forschungsinstituten in der Bundesrepublik sind vorgesehen. Die Auswahl der Stipendiaten aus den Fachgebieten Anthropologie, Wirtschaftswissenschaft, Politikwissenschaft und Soziologie erfolgt durch den Social Science Research Council (Dr. N. Diamandouros, 605 Third Avenue, New York, N.Y. 10158), der ein besonderes Auswahlgremium berufen hat und für diese Aufgabe vom German Marshall Fund of the United States finanziell unterstützt wird.

Dem Auswahlausschuß gehören neben Professor Helga Haftendorn die Professoren P. J. Katzenstein (Cornell University, Vorsitzender), R. Dornbusch (Massachusetts Institute of Technology), Dr. Rueschemeyer (Brown University) und J. J. Sheehan (Stanford University) an.

Stipendiaten des Jahresganges 1986/87:
Richard H. Bodek, Geschichte (University of Michigan)
Ursula Heckner-Hagen, Geschichte (University of California, Berkeley)
Gregg O. Kvistad, Ph. D., Politikwissenschaft (University of Denver)
Brian K. Ladd, Ph. D., Geschichte (Yale University)
Peter G. O'Brien, Politikwissenschaft (University of Wisconsin)
Christine S. Schoefer, Ph. D., Politikwissenschaft (University of California, Berkeley)
Alan E. Steinweis, Ph. D., Geschichte (University of North Carolina)
Jeffrey T. Verhey, Geschichte (University of California, Berkeley)

Stipendiaten des Jahrganges 1987/88:
John W. Borneman, Anthropologie (Harvard University)
Cathleen S. Fisher, Politikwissenschaft (University of Maryland)

Mary N. Hampton, Politikwissenschaft (University of California, Los Angeles)
Mark A. Lehrer, Ph. D., Geschichte (University of Colorado)
Ruth E. Mandel, Ph. D., Anthropologie (University of Chicago)
Daniel S. Mattern, Geschichte (University of North Carolina)
Pamela M. Potter, Geschichte (Yale University)
Raymond G. Stokes, Ph. D., Geschichte (Ohio State University)
Mark W. Walker, Ph. D., Geschichte (Princeton University)

Über 90 Prozent der Chemiker, die die Diplomprüfung ablegen, bleiben anschließend an der Universität, um zu promovieren. Die Ge-
samtstudiendauer bis zum Abschluß der Promotion beträgt durchschnittlich annähernd zehn Jahre, die bis auf wenige Ausnahmen an
derselben Universität verbracht werden. Um herausragend qualifizierte Studenten dazu anzuregen, nach dem Diplom eine Promotion
in einem besonders forschungsaktiven Arbeitskreis ihrer Wahl an einem anderen Ort innerhalb der Bundesrepublik Deutschland anzu-
fertigen, wurde 1984 das Kekulé-Stipendium der Stiftung Volkswagenwerk eingerichtet. Nach einer erfolgreichen Anlaufphase, in der
ca. 30 Promotionsstipendien vergeben wurden, hat die Stiftung im
Jahr 1986 erneut 3 Millionen DM für das Programm bewilligt. Sie
möchte damit nicht nur einen Beitrag zur Erhöhung der Mobilität
der Chemiestudenten leisten, sondern auch Anstöße für die Entwicklung von neuen Modellen für die Graduiertenförderung geben, die
auch Ausstrahlungen auf andere Fächer haben könnten. Die Vergabe
der Stipendien sowie die Abwicklung des Programms hat die Stiftung
Stipendien-Fonds des Verbandes der Chemischen Industrie, Frank-
furt/M. (Postfach 11 19 43, 6000 Frankfurt/M.), übernommen, bei
der ein Merkblatt zum Kekulé-Stipendium angefordert werden kann.

Kekulé-Stipendium für Doktoranden der Chemie

Die Namen der ersten 24 Stipendiaten wurden bereits in den beiden
vorangegangenen Berichten veröffentlicht. Seitdem haben folgende
Doktoranden weitere Stipendien erhalten:

Helge Bastian, Diplom an der Universität Göttingen im Fach Biologie, Dissertation geplant bei Professor Dr. Ellen Fanning-Honegger, Institut für Biochemie, Universität München

Ulrich Brand, Diplom an der Universität Göttingen, Dissertation geplant bei
Professor Dr. K. Schügerl, Institut für Technische Chemie, Universität Hannover

Richard Dronskowski, Diplom an der Universität Münster, Dissertation geplant bei Professor Dr. A. Simon, Max-Planck-Institut für Festkörperforschung, Stuttgart

Frank Ebmeyer, Diplom an der Universität Bielefeld, Dissertation geplant bei
Professor Dr. F. Vögtle, Institut für Organische Chemie und Biochemie, Universität Bonn

Kekulé-Stipendium (Forts.) Rüdiger Fischer, Diplom an der Universität Münster, Dissertation geplant bei Professor Dr. Dr. H. A. Staab, Max-Planck-Institut für medizinische Forschung, Heidelberg

Rainer Fuchs, Diplom an der Universität Frankfurt im Fach Biologie, Dissertation geplant bei Professor Dr. H. G. Gassen, Institut für Organische Chemie und Biochemie, Technische Hochschule Darmstadt

Luigi de Gaudenzi, Diplom an der Universita' degli Studi – Pavia/Italien, Dissertation geplant bei Professor Dr. R. R. Schmidt, Fakultät für Chemie, Universität Konstanz

Xenia Holdgrün, Diplom an der Universität Göttingen, Dissertation geplant bei Professor Dr. M. T. Reetz, Fachbereich Chemie, Universität Marburg

Karl Iglhaut, Diplom an der Universität Regensburg, Dissertation geplant bei Professor Dr. A. Weiß, Institut für Anorganische Chemie, Universität München

Timm-Heinrich Jessen, Diplom an der Universität Kiel, Dissertation geplant bei Professor Dr. G. Braunitzer, Max-Planck-Institut für Biochemie, München

Jürgen Rühe, Diplom an der Universität Münster, Dissertation geplant bei Professor Dr. G. Wegner, Max-Planck-Institut für Polymerforschung, Mainz

Friedrich Sosna, Diplom an der Universität Bochum, Dissertation geplant bei Professor Dr. G. Erker, Institut für Organische Chemie, Universität Würzburg

Hans Ulrich Stilz, Diplom an der ETH Zürich, Dissertation geplant bei Professor Dr. O. Oesterhelt, Max-Planck-Institut für Biochemie, München

Robert Tischtau, Diplom an der Technischen Universität Berlin, Dissertation geplant bei Professor Dr. A. Simon, Max-Planck-Institut für Festkörperforschung, Stuttgart

Sabine Werner, Diplom an der Universität Tübingen im Fach Biochemie, Dissertation geplant bei Professor Dr. Dr. P. H. Hofschneider, Max-Planck-Institut für Biochemie, München

Günther Wiesgickl, Diplom an der Universität Regensburg, Dissertation geplant bei Professor Dr. H. P. Beck, Institut für Anorganische Chemie, Universität Erlangen-Nürnberg

Jens Wolff, Diplom an der Universität Freiburg, Dissertation geplant bei Professor Dr. R. W. Hoffmann, Fachbereich Chemie, Universität Marburg

Andreas Jung, Diplom an der Universität Freiburg, Dissertation geplant bei Professor Dr. G. Wegner, Max-Planck-Institut für Polymerforschung, Mainz

Jürgen Kellner, Diplom an der Universität Regensburg, Dissertation geplant bei Professor Dr. W. A. Herrmann, Anorganisch-Chemisches Institut, Technische Universität München

Hubertus Kröner, Diplom an der Technischen Universität München, Dissertation geplant bei Professor Dr. O. Nuyken, Lehrstuhl für Makromolekulare Chemie, Universität Bayreuth

Bernd Lamatsch, Diplom an der Universität Karlsruhe, Dissertation geplant bei Professor Dr. D. Seebach, Laboratorium für Organische Chemie, ETH Zürich

Gudrun Lange, Diplom an der Universität Freiburg, Dissertation geplant bei Privatdozent Dr. E. Mandelkow, Arbeitsgruppe für strukturelle Molekularbiologie der Max-Planck-Gesellschaft bei DESY, Hamburg

Barbara Leiting, Diplom an der Universität Göttingen, Dissertation geplant bei Professor Dr. Ellen Fanning-Honegger, Max-Planck-Institut für Biochemie, München

Bernd Reindl, Diplom an der Universität Regensburg, Dissertation geplant bei Professor Dr. P. von Ragúe Schleyer, Institut für Organische Chemie, Universität Erlangen-Nürnberg

Eric Rivadeneira, Diplom an der Universität Köln, Dissertation geplant bei Professor Dr. M. T. Reetz, Fachbereich Chemie, Universität Marburg

Peter Röse, Diplom an der Universität – GH – Wuppertal, Dissertation geplant bei Privatdozent Dr. J. Gasteiger, Organisch-Chemisches Institut, Technische Universität München

Christine Rudolph, Diplom an der Universität Ulm, Dissertation geplant bei Privatdozent Dr. J. Gasteiger, Organisch-Chemisches Institut, Technische Universität München

Doktoranden-Stipendium für chinesische Mediziner

Im Jahre 1984 wurde die Deutsch-Chinesische Gesellschaft für Medizin e. V. gegründet. Sie hat das Ziel, die Beziehungen beider Länder in der medizinischen Wissenschaft vor allem durch den Austausch von Wissenschaftlern, Ärzten und Studenten sowie den Austausch von Erfahrungen im Auf- und Ausbau der medizinischen Versorgung der Bevölkerung zu fördern. Als Partnerorganisation existiert in der Volksrepublik China die Chinesisch-Deutsche Gesellschaft für Medizin. Um eine noch engere Zusammenarbeit beider Gesellschaften zu ermöglichen, hat die Stiftung Volkswagenwerk in ihrem China-Programm der Deutsch-Chinesischen Gesellschat für Medizin e. V. in Köln (Präsident Prof. Dr. P. Gerhardt) 400 000 DM zur Verfügung gestellt. Die Mittel werden vornehmlich als Stipendien für zehn bis zwölf chinesische Nachwuchswissenschaftler für einen zweijährigen Aufenthalt in der Bundesrepublik Deutschland verwendet sowie zur Finanzierung der Teilnahme chinesischer Wissenschaftler an einem wissenschaftlichen Workshop der Gesellschaft in der Bundesrepublik Deutschland.

Nordamerika-Studien: Förderung der Infrastruktur

Von zwei Bewilligungen an das Zentrum für Nordamerika-Forschung (ZENAF) der Universität Frankfurt im Rahmen des Schwerpunktes „Nordamerika-Studien", der dreijährigen Fortführung eines „Internship-Programms für die USA" und der Durchführung von drei Sommerschulen (vgl. S. 106 ff.), erwartet die Stiftung Volkswagenwerk durch die angebotene Nachwuchsförderung vor allem eine wirkungsvolle Förderung der Infrastruktur dieser Fachrichtung.

Das Internship-Programm (federführend Prof. Dr. K. L. Shell) soll deutschen Graduierten Gelegenheit geben, für ein halbes Jahr ihre wissenschaftliche Beschäftigung mit den Vereinigten Staaten vor Ort in den USA selbst zu vertiefen. Internships werden bei denjenigen Institutionen und Organisationen angesiedelt, mit denen sich die Bewerber besonders beschäftigen – Bundesbehörden, große Verbände, Organisationen etc. Die halbjährige Praxis dort ermöglicht den „Interns" einen besonders intensiven Zugang zu ihrem Forschungsobjekt und setzt sie damit besser instand, die entsprechenden Forschungsarbeiten abzuschließen. Der Abschluß wird in Gestalt eines Buches, eines Aufsatzes bzw. einer Dissertation erwartet. Für die Fortführung des Programms, das seit 1983 mit 380000 DM gefördert wurde, hat die Stiftung noch einmal 555000 DM zur Verfügung gestellt.

Wissenschaftliche Veranstaltungen

Wie das Internship-Programm des Zentrums für Nordamerika-Forschung (ZENAF) der Universität Frankfurt (s. o.) sollen auch die dreiwöchigen Sommerschulen zum Thema „Grundlagen amerikanischer Politik: Strukturen und Entscheidungsprozesse amerikanischer Innen-, Außen- und Wirtschaftspolitik" dazu beitragen, den im Bereich der Nordamerika-Studien in der Bundesrepublik Deutschland nach wie vor vorhandenen Teufelskreis von fehlenden Professuren, fehlenden Ausbildungs- und Karrierechancen und dem Mangel an wissenschaftlichem Nachwuchs an einer Stelle aufzubrechen, d. h. die Ausbildung zu vertiefen und Anreize für ein praxisorientiertes wissenschaftliches Studium der USA zu schaffen. Mit einer ersten, ebenfalls von der Stiftung geförderten Sommerschule im Jahr 1986 hat das Frankfurter Zentrum bereits positive Erfahrungen mit dieser Veranstaltungsform machen können. Die Sommerschulen sollen fundierte Kenntnisse auf dem Gebiet der Politik der Vereinigten Staaten vermitteln und auf diese Weise das Forschungsinteresse anregen. Sie wenden sich daher in erster Linie an Studenten des zweiten Studienabschnitts der Fächer Politikwissenschaft, Amerikanistik, Volkswirtschaft und Jura deutscher Universitäten. Darüber hinaus richten sich die Sommerschulen jedoch auch an in der Praxis Tätige – in den Medien, der Wirtschaft, in Schulen –, um deren Verständnis von den Grundlagen amerikanischer Politik zu verbessern. Die für die Sommerschulen verantwortlichen Wissenschaftler des ZENAF, die Pro-

„Mensch und Umwelt in Amazonien" war das Thema eines internationalen und interdisziplinären Symposions, das mit starker Beteiligung lateinamerikanischer Wissenschaftler im Mai 1986 im Tagungszentrum der Universität Tübingen in Blaubeuren stattfand (federführend Prof. Dr. G. Kohlhepp, Tübingen). Die Bilder veranschaulichen einige der besprochenen Probleme. Links: Eine Erschließungsstraße („Linha") mitten durch den Urwald in einem staatlichen Kolonisationsprojekt in Rondônia. Durch unangepaßte Nutzungsformen entstehen degradierte Weiden, die langfristig zu ökonomischen und sozialen Degradationsprozessen führen (unten). Rechts: Indianer der „Ur-Eu-Wau-Wau" in Zentral-Rondônia, die Ende der siebziger Jahre erstmals mit der brasilianischen Zivilisation in Kontakt kamen. Traditionelle Wohnform der amazonischen „caboclos" am Ufer des Rio Pará. Eine der Pionierstädte in Rondônia (Rolim de Moura), die als spontane Siedlungsneugründungen entstehen. (S. 108)

fessoren Dr. K. L. Shell und Dr. E.-O. Czempiel, haben im übrigen das Ziel, die Sommerschulen zu einer ständigen Einrichtung innerhalb der deutschen Amerika-Studien zu machen. Sie erhoffen sich dadurch eine langfristig spürbare Verbesserung der Lehr- und Forschungssituation in der Bundesrepublik.

Mensch und Umwelt in Amazonien

Bevölkerungsdruck und Nutzungskonflikte bedrohen den Amazonas-Urwald. Seine Vernichtung mit weltweit spürbaren klimatischen und ökologischen Folgen kann nur aufgehalten werden, wenn bei der wirtschaftlichen Erschließung Amazoniens Mensch und Umwelt als Teil eines zusammenhängenden Systems verstanden werden. So lautet – verkürzt – die These, die Anlaß und Gegenstand eines internationalen und interdisziplinären Symposions „Mensch und Umwelt in Amazonien" war, zu dessen Durchführung die Stiftung Volkswagenwerk rund 50 000 DM beigesteuert hat. Die federführend von dem Tübinger Geographen Professor Dr. G. Kohlhepp vorbereitete Veranstaltung fand mit starker Beteiligung lateinamerikanischer Wissenschaftler im Mai 1986 im Tagungszentrum Blaubeuren statt. Ihre Ergebnisse wurden vom Geographischen Institut der Universität Tübingen in portugiesischer und spanischer Sprache publiziert*, damit sie auch der Fachöffentlichkeit in den Amazonasländern zugänglich sind.

6. European Colloquium on Indonesian and Malay Studies

Führende Vertreter der verschiedenen wissenschaftlichen Fachrichtungen, die sich in Europa mit Indonesien und Malaysia beschäftigen, trafen im Juni 1987 in Passau zum 6. Europäischen Colloquium für Indonesische und Malaiische Studien zusammen. Die Tagung wurde vom Lehrstuhl für Südostasienkunde an der Universität Passau (Prof. Dr. B. Dahm) organisiert und von der Stiftung Volkswagenwerk im Südostasien-Schwerpunkt mit 43 000 DM unterstützt. Nach früheren Colloquien in Paris (1977), London (1979), Neapel (1981), Leiden (1983) und Sintra, Portugal (1985) wurde das alle zwei Jahre stattfindende Treffen damit zum ersten Mal in der Bundesrepublik Deutschland veranstaltet. Insgesamt waren etwa 60 Wissenschaftler aus den Niederlanden, aus Frankreich, Großbritannien, Italien, Portugal, Schweden, der Schweiz und den einschlägigen Instituten der Bundesrepublik in Passau vertreten. Da am Passauer Lehr-

* G. Kohlhepp, A. Schrader (Hrsg.): Homem e Natureza na Amazônia/Hombre Y Naturaleza en la Amazonía, Tübinger Geographische Studien 95, Tübingen, 1987 (Bezugsadresse: Forschungsschwerpunkt Lateinamerika, Geographisches Institut, Universität Tübingen, Hölderlinstraße 12, 7400 Tübingen)

stuhl für Südostasienkunde seit seiner Einrichtung 1984 der Erforschung regionaler Entwicklungen innerhalb der einzelnen Staaten Südostasiens besonderes Gewicht beigemessen wird, lag es nahe, für das Colloquium ein verwandtes Thema zu wählen. Gerade der indonesisch-malaiische Raum, der auf die Landkarte Europas übertragen von Irland bis zum Ural reichte, bietet eine große Fülle von Sonderentwicklungen, die in der Forschung noch sehr unzureichend berücksichtigt sind. Das Rahmenthema „The Daerah - Past and Present", oder „Regionen in Geschichte und Gegenwart" ließ den Wissenschaftlern die Möglichkeit, sich eine bestimmte Region für ihre fachspezifischen Ausführungen selbst zu wählen. Die Entwicklungen in Indonesien und Malaysia nach Erreichung der Unabhängigkeit zeigen, daß die Verwirklichung nationalstaatlicher Pläne noch immer in starkem Maße von örtlichen Bedingungen und Traditionen abhängig sind. Daher ist die Aufhellung regionaler Besonderheiten kulturwissenschaftlich wie entwicklungspolitisch in hohem Maße von Bedeutung.

Ein Schlüsselproblem derzeitiger Rüstungskontrollpolitik ist die technische Überprüfbarkeit entsprechender Abkommen zwischen Ost und West. Es läßt sich nur im Zusammenwirken von Politikern und Wissenschaftlern lösen, und Naturwissenschaftler bringen dabei ihre eigene wissenschaftliche Expertise ein. Im November 1986 haben deutsche Naturwissenschaftler verschiedener Disziplinen und Universitäten ihre Kollegen aus dem östlichen und westlichen Ausland zu einer Arbeitstagung nach Hamburg eingeladen, um Stand und Grenzen der Verifikation von Verträgen zur Begrenzung bzw. zum Verbot von Kernexplosionen, der Herstellung von waffenfähigem spaltbaren Material, von Anti-Satelliten- und Weltraumwaffen sowie von chemischen Waffen darzustellen und zu diskutieren. Die offen geführte Sachdebatte, die auch zwischen Ost und West kontrovers beurteilte Fragen nicht ausklammerte, läßt den Schluß zu, daß Naturwissenschaft und Technik für die meisten Felder herkömmlicher und möglicher neuer Rüstungsbegrenzung geeignete und ausreichende Mittel zur angemessenen Überwachung der Vertragseinhaltung bereitstellen. Dadurch wird der in der öffentlichen Diskussion wahrscheinlich zu hoch angesetzte Stellenwert dieses Problems relativiert. Um die bisher in der Bundesrepublik Deutschland nur selten anzutreffende Behandlung sicherheitspolitischer Fragen durch Naturwissenschaftler anzuregen und das von den Veranstaltern angestrebte und erreichte Freihalten der wissenschaftlichen Diskussion von politischen Vorgaben zu gewährleisten, hat die Stiftung für die

Naturwissenschaftliche Aspekte in der Rüstungskontrolle

zweitägige Arbeitstagung 27 500 DM an das II. Institut für Experimentalphysik der Universität Hamburg (Prof. Dr. H. Spitzer) bewilligt. Die Unterstützung dieser Veranstaltung sowie einer deutschamerikanischen Konferenz zur Rüstungskontrolle (s. u.) ist im Zusammenhang mit der Absicht der Stiftung zu sehen, in den nächsten Jahren verstärkt das Forschungsgebiet der Sicherheitspolitik zu fördern.

Deutsch-amerikanische Beziehungen

Rüstungskontrolle und Entspannung haben in der Außen- und Sicherheitspolitik der Bundesrepublik Deutschland und der Vereinigten Staaten einen unterschiedlichen Stellenwert. Grundlagen dieser Unterschiede und ihre Bedeutung für die deutsch-amerikanischen Beziehungen wurden Anfang Dezember 1986 im Haus der Werner-Reimers-Stiftung, Bad Homburg, von rund 20 Wissenschaftlern und Experten aus beiden Ländern erörtert. Die Gemeinschaftsveranstaltung der Hessischen Stiftung Friedens- und Konfliktforschung, Frankfurt (Prof. Dr. E.-O. Czempiel), und der University of California, Santa Barbara (Prof. Dr. W. F. Hanrieder), wurde – ebenso wie eine entsprechende Konferenz, die Ende 1985 in Santa Barbara stattfand – finanziell von der Stiftung und dem kalifornischen Institute of Global Conflict and Cooperation unterstützt. Beide Tagungen sollten die auf Grundlagenforschung gerichtete akademische Analyse für politische Diskussion und Problemlösung fruchtbar machen. Auch unter dem Eindruck des Gipfeltreffens von Reykjavik zeichnet sich unter den Wissenschaftlern aus der differenzierten Betrachtung langfristig wirkender Strukturen ein Konsens bei der Neubestimmung des Verhältnisses von Verteidigung und Entspannung ab, nach welchem Sicherheit und die für ihre Gewährleistung erforderliche Balance der Streitkräfte künftig stärker durch Abrüstung, nicht durch erneute Aufrüstung hergestellt werden sollte.

Siegel-Inventar per EDV

Siegel des Mittelalters und der frühen Neuzeit, die in allen Archiven mit historischen Urkunden- und Aktenbeständen meist in großer Zahl vorhanden sind, stellen ein sehr spezielles kulturhistorisches Quellenmaterial dar, das in der Forschung bisher eher ein Randdasein führt. Vor allem fehlt es an zuverlässigen Siegelinventaren. Zur Vorbereitung eines möglichst allgemein verwendbaren Kriterienkatalogs für eine Inventarisierung von Siegelbeständen mit Hilfe der EDV kamen im Dezember 1986 Archivleiter und -mitarbeiter in Köln zusammen, tatkräftig unterstützt durch die Vorsitzende des Internationalen Siegelausschusses, Andrée Scufflaire aus Brüssel. Es konnten Kriterienkataloge sowohl für „konstante" wie für „variable"

Daten verabschiedet werden. Initiator und Leiter der Veranstaltung war Professor Dr. T. Diederich, Historisches Archiv des Erzbistums Köln, der bereits 1982 ein ebenfalls von der Stiftung Volkswagenwerk gefördertes Fachgespräch zur Ordnung und wissenschaftlichen Katalogisierung von Siegeln – damals noch ohne EDV – zum Abschluß eines Förderungsprojektes zu der Siegelsammlung des Kölner Stadtmuseums durchgeführt hatte.

Förderungsstatistik 1986

In den 25 Jahren ihrer Tätigkeit hat die Stiftung Volkswagenwerk bis zum Ende des Berichtsjahres Mittel in einer Gesamtsumme von 2,88 Milliarden DM zur Forschungsförderung bewilligt. Damit wurden rund 15 800 Einzelprojekte gefördert. *Gesamtförderung 1962–1986*

Die im Jahr 1986 bewilligten Mittel haben 156,6 Millionen DM erreicht. Davon entfielen 99,7 Millionen DM für insgesamt 652 Projekte auf regionale (21,1 Millionen DM) und überregionale (78,6 Millionen DM) Einrichtungen und 56,9 Millionen DM auf das Niedersächsische Vorab (vgl. hierzu S. 58 f., 259 ff. und Satzung § 8, S. 297). Ausgezahlt wurden Förderungsmittel in Höhe von 112,5 Millionen DM, zum Teil aufgrund von Bewilligungen früherer Jahre, da die Stiftung bewilligte Mittel erst zum Zeitpunkt des tatsächlichen Bedarfs abrufen läßt. (Vgl. hierzu auch Tafel 1, S. 115.) *Bewilligungen und Förderungsmittel 1986*

An ausländische wissenschaftliche Einrichtungen wurden im Berichtsjahr 13,8 Millionen DM für 108 Projekte bewilligt, das sind 17,6 Prozent der Förderung aus überregionalen Mitteln. Auf das europäische Ausland entfielen 2,9 Millionen DM, auf das außereuropäische 10,9 Millionen DM. In den Auslandsförderungsmitteln sind 3,7 Millionen DM für ausländische Wissenschaftler in Partnerschaftsprojekten enthalten. *Auslandsförderung*

Im einzelnen verteilt sich die direkte Auslandsförderung 1986 auf Mittel- und Südamerika mit 27 Projekten (2 Mio DM), auf Asien mit 34 Projekten (2,6 Mio DM), Südeuropa mit 21 Projekten (1,5 Mio DM), gefolgt von Vorderer Orient (9 Projekte; 0,87 Mio DM), Westeuropa (7 Projekte; 1,4 Mio DM), Afrika (5 Projekte; 0,25 Mio DM), Nordamerika (4 Projekte; 5,1 Mio DM); 1 Projekt betraf mehrere Regionen zugleich. Knapp zwei Drittel der bewilligten Mittel entfielen auf die Geistes- und Gesellschaftswissenschaften, knapp ein Drittel auf die Natur- und Ingenieurwissenschaften, knapp 10 Prozent auf fachübergreifende oder nicht fachgebundene Vorhaben.

Schwerpunkt-
statistik
In der „Übersicht über das Förderungsprogramm" (Umschlag-Innenseite) und auf Tafel 6 (S. 120 f.) ist die Verteilung des Bewilligungsvolumens nach Schwerpunkten dargestellt. Vom Umfang der bewilligten Mittel her sind für 1986 besonders die Schwerpunkte Mathematische und Theoretische Grundlagen in den Ingenieurwissenschaften (10,8 Millionen DM), Internationale Begegnungszentren der Wissenschaft (9 Millionen DM), Mikrostrukturwissenschaft (6,8 Millionen DM), Akademie-Stipendien (6,3 Millionen DM), Grundlegende Entwicklungen in Lateinamerika, Asien und Afrika (5,6 Millionen DM), Beispiele kulturwissenschaftlicher Dokumentation (5 Millionen DM) und das Partnerschaftsprogramm (4,2 Millionen DM) hervorzuheben. Nach der Anzahl der geförderten Projekte stehen die beiden fachoffenen Schwerpunkte Symposienprogramm (97) und Akademie-Stipendien (78) an der Spitze, gefolgt von Partnerschaftsprogramm (63), Mathematische und Theoretische Grundlagen in den Ingenieurwissenschaften (48) und Grundlegende Entwicklungen in Lateinamerika, Asien und Afrika (41 Projekte).

Bearbeitungs-
übersicht
Die Entwicklung des Antragsbestandes und die Arbeitsstatistik sind aus den Tafeln 2 bis 5 (S. 116 ff.) abzulesen. Die Gesamtzahl der im Jahre 1986 zu bearbeitenden Anträge (ohne Niedersächsisches Vorab) lag mit 1334 wieder weit über Tausend; sie hatten ein Volumen von 309,8 Millionen DM (1985: 1364 Anträge mit 292,4 Millionen DM). Aus dem Vorjahr war ein Bestand von 334 Anträgen über 86,3 Millionen DM übernommen worden (1985: 334 mit 85,4 Millionen DM); für 427 Anträge über 119,0 Millionen DM stand am Jahresende 1986 eine Entscheidung noch aus.
Der Antragseingang hatte etwa die Größenordnung des Vorjahres: 1000 Anträge über zusammen 223,5 Millionen DM (darin einbezogen 96 Anträge auf Nachbewilligung mit 1,2 Millionen DM) wurden neu eingereicht (1985: 1030 Anträge über 207,0 Millionen DM). 1986 wurden – ohne Niedersächsisches Vorab – insgesamt 907 Anträge über 190,8 Millionen DM abschließend bearbeitet (1985: 1030 Anträge über 206,1 Millionen DM).

Bewilligungen
und
Ablehnungen
Die für regionale und überregionale Einrichtungen bewilligten 99,7 Millionen DM verteilen sich auf 619 Projekte (97,5 Millionen DM) und 2 Programmbewilligungen (2,2 Millionen DM). Aus statistisch

bereits in den Vorjahren erfaßten Programmbewilligungen kamen 33 Freigaben über zusammen 1,5 Millionen DM hinzu; insgesamt wurde über 652 Anträge positiv entschieden (1985: 702 Anträge). Das Volumen dieser Anträge (114,4 Millionen DM) wurde um 15,4 Millionen DM auf 99 Millionen DM gekürzt.

Im Verhältnis zur Gesamtsumme der Anträge entfallen auf positive Entscheidungen 52 Prozent; für die Antragszahl liegen die Bewilligungen sogar bei 72 Prozent (Vorjahr 68% – vgl. auch Tafel 5). 255 Anträge mit einem Volumen von 76,4 Millionen DM wurden abgelehnt oder haben sich anderweitig erledigt – in der Anzahl weniger, bei den Beträgen mehr als im Vorjahr (328 Projekte mit 69,8 Millionen DM).

Tafeln und Schaubilder 6 bis 11 zeigen die Aufgliederung der Einzelbewilligungen von 1986 (99,0 Millionen DM ohne Niedersächsisches Vorab) nach Schwerpunkten, Wissenschaftsbereichen, Fachgebieten, Empfängergruppen, Verwendungs- und Förderungsarten.

Tafeln 6–11

Wie in den Vorjahren übertrafen auch 1986 die Bewilligungssummen in den Natur-, Ingenieur- und Biowissenschaften mit 49,1 Millionen DM (49,6%) die der Geistes- und Gesellschaftswissenschaften (40,9 Millionen DM/41,3%), während diesmal die Anzahl der geförderten Projekte nahezu gleich war (324 bzw. 327). Noch größer ist der Unterschied mit 72,8 Prozent zu 7,4 Prozent bei den Einzelbewilligungen aus dem Niedersächsischen Vorab. Hier hat mit 19 Prozent (5,8 Millionen DM für 20 Projekte) die Medizin den stärksten Anteil.

Wissenschaftsbereiche und Fachgebiete

Bei den regionalen und überregionalen Mitteln dominieren im Bereich der Natur- und Ingenieurwissenschaften die Fachgebiete Chemie (11,7 Millionen DM), Maschinenwesen (10,7 Millionen DM), Physik (6,1 Millionen DM), Allgemeine Ingenieurwissenschaften (4,4 Millionen DM), Elektrotechnik (4,2 Millionen DM), Biowissenschaften (3,6 Millionen DM), Bauingenieurwesen (2,8 Millionen DM). Bei den Geistes- und Gesellschaftswissenschaften wurden die meisten Mittel für Sozialwissenschaften (14,3 Millionen DM), Geschichte (8,1 Millionen DM), Wirtschaftswissenschaften (5,4 Millionen DM), Sprach- und Literaturwissenschaften (2,3 Millionen DM) bewilligt.

In der Aufteilung der regionalen und überregionalen Mittel nach Empfängergruppen (Tafel 9) ist der Anteil der inländischen wissenschaftlichen Hochschulen 1986 auf 57 Millionen DM, das sind 57,6

Empfängergruppen

Prozent der Förderungsmittel ohne Niedersächsisches Vorab, zurückgegangen (1985: 68,9%). Der Anteil der Mittel für andere wissenschaftliche Einrichtungen (28,2 Millionen DM: 28,4%) hat sich gegenüber dem Vorjahr (15,1%) fast verdoppelt, der Anteil für Einrichtungen im Ausland (13,8 Millionen DM: 14%) hat sich nur leicht verringert (Vorjahr 16%) und liegt weiter über zehn Prozent, bezogen auf die überregionalen Mittel sogar bei 17,6 Prozent (vgl. S. 111).

Verwendungs-arten In der Aufgliederung der bewilligten Mittel nach Verwendungsarten (Tafel 10) liegt der Personalkostenanteil 1986 mit 59,1 Prozent etwa auf der Höhe des Vorjahres (59,4%). Die einmaligen Sachkosten sind nochmals leicht angestiegen (25% gegenüber rd. 22% im Vorjahr), während der Anteil der laufenden Sachkosten sich etwas abschwächte (15,9% gegenüber 18,6%).

Förderungs-arten Bei den Förderungsarten (Tafel 11) stehen die 368 Forschungsprojekte mit einem Anteil von 56,4 Prozent wieder weit an der Spitze (Vorjahr 56,0%). Nach der Bewilligungssumme beträgt ihr Anteil sogar 68,6 Prozent, also mehr als zwei Drittel der insgesamt bewilligten Mittel (im Vorjahr 66%). Für 129 wissenschaftliche Veranstaltungen – etwa ein Fünftel der Anzahl geförderter Projekte, aber nur 3,0 Millionen DM Mittelaufwand – und 118 Bewilligungen im Bereich von Akademie-Stipendien/Nachwuchsförderung/Habilitiertenförderung (18,1% der Anzahl mit 15,4 Mio DM) wurden zusammen 18,6 Prozent der Mittel aufgewendet. Die restlichen rund 12,8 Prozent der Bewilligungssumme verteilen sich auf Grundstücke und Gebäude (5 Bewilligungen: 9,6 Millionen DM), Geräte (4: 1,1 Mio DM), Editionen, Druckkostenzuschüsse (20: 0,3 Mio DM) und andere (8: 1,7 Mio DM).

Antragseingänge, Bewilligungen und Förderungsmittel 1962–1986

Jahr	Antrags-eingang	Bewilligungen	Bewilligungen	Bewilligungen	Erwirtschaftete Förderungs-mittel *
	Regionale/überreg. Mittel		Nds.Vorab	insgesamt	
	Mio DM	Mio DM	Mio DM	Mio DM	Mio DM
1962	273,8	52,8	19,4	72,2	89,9
1963	136,1	54,3	15,5	69,8	141,5
1964	338,5	192,7	18,8	211,5	95,2
1965	240,2	137,2	26,7	163,9	110,7
1966	205,0	70,9	22,6	93,5	112,5
1967	242,8	78,4	29,7	108,1	111,1
1968	327,8	186,1	25,5	211,6	119,7
1969	319,6	154,7	24,2	178,9	115,6
1970	355,0	106,7	69,9	176,6	116,7
1971	157,0	60,4	25,9	86,3	118,4
1972	79,0	44,5	14,9	59,4	90,6
1973	117,5	41,5	5,9	47,4	73,2
1974	144,2	42,2	6,2	48,4	85,4
1975	147,2	57,6	4,4	62,0	87,9
1976	238,3	72,8	13,3	86,1	57,4
1977	229,8	91,0	12,1	103,1	81,0
1978	182,8	95,1	16,1	111,2	84,2
1979	239,6	87,6	27,3	114,9	75,6
1980	202,2	79,1	34,3	113,4	114,9
1981	305,7	95,0	26,6	121,6	148,3
1982	232,1	87,4	26,5	113,9	146,9
1983	152,5	79,5	39,3	118,8	104,8
1984	229,1	99,4	16,5	115,9	104,1
1985	207,0	105,5	31,5	137,0	118,3
1986	223,5	99,7	56,9	156,6	134,8
	5 526,3	2 272,1	610,0	2 882,1	2 638,7

* Mittelzugänge aus dem jeweiligen Jahresertrag (ohne Rückflüsse und Stornierungen)

2 Bearbeitungsübersicht 1986 (ohne Nds. Vorab)

<table>
<thead>
<tr><th></th><th>Anzahl</th><th>Mio DM</th></tr>
</thead>
<tbody>
<tr><td>Antragsbestand
am 31. 12. 1985</td><td>334</td><td>86,3</td></tr>
<tr><td>Zugang im Jahr 1986
* Antragssummenveränderung
Vorjahr 4,1 Mio DM verrechnet</td><td>1000</td><td>223,5*</td></tr>
<tr><td>Gesamtbestand zu
bearbeitender Anträge</td><td>1334</td><td>309,8</td></tr>
<tr><td>entschiedene bzw.
erledigte Anträge (./.)</td><td>907</td><td>190,8</td></tr>
<tr><td>Antragsbestand
am 31. 12. 1986</td><td>427</td><td>119,0</td></tr>
<tr><td colspan="3">Aufgliederung der entschiedenen bzw. erledigten Anträge</td></tr>
<tr><td>Einzelbewilligungen</td><td>619</td><td>97,5</td></tr>
<tr><td>Freigaben aus
Programmbewilligungen</td><td>33</td><td>1,5</td></tr>
<tr><td>Positive Entscheidungen
insgesamt</td><td>652</td><td>99,0</td></tr>
<tr><td>Antragskürzungen</td><td></td><td>15,4</td></tr>
<tr><td>Ablehnungen und an-
derweitige Erledigungen</td><td>255</td><td>76,4</td></tr>
</tbody>
</table>

Legende: Anzahl | Mio DM

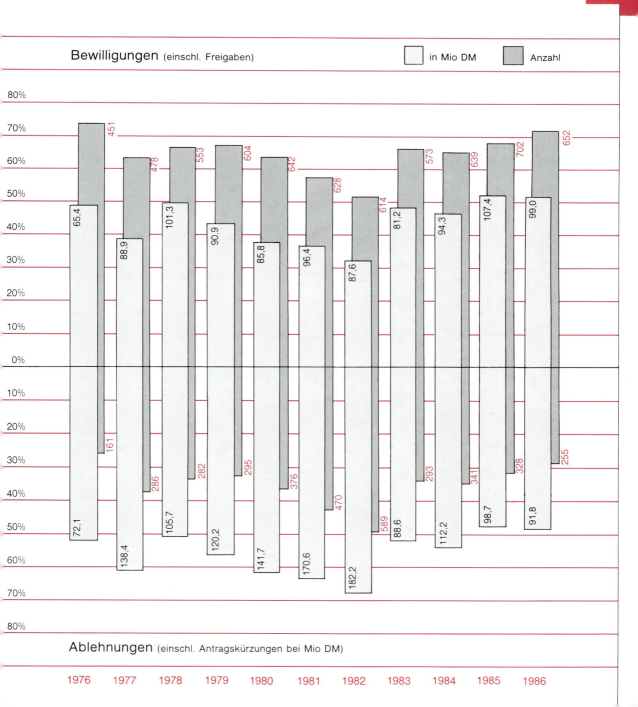

**Bewilligungs- und Ablehnungsquoten 1976–1986
nach Antragszahl und Antragssumme (ohne Nds. Vorab)**

5

Bewilligungen (einschl. Freigaben)   ☐ in Mio DM   ☐ Anzahl

80%
70%
60%
50%
40%
30%
20%
10%
0%

Jahr	in Mio DM	Anzahl
1976	65,4	451
1977	88,9	478
1978	101,3	553
1979	90,9	604
1980	85,8	642
1981	96,4	628
1982	87,6	614
1983	81,2	573
1984	94,3	639
1985	107,4	702
1986	99,0	652

10%
20%
30%
40%
50%
60%
70%
80%

Jahr	in Mio DM	Anzahl
1976	72,1	161
1977	138,4	286
1978	105,7	282
1979	120,2	295
1980	141,7	376
1981	170,6	470
1982	182,2	589
1983	88,6	293
1984	112,2	341
1985	98,7	328
1986	91,8	255

Ablehnungen (einschl. Antragskürzungen bei Mio DM)

1976   1977   1978   1979   1980   1981   1982   1983   1984   1985   1986

Förderungsstatistik 1986 nach Schwerpunkten

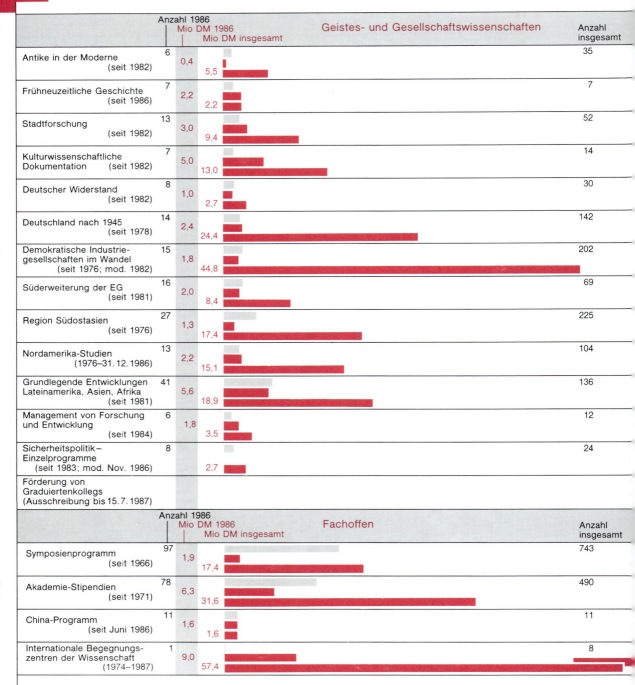

Geistes- und Gesellschaftswissenschaften

	Anzahl 1986	Mio DM 1986	Mio DM insgesamt	Anzahl insgesamt
Antike in der Moderne (seit 1982)	6	0,4	5,5	35
Frühneuzeitliche Geschichte (seit 1986)	7	2,2	2,2	7
Stadtforschung (seit 1982)	13	3,0	9,4	52
Kulturwissenschaftliche Dokumentation (seit 1982)	7	5,0	13,0	14
Deutscher Widerstand (seit 1982)	8	1,0	2,7	30
Deutschland nach 1945 (seit 1978)	14	2,4	24,4	142
Demokratische Industrie- gesellschaften im Wandel (seit 1976; mod. 1982)	15	1,8	44,8	202
Süderweiterung der EG (seit 1981)	16	2,0	8,4	69
Region Südostasien (seit 1976)	27	1,3	17,4	225
Nordamerika-Studien (1976–31. 12. 1986)	13	2,2	15,1	104
Grundlegende Entwicklungen Lateinamerika, Asien, Afrika (seit 1981)	41	5,6	18,9	136
Management von Forschung und Entwicklung (seit 1984)	6	1,8	3,5	12
Sicherheitspolitik – Einzelprogramme (seit 1983; mod. Nov. 1986)	8		2,7	24
Förderung von Graduiertenkollegs (Ausschreibung bis 15. 7. 1987)				

Fachoffen

	Anzahl 1986	Mio DM 1986	Mio DM insgesamt	Anzahl insgesamt
Symposienprogramm (seit 1966)	97	1,9	17,4	743
Akademie-Stipendien (seit 1971)	78	6,3	31,6	490
China-Programm (seit Juni 1986)	11	1,6	1,6	11
Internationale Begegnungs- zentren der Wissenschaft (1974–1987)	1	9,0	57,4	8

Natur-, Ingenieur- und Biowissenschaften

	Anzahl 1986 / Mio DM 1986 / Mio DM insgesamt	Anzahl insgesamt
Synergetik (seit 1980)	15 / 2,3 / 15,4	71
Metallorganische Reaktionen (seit Ende 1985)	11 / 2,8 / 2,9	12
Mikrostrukturwissenschaft (seit 1980)	17 / 6,8 / 41,2	100
Partnerschaft mit Instituten im Ausland (seit 1979)	63 / 4,2 / 21,0	295
Grundlagen Ingenieurwissenschaften (1971–30.6.1987)	48 / 10,8 / 91,6	321
Prozeßmodelle von Fertigungsverfahren (seit 1983)	7 / 1,5 / 6,3	24
Werkstoffe unter Betriebsbedingungen (seit 1981)	9 / 2,6 / 20,9	48
Mikrocharakterisierung Werkstoffe, Bauelemente (seit Ende 1985)	3 / 0,4 / 0,4	3
Grundlagen technischer Verbrennungsvorgänge (seit 1981)	11 / 3,6 / 17,7	59
Förderung Infrastruktur Ingenieurwissenschaften (seit 1981)	13 / 2,6 / 17,3	68
Parasitäre Krankheiten von Holzgewächsen (seit 1984)	8 / 0,2 / 0,5	15
Ergänzungsstipendium Klinische Medizin (seit 1984)	3 / / 3,0	15
Wettbewerb Biowissenschaften (bis 31.12.1986)		
In Vorbereitung Archäometallurgie (seit 1986)		

		Anzahl 1962–1986	
Förderung außerhalb derzeitiger Schwerpunkte	76 Anzahl 1986 / 14,4 Mio DM 1986 / 1757,9 Mio DM 1962–1986		7369
Niedersächsisches Vorab	56,9 Mio DM 1986 / 610,0 Mio DM 1962–1986		
Gesamt	652 Anzahl 1986 / 156,6 Mio DM 1986 / 2882,1 Mio DM 1962–1986	Anzahl 1962–1986	10704

7

Sozialwissenschaften	14,3 Mio DM	Geistes- und Gesellschafts-wissenschaften
		40,9 Mio DM
		41,3 %
Wirtschaftswissenschaften	5,4 Mio DM	
Philosophie, Psychologie	1,6 Mio DM	
Geschichte	8,1 Mio DM	
Alte und Orientalische Kulturen	1,4 Mio DM	
Sprach- und Literaturwissenschaften	2,3 Mio DM	
Andere	7,8 Mio DM	
Biowissenschaften (mit Medizin)	3,6 Mio DM	Naturwissen-schaften und Medizin
Mathematik	1,1 Mio DM	
Physik	6,1 Mio DM	24,4 Mio DM
Chemie	11,7 Mio DM	24,7 %
Andere	1,9 Mio DM	
Allgemeine Ingenieurwissenschaften	4,4 Mio DM	Ingenieur-wissenschaften
Bauingenieurwesen	2,8 Mio DM	24,7 Mio DM
Maschinenwesen	10,7 Mio DM	24,9 %
Elektrotechnik	4,2 Mio DM	
Andere	2,6 Mio DM	
Fachübergreifend (Internationale Begegnungszentren der Wissenschaft)	9,0 Mio DM	IBZ 9 Mio DM 9,1 %

99,0 Mio DM

Bewilligte Projekte 1986 nach Wissenschaftsbereichen (ohne Nds. Vorab)

Geistes- und Gesellschaftswissenschaften **327 Anträge 50,2 %**	Sozialwissenschaften	100
	Wirtschaftswissenschaften	40
	Philosophie, Psychologie	33
	Geschichte	59
	Alte und Orientalische Kulturen	17
	Sprach- und Literaturwissenschaft	33
	Andere	45
Naturwissenschaften und Medizin **203 Anträge 31,1 %**	Biowissenschaften (mit Medizin)	51
	Mathematik	16
	Physik	53
	Chemie	52
	Andere	31
Ingenieurwissenschaften **121 Anträge 18,6 %**	Allgemeine Ingenieurwissenschaften	25
	Bauingenieurwesen	22
	Maschinenwesen	43
	Elektrotechnik	9
	Andere	22
	Fachübergreifend (Internat. Begegnungszentren d. Wissenschaft)	1

← IBZ 1 / 0,1 %

Anzahl **652**

Förderungsstatistik 1986 nach Fachgebieten

Fachgebiet	Antragseingang (einschl. Nachbew.)		Bewilligungen und Freigaben			Nds. Vorab 1986 ausgesprochene Einzelbewilligungen auch aus dem Vorab-Anteil früherer Jahre		
	Anzahl	TDM	Anzahl	TDM	v. H.	Anzahl	TDM	v. H.
Geistes- und Gesellschaftswissenschafter	**512**	**92 608**	**327**	**40 924**	**41,3**	**29**	**2 256**	**7,4**
Rechtswissenschaft	20	1 976	11	574	0,6	2	52	0,2
Sozialwissenschaften	158	33 444	100	14 304	14,4	2	80	0,3
Wirtschaftswissenschaften	57	12 738	40	5 426	5,5	8	1 353	4,4
Verwaltungswissenschaft	–	–	1	17	–	–	–	–
Theologie	6	769	2	182	0,2	–	–	–
Philosophie	14	1 291	11	519	0,5	–	–	–
Psychologie	16	1 975	12	1 036	1,1	1	18	–
Pädagogik	12	1 017	4	176	0,2	4	114	0,4
Geschichte	94	14 522	59	8 084	8,1	1	50	0,2
Alte und Orientalische Kulturen	14	1 714	17	1 425	1,4	–	–	–
Sprach- und Literaturwissenschaften	50	8 593	33	2 307	2,3	4	165	0,5
Volkskunde	1	17	1	16	–	–	–	–
Völkerkunde	8	943	6	461	0,5	–	–	–
Kunstwissenschaften	11	1 325	7	447	0,5	1	39	0,1
Musikwissenschaft	6	350	2	128	0,1	–	–	–
Wissenschafts- und Technikgeschichte und Wissenschaftsforschung	21	3 759	2	17	–	1	52	0,2
Verschiedene Fächer	24	8 175	19	5 805	5,9	5	332	1,1
Biowissenschaften	**101**	**14 335**	**51**	**3 584**	**3,6**	**60**	**8 805**	**29,0**
Biologie	55	5 677	29	1 451	1,5	28	2 174	7,2
Medizin	32	7 507	17	1 761	1,8	20	5 769	19,0
Veterinärmedizin	1	12	–	–	–	5	280	0,9
Agrarwissenschaften	7	742	2	130	0,1	2	230	0,7
Forstwissenschaft	5	397	2	121	0,1	1	83	0,3
Verschiedene Fächer	1	–	1	121	0,1	4	269	0,9
Mathematik und Naturwissenschaften	**210**	**48 656**	**152**	**20 849**	**21,1**	**57**	**6 300**	**20,8**
Mathematik	31	10 639	16	1 120	1,1	3	206	0,7
Physik	53	9 352	53	6 143	6,2	24	3 535	11,7
Chemie	80	23 470	52	11 659	11,8	13	953	3,2
Geowissenschaften	22	1 606	14	759	0,8	6	467	1,5
Geographie	19	3 046	13	885	0,9	6	616	2,0
Verschiedene Fächer	5	543	4	283	0,3	5	523	1,7
Ingenieur- und Angewandte Wissenschafte	**175**	**54 213**	**121**	**24 668**	**24,9**	**49**	**6 977**	**23,0**
Allgemeine Ingenieurwissenschaften	36	10 385	25	4 368	4,4	4	695	2,3
Architektur, Städtebau und Landesplanung	9	2 387	9	1 063	1,1	1	291	1,0
Bauingenieurwesen	29	6 538	22	2 817	2,8	7	577	1,9
Bergbau und Hüttenwesen	5	517	4	403	0,4	9	941	3,1
Maschinenwesen	73	27 127	43	10 676	10,8	11	2 103	6,9
Elektrotechnik	12	5 571	9	4 197	4,2	3	219	0,7
Informatik	4	189	4	650	0,7	2	538	1,8
Verschiedene Fächer	7	1 499	5	494	0,5	12	1 613	5,3
Fachübergreifend/Verschiedene Fächer	**2**	**9 580**	**1**	**9 000**	**9,1**	**1**	**6 000**	**19,8**
Insgesamt	**1 000**	**219 392**		**99 025**	**100,0**	**196**	**30 338**	**100,0**

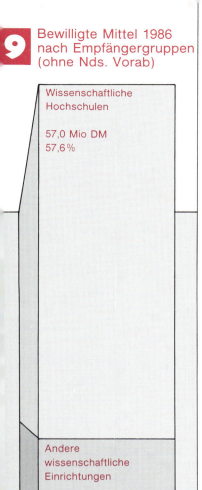

Wissenschaftliche
Hochschulen

57,0 Mio DM
57,6 %

Andere
wissenschaftliche
Einrichtungen

28,2 Mio DM
28,4 %

Ausländische wissen-
schaftl. Einrichtungen

13,8 Mio DM
14,0 %

99,0 Mio DM

		%	Mio DM
Personalkosten 58,5 Mio DM 59,1 %	Wissenschaftliches Personal	45,8	45,3
	Sonstiges Personal	4,7	4,7
	Stipendien (Ausbildung)	8,6	8,5
Laufende Sachkosten 15,7 Mio DM 15,9 %	Reisekosten	8,5	8,4
	Druckkostenzuschüsse	0,3	0,3
	Sonstige laufende Sachkosten	7,1	7,0
Einmalige Sachkosten 24,8 Mio DM 25,0 %	Bauten, Grund und Boden	9,7	9,6
	Geräte	14,6	14,5
	Sonstige Beschaffungen	0,7	0,7
		100,0	**99,0**

99,0 Mio DM

Bewilligte Mittel 1986 nach Förderungsarten (ohne Nds. Vorab)

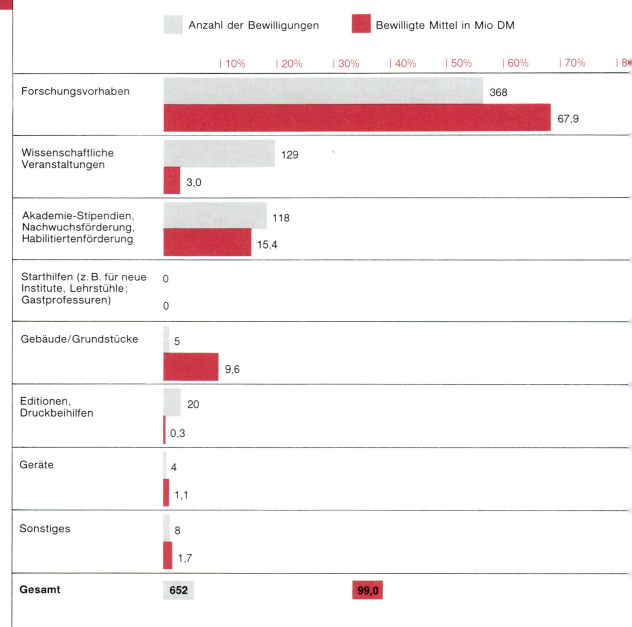

Legend:
- Anzahl der Bewilligungen
- Bewilligte Mittel in Mio DM

Scale: | 10% | 20% | 30% | 40% | 50% | 60% | 70% | 80%

Förderungsart	Anzahl der Bewilligungen	Bewilligte Mittel in Mio DM
Forschungsvorhaben	368	67,9
Wissenschaftliche Veranstaltungen	129	3,0
Akademie-Stipendien, Nachwuchsförderung, Habilitiertenförderung	118	15,4
Starthilfen (z. B. für neue Institute, Lehrstühle; Gastprofessuren)	0	0
Gebäude/Grundstücke	5	9,6
Editionen, Druckbeihilfen	20	0,3
Geräte	4	1,1
Sonstiges	8	1,7
Gesamt	**652**	**99,0**

126

V. Förderungsprogramm

Während die statistischen Übersichten im Förderungs- und Wirtschaftsbericht in strikter Abgrenzung auf Daten des abgeschlossenen Kalenderjahres 1986 bezogen sind, wird die Darstellung der Förderungsschwerpunkte bis zur Drucklegung des Berichts aktualisiert, so daß noch wichtige Kuratoriumsbeschlüsse vom Sommer 1987 berücksichtigt werden. Auch die Aufstellungen der bewilligten Projekte reichen in das Jahr 1987 hinein und enthalten in jedem Fall die Ergebnisse der ersten Kuratoriumssitzung des Jahres. Jedoch sind nur die Bewilligungen von 1986/87, nicht die im Berichtszeitraum noch laufenden Projekte aus Bewilligungen früherer Jahre einbezogen. – Auf die Beschreibung einzelner Projekte im Rahmen der Schwerpunktdarstellungen wurde in diesem Bericht verzichtet; jedoch sind auf Seite 81 ff. beispielhafte Förderungen aus allen Bereichen zusammengefaßt vorgestellt. (Zur Förderungsstatistik der Schwerpunkte vgl. auch Umschlag-Innenseite und Tabelle 6, S. 120 f.) *Vorbemerkung*

Als neue Schwerpunkte sind im Berichtszeitraum hinzugekommen: im Juni 1986 „Forschungen zur frühneuzeitlichen Geschichte", ein bis 15. Juli 1987 ausgeschriebenes „Programm zur Förderung von Graduiertenkollegs in den Geistes- und Gesellschaftswissenschaften" sowie – als fachoffener Schwerpunkt – ein „China-Programm". Ebenfalls im Juni 1986 hatte die Stiftung einen Wettbewerb „Biowissenschaften" ausgeschrieben, dessen Bewerbungsfrist am 31. Dezember 1986 ablief. Im November 1986 wurde ein Schwerpunkt „Archäometallurgie" in Vorbereitung genommen und das bisherige Programm „Forschungswettbewerb zu Fragen der Rüstungskontrolle" in einen neuen Schwerpunkt „Forschung und Ausbildung im Bereich der Sicherheitspolitik", zu dem weitere Einzelprogramme vorbereitet werden, integriert. Seit Juni 1987 besteht ein neuer Schwerpunkt „Fachübergreifende Gemeinschaftsprojekte in den Ingenieurwissenschaften". Gleichzeitig wurde der langjährige Schwerpunkt „Mathematische und Theoretische Grundlagen in den Ingenieurwissenschaften" mit sofortiger Wirkung beendet. Der Schwerpunkt „Nordamerika-Studien" ist, wie angekündigt, zum 31. Dezember 1986 beendet worden. *Schwerpunkt-Änderungen 1986/87*

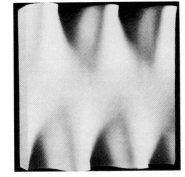

Formschlüssig stapelbare
Körper — lückenlose Nutzung
des Raumes
Herbert Falk 1959/60
Dozent Walter Zeischegg

Sinus-Fläche
Gerhard Mayer 1959/60
Dozent Walter Zeischegg

Gipswerkstatt
1955/56

Metallwerkstatt
1955/56
Werkstattleiter Cornelius
Uittenhout mit Studentin
Elke Koch-Weser

das Bauhaus war allerdings
noch offensichtlich, zumal als
Dozenten der Hochschule die
ehemaligen Bauhausmeister
Albers, Itten, Peterhans und die
Klee-Schülerin Nonné-Schmidt
1953 bis 1955 die Form des
Grundkurses erheblich prägten
Selbst der Bauhaus-Schüler
Max Bill sah darin nur eine
Übergangslösung und war auf
der Suche nach neuen Dozen-
ten. Unter anderem berief er ja
Maldonado.

Riemann:
Aber gerade diese neuen jungen Dozenten inszenierten
dann die erste große Krise.
Lindinger:
Nun war immer das Problem
der HfG — ein nie gelöstes übri-
gens —, wie das ursprüngliche
Ziel, Forum eines neuen demokratischen Bewußtseins und
Experimentierstätte zu sein, an
einer Institution eingelöst werden konnte, die ohne normative
Wertsetzungen nicht denkbar
war. Also war die Revolte vor-
programmiert. Da außerdem
Max Bill keine Lust hatte, sich

in einem geplanten Rektorats-
kollegium mit Mehrheiten her-
umzuschlagen, verließ er die
Hochschule. Unter Protest. Das
war der erste große Krach, der
durch die Presse ging.
Chemaitis:
Der voraussehbar war. Damals
gab es eine weitgehende Übereinstimmung bei vielen älteren
Architekten und Gestaltern, wie
etwa Wagenfeld oder Löffel-
hardt, an die Tradition des Bau-
haues und dessen enge Bezie-
hung zur Kunst anzuknüpfen.
Was einst im Bauhaus entwik-
kelt worden war, wurde akzep-

Eine kulturwissenschaftliche Dokumentation über die bewegte Geschichte der (privaten) Hochschule für Gestaltung Ulm (HfG), ihren Anspruch und Modellcharakter und die über ihre Schließung 1968 hinausgehende, auch internationale Ausstrahlung im Bereich der Gestaltung ist am Institut für Industrial Design der Universität Hannover durchgeführt worden. Der Projektleiter, Prof. H. Lindinger, ist selbst aus der HfG hervorgegangen. Die Stiftung Volkswagenwerk hat das Projekt in ihrem Schwerpunkt „Deutschland nach 1945" gefördert. Die Abbildung zeigt eine leicht verkleinerte Seite des Berichtes (S. 50; Textschrift im Original blau), der zugleich Begleitband für eine Ausstellung ist. (S. 144)

Schwerpunkte mit überwiegend geistes- und gesellschaftswissenschaftlicher Themenstellung

Antike in der Moderne – Wirkungs- und Rezeptionsgeschichte des „klassischen" Altertums

Merkblatt 32 S. 339 ff.

Schwerpunkt seit 1982
Förderung insgesamt 5,5 Mio DM
im Jahre 1986: 0,4 Mio DM / 6 Vorhaben

Unter den Traditionsbeständen der Neuzeit nimmt das „klassische" Altertum eine herausragende Stellung ein: es hat nicht nur die Entstehung und Entwicklung der neuzeitlichen Wissenschaft, Literatur und Kunst, sondern auch Politik, Wirtschaft, Bildung, Religion und Alltagswelt wesentlich beeinflußt und mitbestimmt – und dies bis heute. Wie sich die Wirkung der griechisch-römischen Antike in den verschiedenen Bereichen des geistigen, gesellschaftlichen und politischen Lebens der Moderne vollzogen hat und noch vollzieht, wie man sich mit dieser Tradition auseinandersetzt(e) und was die unterschiedlichen Formen ihrer Wirkung und Rezeption über den „Standort" und das „herrschende Bewußtsein" des oder der jeweiligen Rezipienten und ihrer Epochen und Kulturkreise auszusagen vermögen, ist wissenschaftlich großenteils noch wenig aufgearbeitet. Forschungen zu unterstützen, die diese Zusammenhänge zu klären und damit zugleich die Voraussetzungen für das Verständnis der Gegenwart zu verbessern suchen, ist das Ziel des Schwerpunktes, der Ende 1982 in das Förderungsprogramm der Stiftung Volkswagenwerk aufgenommen wurde.

Zielsetzung/ Thematik

Zentraler Untersuchungszeitraum sind das 19. und 20. Jahrhundert. In begründeten Einzelfällen und vor allem dort, wo dies für ein adäquates Verständnis von Wirkungs- und Rezeptionsphänomenen innerhalb dieser Zeit unerläßlich ist, können jedoch auch weiter zurückliegende Epochen einbezogen werden. Besonders erwünscht sind fundierte international vergleichende Untersuchungen.

Thematische Priorität erhalten die bislang nicht oder nicht hinreichend berücksichtigten Wirkungs- und Rezeptionsfelder, und hier vor allem die außerwissenschaftlichen Bezirke wie Politik, Wirtschaft

Verlag Ernst & Sohn, Berlin

und Alltagswelt, aber auch Religion und Bildungswesen. Demgemäß sind vorrangig angesprochene Disziplinen Soziologie und Politikwissenschaft, Ökonomie, Allgemeine Geschichtswissenschaft, Philosophie, Theologie und Religionsgeschichte, Pädagogik und Bildungsgeschichte, Volkskunde, Medizingeschichte, Musik- und Theaterwissenschaft und die Neuphilologien – mithin Disziplinen, die sich dieser Thematik bislang zumeist nur am Rande zugewandt haben. Die schon traditionell mit ihr befaßten Fächer wie Literatur-, Kunst-, Wissenschafts- und Rechtsgeschichte sind damit jedoch ebenso wie Altertumswissenschaft und Klassische Philologie nicht von einer Förderung ausgeschlossen, können allerdings nur soweit in Betracht kommen, wie sie ihrerseits neue Ansätze und Fragestellungen im Sinne des Schwerpunktkonzeptes verfolgen oder aber ihr wissenschaftliches Potential in entsprechende fachübergreifende Kooperationen einzubringen beabsichtigen.

Förderungs-
möglichkeiten
Gefördert werden können Forschungsprojekte sowohl einzelner Wissenschaftler als auch von (vor allem interdisziplinär und international zusammengesetzten) Arbeitsgruppen durch Vergabe von Personal- und Sachmitteln einschließlich Reisekostenzuschüssen; Fachtagungen und Seminare mit beschränkter Teilnehmerzahl (nach Möglichkeit interdisziplinär und international besetzt) sowie wissenschaftlicher Nachwuchs im Zusammenhang mit Forschungsprojekten und durch die Vergabe von Stipendien für Graduierte.

Bisherige
Förderungs-
entwicklung
Bei den in diesem Schwerpunkt bisher geförderten Vorhaben handelt es sich neben einigen Symposien und Stipendien ganz überwiegend um Forschungsprojekte. Die Schwerpunktthematik wurde namentlich von der Klassischen Philologie aufgegriffen, die damit zugleich die Grenzen ihres angestammten Untersuchungszeitraums zur Moderne hin weit überschritt, sowie von der Philosophie und der Geschichtswissenschaft, aber auch von Fächern wie Theologie und Religionswissenschaft, Architekturgeschichte, Rechts- und Politikwissenschaft, Pädagogik und Musikwissenschaft, für die die Leitfrage des Schwerpunkts zumeist in ähnlicher Weise auf Neuland führte. Die Kunstgeschichte ist demgegenüber zahlenmäßig bislang vergleichsweise wenig vertreten. Im Jahre 1986 gingen Anträge und Bewilligungsvolumen merklich zurück. Offenkundig reichen zur Zeit vor allem die personellen Möglichkeiten auf diesem Forschungsfeld für einen entsprechenden kontinuierlichen „Projektnachschub" noch nicht aus. Andererseits signalisieren die Neuanträge ein wachsendes Interesse vor allem an Fragen nach der Funktion und Bedeutung der

Antike in zentralen Lebensbereichen unseres Jahrhunderts. Gerade diesem Themenkomplex war auf dem Konstanzer Schwerpunkt-Kolloquium im Januar 1984 besondere Priorität zuerkannt worden, und hier zeichnet sich nun auch zunehmend Förderungsbedarf ab.

1986/87 bewilligte Projekte

Katholische Universität Eichstätt, Geschichts- und Gesellschaftswissenschaftliche Fakultät, Lehrstuhl für Alte Geschichte (Prof. Dr. Dr. M. Clauss) *Eichstätt*
Wirkungsgeschichte der Antike während der Französischen Revolution: Die Debatten der Assemblées Révolutionnaires

Universität Göttingen, Institut für Römisches und Gemeines Recht (Prof. Dr. *Göttingen*
O. Behrends)
Die Rechtsprechung des Reichsgerichts nach Römischem Recht von der Gründung 1879 bis zum Inkrafttreten des BGB und ihre Wirkung auf die Anwendung des BGB

Universität Hannover, Institut für Politische Wissenschaft (Prof. Dr. R. W. *Hannover*
Müller)
Symposion „Antike heute"

Katholieke Universiteit Leuven, Centre d'Etudes pour la Conversation du Patrimoine Architectural et Urbain (Prof. Dr. R. M. Lemaire) *Leuven/*
Belgien
und *und*
Technische Universität München, Lehrstuhl für Entwerfen, Raumgestaltung *München*
und Sakralbau der Fakultät für Architektur (Prof. Dr. E. Kurrent)
Das bauliche Erbe der Antike im Gefüge der Großstadt des 19. und 20. Jahrhunderts – Städtebauliche Integration und soziale Rezeption dargestellt am Beispiel der Stadt Athen

Universität München, Institut für Klassische Philologie (Prof. Dr. H. Flashar) *München*
Die Rezeption der antiken römischen Komödie in Übersetzung und Bearbeitung in der Theorie und auf der Bühne des 19. Jahrhunderts (Weiterführung des Stipendiums für Barbara R. Kes)

Universität Tübingen, Kunsthistorisches Institut (Prof. Dr. K. Hoffmann) *Tübingen*
Das Antikenbild im deutschen Historismus und Nationalismus

Merkblatt 40
S. 359 ff. Forschungen zur frühneuzeitlichen Geschichte:
Vom vor-reformatorischen Reich zum nach-napoleonischen
Deutschland (1500–1820)

Schwerpunkt seit 1986
Förderung insgesamt 2,2 Mio DM / 7 Vorhaben

Thematik In dem Förderungsschwerpunkt werden zunächst ausschließlich Anträge zu den beiden Themenbereichen

- Reichsgeschichte vom 16. bis zum beginnenden 19. Jahrhundert und

- Französische Revolution, napoleonische Zeit und ihre Wirkungen in Deutschland

entgegengenommen. Die Aufnahme dieser beiden mit Priorität versehenen Fragestellungen in die Forschungsförderung soll Gelegenheit geben, den Prozeß der Herausbildung des Reiches als einer eigentümlichen politisch-sozialen Form in Mitteleuropa und seine Auflösung zu Beginn des 19. Jahrhunderts verstärkt zu bearbeiten. Dabei sollten die Leistungen des „Alten" Reiches, seine positive Funktion und Wirkung ebenso gesehen werden wie seine zunehmende Erstarrung und Funktionsstörung, die im wesentlichen durch die äußeren Einwirkungen der Französischen Revolution und unter dem Einfluß Napoleons wieder in eine dynamische Entwicklung übergeleitet wurden.

Förderungs-
möglichkeiten Angesprochen sind vorrangig die Fächer Geschichts-, Politik- und Literaturwissenschaft sowie Rechts- und Kirchengeschichte. Es können Forschungsvorhaben, Arbeitstagungen sowie Forschungs- und Ausbildungsprojekte für kleinere Gruppen von Nachwuchswissenschaftlern durch Stipendien gefördert werden. Auch die Förderung habilitierter Wissenschaftler (vgl. S. 243 f.) ist vorgesehen. Erschließungs- und Editionsvorhaben werden nur dann gefördert, wenn sie Modellcharakter auch für die Erprobung neuer Erschließungs- bzw. Editionstechniken haben und zeitlich strikt begrenzt sind.

1986/87 bewilligte Projekte

Bayreuth Universität Bayreuth, Lehrstuhl für Romanische Literaturwissenschaft und Komparatistik (Dr. H.-J. Lüsebrink, Dr. R. Reichardt)
Die „Bastille": Von der Schreckensburg des Despotismus zum Freiheitsdenkmal

Universität Bochum, Fakultät für Geschichtswissenschaft (Prof. Dr. W. Schulze) *Bochum*
Die Französische Revolution in deutschen Territorien: Bedingungen eines gesellschaftlichen Rezeptionsvorganges

Universität Düsseldorf, Historisches Seminar (Prof. Dr. H. Molitor; Stipendium zugunsten U. Andrae) *Düsseldorf*
Rheinländer und Franzosen 1794–1798. Reaktion der linksrheinischen Bevölkerung im Spiegel von Petitionen

Universität Gießen, Historisches Institut, Neuzeit I (Prof. Dr. H. Berding) *Gießen*
Die Ausbildung moderner Staatlichkeit – Nassau zwischen Französischer Revolution und Restauration 1783–1820

Max-Planck-Institut für Geschichte, Göttingen (Prof. Dr. R. Vierhaus, Dr. H. Dippel) *Göttingen*
Die Notabeln vom Niederrhein – Die Herausbildung einer sozialen Führungsschicht im napoleonischen Deutschland

Institut für Europäische Geschichte, Mainz (Prof. Dr. K. O. Freiherr von Aretin) *Mainz*
Der Immerwährende Reichstag zu Regensburg und die Französische Revolution

Universität München, Institut für Neuere Geschichte (Prof. Dr. E. Weis) *München*
L. A. L. de Saint-Just (1767–1794) – Eine politische Biographie

Universität München, Institut für Neuere Geschichte (Prof. Dr. E. Weis; Stipendien zugunsten Jutta Seitz und Viktoria Strohbach)
Bayern und die Französische Revolution

Historische Kommission bei der Bayerischen Akademie der Wissenschaften, München
Reichsversammlungen des 16. bis 18. Jahrhunderts (Erschließungs- und Dokumentationsvorhaben zu den Reichstagen 1566 und 1582 sowie zum Immerwährenden Reichstag 1745–1765)

Universität Saarbrücken, Lehrstuhl Neuere Geschichte (Prof. Dr. Elisabeth Fehrenbach; Stipendien zugunsten J. Müller und Dr. W. Müller) *Saarbrücken*
Die Reaktion traditioneller Führungsschichten auf die Französische Revolution im pfälzisch-saarländischen Raum

Geschichte und Zukunft europäischer Städte –
Historisch-sozialwissenschaftliche Stadtforschung

Schwerpunkt seit 1982
Förderung insgesamt 9,4 Mio DM
im Jahre 1986: 3 Mio DM / 13 Vorhaben

Zielsetzung Der Förderungsschwerpunkt soll zur Grundlagenforschung über die Wandlungsprozesse der europäischen Städte anregen. Besonders angesprochen sind die an der Stadtforschung interessierten Disziplinen in den Sozialwissenschaften (Stadtsoziologie, Stadtökonomie, lokale Politik- und Verwaltungsforschung, Stadt- und Raumplanung) sowie – zur Berücksichtigung der historischen Dimension – die moderne (vergleichende) Stadtgeschichte des 19. und 20. Jahrhunderts. Besonderes Interesse besteht an einer Intensivierung der fachübergreifenden Kooperation mit Historikern sowie mit Wirtschafts- und Sozialwissenschaftlern aus dem europäischen Ausland.

Thematik Der thematische Rahmen ist für weitere Fragestellungen vorläufig offen. Jedoch sollte die Themenauswahl vor allem auf die Klärung der folgenden Zusammenhänge gerichtet sein:

- Ökonomisch-technologische Entwicklungen und räumlicher Wandel der Städte
- Soziale/kulturelle Veränderungen und Wandel der städtischen Lebensverhältnisse
- Städtische Institutionen und politische Organisations- sowie lokale Konfliktformen

Auch ideengeschichtliche und methodenkritische Arbeiten zu Konzepten, Instrumenten und Methoden der Stadtanalyse, Siedlungs- und Stadtreform können gefördert werden, wenn sie zur Erklärung abgelaufener Prozesse und heutiger Probleme wichtige, z. B. historisch „verschüttete" oder neue Erklärungsansätze erwarten lassen.

Bevorzugt werden Arbeiten mit fachübergreifenden und komparativen Ansätzen; sie sollten sich um Erklärungen der Zusammenhänge zwischen sozialen, ökonomischen und räumlichen Entwicklungen bemühen und vor allem in (international) vergleichenden Studien auch innovatorische Impulse etwa in der Stadtentwicklungsplanung, der Stadterneuerung, im Städte- und Wohnungsbau, im Infrastrukturbereich etc., sowie neue Formen der Problemverarbeitung im städtischen Kontext aufgreifen.

Am Historischen Seminar der Universität Münster wird die Erprobungsphase für einen „Atlas zur Stadtentwicklung 1840–1940" gefördert. Die Neuzeichnung einer Karte (Bild) wird auf der Grundlage älterer, meist handgezeichneter Karten, in der Regel aus Archiven, vorbereitet. Das im Vordergrund liegende, bereits gedruckte Blatt „Dortmund" des Deutschen bzw. Westfälischen Städte-Atlasses wird hier zur Orientierung für formale Kriterien herangezogen. (S. 137)

Foto Siebahn

Arbeiten zur modernen (vergleichenden) Stadtgeschichte sollten sich auf die Urbanisierungsprozesse insbesondere der Zeit nach dem Ersten Weltkrieg bis zur Gegenwart beziehen, da für diese Zeit in der historischen wie wirtschafts- und sozialwissenschaftlichen Stadtforschung besondere Forschungsdefizite gesehen werden.

Auf Großstädte bezogene Arbeiten haben Priorität, empirische (vergleichende) Untersuchungen über kleinere und mittlere Städte sind jedoch – vor allem, wenn sie Beispielcharakter haben – möglich. Besondere Bedeutung wird der Kooperation mit ausländischen Wissenschaftlern und wissenschaftlichen Einrichtungen (vor allem in Europa) zugemessen; in besonders begründeten Ausnahmefällen können auch Nordamerika einbeziehende vergleichende Forschungen gefördert werden.

Förderungs-
möglichkeiten
Förderungsmöglichkeiten bestehen für Forschungsprojekte, Fachtagungen und Symposien, befristete Auslandsaufenthalte und Studiengruppen zur historischen/sozialwissenschaftlichen Stadtforschung.

1986/87 bewilligte Projekte

Berlin Technische Universität Berlin, Institut für Soziologie (Prof. Dr. R. Mackensen)
Die Rolle der evangelischen Kirche bei der Stadtentwicklung in Berlin im 19. und 20. Jahrhundert

Forschungsstelle für den Handel e. V., Berlin (Prof. Dr. V. Trommsdorff) gemeinsam mit dem Deutschen Institut für Urbanistik, Berlin
Entwicklung und Zukunftschancen alter Industriestadtteile in Großstädten

Wissenschaftskolleg zu Berlin e. V. (Dr. J. Nettelbeck, Dr. V. M. Lampugnani)
Eine Ideengeschichte von Architektur und Städtebau (1750–1980)

Bielefeld Universität Bielefeld, Fakultät für Soziologie (Prof. Dr. H. Daheim, Prof. Dr. P. Schöber)
Deindustrialisierung und städtisches Leben

Bremen Universität Bremen, FB Geschichte (Prof. Dr. H.-G. Haupt) gemeinsam mit dem Staatsarchiv Bremen (Dr. H. Müller)
Sozio-demographischer Wandel in Bremen 1820–1914: Die Entstehung sozialer Probleme im Urbanisierungsprozeß und die politischen und administrativen Maßnahmen zu ihrer Lösung

Hamburg Universität Hamburg, Historisches Seminar (Prof. Dr. A. Sywottek)
Symposion „Massenwohnung und Eigenheim. Wohnungsbau und Wohnen in der Großstadt seit dem Ersten Weltkrieg"

Universität Hamburg, Institut für Soziologie, Forschungsstelle Vergleichende Stadtforschung (Prof. Dr. J. Friedrichs)
Internationale Tagung „Ökonomische und soziale Probleme des Wohnungsbaus in sozialistischen Ländern"

Hannover Universität Hannover, Institut für Entwerfen und Architektur (Prof. Dipl.-Ing. K. Kafka, Dr.-Ing. K. D. Weis)
Stadtbezogene Industrie-Architektur. Analysen und Modelle zur Vernetzung von Industrie – Architektur – Stadt

Universität Mainz, Institut für Politikwissenschaft (Priv.-Doz. Dr. O.W. Gabriel) *Mainz*
Determinanten der kommunalen Investitionspolitik von Städten und Gemeinden im Lande Rheinland-Pfalz

Universität München, Volkswirtschaftliches Institut (Prof. Dr. E. von Böventer) gemeinsam mit dem Europäischen Zentrum für Ausbildung und Forschung auf dem Gebiet der sozialen Wohlfahrt, Wien (Dr. H. Wintersberger) *München Wien*
Verbundprojekt URBINNO: Innovation und Stadtentwicklung – Die Rolle des gesellschaftlichen und technologischen Wandels

Universität Münster, Historisches Seminar (Prof. Dr. H. Stoob, Prof. Dr. P. Johanek) *Münster*
Förderung eines „Atlas zur Stadtentwicklung 1840–1940" (Erprobungsphase)

Universität – Gesamthochschule – Siegen, FB 1, Neuere und Neueste Geschichte (Prof. Dr. J. Reulecke, Prof. Dr. G. Brunn) *Siegen*
Von der preußischen Hauptstadt zur deutschen Hauptstadt und Weltmetropole – Berlin im Vergleich europäischer Hauptstädte im 19. und 20. Jahrhundert

Universität – Gesamthochschule – Wuppertal, FB Gesellschaftswissenschaften (Dr. K. D. Kuhnekath-Spahn) *Wuppertal*
Etikettierungsprozesse und Figurationswandel der Kölner Südstadt von 1926–1986

Beispiele kulturwissenschaftlicher Dokumentation
(Einzelprogramme)

Schwerpunkt seit 1982; auf exemplarische Bereiche begrenzte Einzelprogramme
Förderung insgesamt 13 Mio DM
im Jahre 1986: 5 Mio DM / 2 Programme, 5 Freigaben

Kulturgeschichtliche Objekte und Dokumente bilden eine wesentliche Quelle geisteswissenschaftlicher Forschung. Bei Beendigung des Schwerpunktes „Erfassen, Erschließen, Erhalten von Kulturgut als Aufgabe der Wissenschaft" (1976–1982) war es der Stiftung bewußt, daß trotz ihrer langjährigen Förderung in vielen Bereichen noch wichtige kulturgeschichtliche Zeugnisse für weiterführende Untersuchungen in erheblichem Umfang wissenschaftlich aufgearbeitet werden müssen. Darauf wird auch immer wieder von den betroffenen Stellen hingewiesen. Das Kuratorium der Stiftung hatte deshalb 1982 zugleich beschlossen, im Rahmen eines neuen Schwerpunktes „Bei- *Thematik* spiele kulturwissenschaftlicher Dokumentation" in Einzelprogrammen eine anspruchsvolle wissenschaftliche Aufarbeitung ausgewählter Quellengruppen gezielt zu unterstützen.

Der Schwerpunkt wendet sich an die mit der Bewahrung von Kulturgut betrauten wissenschaftlichen Einrichtungen wie Archive, Bibliotheken, Denkmalämter, Museen usw. sowie an die quellenorientierte Forschung innerhalb und außerhalb der Hochschulen.

Für die Einrichtung gezielter Programme in diesem Schwerpunkt bieten sich vielfältige Themen an. Anregungen und gezielte Vorschläge für die Förderung nimmt die Stiftung jederzeit entgegen.

Förderungs- *möglichkeiten* Die Förderung ist bewußt auf exemplarische Bereiche begrenzt; unaufgefordert vorgelegte Anträge können nicht auf üblichem Wege zur Entscheidung geführt werden. Das Kuratorium entscheidet jeweils über Themen, Ausgestaltung und Finanzierung der Einzelprogramme; eine Ausschreibung bestimmter Aufgaben ist möglich. Im Rahmen der vom Kuratorium zu beschließenden Einzelprogramme kann die wissenschaftliche Dokumentation kulturgeschichtlicher Objekte und Dokumente gefördert werden. Den Projekten soll Modellcharakter im Hinblick auf die Bedeutung der jeweiligen Quellengruppe für die Forschung, die wissenschaftliche Qualität der beabsichtigten Arbeit und die Dokumentationsmethodik zukommen. Die Stiftung erwartet eine angemessene Eigenbeteiligung der an den Einzelprogrammen beteiligten wissenschaftlichen Institutionen bzw. ihrer Träger.

Bisherige *Einzel-* *programme* Von den 1986 bewilligten Mitteln sind 2 Millionen DM für das Programm „Mikrofichierung zum Schutz der Bestände in historischen Bibliotheken der Bundesrepublik Deutschland einschließlich West-Berlins" bestimmt (vgl. S. 84), 3 Millionen DM für ein beispielhaftes Erschließungsprogramm an der Herzog August Bibliothek Wolfenbüttel (vgl. Bericht 1985/86, S. 90 f.).
Seit 1982 erschließt das Bildarchiv Foto Marburg (Dr. L. Heusinger) die in der Mikrofiche-Fotodokumentation „Marburger Index" enthaltenen Werke der darstellenden Kunst in Deutschland durch Erarbeitung und Veröffentlichung ikonographischer Register (3 Millionen DM; vgl. Bericht 1982/83, S. 60 ff.). 5 Millionen DM dienen der Erarbeitung eines „Handbuchs der historischen Buchbestände in der Bundesrepublik Deutschland einschließlich West-Berlins" unter der Gesamtleitung des Hauptherausgebers Professor Dr. B. Fabian, Uni-

versität Münster, das die wissenschaftliche Benutzung durch detaillierte Bestandsübersichten zu mehreren Hundert besonders wichtigen Buchsammlungen wesentlich verbessern soll (vgl. auch S. 85 u. Bericht 1984/85, S. 72 f.).

Die Programme zum Handbuch und zur Mikrofichierung gehen auf die in der Schriftenreihe der Stiftung erschienene Studie „Buch, Bibliothek und geisteswissenschaftliche Forschung" von Professor Fabian zurück (Band 24, 1983).

1986/87 bewilligte Projekte

Stadt- und Universitätsbibliothek Frankfurt/M. (Prof. K. D. Lehmann) *Frankfurt*
Erarbeitung des Handbuchs der historischen Buchbestände: Regionalredaktion Hessen/Rheinland-Pfalz

Universitätsbibliothek Freiburg/Br. (Prof. Dr. W. Kehr) *Freiburg*
Erarbeitung des Handbuchs der historischen Buchbestände: Regionalredaktion Baden-Württemberg und Saarland

Universitäts- und Stadtbibliothek Köln (Prof. Dr. S. Corsten) *Köln*
Erarbeitung des Handbuchs der historischen Buchbestände: Regionalredaktion Nordrhein-Westfalen

Generaldirektion der Bayerischen Staatlichen Bibliotheken, München (Dr. *München* E. Dünninger)
Erarbeitung des Handbuchs der historischen Buchbestände: Regionalredaktion Bayern

Universität Münster, Englisches Seminar (Prof. Dr. B. Fabian) *Münster*
Erarbeitung des Handbuchs der historischen Buchbestände: Zentralredaktion

Herzog August Bibliothek Wolfenbüttel (Prof. Dr. P. Raabe) *Wolfenbüttel*
Erarbeitung des Handbuchs der historischen Buchbestände: Regionalredaktion Norddeutschland
Konsultationsgespräch zur wissenschaftlichen Erschließung der historischen Buchbestände in Wolfenbüttel
Wissenschaftliche Erschließung der historischen Buchbestände in der Herzog August Bibliothek Wolfenbüttel

Finanziell begrenztes Förderungsprogramm seit 1982
Schwerpunkt seit 1985
Förderung insgesamt 2,7 Mio DM
im Jahre 1986: 1 Mio DM / 8 Vorhaben

Thematik Trotz zahlreicher Veröffentlichungen in den letzten Jahren im Zusammenhang mit dem Gedenken an den 20. Juli 1944 bedürfen weiterhin eine Reihe von Persönlichkeiten und Gruppierungen des deutschen Widerstandes gegen den Nationalsozialismus der quellenorientierten historiographischen Bearbeitung. Auch die Regionalgeschichte der Widerstandsbewegungen und die Einordnung des vielgestaltigen Widerstandes in die allgemeine Zeitgeschichte sind noch keineswegs abschließend untersucht.

Förderungs- Neben der Förderung von Forschungs- und Erschließungsprojekten
möglichkeiten ist im Rahmen der Schwerpunktförderung auch die die Möglichkeit zur Veranstaltung systematisch orientierter Symposien gegeben, die zum Beispiel fachübergreifende Interessen aus Geschichtswissenschaft, Theologie, Sozialwissenschaften, Pädagogik und Publizistik zusammenführen. Auch künftig bleibt ein wesentliches Ziel der Schwerpunktförderung, gerade junge Wissenschaftler zur Beschäftigung mit den Zeitumständen des deutschen Widerstandes anzuregen; für besonders qualifizierte Nachwuchswissenschaftler können entsprechend den allgemeinen Richtlinien (vgl. Anhang, S. 306 f.) Forschungs- und Ausbildungsstipendien vergeben werden. Das Förderungsangebot der Stiftung ist fachoffen angelegt, schließt also neben der Geschichtswissenschaft auch andere geistes- und sozialwissenschaftliche Disziplinen ein.

Publikationen 1986 sind einige weitere Publikationen zu Förderungsprojekten dieses Schwerpunktes erschienen:

Henry O. Malone: Adam von Trott zu Solz. Werdegang eines Verschwörers 1909–1938. Siedler Verlag, Berlin 1986

Ger van Roon (Hrsg.): Helmuth James Graf von Moltke. Völkerrecht im Dienste der Menschen. Dokumente, herausgegeben und eingeleitet von Ger van Roon. Siedler Verlag, Berlin 1986

Günther Buchstab/Brigitte Kaff/Hans-Otto Kleinmann: Verfolgung und Widerstand 1933–1945. Christliche Demokraten gegen Hitler.

140

Selbstporträt von Hans von Dohnanyi, gezeichnet Anfang 1945 im Konzentrationslager Sachsenhausen, und ein Kassiber vom 25. Februar 1945, den er seiner Frau aus dem Gewahrsam im Reichssicherheitshauptamt zuspielen konnte.
Untersuchungen zum Beitrag Hans von Dohnanyis und seiner Freunde zu Opposition und Widerstand gegen das Hitler-Regime, auch in staatlichen Ämtern, im Rechtskampf der Bekennenden Kirche und in der Haft, werden an der Theologischen Fakultät der Universität Heidelberg gefördert. (S. 142)

Quelle: B. Bayer

Veröffentlichung der Konrad-Adenauer-Stiftung. Droste-Verlag, Düsseldorf 1986

Inge Marßolek/René Ott: Bremen im Dritten Reich. Anpassung – Widerstand – Verfolgung. Unter Mitarbeit von Peter Brandt, Hartmut Müller, Hans-Josef Steinberg. Carl Schünemann Verlag, Bremen 1986

1986/87 bewilligte Projekte

Universität Bochum, Abt. für Geschichtswissenschaft, Lehrstuhl Neuere Geschichte II (Prof. Dr. H. Mommsen)   *Bochum*
Weiterführung und Abschluß des Vorhabens „Carl Friedrich Goerdeler, Kommunalpolitiker und Widerstandskämpfer. Eine Auswahl seiner Denkschriften und Briefe"

Universität Freiburg/Br., Seminar für Rechtsphilosophie und Kirchenrecht (Prof. Dr. A. Hollerbach; Stipendium zugunsten Angela Bottin)   *Freiburg*
Rechts- und Staatsvorstellungen in der Weißen Rose

Universität Hannover, Historisches Seminar (Prof. Dr. H. Obenaus; Stipendium zugunsten M. Bayartz M. A.)   *Hannover*
Oppositionelles Verhalten von Jugendlichen in Hannover in der Zeit des Nationalsozialismus

141

Historische Kommission für Niedersachsen und Bremen, Hannover (Prof. Dr. H. Schmidt, Prof. Dr. Helga Grebing)
Widerstand, Verweigerung und Verfolgung während der nationalsozialistischen Herrschaft im Gebiete des heutigen Landes Niedersachsen

Heidelberg Universität Heidelberg, Theologische Fakultät (Prof. Dr. H. E. Tödt)
Stipendium zugunsten Dr. P. Möser
Der Beitrag Dietrich Bonhoeffers, Hans von Dohnanyis und ihrer Freunde zu Opposition und Widerstand gegen das Hitlerregime
Stipendium zugunsten Elisabeth Chowaniec und Maria Nilius-Staub
Bearbeitung von Teilvorhaben im Projekt „Der Beitrag des Juristen Hans von Dohnanyi und seiner juristischen Partner zum Widerstand in staatlichen Ämtern, im Rechtskampf der Bekennenden Kirche und in der Haft"

München
Innsbruck
Universität München, Institut für Neuere Geschichte (Prof. Dr. G. A. Ritter) gemeinsam mit der Universität Innsbruck, Historisches Institut (Prof. Dr. K. Tenfelde)
Heinrich Imbusch – Christlicher Gewerkschafter in der Weimarer Republik und im Exil

Merkblatt 22
S. 318 ff.

Deutschland nach 1945 – Entstehung und Entwicklung der Bundesrepublik Deutschland und der DDR

Schwerpunkt seit 1978
Förderung insgesamt 24,4 Mio DM
im Jahre 1986: 2,4 Mio DM / 14 Vorhaben

Thematik Der Schwerpunkt soll dem in jüngerer Zeit stark angewachsenen öffentlichen und wissenschaftlichen Interesse an der Entwicklung in Deutschland nach dem Zweiten Weltkrieg Rechnung tragen. Er umfaßt Vorhaben zur empirischen, quellenmäßig gesicherten Erforschung der politischen, wirtschaftlichen, sozialen und kulturellen Entwicklung in Deutschland seit 1945, d. h. im Deutschland der unmittelbaren Nachkriegszeit sowie in der Bundesrepublik und in der DDR. Dabei ist der Schwerpunkt nicht als Förderungsangebot für eine verengte nationalgeschichtliche Betrachtung zu verstehen; die deutsche Entwicklung sollte vielmehr einbezogen werden in die allgemeine, durch internationale Entwicklungen geprägte Nachkriegsgeschichte.

Der Schwerpunkt steht fachübergreifenden Forschungen offen, soweit diese zeitgeschichtlich und entwicklungsorientiert und quellenmäßig fundiert sind. Besonders erwünscht ist das Einbeziehen völkerrechtlicher, staatsrechtlicher und sonstiger rechtspolitischer Fragestellungen in zeitgeschichtliche Zusammenhänge.

Gefördert werden können Forschungsvorhaben und Arbeitstagungen sowie internationale Kooperationsvorhaben, die der internationalen Verflechtung der deutschen Nachkriegsentwicklung entsprechen, und Koordinationsbestrebungen zur Erforschung von Teilbereichen durch Arbeitsgemeinschaften oder Arbeitstagungen. Die angesprochenen Themenbereiche sind: *Förderungsmöglichkeiten*

- Westliche Besatzungszonen/Bundesrepublik Deutschland
  Gründungsgeschichte
  (die Umbruchs- und Gründungsphase bis Mitte der 50er Jahre)
- Westliche Besatzungszonen/Bundesrepublik Deutschland
  Verlaufsgeschichte
  (mittelfristige, etwa bis Mitte der 60er Jahre sich vollziehende Entwicklungen und gleitende Veränderungsprozesse)
- Sowjetische Besatzungszone (SBZ)/DDR
  (zeitgeschichtliche Erforschung der Frühphase bis in die zweite Hälfte der 50er Jahre unter Beachtung der besonderen Quellensituation und Erforschung von Entwicklungen bis Mitte der 60er Jahre, die schon in der Frühphase der SBZ/DDR angelegt sind)

In eingeschränktem Umfang ist auch die Förderung von Quelleneditionen möglich, wenn
eine angemessene Relation zwischen Aufwand und späteren Verwendungsmöglichkeiten besteht,
es sich um zentrale Vorhaben von besonderer, auch forschungspolitischer Bedeutung handelt,
besondere methodische Probleme modellhaft gelöst werden sollen.
Eine Startförderung größerer Editionsvorhaben kann nur gewährt werden, wenn eine spätere Fortsetzung der Arbeiten durch Anschlußfinanzierung gesichert ist.

Über einige 1986/87 bewilligten Projekte wird auf den Seiten 92 ff. ausführlicher berichtet.

1986/87 bewilligte Projekte

Freie Universität Berlin, Zentralinstitut für sozialwissenschaftliche Forschung *Berlin*
(Prof. Dr. Th. Pirker)
Kontinuität oder Neubeginn? – Zeitgeschichtliches Symposion zur Institution Rechnungshof von 1940 bis 1950

Berlin (Forts.)	Freie Universität Berlin, Zentralinstitut für sozialwissenschaftliche Forschung (Prof. Dr. Th. Pirker, Priv.-Doz. Dr. B. Rabehl) *Die Bedeutung des Sozialistischen Deutschen Studentenbundes (SDS) für außerparlamentaren Protestbewegungen im politischen System der Bundesrepublik in den 50er und 60er Jahren*
Bonn	Forschungsinstitut der Friedrich-Ebert-Stiftung, Bonn (Dr. K. Klotzbach) *Die Problematik der politischen Gestaltung der Finanzverfassung und des bundesstaatlichen Finanzausgleichs im Vereinigten Wirtschaftsgebiet und in der Bundesrepublik Deutschland 1945/46–1969*
Bonn Göttingen	Institut für Sozialgeschichte Braunschweig – Bonn, Bonn (Dr. K. Klotzbach) gemeinsam mit dem Arbeitskreis „Geschichte des Landes Niedersachsen nach 1945", Universität Göttingen, Seminar für Mittlere und Neuere Geschichte (Prof. Dr. Helga Grebing, Dr. W. Jacobmeyer) *Jugend in Niedersachsen 1945–1955* (Bearbeiter Dr. F. Boll)
Bremen Berlin	Universität Bremen, FB Geschichte (Prof. Dr. W. Eichwede) gemeinsam mit der Freien Universität Berlin, Zentralinstitut für sozialwissenschaftliche Forschung (Dr. H. Zimmermann, Priv.-Doz. Nina Grunenberg) *Materialsammlung und Dokumentation zum Thema „Kulturelle Gegenströmungen in Kunst und Literatur in der DDR"*
Freiburg	Universität Freiburg/Br., Historisches Seminar (Prof. Dr. H. A. Winkler, Prof. Dr. H. Haumann) *Das Land Baden unter französischer Besatzung 1945–1952: Die politische, wirtschaftliche und soziale Entwicklung im Spannungsfeld von Besatzungsmacht und Bevölkerung*
Göttingen	Universität Göttingen, Seminar für Mittlere und Neuere Geschichte (Prof. Dr. Helga Grebing) *Symposion „Zur Rolle der Flüchtlinge und Vertriebenen in der westdeutschen Nachkriegsgeschichte"*
Hagen	Fernuniversität – Gesamthochschule – Hagen, FB Erziehungs- und Sozialwissenschaften (Prof. Dr. L. Niethammer) *Förderung von Studien zur sozialen Kulturgeschichte der DDR*
	Fernuniversität – Gesamthochschule – Hagen, FB Erziehungs- und Sozialwissenschaften (Prof. Dr. L. Niethammer, Dr. W. Möding, Dr. A. v. Plato) *Einsetzung und Einpassung neuer Eliten im Ruhrgebiet nach 1945*
Hamburg	Universität Hamburg, Historisches Seminar (Prof. Dr. A. Sywottek) *„Modernität" und „Modernisierung" in der Bundesrepublik Deutschland der 1950er Jahre*
Hannover	Universität Hannover, Institut für Industrial Design (Prof. H. Lindinger) *Kulturwissenschaftliche Dokumentation „Die Hochschule für Gestaltung Ulm: Von der Entstehung bis zum Ende 1948–1968"*

144

Universität Hannover, FB Rechtswissenschaft, Lehrgebiet Staats- und Verwaltungsrecht (Prof. Dr. H.-P. Schneider)
Historischer Kommentar zum Grundgesetz (Pilotphase)

Deutsches Historisches Institut, London (Prof. Dr. A. M. Birke) *London*
Sachinventar zu den britischen Unterlagen aus der Besatzungszeit in Deutschland 1945–1949 (–1955)

Universität Marburg, FB Geschichtswissenschaften, Fachgebiet Sozial- und *Marburg*
Wirtschaftsgeschichte (Prof. Dr. G. Hardach)
Die Rückkehr zum Weltmarkt. Deutsche Wirtschaft und transatlantische Beziehungen in der Ära Adenauer

German History Society, Henley – The Management College, Oxon (Dr. I. *Oxon/*
D. Turner) *Großbritannien*
Symposion „British Occupation and the Reconstruction of West Germany 1945–1955"

Demokratische Industriegesellschaften im Wandel

Merkblatt 20 S. 314 ff.

Schwerpunkt seit 1976 (1982 modifiziert)
Förderung insgesamt 44,8 Mio DM
im Jahre 1986: 1,8 Mio DM/ 15 Vorhaben (mit Nachbewilligungen)

Der Schwerpunkt soll wirtschafts- und sozialwissenschaftliche For- *Zielsetzung/* schungen anregen, die Ursachen, Zusammenhänge und Folgen des *Thematik* längerfristigen sozio-ökonomischen, technologischen und politisch-kulturellen Wandels in den Industriegesellschaften Westeuropas, Nordamerikas und in Japan aufgreifen und analysieren. Vor allem ist an Forschungsvorhaben gedacht, die durch Wahl der Fragestellung, durch theoretische Perspektive und methodischen Zugriff fächerübergreifende Bezüge herstellen und sich – auch unter Beachtung historischer Zusammenhänge und international vergleichend – um eine Erklärung gegenwärtiger Probleme und um die Prognose künftiger Entwicklungen der industriell fortgeschrittenen Demokratien bemühen. Auch naturwissenschaftlich-technische, kulturelle und psychologische Einflußfaktoren, die die Wertorientierungen, das Verhalten, aber auch die Erwartungen von Individuen und gesellschaftlichen Gruppen gegenüber Technik, Wirtschaft, Staat und Politik bestimmen, sollten einbezogen werden, ebenso internationale Verflechtungen und weltwirtschaftliche Veränderungen auch in ihren Einwirkungen auf Struktur- und Funktionsprobleme in Politik und Administration. Im Vordergrund stehen die beiden sich ergänzenden Themen-komplexe

- Technologische und ökonomische Entwicklungen im Kontext welt-wirtschaftlicher Veränderungen
- Aufgaben und Belastungen des politisch-administrativen Systems durch politisch-kulturellen, ökonomischen und sozialen Wandel.

Förderungs-
möglichkeiten
Die Stiftung fördert Forschungsprojekte (sowohl einzelner Wissen-schaftler als auch von Arbeitsgruppen), Studiengruppen zur Konzi-pierung und Bearbeitung neuer Fragestellungen, wissenschaftlichen Nachwuchs, Arbeitstagungen und Symposien sowie Freistellungen und Auslandsaufenthalte.

1986/87 bewilligte Projekte

Athen
und
Bonn
Athens School of Economic and Business Science, Center of Economic Re-search (Prof. J. A. Leventaikis)
und
Universität Bonn, Institut für Stabilisierungs- und Strukturpolitik (Prof. Dr. M. J. M. Neumann)
Währungssubstitution und die Stabilität der Geldnachfrage in westlichen Indu-striestaaten („Currency Substitution and the Stability of the Money Demand Function")

Berlin
Freie Universität Berlin, Zentralinstitut für sozialwissenschaftliche Forschung (Prof. Dr. Th. Pirker)
Die Etablierung kooperativer Handlungsstrategien im Verhältnis von Parteien und Gewerkschaften

Technische Universität Berlin, Institut für Psychologie (Prof. Dr. B. Wilpert)
Der Wandel von Kooperation und Partizipation in Industrieunternehmen Euro-pas

Bielefeld
Universität Bielefeld, Zentrum für Interdisziplinäre Forschung
Symposion „Grenzen des Rechts. Zur Steuerungsproblematik moderner Industrie-gesellschaften"

Frankfurt
Universität Frankfurt/M., FB Gesellschaftswissenschaften (Prof. Dr. G. Brandt)
Organisatorische und technische Innovationspotentiale in der verwissenschaftlich-ten Industrie und ihre gesellschaftlichen Implikationen

Universität Frankfurt/M., FB 7, Philosophie (Priv.-Doz. Dr. H. Dubiel)
Weiterführung der Habilitiertenförderung „Neokonservative Theorie der postin-dustriellen Gesellschaft und Kritische Theorie des Spätkapitalismus. Zur Konzep-tualisierung einer Theorie postliberaler Gesellschaften"

146

Universität Hamburg, Institut für Soziologie (Prof. Dr. K.-D. Opp) *Hamburg*
Protestverhalten und politische Apathie als Reaktionen auf soziale Probleme
(Zweitbefragung)
Die Dynamik politischer Partizipation – Protest und konventionelle politische Beteiligung

Institut für Angewandte Systemforschung und Prognose e. V., Hannover *Hannover*
(Prof. Dr.-Ing. E. Pestel, Dr. K.-P. Möller)
Deutschlandmodell II

Cornell University, Department of Government, Ithaca (Prof. P. Katzenstein) *Ithaca/USA*
Zwei Arbeitstagungen „Industry and Political Change in West Germany"

Universität Kiel, Institut für Soziologie (Prof. Dr. F. U. Pappi) *Kiel*
Deutsch-amerikanisches Kooperationsvorhaben „Politikfeld ‚Arbeit' in der Bundesrepublik Deutschland und den Vereinigten Staaten von Amerika: Ein Vergleich der politischen Entscheidungsprozesse" (deutsche Teilstudie)

Süderweiterung der Europäischen Gemeinschaft

Merkblatt 30
S. 334 ff.

Schwerpunkt seit 1981
Förderung insgesamt 8,4 Mio DM
im Jahre 1986: 2 Mio DM / 16 Vorhaben

Der Schwerpunkt zielt auf eine verstärkte Unterstützung problemori- *Thematik*
entierter sozialwissenschaftlicher Forschung in und über Südeuropa.
Im Vordergrund stehen Untersuchungen der gesellschaftlichen, politischen und wirtschaftlichen Strukturprobleme und Entwicklungsprozesse Griechenlands, Portugals und Spaniens, die durch den EG-
Beitritt dieser Länder eine gesamteuropäische Dimension gewinnen.
Ferner können grenzüberschreitende Verflechtungen, in die Beitrittsländer einbezogen sind, sowie Auswirkungen der Süderweiterung auf
die Europäische Gemeinschaft im Innenverhältnis und auf ihre Au-
ßenbeziehung (einschließlich der außen- und sicherheitspolitischen
Aspekte) behandelt werden.

Die Türkei kann im Hinblick auf europabezogene Themen und –
ebenso wie weitere Mittelmeerländer – bei internationalen Vergleichsuntersuchungen in diesem Schwerpunkt berücksichtigt werden. Im übrigen wird für die Mittelmeerländer auf Förderungsmöglichkeiten in den Schwerpunkten „Demokratische Industriegesellschaften im Wandel" (Frankreich, Italien) und „Grundlegende Ent-

147

wicklungen in Lateinamerika, Asien und Afrika" (östliche und südliche Mittelmeeranrainer) hingewiesen.

Durch die Schwerpunktthematik besonders angesprochene Disziplinen sind Politikwissenschaft, Soziologie und Wirtschaftswissenschaft; daneben kommen – vor allem mit Blick auf die südeuropäischen Adressaten dieses Förderungsangebots – Rechtswissenschaft und Zeitgeschichtsforschung sowie bei geeigneten Fragestellungen (z. B. Regionalentwicklung) Sozial- und Wirtschaftsgeographie in Frage. Ein wichtiges Kriterium für die Förderungsentscheidungen stellt die Anwendung theoretisch fundierter und methodologisch abgesicherter Verfahren der empirischen Sozial- und Wirtschaftsforschung dar. Dabei sollten die spezifischen Anwendungsbedingungen derartiger Verfahren in südeuropäischen Untersuchungsländern berücksichtigt werden.

Kooperation Besonderer Wert wird auf die Zusammenarbeit mit Wissenschaftlern und Forschungsinstitutionen in südeuropäischen Untersuchungsländern gelegt. Südeuropa- und vor allem länderbezogene Themen sollen vornehmlich von wissenschaftlichen Einrichtungen aus diesen Ländern (unter deutscher Beteiligung) bearbeitet werden.

Förderungs- Gefördert werden Forschungsprojekte (durch Bereitstellung von Per-
möglichkeiten sonal- und Sachmitteln einschließlich Reisekostenzuschüssen, auch für ausländische Kooperationspartner), wissenschaftliche Veranstaltungen (Arbeitstagungen und Sommerschulen) mit beschränktem Teilnehmerkreis, geeignetenfalls auch bei Veranstaltungsorten im Ausland, sowie Nachwuchsausbildung in Forschungs- und Ausbildungsprojekten für kleinere Gruppen von Stipendiaten unter Betreuung durch erfahrene Wissenschaftler.

Zur Darstellung eines auf Portugal bezogenen Projekts vgl. S. 99 f.

1986/87 bewilligte Projekte

Barcelona Fundació Jaume Bofill, Barcelona (Direktor J. Porta, Prof. Dr. J. M. Vallès)
Symposion „Parliamentarism in Southern European New Democracies"

Barcelona Fundació Jaume Bofill, Barcelona (Direktor J. Porta)
und und
Hamburg Hochschule für Wirtschaft und Politik, Hamburg (Prof. Dr. A. Oppolzer)
Die gegenwärtige Situation der Gewerkschaftsbewegung in Spanien

148

Forschungsgemeinschaft für Außenwirtschaft, Struktur- und Technologiepolitik (FAST) e.V., Berlin (Dr. W. Olle)
und
Instituto de Estudos para o Desenvolvimento (IED), Lissabon (Dr. M. Dauderstädt)
Deutsche Direktinvestitionen in Portugal – Auf dem Wege zu einer Überwindung der Stagnation?

Berlin und Lissabon

Universität Bielefeld, Fakultät für Geschichtswissenschaft und Philosophie, Abt. Geschichte (Prof. Dr. H.-J. Puhle)
Abschluß des Vorhabens „Nationalismus und Arbeiterbewegung im Baskenland zwischen 1876 und 1936"
Politische Bewußtseinsbildung in der spanischen Arbeiter- und Studentenbewegung und deren Beitrag zur Wiedergeburt einer demokratischen Linken
Agrarische Krisen und Deindustrialisierung in Ostandalusien zwischen 1868 und 1930. Zum Prozeß regionaler Peripherisierung in Spanien

Bielefeld

Universität-Gesamthochschule-Duisburg, FB 1, Soziologie (Prof. Dr. W. Holler)
Organisation, Macht und Entscheidung im politisch-administrativen System des portugiesischen Munizipiums

Duisburg

Stiftung Wissenschaft und Politik, Ebenhausen (Prof. Dr. K. Ritter)
Griechenlands Rolle in der Europäischen Politischen Zusammenarbeit (EPZ)

Ebenhausen

Deutsches Orient-Institut, Hamburg (Dr. U. Steinbach)
Symposion „Staat und Gesellschaft in der jüngsten türkischen Politik"
Wirtschaftliche und politische Strukturveränderungen in der Türkei seit 1980 und ihre Auswirkungen auf die Beziehungen des Landes zur Europäischen Gemeinschaft

Hamburg

Universität Hannover, Institut für Gartenbauökonomie (Prof. Dr. R. von Alvensleben)
Alternativen zur Interventionspolitik bei Obst und Gemüse in einer erweiterten Europäischen Gemeinschaft

Hannover

Universität Hannover, Institut für Politische Wissenschaft (Prof. Dr. M. Vester) in Zusammenarbeit mit dem Instituto Superior de Ciências do Trabalho e da Empresa, Lissabon (Prof. A. de Barros)
Die Agrarreform und das Problem ländlicher Entwicklung in Südportugal

Hannover Lissabon

Universität Heidelberg, Institut für Politische Wissenschaft (Prof. Dr. K. von Beyme)
Parlamente und organisierte Interessen in Italien und Spanien

Heidelberg

Universität Heidelberg, Institut für Politische Wissenschaft (Prof. Dr. D. Nohlen)
Regionale Entwicklung und Regionalpolitik in Andalusien

149

Gegenwartsbezogene Forschung zur Region Südostasien

Schwerpunkt seit 1976
Förderung insgesamt 17,4 Mio DM
im Jahre 1986: 1,3 Mio DM / 27 Vorhaben (mit Nachbewilligungen)

Thematik/ Die Stiftung Volkswagenwerk unterstützt seit Mitte der siebziger
Förderungs- Jahre vorwiegend geistes- und sozialwissenschaftliche Forschungs-
möglichkeiten vorhaben, Ausbildungsprogramme und Arbeitstagungen zu Gegenwartsproblemen der Region Südostasien (im wesentlichen die Staaten Burma, Thailand, Kampuchea, Laos, Vietnam, Malaysia, Singapore, Philippinen, Indonesien, Papua-Neuguinea und Brunei). Sie legt dabei besonderen Wert auf die Kooperation deutscher Wissenschaftler mit Wissenschaftlern und Institutionen in Südostasien und vergibt auch Förderungsmittel direkt an wissenschaftliche Einrichtungen in der Region.

1984 hatte das Kuratorium die Fortführung des Schwerpunktes diskutiert und bestätigt, gegebenenfalls unter Einbeziehung weiterer Fachgebiete in die Förderung. Die besondere Auslandsaufgeschlossenheit dieses Förderungsbereichs legt eine langfristige Perspektive nahe, damit die angestrebte und eingeleitete Kooperation und Kommunikation zwischen deutschen und südostasiatischen Wissenschaftlern sich festigen kann. Südostasien kann aufgrund seiner ökonomischen, sozialen, politischen und kulturellen Vielfalt und Bedeutung als ein besonders interessanter Forschungsgegenstand für eine Vielzahl von Disziplinen und Fragestellungen gelten.

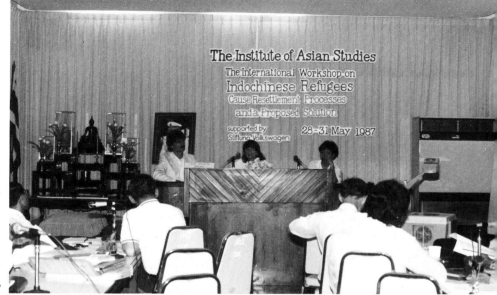

Im Rahmen eines Forschungsprojektes des Institute of Asian Studies der Chulalongkorn University, Bangkok/Thailand, zur Flüchtlingsproblematik in Indochina fand im Mai 1987 ein internationaler Workshop statt. Über eine Million Flüchtlinge haben seit der kommunistischen Machtübernahme in Südvietnam, Laos und Kampuchea diese Länder verlassen. Neben den Ursachen der Flucht untersucht das Forschungsprojekt die Flüchtlingspolitik der thailändischen Regierung sowie internationaler Hilfsorganisationen. (Bericht 1985/86, S. 115)   Institutsfoto

Weitere Förderungsmöglichkeiten zu dieser Region bestehen in den Schwerpunkten „Grundlegende Entwicklungen in Lateinamerika, Asien und Afrika" (S. 154 ff.) und „Partnerschaftsprogramm/Ingenieur- und Naturwissenschaften" (S. 180 ff.).

Neben der Unterstützung gemeinschaftlicher Forschungsvorhaben soll die Kooperation zwischen deutschen und südostasiatischen Wissenschaftlern in besonderem Maße durch Forschungsaufenthalte deutscher Gastwissenschaftler in dem Institute of Southeast Asian Studies (ISEAS) in Singapore gefördert werden. Dieses Programm wird seit 1980 durchgeführt. 1987 werden Professor H. Kulke, Heidelberg, Dr. W. Senftleben, Tübingen und Dr. R. J. Langhammer, Kiel, jeweils für mehrere Monate im ISEAS arbeiten. Interessenten sollten sich direkt an das ISEAS (Prof. K. S. Sandhu, Heng Mui Keng Terrace, Pasir Panjang, Singapore 0511) wenden und die Bekanntgabe der jährlichen Bewerbungstermine in überregionalen Zeitungen und Fachzeitschriften beachten.

Programm für deutsche Gastwissenschaftler in Singapore

Die in diesem Schwerpunkt bisher bewilligten Mittel betreffen 154 Vorhaben der gegenwartsbezogenen Südostasienforschung sowie 71 Nachbewilligungen und Freigaben. Nach Förderungsarten gliedern sich die Vorhaben in 95 Forschungsprojekte, 34 Einzelstipendien, 10 wissenschaftliche Veranstaltungen (vgl. auch S. 108 f.), 4 Gastdozen-

Bisherige Förderungsentwicklung

turen und 11 Stipendienprogramme. Fachlich haben die Sozialwissenschaften mit 47 Projekten (davon 27 Soziologie/Agrarsoziologie, 20 Politikwissenschaft/Internationale Beziehungen) den stärksten Anteil; 20 Bewilligungen entfielen auf Geographie, 17 auf Sprach- und Literaturwissenschaften (einschließlich Sprachkursen), 13 auf Wirtschaftswissenschaften, 12 auf Völkerkunde, 8 auf Geschichte, die weiteren auf Pädagogik/Bildungsforschung, Rechtswissenschaften, Psychologie, Bio- und Ingenieurwissenschaften sowie auf interdisziplinäre Vorhaben.

Etwa ein Drittel der Bewilligungen ist direkt an wissenschaftliche Einrichtungen in Südostasien gegangen (48 Bewilligungen über 6 Millionen DM), ein vergleichsweise hoher Anteil. Davon entfallen 2,3 Millionen DM auf 6 regionale Programme, die vor allem über ISEAS/Singapore gefördert werden; 16 Förderungen betreffen wissenschaftliche Einrichtungen in Thailand, 11 beziehen sich auf Singapore, 10 auf Indonesien, 3 auf Malaysia und 2 auf die Philippinen.

1986/87 bewilligte Projekte

Bangkok/
Thailand Chulalongkorn University, Institute of Asia Studies, Bangkok (Prof. Khien Theeravit)
Stipendienprogramm „Southeast Asian Studies Research Fellowships for Graduate Studies"

Thammasat University, Faculty of Liberal Arts, Bangkok (Dr. Seri Phongphit)
Sozio-kulturelle Ansätze für Selbsthilfekonzepte in der ländlichen Entwicklung – Vergleichende Untersuchung zu drei Dorfgemeinschaften in Thailand

Thammasat University, Faculty of Political Science, Bangkok (Prof. Likhit Dhiravegin, Ph.D.)
Thai Politics in Transition

Berlin Freie Universität Berlin, FB Politische Wissenschaft, Institut für Internationale Politik (Prof. Dr. Helga Haftendorn)
ASEAN und die regionale Sicherheit in Südostasien

Bielefeld Universität Bielefeld, Fakultät für Soziologie, Forschungsschwerpunkt Entwicklungssoziologie (Prof. Dr. H.-D. Evers)
The Dynamics of Culture in a Tagalog Filipino Town

Chiang Mai/
Thailand Chiang Mai University, Department of Thai, Faculty of Humanities (Dr. H. Hundius)
Erschließung nordthailändischer Literatur

Universität Frankfurt/M., Institut für Orientalische und Ostasiatische Philologien, Südostasienwissenschaften (Prof. Dr. B. Nothofer) *Frankfurt*
1. European Summer School on Indonesian Studies

Universität Hamburg, Seminar für Völkerkunde (Prof. Dr. Beatrix Pfleiderer) *Hamburg*
Stipendium zugunsten Joyce Dreezens-Fuhrke
Behinderung als Zeichen. Sozio-kulturelle Bewertung vom Umgang mit Behinderung in einer javanischen Gesellschaft in Tradition und Gegenwart
Stipendium zugunsten Brigitte Bach M. A.
Krankheit, ihre Wahrnehmung, Deutung und Behandlung – Zum Einfluß des sozialen Netzes auf Krankheitsverlauf und -erleben in einer Region Mitteljavas/Indonesien

HWWA – Institut für Wirtschaftsforschung, Hamburg (Dr. D. Kebschull) *Hamburg*
und *und*
Universität Bielefeld, Fakultät für Soziologie, Forschungsschwerpunkt Ent- *Bielefeld*
wicklungssoziologie (Prof. Dr. H.-D. Evers)
Ökonomische Wirkungen der Transmigration – Effekte ländlicher Migration in Indonesien;
Soziale Wirkungen der Transmigration in Ost-Kalimantan/Indonesien

Yayasan Ilmu-Ilmu Sosial, Jakarta (Prof. S. Soemardjan) *Jakarta/*
Publikationsprogramm indonesischer sozialwissenschaftlicher Forschungsberichte *Indonesien*

Gesamthochschule Kassel, FB 6, Abt. Geographie (Prof. Dr. W. Röll) *Kassel*
und *und*
Universitas HKBP Nommensen, Medan/Nord-Sumatra (Prof. Dr. A. Pasa- *Medan/*
ribu) *Indonesien*
Ursachen, Erscheinungsformen und Folgen interregionaler Migrationen aus dem Toba-Hochland in Nord-Sumatra/Indonesien

Bundesinstitut für ostwissenschaftliche und internationale Studien, Köln (Dr. *Köln*
D. Heinzig)
Südostasien im sino-sowjetischen Spannungsfeld (Reisebeihilfe)

Ramon Magsaysay Award Foundation, Manila (Dr. Perla Q. Makil) *Manila/*
Contemporary Women's Groups and Organizations: Continuities and Change in *Philippinen*
the Women's Movement in the Philippines

Universität Passau, Lehrstuhl für Südostasienkunde (Prof. Dr. B. Dahm) *Passau*
Wirtschaftliche und gesellschaftliche Entwicklungen auf Mindoro/Philippinen im 20. Jahrhundert
Traditionen und Transformationen in Nghe-Tinh/Vietnam 1885–1975
The Daerah – Past and Present. 6. European Colloquium on Indonesian and Malay Studies

Universität Passau, Lehrstuhl für Südostasienkunde (Prof. Dr. B. Dahm, Dr. Mary F. Somers-Heidhues)
Chinese Settlement and Enterprise in Bangka, Indonesia

153

Grundlegende Entwicklungen in Lateinamerika, Asien und Afrika

Schwerpunkt seit 1981
Förderung insgesamt 18,9 Mio DM
im Jahre 1986: 5,6 Mio DM / 41 Vorhaben (mit Nachbewilligungen)

Thematik Dieser Schwerpunkt soll einerseits die auslandsbezogene Forschung deutscher Wissenschaftler zu bedeutsamen Themen in diesen Regionen auch im internationalen Arbeitszusammenhang weiter anregen und ausbauen helfen, andererseits die sich entwickelnden geistes- und sozialwissenschaftlichen Forschungsaktivitäten in den Ländern der Dritten Welt fördern. Im Mittelpunkt sollte eine partnerschaftliche und gleichberechtigte Zusammenarbeit zwischen Wissenschaftlern aus der Bundesrepublik Deutschland und den jeweiligen Untersuchungsländern stehen. Eine direkte Förderung wissenschaftlicher Institutionen in diesen Ländern ist in Einzelfällen möglich.

Gedacht ist an Fragestellungen, die auf größere Zusammenhänge ausgerichtet sind, nicht an die Behandlung von Randproblemen oder an singuläre Betrachtungsweisen. Vorrang haben Themen, die die herkömmlichen Regionenabgrenzungen überschneiden. Auch länder- und regionenübergreifende Vergleichsuntersuchungen sind möglich. Besonderes Interesse besteht für empirische Arbeiten, die zugleich der Überprüfung und Neubestimmung theoretischer Ansätze mittlerer Reichweite dienen können.

Bei grundsätzlicher Offenheit in der Themenvorgabe möchte die Stiftung Volkswagenwerk vor allem wissenschaftliche Aktivitäten fördern, die relativ universalen Entwicklungsprozessen in Lateinamerika, Asien und Afrika unter Beachtung ihrer jeweiligen Individualität gewidmet sind. In Frage kommen kulturelle, gesellschaftliche, ökonomische und politische Vorgänge, soweit ihre Analyse grundlegende Einsichten in mittelfristige Entwicklungsprozesse verspricht. Einige Beispiele für mögliche Themen: Kulturelle und nationale Identitätsprobleme; Minoritätenprobleme und Innovationsverhalten von Ethnien; Soziologie der Industrialisierung; Veränderungen der bäuerlichen und städtischen Lebenswelt; Auswirkungen von Entwicklungsstrategien; Folgen gesamt- und weltwirtschaftlicher Veränderungen für das innere Gefüge von Gesellschaften; Willensbildungsprozesse auf verschiedenen Ebenen politischer Systeme; Imple-

„Die So: Wandel und Probleme einer ethnischen Minderheit in Uganda" ist Thema eines Forschungsprojektes des Instituts für Afrikanistik der Universität Köln (Prof. Dr. B. Heine), das in Zusammenarbeit mit Dr. Kassam von der Universität von Nairobi/Kenia durchgeführt wird.
Die Bilder zeigen einen So im Gespräch mit den Wissenschaftlern (o. r.), zwei Kinder der So beim Bewachen der Maisfelder gegen Paviane und Wildschweine (o. l.) und Schwierigkeiten der Wegeverhältnisse: um zu den in großer Abgeschiedenheit lebenden So zu gelangen, müssen die Wissenschaftler hier erst eine Brücke reparieren. (Bericht 1985/86, S. 132)

Institutsfotos

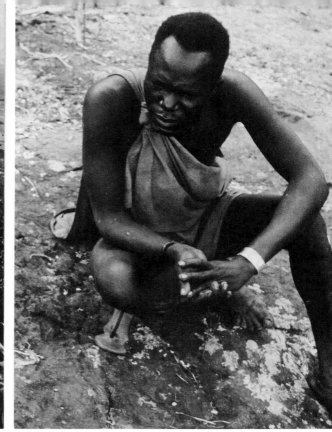

mentierungsprobleme staatlicher Politik; Entwicklungsprobleme wissenschaftlicher Betätigung und Forschung in der Dritten Welt.

*Förderungs-
möglichkeiten* Gefördert werden können: Forschungsprojekte (einschließlich Reisekostenzuschüsse und Mittel für ausländische Kooperationspartner); Projektvorbereitungskosten und Sachmittel für kleinere partnerschaftliche Arbeitsvorhaben (bis 50 000 DM); Fachtagungen (in besonderen Fällen auch mit ausländischem Veranstaltungsort); Nachwuchsausbildung in Forschungs- und Ausbildungsprojekten für kleinere Gruppen von Stipendiaten (einschließlich Erwerb spezieller Fachkenntnisse und Feldaufenthalte) unter Betreuung durch erfahrene Wissenschaftler; befristet kleinere, auch international zusammengesetzte Forschergruppen in besonders geeigneten Fällen. Besonderer Wert wird auf die Kooperation mit Wissenschaftlern und Forschungseinrichtungen in den Untersuchungsländern gelegt. Für deren Anbahnung und Vertiefung können bei hinreichenden Erfolgsaussichten Mittel zur partnerschaftlichen Projektvorbereitung gewährt werden.

Bei der Planung von Arbeitsvorhaben sollte beachtet werden, daß eine erfolgversprechende Antragstellung die gründliche Kenntnis des internationalen Forschungsstandes zu dem gewählten Thema voraussetzt und daß mit dem Schwerpunkt die Förderung mittelfristig bedeutsamer Grundlagenforschung beabsichtigt wird. Unmittelbar auf die entwicklungspolitische Praxis bezogene Vorhaben können nicht berücksichtigt werden. Auch sollte besonders auf die erforderliche Qualifikation der vorgesehenen Projektbearbeiter geachtet werden. Hier sind neben den fachlichen Voraussetzungen auch spezielle Sprach- und Landeskenntnisse erforderlich.

*Bisherige
Förderungs-
entwicklung* In dem Schwerpunkt „Grundlegende Entwicklungen in Lateinamerika, Asien und Afrika" wurden bisher 136 Vorhaben (einschließlich Nachbewilligungen) gefördert. Von den 1986 bewilligten Projekten waren 14 auf Lateinamerika bezogen, 13 auf den Vorderen Orient und Afrika, 11 auf Asien, 3 Vorhaben hatten überregionale Bezüge. Einige Beispiele sind auf den Seiten 99 und 108 ausführlich dargestellt.

1986/87 bewilligte Projekte

Freie Universität Berlin, FB Philosophie und Sozialwissenschaften II, Ost- *Berlin*
asiatisches Seminar (Prof. Dr. S.-J. Park)
Migration und Diasporanationalismus – Die politischen Implikationen der palä-
stinensischen Arbeitsmigration aus Westbank und Gaza-Streifen nach Kuweit seit
1948 und ihre Auswirkungen auf die Herkunftsgesellschaft

Freie Universität Berlin, FB Philosophie und Sozialwissenschaften II (Prof.
Dr. G. Pfeffer)
Sozialstruktur und Wirtschaft in Mandi (Himachal Pradesh, Nordwestindien)

Freie Universität Berlin, FB Politische Wissenschaft, Arbeitsstelle Politik des
Vorderen Orient (Prof. Dr. F. Büttner)
Die palästinensische Auswanderung in die USA und ihre Rückwirkungen am Bei-
spiel der Stadt Ramallah

Freie Universität Berlin, Institute für Ethnologie, Iranistik und Ostasienwis-
senschaften (Prof. Dr. G. Elwert)
Symposion „The Socio-Structural Impact of Development Assistance"
Endogene Entwicklungsvorstellungen in Zentralafrika

Museum für Völkerkunde, Staatliche Museen Preußischer Kulturbesitz, Berlin (Prof. Dr. K. Helfrich)
Kontinuität und kultureller Wandel im Beziehungsgefüge von traditionellem
Handwerk und interinsularen Handelsbeziehungen auf den Nikobaren (Indien),
unter besonderer Berücksichtigung der Insel Chowra

Freie Universität Berlin, Lateinamerika-Institut (Prof. Dr. J. Golte) in Zusam- *Berlin*
menarbeit mit dem Instituto de Estudios Peruanos, Lima (Prof. Dr. J. Cotler) *Lima/*
Migranten und Kinder von Migranten im Urbanisierungsprozeß Limas *Peru*

Technische Universität Berlin, Institut für Betriebswirtschaftslehre (Prof. Dr. *Berlin*
V. Trommsdorff) und Institut für Psychologie (Prof. Dr. B. Wilpert) in Zu- *Shanghai*
sammenarbeit mit der Shanghai Jiaotong University
Erfolgsfaktoren von Joint Ventures. Innovation, Management und Technologie-
transfer in chinesisch-deutschen Gemeinschaftsunternehmen

Universidad Nacional de Colombia, Facultad de Ciencias Humanas, Departa- *Bogotá*
mento de Sociologia, Bogotá (Prof. Anita Weiss de Belalcázar) *und*
und *Bremen*
Universität Bremen, Zentrale wissenschaftliche Einrichtung „Arbeit und Betrieb" (Prof. Dr. M. Osterland)
Industrielle Arbeitsbedingungen in Kolumbien: Berufsverläufe und Lebenschan-
cen von Industriearbeitern

Universität–Gesamthochschule–Duisburg, FB 1, Fach Politische Wissen- *Duisburg*
schaft (Prof. Dr. P. Meyns)
Symposion „Agrargesellschaften im portugiesischsprachigen Afrika – Bilanz und
Perspektiven nach 10 Jahren Unabhängigkeit"

Erlangen Universität Erlangen-Nürnberg, Institut für Soziologie (Prof. Dr. J. Matthes)
Drei Forschungsseminare in Bombay, Bangkok und Singapur zur Vorbereitung von Forschungsprojekten über „Gesellschaftliche Regelungen im interkulturellen Vergleich"

Frankfurt Universität Frankfurt/M., FB Gesellschaftswissenschaften, Abt. Internationale Beziehungen (Prof. Dr. A. Buro)
Abschluß des Vorhabens „Gesellschaftliche Spielräume für Demokratisierung in einem ‚Schwellenland'. Der Beitrag der brasilianischen Kirche zu einer selbstbestimmten Entwicklung"

Frankfurt Universität Frankfurt/M., Institut für Wirtschafts- und Sozialgeographie
Mannheim (Prof. Dr. K. Vorlaufer) in Zusammenarbeit mit den Geographischen Institu-
Heidelberg ten der Universitäten Mannheim (Prof. Dr. W. Gaebe) und Heidelberg (Priv.-Doz. Dr. R. Henkel)
Urbanisierungsprozesse in schwarzafrikanischen Städten

Freiburg Universität Freiburg/Br., Institut für Entwicklungspolitik (Prof. Dr. Th. Dams)
Ländliche Entwicklung in der Volksrepublik China

Freiburg Arnold-Bergstraesser-Institut für kulturwissenschaftliche Forschung, Frei-
Santiago burg/Br. (Prof. Dr. D. Oberndörfer) in Zusammenarbeit mit der Facultad La-
de Chile tinoamericano de Ciencias Sociales (FLACSO), Santiago de Chile (Prof. Dr. J. J. Brunner)
Individuelle politische Orientierungen im Übergangsprozeß: ihre Beiträge zur Bildung von politischen Präferenzen und zur Stabilität der Demokratie in Chile

Gießen Universität Gießen, FB 3, Gesellschaftswissenschaften, Institut für Soziologie
Caracas (Prof. Dr. N. Schmidt-Relenberg) in Zusammenarbeit mit dem Centro de Estudios del Desarrollo (CENDES) der Universidad Central de Venezuela, Caracas (Prof. Dr. H. R. Sonntag)
Fortbestehen archaischer Kulturelemente in den Barrios der venezolanischen Großstädte

Gießen Universität Gießen, Institut für Volkswirtschaftslehre (Prof. Dr. A. Bohnet) in
Shanghai Zusammenarbeit mit dem Institut für Ökonomie und Management der Tongji-Universität Shanghai
Chinas Preis- und Wettbewerbspolitik im Spannungsfeld zwischen Plan und Markt

Göttingen Universität Göttingen, FB Erziehungswissenschaften (Dr. Jutta Hebel)
Zum Verhältnis von Beschäftigungs- und Bildungssystem im Prozeß der Modernisierung in der Volksrepublik China

Universität Göttingen, Institut für rurale Entwicklung (Prof. Dr. F. Kuhnen)
Institutioneller Wandel und ländliche Entwicklung. Analyse der Anpassungsprozesse ländlicher Institutionen am Beispiel Pakistans

158

Universität Hamburg, Institut für Internationale Angelegenheiten (Dr. habil. R. Hanisch)
Der Kakaoweltmarkt. Weltmarktintegrierte Entwicklung und nationale Steuerungspolitik der Produzentenländer

Institut für Asienkunde, Hamburg (Dr. W. Draguhn)
Führungspersönlichkeiten der zweiten und dritten Generation in der Volksrepublik China – Biographien, Texte und kritische Bewertung

Universität Hamburg, Historisches Seminar (Prof. Dr. L. Harding) in Zusammenarbeit mit den Departements d'Histoire der Universitäten Dakar (Senegal) und Abidjan (Elfenbeinküste)
Das Verschwinden der großen afrikanischen Händler in der Kolonialzeit – Ursachen, Etappen und längerfristige Auswirkungen: Der Senegal und die Elfenbeinküste / 19. und 20. Jahrhundert

Universität Hannover, Historisches Seminar (Prof. Dr. H. Bley)
Symposion „Die Weltwirtschaftskrise der dreißiger Jahre – Sonderfall oder Einstieg in die Strukturen der Gegenwart – Regionaler Schwerpunkt: Anglophones Afrika"

Universität Heidelberg, Institut für Politische Wissenschaft (Prof. Dr. D. Nohlen)
Symposion „Postautoritarismus und politisch-institutionelle Reform in Lateinamerika"

Universität Heidelberg, Institut für Tropenhygiene und öffentliches Gesundheitswesen am Südasien-Institut (Prof. Dr. A. Kroeger)
Abschluß des Vorhabens „Krankheitskonzepte und traditionelle Behandlung von Malaria und Leishmaniase an der Pazifikküste Kolumbiens: Eine ethnomedizinische Untersuchung"

Forschungsstätte der Evangelischen Studiengemeinschaft, Heidelberg (Prof. Dr. K. von Schubert)
Transfer von Kerntechnologie zwischen Entwicklungsländern

Universität Kiel, Institut für Weltwirtschaft (Dr. U. Hiemenz)
und
Hochschule St. Gallen für Wirtschafts- und Sozialwissenschaften (Prof. Dr. Th. Leuenberger)
Forschungsprojekt „Die Stellung der VR China in der internationalen Arbeitsteilung bis zum Jahr 2000"
Kiel: *Teilprojekt „Ausländische Investitionen in der VR China – Effizienz und wirtschaftliche Rahmenbedingungen"*
St. Gallen: *Teilprojekt „Die Absorption und Diffusion von Technologieimporten in der VR China"*

CERES – Centro de Estudios de la Realidad Economica y Social, La Paz (Direktor Dr. J. Dandler) in Zusammenarbeit mit dem Institut für Soziologie der Universität Hannover (Prof. Dr. K. Meschkat)
Gewerkschaftsbewegung und Demokratie in Lateinamerika: Ideologie und Politik des Gewerkschaftsbundes (COB) im demokratischen Prozeß Boliviens (1977–1985)

Lima *Berlin*	Instituto de Estudios Peruanos, Lima (Prof. Dr. J. Cotler) in Zusammenarbeit mit dem Lateinamerika-Institut der FU Berlin (Prof. Dr. J. Golte) *Aspirationen und politische Partizipation in den „Barrios Populares" von Lima*
Lima *Erlangen*	Pontificia Universidad Católica del Perú, Departamento de Ciencias Sociales, Lima (Prof. J. Orlando Plaza, Mrs. Vega Centeno) in Zusammenarbeit mit der Universität Erlangen-Nürnberg, Lehrstuhl für Romanische Sprachen und Auslandskunde (Prof. Dr. H.-A. Steger) *Kultur und Politik. Die Volkssymbolik der peruanischen APRA-Partei*
Mainz	Universität Mainz, Institut für Ethnologie und Afrika-Studien (Prof. Dr. E. W. Müller) *Frauenriten und ihre Expertinnen. Rückzug oder neue Solidarität? Eine Untersuchung bei den Zigua und Ngulu in Nordost-Tanzania*
	Universität Mainz, Institut für Politikwissenschaft (Prof. Dr. M. Mols) *Subsystemische Kooperation im interregionalen politikwissenschaftlichen Vergleich: Lateinamerika und Südostasien (Projektvorbereitung)*
Marburg	Universität Marburg, FB Gesellschaftswissenschaften und Philosophie, Institut für Politikwissenschaft (Prof. Dr. D. Berg-Schlosser) *Symposion „Demokratie und Ein-Parteien-Staat in Afrika"*
Marburg *Kiel*	Universität Marburg, FB Geographie (Prof. Dr. G. Mertins) in Zusammenarbeit mit dem Geographischen Institut der Universität Kiel (Prof. Dr. J. Bähr) *Interdisziplinäres Rundgespräch „Urbanisierung in Lateinamerika und ihre Probleme"*
Oeiras/ *Portugal*	Instituto Gulbenkian de Ciência, Centro de Estudos de Economia Agrária, Oeiras (Mr. A. Trigo de Abreu) *Symposion „Gegenwartsbezogene Sozialforschung über die Kapverden"*
Oldenburg	Universität Oldenburg, FB 3, Institut für Soziologie (Dr. D. Brühl) *Bewußtsein, soziale Entwicklung und soziale Bewegung in den bäuerlich orientierten Grundschichten im Nordosten Brasiliens – Eine Studie über Volksreligion*
Santiago *de Chile* *Heidelberg*	Centro de Estudios del Desarrollo, Santiago de Chile (E. Boeninger) in Zusammenarbeit mit dem Institut für Politische Wissenschaft der Universität Heidelberg (Prof. Dr. D. Nohlen) *Optionen für ein demokratisches Regierungssystem in Chile im Verhältnis zum Parteien- und Wahlsystem*
Tübingen	Universität Tübingen, Geographisches Institut (Prof. Dr. G. Kohlhepp) *Symposion „Mensch und Umwelt in Amazonien"*
	Universität Tübingen, Geographisches Institut (Prof. Dr. H. Kopp; Stipendium zugunsten R. Biegel) *Politische und wirtschaftliche Steuerungsfaktoren der Stadtentwicklung Ammans*

Schwerpunkt seit 1984
Förderung insgesamt 3,5 Mio DM
im Jahre 1986: 1,8 Mio DM / 6 Vorhaben

Der Förderungsschwerpunkt soll zur verstärkten wissenschaftlichen *Zielsetzung* Beschäftigung mit den besonderen Aufgaben sowie den unternehmensinternen Problemen und Lösungen im industriellen FuE-Management in der Bundesrepublik Deutschland anregen. Die Stiftung Volkswagenwerk will mit ihrer Förderung dazu beitragen, den Mangel an analytischen und empirisch fundierten (auch international vergleichenden) Forschungen über die in der Unternehmenspraxis vorhandenen Managementprobleme, Instrumentarien und Erfahrungen zu beheben. Darüber hinaus sollen Ergebnisse der ausländischen Forschung und Managementlehre für Wissenschaft, Lehre und Wirtschaftspraxis in der Bundesrepublik erschlossen werden.

Besonders angesprochen sind Wirtschaftswissenschaftler, vor allem Betriebswirte, sowie interessierte Ingenieur- und Naturwissenschaftler. Im Interesse einer besseren Kommunikation und Kooperation zwischen Hochschulen und Industrie sollen Vorhaben und Initiativen bevorzugt gefördert werden, die auf die Vorbereitung und Durchführung gemeinsamer Forschungsprojekte, auf Aus- und Fortbildungsangebote sowie auf den Erfahrungsaustausch zwischen Wissenschaft und Praxis zum FuE-Management gerichtet sind.

Der Einbindung von Forschung und Entwicklung in die strategische *Thematik* und operative Unternehmensplanung und -führung großer wie kleiner Unternehmungen sowie der Abstimmung mit den übrigen unternehmerischen Aufgaben, Teilbereichen und Ressourcen kommt besondere Bedeutung zu. Von Interesse sind daher vor allem Vorhaben mit dem Ziel, die besonderen ökonomischen und technischen Sachzusammenhänge, die wissenschaftlichen Erkenntnisse und Methoden sowie das praktische Erfahrungswissen zum FuE-Management zu systematisieren, zu überprüfen und zu erweitern und praxisnah zu vermitteln.
Erfolgreiches industrielles FuE-Management ist in besonderer Weise darauf angewiesen, daß auch längerfristige technologische Trends und mögliche Trendbrüche sowie ökonomische und soziale Entwicklungen frühzeitig erkannt und bewertet werden, um die unterneh-

mensinternen Forschungs- und Entwicklungsprogramme entsprechend ausrichten und die damit verbundenen Organisationsprobleme bewältigen zu können.

Besondere Beachtung sollte ferner Methoden und Problemen des Personalmanagements (z. B. Personalauswahl, -planung, -führung im Zusammenhang mit neuen Technologien, Arbeitshemmnisse, neue Arbeitsformen, Projektmanagement) in unterschiedlich strukturierten FuE-Bereichen und Wirtschaftszweigen gewidmet werden. Dabei käme es auch darauf an, das in der Wirtschaft, insbesondere in Großunternehmen, vorhandene Erfahrungswissen wissenschaftlich stärker auszuwerten sowie speziell für kleinere und mittlere Unternehmen verfügbar zu machen und für sie geeignete Lösungsansätze und Instrumentarien zu entwickeln. Daneben sollten Erfahrungen mit dem Wissens- und Personaltransfer sowie mit der Forschungskooperation zwischen Wirtschaft und Hochschulen anhand exemplarischer Modelle, Institutionen und Projekte im In- und Ausland ausgewertet werden.

Förderungs- \
möglichkeiten Förderungsmöglichkeiten bestehen für Forschungsprojekte, Fachtagungen und Symposien sowie für Nachwuchsförderung durch die Vergabe von Stipendien an Graduierte zur Aus- und Fortbildung im FuE-Bereich und an qualifizierte Wissenschaftler (Hochschulabschluß) aus industriellen FuE-Bereichen.

Personal- \
transfer Eine besondere finanzielle Unterstützung bietet die Stiftung in diesem Schwerpunkt für Hochschullehrer (C 2–C 4) und promovierte Wissenschaftler mit Daueranstellung im Hochschulbereich, die thematisch einschlägige wissenschaftliche Arbeiten im Unternehmen eines Kooperationspartners in der Industrie durchführen wollen:

- für Hochschullehrer (C 2–C 4) die Inanspruchnahme zusätzlicher Freisemester durch Finanzierung von Lehrvertretungen
- für promovierte Wissenschaftler mit Daueranstellung im Hochschulbereich für die Zeit ihrer Beurlaubung von der Hochschule die Fortzahlung der persönlichen Bezüge

Diese besondere Art der Förderung wird in der Regel für ein Jahr gewährt; sie kann jedoch auch für mindestens sechs Monate vergeben werden. Die Förderung soll die öffentliche Hand von ihren Verpflichtungen zur Gewährung von Freisemestern an Hochschullehrer und zur Weiterbeschäftigung der für die Dauer des Stipendiums beurlaubten Wissenschaftler nicht freistellen. Für die Lehrvertretungen von Hochschullehrern sollten vorrangig habilitierte Wissenschaftler in ungesicherter Position gewonnen werden. Auch diese Förderung wird nur über wissenschaftliche Einrichtungen vergeben.

Ein Forschungsbeispiel des Schwerpunktes wird auf S. 90 ff. vorgestellt.

1986/87 bewilligte Projekte

Universität Bremen, FB Wirtschaftswissenschaft (Prof. Dr. P. Nieder)
Die Überwindung von Innovations-Widerständen durch (und) das Management von Forschung und Entwicklung (Dissertation-Verbundprojekt)

Bremen

Universität Mannheim, Industrieseminar (Prof. Dr. G. von Kortzfleisch; Promotionsstipendium für Dipl.-Ing. W. Schönit)
Systemanalysen von Produktinnovationen als Entscheidungsgrundlagen für das Management der Forschung und Entwicklung industrieller Unternehmen

Mannheim

Universität Saarbrücken, Institut für Wirtschaftsinformatik (Prof. Dr. A.-W. Scheer)
Betriebswirtschaftlich-organisatorische Konsequenzen des Einsatzes von Computer Aided Design (CAD) in CIM (Computer Integrated Manufacturing)-Systemen

Saarbrücken

Universität – Gesamthochschule – Siegen, Lehrstuhl für Betriebswirtschaftslehre I (Prof. Dr. J. Berthel)
Manager-Qualifikationen für eine effiziente Einbindung des Forschungs- und Entwicklungs-Managements in die strategische Unternehmensführung

Siegen

Forschungsinstitut für öffentliche Verwaltung bei der Hochschule für Verwaltungswissenschaften Speyer (Prof. Dr. C. Böhret, Prof. Dr. K. Lüder)
Forschungskooperation zwischen industriellen Unternehmen und Hochschulen (Projektvorbereitung)

Speyer

Hochschule St. Gallen, Forschungsstelle für Personalwesen und Mitarbeiterführung im Institut für Betriebswirtschaft (Prof. Dr. R. Wunderer) in Zusammenarbeit mit dem Seminar für Allgemeine Betriebswirtschaftslehre und Organisation I der Universität Mannheim (Prof. Dr. A. Kieser)
Theoretische und empirische Analyse lateraler Kooperationsbeziehungen und -konflikte von Forschungs- und Entwicklungsabteilungen

St. Gallen
Schweiz
Mannheim

163

Forschung und Ausbildung im Bereich der Sicherheitspolitik
(Einzelprogramme)

Schwerpunkt seit November 1986
1983–1986 Programm Forschungswettbewerb Rüstungskontrolle
Förderung insgesamt 2,7 Mio DM

Zielsetzung Mit diesem Schwerpunkt verstärkt die Stiftung Volkswagenwerk ihre Bemühungen um Forschung und Ausbildung auf dem Gebiet der Sicherheitspolitik in der Bundesrepublik Deutschland. Erste Beispiele für die vorgesehenen strukturverbessernden und projektübergreifenden Einzelprogramme, auf die sich das neue Förderungsangebot konzentriert, sind der seit 1984 durchgeführte „Forschungswettbewerb zu Fragen der Rüstungskontrolle" und die 1986 als Gemeinschaftsvorhaben an fünf außeruniversitären Forschungsinstituten begonnene „Institutsgebundene Ausbildung von wissenschaftlichem Nachwuchs im Bereich der sicherheitspolitischen Forschung". Diese beiden Programme zur Nachwuchsförderung, für die die Stiftung in den vorangegangenen Jahren zusammen 2,7 Millionen DM aufgewendet hat, sind in den neu beschlossenen Schwerpunkt integriert. Mitte 1987 wurden für ein weiteres Programm, ein internationales Gemeinschaftsvorhaben „Nuclear History Program", 1,8 Millionen DM bewilligt.

Durch diese und weitere Einzelprogramme sollen Strukturverbesserungen auf folgenden Problemfeldern erreicht werden:

- Ausbildung von wissenschaftlichem Nachwuchs an Hochschulen und außeruniversitären Forschungsinstituten in der Bundesrepublik Deutschland

- Einbeziehung qualifizierter jüngerer Wissenschaftler aus der Bundesrepublik in internationale Forschungszusammenhänge

- Heranführen von Wissenschaftlern aus bisher in der Bundesrepublik kaum mit sicherheitspolitischer Forschung befaßten Disziplinen (namentlich den Natur- und Technikwissenschaften, Wirtschaftswissenschaften, Zeitgeschichte, Sozialpsychologie sowie sozialwissenschaftlichen Regionalstudien) an dieses Forschungsgebiet

- Austausch zwischen wissenschaftlicher Analyse und politischer Praxis, vor allem in der bisher kaum beschrittenen Richtung aus der Wissenschaft in die Praxis

164

Die Stiftung sieht in der Verbesserung der internationalen Wettbewerbsfähigkeit deutscher Forscher, vor allem beim wissenschaftlichen Nachwuchs, zugleich eine Voraussetzung für intensivere und breitere internationale Zusammenarbeit in sicherheitspolitischer Forschung.

Sicherheitspolitik ist hierbei nicht auf ihren militärisch-strategischen Kern reduziert zu sehen, sondern eingebettet in Zusammenhänge der Außenpolitik und der internationalen Politik, ebenso wie in Verbindung mit ihren innenpolitischen und innergesellschaftlichen Voraussetzungen. Thematisch stehen – der Situation der Bundesrepublik entsprechend – Fragen zum Ost-West-Verhältnis, zu seinen Wechselwirkungen mit der Stellung Westeuropas in der europäischen Staatengesellschaft und mit der westeuropäischen Rolle innerhalb des atlantischen Bündnisses im Vordergrund. Aufgrund weltweiter Verflechtungen sicherheitspolitischer Problemlagen treten auch andere Weltregionen, namentlich der pazifische Raum, der gegenüber dem atlantischen bisher weniger beachtet wurde, ins Blickfeld. *Gegenstand*

Das Förderungsangebot beschränkt sich auf Einzelprogramme, deren Themen, Ausgestaltung und Finanzierung jeweils von der Stiftung festgelegt werden. Für die Einrichtung solcher Programme nimmt sie jederzeit Anregungen und Vorschläge entgegen. Diese werden jedoch nur verfolgt, wenn sie sich auf die eingangs genannten Zielsetzungen richten und ein zusätzlicher, auch von dritter Seite nicht zu deckender Förderungsbedarf überzeugend dargelegt wird. *Förderungsmöglichkeiten: Einzelprogramme*
Im Rahmen von Einzelprogrammen können Personal- und Sachmittel, einschließlich Reisekostenzuschüssen und Mitteln für ausländische Kooperationspartner, bereitgestellt werden.

Für die Einrichtung grundsätzlich geeigneter Einzelprogramme können Vorbereitungsmittel bereitgestellt werden. *Vorbereitungsmittel*

Für wissenschaftliche Veranstaltungen (Arbeitstagungen und Sommerschulen) wird auf die Förderungsmöglichkeiten in dem Schwerpunkt „Symposienprogramm" hingewiesen. Nähere Einzelheiten dazu können dem betreffenden Merkblatt für Antragsteller (1) entnommen werden. Zu 1986/87 geförderten Symposien vgl. auch Seite 109, 222. *Symposien*

Da sicherheitspolitische Forschung nicht aus einer national begrenzten Perspektive heraus erfolgen kann, steht dieser Schwerpunkt auch für Gemeinschaftsvorhaben zwischen deutschen und ausländischen Forschungseinrichtungen offen. Auch diese müssen den oben ge- *Übernationale Gemeinschaftsvorhaben* nannten Kriterien genügen, eine maßgebliche Beteiligung von deutscher Seite vorsehen und sich eine über übliche Einzelprojekte hinausgehende Forschungsaufgabe stellen. Nennenswerte finanzielle Beiträge ausländischer Förderungseinrichtungen für solche Gemeinschaftsvorhaben sind erwünscht.

Vorschläge und Anträge

Zur Anregung von Einzelprogrammen gedachte Projektskizzen und Antragsentwürfe können in deutscher oder englischer Sprache ohne weitere Formerfordernisse an die Stiftung Volkswagenwerk gerichtet werden. Die Texte sollen so abgefaßt sein, daß sie der Stiftung und den von ihr zu Rate gezogenen Fachgutachtern ein verständliches, für die Prüfung ausreichendes Bild des Vorschlages vermitteln. Vor einer formalen Antragstellung empfiehlt es sich, durch eine Anfrage Bearbeitungsmöglichkeiten mit der Geschäftsstelle der Stiftung zu klären. Als Ansprechpartner steht dort der zuständige Bearbeiter zur Verfügung.

Bestehende Einzelprogramme: Geschichte der Kernwaffen

Als erstes neues Einzelprogramm wurde Mitte 1987 ein zeitgeschichtliches Gemeinschaftsvorhaben amerikanischer, britischer, deutscher und französischer Forscher zur Bedeutung der Kernwaffen als Faktor der Politik in westlichen und östlichen Industriegesellschaften sowie in den internationalen Beziehungen in den Schwerpunkt aufgenommen. Unter Leitung des amerikanischen Historikers Professor E. R. May von der Harvard University und des Forschungsdirektors Uwe Nerlich der Stiftung Wissenschaft und Politik, Ebenhausen, sind daran rund 60 Wissenschaftler und Experten beteiligt. Die Stiftung stellt für dieses auch durch verschiedene amerikanische Förderungseinrichtungen unterstützte „Nuclear History Program" der Stiftung Wissenschaft und Politik (Prof. Dr. K. Ritter) und der University of Maryland, College Park/USA (Prof. Dr. M. Nacht), 1,8 Millionen DM zur Verfügung.

Institutsgebundene Ausbildung

Auskunft über die „Institutsgebundene Ausbildung von wissenschaftlichem Nachwuchs im Bereich der sicherheitspolitischen Forschung", die bereits als Einzelprogramm im Rahmen dieses Schwerpunkts gefördert wird, geben die beteiligten außeruniversitären Forschungsinstitute: Bundesinstitut für ostwissenschaftliche und internationale Studien (Köln), Forschungsinstitut der Deutschen Gesellschaft für Auswärtige Politik (Bonn), Hessische Stiftung Friedens- und Konfliktforschung (Frankfurt), Institut für Friedensforschung und Sicherheitspolitik an der Universität Hamburg sowie Stiftung Wissenschaft und Politik (Ebenhausen).

Die fünfte und letzte Ausschreibung im „Forschungswettbewerb zu Fragen der Rüstungskontrolle" steht, wie bereits die des Jahres 1987, unter dem Rahmenthema „Rüstungskontrolle – Erfahrungen der Vergangenheit, Chancen für die Zukunft". Dafür können sich bis 31. März 1988 entsprechend qualifizierte Nachwuchswissenschaftler, die einzelne Aspekte dieses Themenbereichs erforschen wollen, bei der Stiftung Volkswagenwerk um die in diesem Programm angebotenen Förderungsmöglichkeiten bewerben. Über die Bewerbungen wird im Sommer 1988 unter Beteiligung fachlich ausgewiesener Experten entschieden. Gedacht ist an empirisch fundierte Untersuchungen, die bisherige Erfahrungen mit Rüstungskontrolle systematisch auswerten und daraus Lehren für künftige Bemühungen ziehen. Ein Schwerpunkt der Ausschreibung liegt bei konzeptionellen Fragen, etwa: Wie sind einseitige Maßnahmen im Vergleich zu Vereinbarungen oder Verträgen einzuschätzen? Wie beeinflussen innenpolitische Faktoren, etwa die öffentliche Meinung, die Erfolgsaussichten von Rüstungskontrolle? Welche Rolle spielen Verhandlungsrahmen (bilateral, multilateral, Einbeziehung von „unbeteiligten" Drittstaaten) und Verhandlungsebene? Auch die Bedeutung neuer Technologien und wirtschaftliche Aspekte, denen bereits frühere Ausschreibungsrunden galten, genießen im Wettbewerb weiterhin Priorität. Weiteres Informationsmaterial mit Angaben zu Förderungsmöglichkeiten und Antragstellung sowie einem speziellen Bewerbungsbogen für dieses Programm stellt die Stiftung auf Anfrage gerne zur Verfügung.

Forschungswettbewerb: Letzte Ausschreibung 31.3.1988

Im Rahmen des Forschungswettbewerbes wurden bisher 23 Forschungsstipendien vergeben, davon 6 im Jahre 1986 für die dritte Ausschreibung (Rahmenthema „Wirtschaftliche Aspekte der Rüstungskontrolle"). Die Entscheidungen für den vorletzten Wettbewerb fallen im Sommer 1987.

Bisherige Förderung

1986 bewilligte Forschungsstipendien

Technische Hochschule Darmstadt, Institut für Kernphysik (Prof. Dr. E. Kankeleit; zugunsten Annette Schaper)
Möglichkeiten der Rüstungskontrolle auf der Ebene von Forschung und Entwicklung – am Beispiel von elektromagnetischen Generatoren und der Trägheitseinschlußfusion

Darmstadt

Stiftung Wissenschaft und Politik, Ebenhausen (Dr. A. Zunker; zugunsten Michael Pfau)
Die Bedeutung von „Deep-Cuts"-Vorschlägen für Rüstungskontrolle/Abrüstung: Ansätze, Entwicklungen und Erfolgskriterien

Ebenhausen

167

Erlangen   Universität Erlangen-Nürnberg, Lehrstuhl für Wirtschafts- und Sozialgeographie (Prof. Dr. W. Ritter; zugunsten Ulrich Roeder)
Auswirkungen von Garnisonen der Bundeswehr auf die regionale Wirtschaftsstruktur

Marburg   Universität Marburg, FB Physik, Arbeitsgruppe Grundlagen der Physik (Prof. Dr. O. Melsheimer; zugunsten Jürgen Scheffran)
Strategische Verteidigung und strategische Stabilität

Universität Marburg, FB Physik, Arbeitsgruppe Grundlagen der Physik (Prof. Dr. O. Melsheimer; zugunsten Dr. Udo Schelb)
Möglichkeiten der Rüstungskontrolle für die militärischen Navigationssysteme NAVSTAR und GLONASS

Stuttgart   Universität Stuttgart, Institut für Sozialforschung, Abt. für Wachstums- und Innovationsforschung (Prof. Dr. H. Majer; zugunsten Herbert Beck)
Zur Ökonomie von Verifikationsmaßnahmen im Zusammenhang mit Rüstungskontrollanstrengungen im Bereich chemischer Waffen

Programm zur Förderung von Graduiertenkollegs in den Geistes- und Gesellschaftswissenschaften

Programm seit Juni 1986
Ausschreibungsfrist bis 15. Juli 1987

Daß der gezielten Unterstützung des wissenschaftlichen Nachwuchses - einem traditionellen Anliegen der Stiftung Volkswagenwerk - für die Stärkung der deutschen Forschung besondere Bedeutung zukommt, wird seit geraumer Zeit immer wieder unterstrichen. Dabei gilt die Zeit zwischen dem ersten Examen (Graduierung) und der Promotion im allgemeinen als Schlüsselphase, deren produktive Einbeziehung in fortgeschrittene Lehre und konkrete Forschungszusammenhänge durch entsprechende forschungsorientierte Studienprogramme unterstützt werden sollte. Die Stiftung Volkswagenwerk hat in dieser Hinsicht durch entsprechende Förderungen bereits mehrfach Initiativen ergriffen und verschiedene Modelle erprobt. Dabei zeigte sich, daß neben der üblichen Einzelbetreuung von Doktoranden kollegähnlich organisierte und institutionell wie finanziell gesicherte Förderungsformen gefordert sind.

Entwicklung   Vor diesem Hintergrund hat die Stiftung Volkswagenwerk - unter dem Stichwort „Universitätskolleg" - schon seit längerem Pläne ver-

168

folgt, die auf die Schaffung eines institutionellen Rahmens für die gemeinsame Förderung von hochqualifizierten Wissenschaftlern und ausgewählten graduierten Studenten und somit auf die Verbesserung gleichsam des „Kontextes" für wissenschaftliche Leistungen gerichtet waren. Diese Pläne berührten sich mit entsprechenden Initiativen auch anderer Stiftungen sowie mit Überlegungen des Wissenschaftsrates, der im Rahmen seiner im Januar 1986 vorgelegten Empfehlungen zur Struktur des Studiums die Einrichtung von „Graduiertenkollegs" vorgeschlagen hat.

Die Stiftung verspricht sich von diesem Programm nicht nur einen Beitrag zur Entwicklung neuer Formen von Graduiertenstudien, sondern auch konkrete Anstöße für die Forschung selbst und auf diesem Wege nicht zuletzt auch Impulse für verstärkten Wettbewerb der Hochschulen untereinander.

Im Sommer 1986 hat die Stiftung ein Programm zur Förderung von Graduiertenkollegs in den Geistes- und Gesellschaftswissenschaften an den Hochschulen der Bundesrepublik Deutschland ausgeschrieben. Bis zum Schlußtermin (15. Juli 1987) sind aus 27 Hochschulen insgesamt 57 Bewerbungen mit einem Gesamtantragsvolumen von rund 62 Millionen DM eingegangen. Über die Bewerbungen soll bis zum Jahresende entschieden werden.

Ausschreibung bis 15.7.1987

169

Haufwerk von Al$_2$O$_3$-Agglomeraten.
Gestalt und Form der Agglomerate können durch geeignete
Wahl der Sprühtrocknungsbedingungen variiert werden.

Rotationssymmetrisches Agglomerat aus Al$_2$O$_3$ mit
Einsturztrichter

Blick auf die Oberfläche eines sprühgetrockneten
Agglomerates aus Al$_2$O$_3$

Sprühgetrocknete Agglomerate bestehend aus Al$_2$O$_3$, ZrO$_2$
und SiC–Whiskern

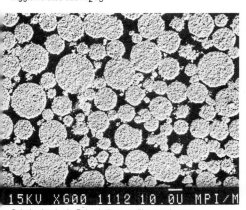

Schnitt durch ein Pulverinfiltrat sprühgetrockneter
Agglomerate

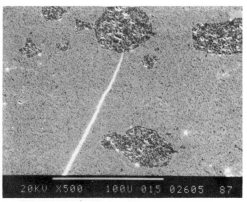

Aufnahme der polierten Oberfläche einer Duplex-Keramik.
Eine eingelagerte Druckzone verhindert den Rißfortschritt.

Mit dem Forschungsprojekt „Keramische Konstruktionswerkstoffe mit Duplex-Gefüge" am Arbeitsbereich Technische Keramik der Technischen Universität Hamburg-Harburg (Prof. Dr.-Ing. N. Claussen – früher MPI für Metallforschung, Stuttgart) wird die Entwicklung von mehrphasigem Gefüge mit speziellem Aufbau für Ingenieurkeramiken angestrebt, durch die Werkstoffe mit geringer Wärmeleitfähigkeit bei gleichzeitig guter Temperatur-Wechselbeständigkeit und hoher Festigkeit erreicht werden sollen. Durch gezielte Verfahren können Agglomerate mit Durchmessern zwischen 1 und 300 Mikrometern hergestellt werden. Je nach ihrer Zusammensetzung dienen diese Agglomerate später in der fertigen Keramik (Duplex-Gefüge) als kugelförmige Druck- bzw. Zugspannungszonen, die – wie z. B. die REM-Aufnahme unten rechts demonstriert – die Bruchzähigkeit der Keramik z. T. erheblich verbessern. (Bericht 1985/86, S. 190)

Institutsbilder

Schwerpunkte mit überwiegend natur-, ingenieur- und biowissenschaftlicher Themenstellung

Synergetik

Schwerpunkt seit 1980
Förderung insgesamt 15,4 Mio DM
im Jahre 1986: 2,3 Mio DM / 9 Vorhaben, 6 ergänzende Bewilligungen

Der Schwerpunkt wurde angeregt durch zwei Bewilligungen an Professor Dr. H. Haken am Institut für Theoretische Physik der Universität Stuttgart auf dem Gebiet der Synergetik; rechnet man die dafür aufgewendeten Mittel hinzu, so hat die Stiftung Volkswagenwerk dieses interdisziplinäre Arbeitsgebiet bisher mit rund 16 Millionen DM unterstützt. *Thematik*

Die Synergetik – die Lehre vom Zusammenwirken – ist eine noch junge interdisziplinäre Forschungsrichtung, die sich zum Ziel setzt, Vorgänge der Strukturbildung, bei denen Selbstorganisation oder Selbstregulation eine wesentliche Rolle spielen, zu analysieren und Analogien bei solchen Erscheinungen in verschiedenen Fachgebieten aufzudecken. Systeme, die aus einer Vielzahl gleichartiger Elemente bestehen, können ihre makroskopischen Eigenschaften bei Änderungen äußerer Einflußgrößen u. U. sogar schlagartig ändern. Beispielhaft seien hier genannt: Bildung spezieller Strömungsformen in Flüssigkeitsschichten unter Einwirkung von Temperaturfeldern, zeitliche und räumliche Oszillationen bei autokatalytischen chemischen Reaktionen, die Entstehung strukturierter Organe aus einem undifferenzierten Zellverband oder einfache Modelle für das gruppendynamische Verhalten einer Bevölkerung.

Natürlich sind in diesem Zusammenhang nicht die in der Physik seit langem bekannten Phasenübergänge von Interesse; vielmehr ist an die Untersuchungen von Vorgängen zur Bildung zeitlicher, räumlicher oder funktioneller Strukturen gedacht, die in Systemen fern vom thermischen Gleichgewicht oder in der Nähe von Instabilitätspunkten ablaufen und bei denen ebenfalls die mit solchen schlagartigen Änderungen verbundenen Erscheinungen wie Relaxationsvorgänge, Hysterese, Symmetriebrechung, kritische Fluktuationen eine

Rolle spielen. Zur Beschreibung dieser nichtlinearen und zudem stochastischen Prozesse ist eine anspruchsvolle Mathematik erforderlich, die es im Rahmen der geplanten Förderung weiterzuentwickeln und auf die jeweiligen fachspezifischen Gegebenheiten auszurichten gilt.

Förderungs-
möglichkeiten   Die Stiftung Volkswagenwerk will mit diesem Schwerpunkt vor allem Wissenschaftler der Natur- und Ingenieurwissenschaften ansprechen. Vorgesehen ist die Förderung des die Fachgrenzen überschreitenden wissenschaftlichen Gedankenaustauschs (vgl. dazu auch Symposienprogramm/Merkblatt 1), die Vergabe von Forschungsstipendien an graduierte jüngere Wissenschaftler und die Unterstützung von Forschungsprojekten, wobei besonders auch an eine Förderung der Zusammenarbeit mit ausländischen Wissenschaftlern gedacht ist. Es können theoretische und experimentelle Vorhaben unterstützt werden.

1986/87 bewilligte Projekte

Bochum   Universität Bochum, Sprachwissenschaftliches Institut (Prof. Dr. G. Altmann)
Sprachliche Synergetik

Bremen   Universität Bremen, Angewandte und Physikalische Chemie (Prof. Dr. N. Jaeger, Dr. P. Plath)
Dynamik der heterogen katalytischen Oxidation von Kohlenmonoxid unter dem Einfluß periodischer und pulsförmiger Störungen

Universität Bremen, FB 2, Biologie/Chemie (Prof. Dr. L. Rensing, Priv.-Doz. Dr. V. an der Heiden)
Interdisziplinärer Workshop „Temporal Disorder in Human Oscillatory Systems"

Dortmund   Max-Planck-Institut für Ernährungsphysiologie, Dortmund (Prof. Dr. B. Hess)
Nichtlineare Dynamik chemischer, biochemischer und zellulärer Prozesse)

Essen   Universität – Gesamthochschule – Essen, FB 7, Physik (Prof. Dr. R. Graham)
Symposion „Lasers and Synergetics"

Freiburg   Universität Freiburg/Br., Klinikum, Abt. Klinische Neurologie und Neurophysiologie (Prof. Dr. J. Krüger)
Analyse der visuellen Hirnrinde von Affen mit Vielfach-Mikroelektroden

Mainz   Universität Mainz, Institut für Zoologie (Prof. Dr.-Ing. W. von Seelen)
Weiterführung der Untersuchungen „Kooperation neuronaler Teilsysteme im Cortex"

Universität Saarbrücken, FB 11, Theoretische Physik (Prof. Dr. A. Holz) *Saarbrücken*
Theoretische Untersuchung des Einflusses von Defektstrukturen auf die statischen und dynamischen Eigenschaften flüssig-kristalliner Polymere

Universität Würzburg, Institut für Physikalische Chemie, Lehrstuhl I (Prof. *Würzburg*
Dr. F. W. Schneider)
Periodische Störungen von chemischen Oszillatoren – Experiment und Theorie. Die Belousov-Zhabotinskii-Reaktion und ihre Untersysteme – Fluktuationen und Chaos in molekulardynamischen Berechnungen

Metallorganische Reaktionen für die organische Synthese

Merkblatt 37 S. 352 ff.

Schwerpunkt seit Ende 1985
Förderung insgesamt 2,9 Mio DM
im Jahre 1986: 2,8 Mio DM / 11 Bewilligungen

Mit dem Schwerpunkt will die Stiftung Volkswagenwerk solche Ar- *Hintergrund* beiten aus der präparativen Chemie unterstützen, mit denen metallorganische Reagenzien für organische Synthesen genutzt werden. Das Auffinden neuer Möglichkeiten zur gezielten Durchführung chemischer Reaktionen gehört nach wie vor zu den wichtigsten Aufgaben des synthetisch arbeitenden Chemikers. Dafür steht ihm ein breites Arsenal bekannter Synthesemethoden zur Verfügung, mit dem bereits die Synthese höchst komplizierter Verbindungen – sowohl von Naturstoffen als auch von ganz neuen Molekülen – möglich ist. Der Einsatz von metallorganischen Reaktionen zur Erreichung des Syntheseziels hat in den letzten Jahren erheblich zugenommen, da hierbei gegenüber bisher bekannten Methoden zum Teil wesentliche Vorteile bestehen. Viele Reaktionen mit metallorganischen Reagenzien laufen bei niedrigen Reaktionstemperaturen und niedrigen Drücken ab, was einen vergleichsweise niedrigen Energieaufwand erfordert. Außerdem führen sie oft mit bemerkenswert hoher Selektivität zum gewünschten Produkt, wodurch sich aufwendige Reinigungsverfahren erübrigen und unerwünschte Nebenprodukte (z. B. auch Schadstoffe) gar nicht erst entstehen. Aufgrund der Tatsache, daß insbesondere die Übergangsmetalle in ihren Verbindungen und im Verlauf von Reaktionszyklen häufig in verschiedenen Oxidationsstufen vorliegen und durch eine Vielzahl äußerst unterschiedlicher Liganden komplexiert und damit in ihrem Reaktionsverhalten modifiziert und gesteuert werden können, sind sie ein vielseitiges Werkzeug, mit dem sehr gezielt chemische Reaktionen gelenkt werden können.

Thematik Die Thematik des Schwerpunktes ist zwischen den Teildisziplinen der Anorganischen Chemie und der Organischen Chemie angesiedelt. Zu ihrer erfolgreichen Bearbeitung sind Kenntnisse und Erfahrungen aus beiden Teildisziplinen notwendig, so daß die Stiftung Volkswagenwerk auch zu gemeinsamen Arbeiten anregen und solche Vorhaben, die bereits im Konzept die Zusammenarbeit zwischen Anorganikern und Organikern vorsehen, vorrangig fördern möchte.

Im Mittelpunkt des Schwerpunktes stehen Reagenzien, die Übergangsmetalle enthalten; daneben können auch Metalle der Hauptgruppen oder Halbmetalle berücksichtigt werden, soweit dabei über bekannte Anwendungen deutlich hinausgegangen wird. Der Einsatz metallorganischer Verbindungen kann an katalytischen oder auch stöchiometrischen Prozessen studiert werden. Das metallorganische Reagenz sollte jedoch in jedem Fall als synthetisches Hilfsmittel dienen, so daß das Metall im Zielmolekül gewöhnlich nicht enthalten ist. Die Hauptzielrichtung der zu fördernden Forschungsvorhaben sollte bei der gezielten Beeinflussung der Selektivität chemischer Reaktionen liegen. Daneben ist aber auch an die Entwicklung neuer Reaktionstypen sowie an physikalisch-metallorganische Untersuchungen gedacht (Einzelheiten der Thematik im Merkblatt 37).

Symposion zur *Schwerpunkt-* *Thematik* Um verstärkt zur Zusammenarbeit zwischen Anorganikern und Organikern zur Thematik des Schwerpunktes anzuregen, fand im Februar 1987 ein dreitägiges Symposion an der Universität Hamburg statt, das von Professor Dr. A. de Meijere, Institut für Organische Chemie, und Professor Dr. H. tom Dieck, Institut für Anorganische Chemie der Universität, vorbereitet wurde. Das wissenschaftliche Programm bestand aus insgesamt 17 Vorträgen, von denen fast die Hälfte von ausländischen Chemikern – überwiegend aus dem benachbarten Ausland – gehalten wurde; aus Übersee kamen Professor M. Semmelhack, Princeton/USA, und Professor H. Nozaki, Okayama/Japan. An jeden Vortrag schloß sich eine halbstündige Diskussion an. Die gemeinsame Unterbringung aller Teilnehmer im Elsa-Brandström-Haus verstärkte den intensiven Meinungsaustausch über die Grenzen der Teildisziplinen hinaus. In der Abschlußdiskussion wurde eine ähnliche Veranstaltung im Herbst 1988 an der Universität Würzburg vorgeschlagen, bei der dann über erste Ergebnisse der Schwerpunktförderung der Stiftung berichtet werden könnte.

Im Schwerpunkt können Forschungsprojekte mit mehrjährigen Lauf- *Förderungs-*
zeiten durch Vergabe von Personal- und Sachmitteln einschließlich *möglichkeiten*
Reisemitteln gefördert werden. Daneben bestehen Förderungsmöglichkeiten für die Veranstaltung von Symposien und Sommerschulen
(vgl. auch Symposienprogramm/Merkblatt 1).

1986/87 bewilligte Projekte

Universität Bonn, Institut für Organische Chemie und Biochemie (Prof. Dr. *Bonn*
F. Vögtle)
Helicale und planar-chirale Übergangsmetall(carbonyl)-Komplexe – und deren re-
gio- und stereoselektive Reaktionen

Technische Hochschule Darmstadt, Institut für Organische Chemie und Bio- *Darmstadt*
chemie (Prof. Dr. B. Giese)
Alkylkobaltkomplexe in der organischen Synthese

Universität Freiburg/Br., Institut für Anorganische und Analytische Chemie *Freiburg*
(Prof. Dr. H. Vahrenkamp)
Cluster-gesteuerte organische Umwandlungen

Universität Göttingen, Institut für Anorganische Chemie (Prof. Dr. U. Klin- *Göttingen*
gebiel)
Silaimine – Synthese und Reaktionen

Universität Heidelberg, Anorganisch-Chemisches Institut (Dr. U. Zenneck) *Heidelberg*
Reaktionen von hochreaktiven π-Übergangsmetallkomplexen mit ungesättigten
organischen Molekülen

Universität Heidelberg, Organisch-Chemisches Institut (Dr. W. Sander)
Thermolyse von Carbenoiden zur Darstellung gespannter cyclischer Allene und
Alkine

Universität Heidelberg, Organisch-Chemisches Institut (Prof. Dr. R. Gleiter) *Heidelberg*
und *und*
Universität Würzburg, Institut für Organische Chemie (Prof. Dr. G. Erker) *Würzburg*
Metallinduzierte C-H-Aktivierung

Universität Kaiserlautern, FB Chemie (Prof. Dr. C. G. Kreiter) *Kaiserslautern*
Selektive Verknüpfung einfacher, ungesättigter Kohlenwasserstoffe an Über-
gangsmetall-Komplexen

Universität Kaiserslautern, FB Chemie (Prof. Dr. M. Regitz) *Kaiserslautern*
und *und*
Max-Planck-Institut für Kohlenforschung, Mülheim (Priv.-Doz. Dr. P. Bin- *Mülheim*
ger)
Oligomerisierungsreaktionen von Phosphaalkinen mit Metallkomplexen

175

Universität Kiel, Institut für Organische Chemie (Prof. Dr. D. Hoppe)
und
Universität Göttingen, Institut für Anorganische Chemie (Prof. Dr. H. W. Roesky)
Synthese, Struktur und präparative Anwendungen asymmetrischer Titan- und Zirkon-Reagentien

Mainz   Universität Mainz, Institut für Organische Chemie (Prof. Dr. K. Müllen)
Reduktive Transformationen ungesättigter Kohlenwasserstoffe. Steuerung der Regio- und Stereoselektivität über die Ionenpaarstruktur der organometallischen Zwischenprodukte

Münster   Universität Münster, Organisch-Chemisches Institut (Prof. Dr. Th. Kauffmann)
Alkyl- und Carbenkomplexe von 4 d- und 5 d-Metallen als selektive Reagenzien in der organischen Synthese

Regensburg   Universität Regensburg, Institut für Anorganische Chemie (Prof. Dr. H. Brunner)
Enantioselektive Transfer-Hydrierungen mit Übergangsmetall-Katalysatoren

Tübingen   Universität Tübingen, Institut für Anorganische Chemie (Prof. Dr. U. Kunze)
Übergangsmetall-Komplexe in der organischen Synthese – Ligandensteuerung der Stereo- und Enantioselektivität

Würzburg   Universität Würzburg, Institut für Anorganische Chemie (Prof. Dr. U. Schubert)
Silylketene aus Carben-Komplexen

Universität Würzburg, Institut für Organische Chemie (Prof. Dr. G. Erker)
Neuartige Carbenkomplexe als Katalysatoren in der organischen Synthese

Merkblatt 24
S. 324 ff.

Mikrostrukturwissenschaft

Schwerpunkt seit 1980
Förderung insgesamt 41,2 Mio DM
im Jahre 1986: 6,8 Mio DM / 17 Bewilligungen

Thematik   Der Schwerpunkt soll zu einer verstärkten wissenschaftlichen Beschäftigung mit Festkörpern feinster Dimensionen anregen. Durch die schnelle Entwicklung, die die Halbleitertechnik in den letzten Jahren genommen hat, stehen Methoden und Werkzeuge zur Verfügung, mit denen immer kleinere Objekte auch in vielen anderen Wissensgebieten untersucht werden können. Dabei zeigt sich, daß sich die physikalischen und chemischen Eigenschaften fester Körper nur in gewissen Grenzen auf immer kleinere Körper übertragen lassen. Mit den heute verfügbaren Methoden kann man jedoch in Bereiche vorstoßen, die jenseits dieser Grenzen liegen und damit neue physikalische Effekte erwarten lassen. Beispielsweise wird der elektrische Widerstand eines metallischen Leiters mit extrem feinem Durchmesser nicht mehr durch das Ohmsche Gesetz beschrieben, sondern er folgt neuen Gesetzmäßigkeiten. Hier tut sich ein weites Feld für die Grundlagenforschung auf.

Im Rahmen des Schwerpunktes können Arbeiten aus dem Bereich der verschiedenen Ingenieurwissenschaften sowie Physik oder Chemie gefördert werden, die sich mit folgenden Themen befassen: *Förderungs-möglichkeiten*
- gezielte Herstellung von Mikrostrukturen
- neue Phänomene aufgrund der kleinen Dimensionen
- Materialien, von denen neuartige Eigenschaften im Mikrobereich zu erwarten sind.

Es können Forschungsprojekte sowie die Veranstaltung von Symposien und Sommerschulen (s. auch Symposienprogramm / Merkblatt 1) gefördert werden. Da im Bereich der Mikrostrukturwissenschaft mit teilweise sehr aufwendigen Apparaturen gearbeitet werden muß, ermutigt die Stiftung hier besonders zur Beantragung von Gemeinschaftsvorhaben zur verstärkten gemeinsamen Nutzung der Geräte – ganz abgesehen vom zusätzlichen wissenschaftlichen Ertrag.

Ein Förderungsbeispiel aus dem Berichtszeitraum ist auf Seite 87 ausführlicher dargestellt.

1986/87 bewilligte Projekte

Technische Universität Berlin, Optisches Institut (Prof. Dr.-Ing. H. Niedrig) und *Berlin*
Physikalisch-Technische Bundesanstalt, Institut Berlin (Dr. H. Koch)
Ionenstrahlätzverfahren zur Herstellung von supraleitenden, in Dünnschichtschaltungen integrierbaren Punktkontakten

Technische Universität Braunschweig, Institut für Halbleiterphysik und Optik (Prof. Dr. F. R. Kessler) *Braunschweig*
Optische Inhomogenität

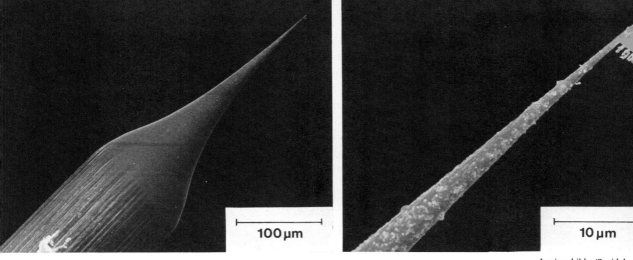

Institutsbilder/Speidel

Braunschweig   Technische Universität Braunschweig, Institut für Hochfrequenztechnik
(Forts.)   (Prof. Dr.-Ing. H.-G. Unger, Prof. Dr. K. J. Ebeling)
Nichtlineare integrierte Optik in strukturierten Wellenleitern aus III-V-Verbin-
dungen

Physikalisch-Technische Bundesanstalt, Laboratorium „Elektrisches Rau-
schen", Braunschweig (Dr. W. Kessel)
Synthetische Rauschquelle mit Josephson-Schaltern für Frequenzen bis 10 Giga-
hertz

Braunschweig   Physikalisch-Technische Bundesanstalt, Braunschweig (Dr. L. Bliek, Prof. Dr.
Paderborn   B. Kramer) in Zusammenarbeit mit der Universität – Gesamthochschule – Pa-
derborn (Prof. Dr. J.-M. Spaeth)
Quanten-Hall-Effekt in Halbleiter-Heterostrukturen

Clausthal   Technische Universität Clausthal, Institut für Schweißtechnik und Trennende Fertigungsverfahren (Prof. Dr.-Ing. U. Draugelates)
Abschluß des Vorhabens „Grundlegende Untersuchungen zum Einfluß ausgepräg-
ter Festkörper- und Oberflächeneigenschaften auf die Verbindungsbildung beim
Mikrofügen am Beispiel von Faserverbundfeinstdrähten"

Technische Universität Clausthal, Physikalisches Institut (Prof. Dr. E. Bauer)
Weiterführung des Projekts „Elektronische Struktur und Eigenschaften von me-
tallischen Überstrukturen"

Darmstadt   Gesellschaft für Schwerionenforschung mbH, Darmstadt (Prof. Dr. P. Arm-
bruster)
Weiterführung des Vorhabens „Struktur von latenten Kernspuren"

Göttingen   Universität Göttingen, Institut für Metallphysik (Prof. Dr. P. Haasen)
Untersuchung einzelner Korngrenzen in Halbleitern – insbesondere Germanium
– mittels der DLTS-Methode

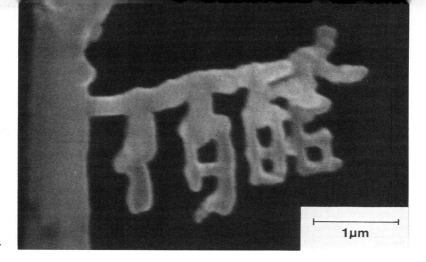

Erzeugung dreidimensionaler Mikro- und Submikrostrukturen am Institut für Angewandte Physik der Universität Tübingen (Prof. Dr. R. Speidel †). Die Jahreszahl 1986 wurde mit dem Elektronenstrahl an die Spitze einer Wolfram-Feldemissionskathode geschrieben (Schrifthöhe etwa 1 Mikrometer, Breite der Ziffern vor der Gold-Bedampfung 0,1 Mikrometer). Diese wohl kleinste bisher freitragend erzeugte Schrift ist ein eindrucksvolles Ergebnis des Projekts. (Bericht 1984/85, S. 142)

1 µm

Universität Hamburg, Institut für Angewandte Physik (Prof. Dr. J. Kötzler, Dr. G. Thummes) *Hamburg und*
und
Universität Münster, Institut für Angewandte Physik (Prof. Dr. H. H. Mende; † Januar 1987) *Münster*
Weiterführung des Vorhabens „Einfluß des Durchmessers und der Oberflächenbeschaffenheit auf die Temperaturabhängigkeit des spezifischen elektrischen Widerstandes einkristalliner Metallfäden bei tiefen Temperaturen"

Universität Hannover, Institut für Festkörperphysik (Prof. Dr. M. Henzler) *Hannover*
Weiterführung der „Untersuchung von Transportmechanismen und Transporteigenschaften in sehr dünnen Metall-Silicid-Schichten"

Universität Mainz, Institut für Organische Chemie (Prof. Dr. H. Meier) *Mainz*
Weiterführung des Projekts „Verknüpfung von Polymerketten durch Photofragmentierung von 1,2,3-Thiadiazolringen (Photolacke)"

Max-Planck-Institut für Quantenoptik, Garching (Prof. Dr. K. H. Gundlach) *München/*
Arbeitstreffen „Kryoelektronische Bauelemente" *Garching*

Universität – Gesamthochschule – Paderborn, Experimentalphysik (Prof. Dr. J.-M. Spaeth) in Zusammenarbeit mit der Physikalisch-Technischen Bundesanstalt, Braunschweig *Paderborn Braunschweig*
Untersuchung von Galliumarsenid und Galliumarsenid/Galliumaluminiumarsenid-Heterostrukturen auf Verunreinigung und intrinsische Defekte mit Hilfe von magnetischer Resonanz

Universität Regensburg, Institut für Physik II, Festkörperphysik (Prof. Dr. W. Gebhardt) *Regensburg*
Aufbau einer MOCVD-Apparatur zur Herstellung von Mono- und Heteroschichten von II-VI-Halbleitern und semimagnetischen Halbleitern

Stuttgart Universität Stuttgart, Physikalisches Institut, Teilinstitut 1 (Prof. Dr. W. Eisenmenger)
Weiterführung des Vorhabens „Eigenschaften von Supraleiter-Dünnschicht-Tunnelkontakten als Generator und Detektor für akustische Phononen"

Tübingen Universität Tübingen, Lehrstuhl für Experimentalphysik II (Prof. Dr. R. P. Hübener)
Weiterführung des Vorhabens „Tieftemperatur-Elektronenrastermikroskopie an supraleitenden Mikrobrücken"

Informations-schrift S. 362 ff. # Partnerschaft mit ingenieur- und naturwissenschaftlichen Instituten im Ausland

Schwerpunkt seit 1979
Förderung insgesamt 21 Mio DM
im Jahre 1986: 4,2 Mio DM / 63 Vorhaben (mit Nachbewilligungen)

Zusätzliche Auslands-förderung Der Schwerpunkt hat das Ziel, die Zusammenarbeit von ausländischen und deutschen Wissenschaftlern im Bereich der Ingenieur- und Naturwissenschaften und damit zugleich die Auslandsförderung der Stiftung in diesem Bereich zu verstärken. Als Ansatzpunkt dafür sollen die zahlreichen persönlichen Kontakte zwischen Wissenschaftlern in der Bundesrepublik Deutschland und im Ausland dienen, die zum Beispiel durch Ausbildung oder Forschungsaufenthalte ausländischer Wissenschaftler in der Bundesrepublik entstanden sind. Die Stiftung Volkswagenwerk will mit dem Schwerpunkt dazu beitragen, solche Kontakte besonders zu Ländern mit sich entwickelnden Wissenschaftsstrukturen zu fördern. Gerade in diesen Ländern bestehen oft aus Mangel an wissenschaftlicher Infrastruktur ebenso wie durch Fehlen von Devisen für den Ankauf von Geräten aus dem Ausland keine ausreichenden Forschungsmöglichkeiten – speziell in den Ingenieur- und Naturwissenschaften.

Angesprochene Regionen Der Schwerpunkt gibt deshalb Wissenschaftlern in den südeuropäischen und Mittelmeerländern

- Griechenland, Portugal, Spanien
- Ägypten, Türkei

sowie in Ländern mit sich entwickelnden Wissenschaftsstrukturen in

- Afrika, Asien, Lateinamerika

die Möglichkeit, Forschungsarbeiten unter Mitwirkung von Kollegen aus der Bundesrepublik Deutschland und mit materieller Hilfe der Stiftung durchzuführen. Für die Zusammenarbeit mit Wissenschaftlern in der Volksrepublik China wurde 1986 ein eigenes China-Programm entwickelt (S. 238 ff.).

Im Gegensatz zu anderen Schwerpunkten der Stiftung ist das Partnerschaftsprogramm thematisch breit ausgelegt. Anträge können aus allen Bereichen von Ingenieurwissenschaften und Naturwissenschaften (einschließlich der theoretischen Medizin) gestellt werden. Innerhalb dieses Rahmens liegt die Auswahl der Themen bei den beteiligten Wissenschaftlern. Projekte mit eindeutig entwicklungspolitischem Bezug sollten jedoch über die bei anderen Organisationen bestehenden Programme beantragt werden. *Thematik*

Der besondere Akzent der Förderung liegt in der Hilfe für den ausländischen Partner, etwa durch Finanzierung eines (mittleren) Gerätes oder von laufenden Sachmitteln (z. B. für spezielle Teile, die für ein Experiment benötigt werden und hier leicht zu besorgen sind, deren Beschaffung in den Partnerländern für den einzelnen Wissenschaftler jedoch oft ein kaum lösbares Problem darstellt). Wiederkehrende gegenseitige Besuche zur Unterstützung des wissenschaftlichen Informationsaustausches werden als Basis für die Partnerschaft angesehen, entsprechende Mittel können daher ebenfalls beantragt werden. *Förderungs-möglichkeiten*
Die Mittel sind in erster Linie für den ausländischen Partner bestimmt, sie werden aber an das deutsche Institut bewilligt und von diesem verwaltet. Partnerschaftsvorhaben können bei einer Laufzeit von zwei bis drei Jahren mit Mitteln bis zu 100 000 DM gefördert werden. Eine Verlängerung auf maximal fünf Jahre ist möglich.

Nähere Einzelheiten über die Antragstellung sind in einer deutsch-englisch abgefaßten Informationsschrift enthalten, die bei der Geschäftsstelle der Stiftung angefordert werden kann (s. auch auszugsweise Abdruck im Anhang). *Informations-schrift*

Fast 300 Vorhaben konnten in den sieben Jahren der Schwerpunktförderung unterstützt werden. Die geförderten Projekte stammen aus allen Bereichen der Natur- und Ingenieurwissenschaften einschließlich der theoretischen Medizin, wobei in jährlich wechselnder Reihenfolge allgemein eine gewisse Konzentration auf Chemie, Bio- und Geowissenschaften festzustellen ist. Alle mit dem Schwerpunkt *Bisherige Förderung*

Mapa físico y político de la
República de Venezuela
1 : 2 000 000

LAGO
DE
MARACAIBO

100 km

GEOTRAVERSE VENEZOLANISCHE ANDEN
meridionale Lotabweichungskomponente
Lotabweichungsstation

1 : 100 000   5 Km

An einem breit angelegten Gemeinschaftsprojekt „Geotraverse Venezolanische Anden", mit dem Bewegungen der Erdkruste in einem ausgewählten Bereich der karibisch-südamerikanischen Plattengrenze bestimmt werden sollen, sind zwei deutsche und drei venezolanische wissenschaftliche Institutionen beteiligt (Stuttgart, Hannover, Maracaibo, Merida, Caracas). Die Karten zeigen das Untersuchungsgebiet mit der tektonisch aktiven Boconó-Verwerfung mit Meßergebnissen der Lotabweichung (oben). Unten rechts eine Meßstation in 4150 m Höhe mit einem für Wiederholungsmessungen dauerhaft durch Betonpfeiler vermarkten Beobachtungspunkt, vor dem eine Meßstation mit Stativ für ein astronomisches Gerät und ein Schutzzelt aufgebaut werden. Unten links: transportable Zenitkamera (Teleobjektiv 1 m Brennweite) zur Messung der Lotrichtung; die Kamera wurde am Institut für Erdmessung der Universität Hannover speziell für dieses Projekt entwickelt und gebaut. (Bericht 1984/85, S. 152; Bericht 1981/82, S. 136)

angesprochenen geographischen Regionen sind vertreten. Die meisten Partnerschaftsvorhaben wurden für Projekte in Lateinamerika und Asien beantragt, gefolgt von Südeuropa, den Mittelmeerländern und Afrika. Von den 1986 bewilligten Mitteln waren 3,7 Millionen DM (88%) für die ausländischen Partnerinstitute bestimmt.

1986/87 bewilligte Projekte*

Universität Bayreuth, Physikalische Chemie I (Prof. Dr. H. Hoffmann) mit Universidade de São Paulo, Instituto de Química (Prof. Dr. O. A. El Seoud)
Reaktionen und Wechselwirkungen in Mizellen und in Mikroemulsionen

Bayreuth São Paulo/ Brasilien

Technische Universität Berlin, Institut für Geologie und Paläontologie (Dr. G. Matheis) mit Somali National University, Faculty of Geology, Mogadishu (Prof. Dr. Ibrahim Hersi Aden)
Genese und Lagerstättenpotential der Hargeisa-Berbera Pegmatitprovinz in Nord-Somalia

Berlin Mogadishu/ Somalia

Freie Universität Berlin, Institut für Allgemeine Hygiene (Prof. Dr. H. Rüden) mit Yonsei University, College of Medicine, Institute for Environmental Research, Seoul (Prof. Dr. Yong Chung)
Physikalische, chemische und biologische Charakterisierung des Stadtaerosols im Vergleich von Schwebstaubprofilen zwischen Seoul und Berlin

Berlin Seoul/ Südkorea

Technische Universität Berlin, Institut für Angewandte Geophysik, Petrologie und Lagerstättenforschung (Prof. Dr. J. Behrens) mit Korea Institute of Energy and Resources, Geophysical Research Division, Seoul (Dr. Jung-Yul Kim)
Modellseismische Untersuchungen zum Problem der Erkennbarkeit tektonisch verformter Kohleformationen am Beispiel der Kangreung-Kohlelagerstätten, Korea

Universität Bielefeld, Physikalische Chemie II (Prof. Dr. W. Knoche) mit Universität Santiago de Compostela, Physikalische Chemie (Prof. Dr. M. A. Lopez-Quintela)
Diffusionskontrollierte Reaktionen in Mikroemulsionen

Bielefeld Santiago de Compostela/ Spanien

Universität Bochum, Lehrstuhl für Physikalische Chemie II (Prof. Dr. G. M. Schneider) mit Instituto Superior Técnico, Centro de Quimica Estrutual, Lissabon (Prof. J. C. G. Calado, Ph. D.)
Thermodynamische Eigenschaften von Isotopen-Mischungen

Bochum Lissabon/ Portugal

---

* Ohne 9 Projekte, die nach Einrichtung des China-Programms dort geführt werden.

Institutsbilder

183

Bonn *Athen/* *Griechenland*	Universität Bonn, Institut für Ökonometrie und Operations Research (Prof. Dr. B. Korte)
	mit National Technical University of Athens, Division of Computer Science (Prof. Dr. C. H. Papadimitriou)
	Combinatorial Optimization and Computer Science: Problems in the Interface

Bonn
Bursa/
Türkei

Universität Bonn, Institut für Obstbau und Gemüsebau (Prof. Dr. J. Henze)

mit Uludag Üniversitesi, Bursa (Prof. Dr. A. Eris)

Veränderungen im Gehalt an qualitätsrelevanten Inhaltsstoffen bei exportgeeigneten Gemüsearten während der Lagerung und des Transportes

Bonn
Concepción/
Chile

Universität Bonn, Institut für Organische Chemie und Biochemie (Prof. Dr. W. Steglich)

mit Universidad de Concepción, Facultad de Ciencias Biologicas y de Recursos Naturales (Prof. Dr. M. Silva)

Chemische und biologische Studien der Compositen Chiles

Bonn
Lissabon/
Portugal

Universität Bonn, Institut für Strahlen- und Kernphysik (Prof. Dr. E. Bodenstedt)

mit Universidade de Lisboa, Centro de Física Nuclear (Prof. Dr. J. C. Soares)

Weiterführung des Vorhabens „Fremdatome in Metallen"

Bonn
Thessaloniki/
Griechenland

Universität Bonn, Zoologisches Institut (Prof. Dr. H. Schneider)

mit University of Thessaloniki, Department of Zoology (Prof. Dr. Theodora S. Sofianidou)

Taxonomie und Faunistik der Wasserfrösche Griechenlands

Braunschweig
Seoul/
Südkorea

Biologische Bundesanstalt für Land- und Forstwirtschaft, Institut für Biochemie, Braunschweig (Prof. Dr. H. Stegemann)

mit Korea University, Department of Plant Protection, Seoul (Prof. Dr. Won Mok Park)

Glycoproteine als Signale in fleckenkrankem Reis

Dortmund
Daejeon/
Südkorea

Universität Dortmund, FB Chemietechnik, Lehrstuhl für Technische Chemie B (Prof. Dr. U. Onken)

mit Chungnam National University, Daeduk Science Town, Department of Chemical Engineering, Daejeon (Prof. Dr. S. K. Ryu)

Fermentation mit immobilisierten Zellen

Düsseldorf
Porto Alegre/
Brasilien

Verein Deutscher Gießereifachleute, Düsseldorf (Dipl.-Ing. K. Gollnow, U. Kleinheyer)

mit Bundesuniversität Rio Grande do Sul, Porto Alegre (Prof. Dr. E. Suscynski, Dipl.-Ing. S. Chatterjee und Prof. Dr. A. Müller)

Fortsetzung der Untersuchung brasilianischer Gießereisande

Duisburg
Madrid/
Spanien

Universität – Gesamthochschule – Duisburg, FB Elektrotechnik, Fachgebiet Werkstoffe der Elektrotechnik (Prof. Dr.-Ing. E. Kubalek)

mit Universidad Complutense, Departamento de Física del Estado Solido, Madrid (Prof. Dr. J. Piqueras)

Defektcharakterisierung mit Elektronakustischer Rastermikroskopie

184

Universität Erlangen-Nürnberg, Institut für Werkstoffwissenschaften (Prof. Dr. H. Kaesche)

mit Federal University of Rio de Janeiro, Coordination of Postgraduate Programmes in Engineering/COPPE (Prof. Dr. W. Losch)

Untersuchungen der Zusammensetzung von Korngrenzensäumen in AlZnMg-Legierungen

Erlangen Rio de Janeiro/ Brasilien

DECHEMA – Deutsche Gesellschaft für chemisches Apparatewesen e. V., Frankfurt/M. (Prof. Dr. E. Heitz, Prof. Dr. G. Kreysa)

mit Universidad de la Plata, Instituto de Investigaciones Fisicoquímicas Teóricas y Aplicadas (Prof. Dr. A. J. Arvia, Prof. Dr. W. Triaca)

und Universidad del Litoral, Programa de Electroquímica Aplicada e Ingeniería Electroquímica, Santa Fé (Prof. Dr. E. A. Lombardo)

Wasserstoff-Technologie

Frankfurt La Plata Santa Fé/ Argentinien

Universität Frankfurt/M., Institut für Kernphysik (Prof. Dr. K. Bethge)

mit Aristotelian University of Thessaloniki, Department of General and Inorganic Chemistry (Prof. Dr. P. Misaelides)

Materialanalysen mit kernphysikalischen Methoden

Frankfurt Thessaloniki/ Griechenland

Universität Freiburg/Br., Institut für Biologie II, Mikrobiologie (Prof. Dr. G. Drews)

mit Universidad Nacional Mar del Plata, Instituto de Investigaciones Biológicas (Prof. Dr. A. F. García)

Molekulare Regulationsmechanismen bei der Anpassung phototropher Bakterien an verschiedene Umweltparameter

Freiburg Mar del Plata/ Argentinien

Universität Göttingen, Institut für Physikalische Chemie (Prof. Dr. J. Troe)

mit Universidad Nacional de La Plata, Instituto de Investigaciones Fisicoquímicas Teóricas y Aplicadas (Prof. Dr. E. San Roman)

Chemische und kinetische Eigenschaften transienter Spezies in ausgewählten Gasreaktionen

Göttingen La Plata/ Argentinien

Universität Hamburg, Institut für Organische Chemie und Biochemie (Prof. Dr. A. de Meijere)

mit Universidade Estadual de Campinas, Instituto de Química (Prof. Dr. U. Schuchardt)

Ringöffnende Umsetzungen neuer ungesättigter Dreiringverbindungen an Übergangsmetallkomplexen

Hamburg Campinas/ Brasilien

Universität Hannover, Institut für Grundbau, Bodenmechanik und Energiewasserbau (Prof. Dr.-Ing. V. Rizkallah) und Institut für Verkehrswesen, Eisenbahnbau und -betrieb (Prof. Dr. R. Kracke)

mit Alexandria University, Structure Engineering Department of Soil Mechanics and Foundations (Prof. Dr. A. Barakat) und Transportation Department (Doz. Dr.-Ing. A. M. Hassan)

Bodenmechanische Untersuchungen im Zusammenhang mit der Planung für ein öffentliches Stadtschnellverkehrssystem in Alexandria

Hannover Alexandria/ Ägypten

Hannover *Kairo/* *Ägypten*	Universität Hannover, Institut für Umformtechnik und Umformmaschinen (Prof. Dr.-Ing. E. Doege) mit Cairo University, Department for Mechanical Design and Production (Prof. Dr.-Ing. M. S. Ragab) *Optimierung der Reibpartner beim Abstreckziehen von zylindrischen Hohlkörpern mit Boden*
Hannover *Santa Maria* *Rio Grande* *do Sul/* *Brasilien*	Tierärztliche Hochschule Hannover, Chemisches Institut (Prof. Dr. G. Habermehl) mit Universidade Federal de Santa Maria, Departamento de Patologia (Prof. Dr. S. S. de Barros) und Universidade Federal de Pelotas, Rio Grande do Sul (Prof. Dr. F. R. Correa) *Untersuchung veterinär-pathologisch interessanter Giftpflanzen Brasiliens*
Jülich *Heraklion/* *Griechenland*	Kernforschungsanlage Jülich GmbH, Institut für Festkörperforschung (Prof. Dr. K. Kehr) mit Universität von Kreta, Department für Physik, Heraklion (Prof. Dr. P. Argyrakis) *Diffusion in heterogenen Festkörpersystemen*
Karlsruhe *München-* *Neuherberg* *Athen/* *Griechenland*	Universität Karlsruhe, Lehrstuhl für Angewandte Geologie (Prof. Dr. H. Hötzl) in Zusammenarbeit mit dem Institut für Radiohydrometrie der Gesellschaft für Strahlen- und Umweltforschung München, Neuherberg mit Institut für Geologie und Mineralexploration, Athen (Dr. A. C. Dounas) *Abschluß des Vorhabens „Karsthydrologie des zentralen und nordöstlichen Peloponnes"*
Karlsruhe *Bahia Blanca/* *Argentinien*	Universität Karlsruhe, Institut für Physikalische Chemie und Elektrochemie (Prof. Dr. W. J. Lorenz) mit Universidad del Sur, Laboratorio de Ingeniería Electroquímica, Bahia Blanca (Prof. Dr. C. Mayer) *Dynamische Systemanalyse elektrochemischer Systeme*
Karlsruhe *Lagos/* *Nigeria*	Universität Karlsruhe, Institut für Hydromechanik (Prof. Dr. W. Rodi) mit University of Lagos, Faculty of Engineering, Engineering Analysis Unit (Dr. A. O. Demuren) *Entwicklung eines Modells zur Berechnung des Sedimenttransports in mäandrierenden Flüssen*
Karlsruhe *Linares/* *Mexiko*	Universität Karlsruhe, Institut für Petrographie und Geochemie (Prof. Dr. H. Puchelt) mit Universidad Autónoma de Nuevo León, Facultad de Ciencias de la Tierra, Linares (Prof. Dr. H.-W. Hubberten, Dr. J. Helenes Escamilla, Dr. J. M. Barbarin Castillo) *Einführung der energiedispersiven Röntgenfluoreszenz in die geowissenschaftliche Forschung Mexikos*

Universität Karlsruhe, Mineralogisches Institut (Prof. Dr. E. Althaus) mit Mansoura University, Faculty of Science (Prof. Dr. M. El-Essawy)
Fluide Phasen im präkambrischen Grundgebirge des Sinai

*Karlsruhe
Mansoura/
Ägypten*

Bundesanstalt für Milchforschung, Institut für Verfahrenstechnik, Kiel (Prof. Dr.-Ing. H. Reuter) mit National Dairy Research Institute, Karnal (Dr. S. K. Gupta, Dr. R. S. Patel, Dr. V. K. Gupta)
Technologische Aspekte bei der Anwendung der Ultrafiltration auf Büffelmilch

*Kiel
Karnal/
Indien*

Universität Konstanz, Fakultät für Biologie (Prof. Dr. W. Hofer) mit Universidad de Chile, Facultad de Ciencias, Departamento de Biología, Santiago (Prof. Dr. T. Ureta)
Kompartmentierung und Differenzierung des Glucosestoffwechsels in Frosch-Oocyten

*Konstanz
Santiago/
Chile*

Universität Mainz, Anatomisches Institut (Prof. Dr. L. Vollrath) mit Centro de Estudios Farmacológicos y de Principios Naturales, Buenos Aires (Dr. D. Cardinali)
Über die nichtadrenerge Regulation der Melatoninsekretion bei Mensch, Rind und Ratte

*Mainz
Buenos Aires/
Argentinien*

Max-Planck-Institut für Polymerforschung, Mainz (Prof. Dr. E. W. Fischer) mit Forschungszentrum Kreta und Abt. für Chemie der Universität Kreta, Heraklion (Dr. G. Fytas)
Orientational Order and Dynamics in Polymeric Systems using Depolarized Laser Light Scattering

*Mainz
Heraklion/
Griechenland*

Universität Marburg, Institut für Pharmazeutische Biologie (Prof. Dr. J. Hölzl) mit Universität Kairo, Landwirtschaftliche Fakultät, Lehrstuhl für Pflanzenzüchtung (Prof. Dr. A. F. Ibrahim und Prof. Dr. A. A. Kahndil, Prof. Dr. E. O. Aboustet, Prof. Dr. A. N. Shraan / Agronomy Dept.)
Untersuchungen über Qualitätseigenschaften und Abbauwürdigkeit verschiedener Lupinenformen in Ägypten

*Marburg
Kairo/
Ägypten*

Max-Planck-Institut für Strahlenchemie, Mülheim (Prof. Dr. Silvia E. Braslavsky) mit Universidad de Buenos Aires, Facultad de Ciencias Exactas y Naturales, Departamento de Química Inorgánica, Analítica y Química Física (Dr. Lelia E. Dicelio, Dr. E. A. San Román)
Die Herstellung von Singuletsauerstoff mit Hilfe von Phthalocyaninen als Sensibilisatoren im homogenen und mikroheterogenen Medium. Die Photooxidation von Phthalocyaninen

*Mülheim
Buenos Aires/
Argentinien*

München- *Neubiberg*	Universität der Bundeswehr München, Institut für Physik, Neubiberg (Prof. Dr. B. Bullemer, Dr.-Ing. H.-D. Ließ)
Bangkok/ *Thailand*	mit Chulalongkorn University, Semiconductor Device Research Laboratory, Electrical Engineering Department, Bangkok (Prof. Dr. S. Panyakeow) *Solarzellen mit amorph-kristalliner Grenzfläche*
München *Lissabon/* *Portugal*	Technische Universität München, Lehrstuhl für Pflanzenbau und Pflanzenzüchtung (Prof. Dr. F. J. Zeller) mit Universidade Técnica de Lisboa, Instituto de Agronomia (Prof. Dr. Wanda S. Viegas) *Einführung von Roggenchromatinsegmenten in tetraploiden Weizen. Merkmale des Erkennungssystems für die Chromosomenpaarung*
München *Santiago/* *Chile*	Universität München, Institut für Astronomie und Astrophysik (Prof. Dr. R. P. Kudritzki) mit Catholic University of Chile, Astronomy Group, Faculty of Physics, Santiago (Prof. Dr. H. Quintana, Prof. Dr. N. Vogt) *Aufbau eines interaktiven Bildverarbeitungssystems zur Anwendung in stellarer und extragalaktischer Astronomie*
München *Thessaloniki/* *Griechenland*	Universität München, Genzentrum, Laboratorium für Molekulare Biologie (Dr. H. Domdey) mit Aristotelian University of Thessaloniki, Laboratory of General Biology (Prof. Dr. C. Kastritsis) *Molekulare Struktur und Expression der Balbiani Ringe und anderer sich wiederholender Regionen im Genom von Drosophila auraria*
München *Valdivia/* *Chile*	Universität München, Max von Pettenkofer-Institut für Hygiene und Medizinische Mikrobiologie (Prof. Dr. G. Frösner) gemeinsam mit Prof. Dr. V. Hochstein-Mintzel, Oberschleißheim mit Universidad Austral de Chile, Instituto de Microbiología, Valdivia (Prof. Dr. G. Reinhardt, Dr. Stella Riedemann Gonzales) *Untersuchungen zur Konzentration und Persistenz von Hepatitis A Virus in Muscheln. Studien zur Ätiologie und Prognose der Virushepatitis in Südchile*
Stuttgart *Zaragoza/* *Spanien*	Universität Stuttgart, Institut für Geologie und Paläontologie (Prof. Dr. O. F. Geyer) mit Universidad de Zaragoza, Facultad de Ciencias, Departamento de Paleontología (Prof. Dr. G. Meléndez Hevia) *Spongienfazies im Mittel- und Oberjura von Spanien*
Würzburg *Niamey/* *Niger*	Universität Würzburg, Geographisches Institut (Dr. E. Schulz) mit Université de Niamey, Faculté des Lettres (Dr. A. Adamou) *Vegetation des Air-Gebirges (Nord-Niger) und ihre traditionelle Nutzung*
Würzburg *São Paulo/* *Brasilien*	Universität Würzburg, Institut für Organische Chemie (Prof. Dr. W. Adam) mit Universidade de São Paulo, Departamento de Bioquímica (Prof. Dr. G. Cilento) *Weiterführung des Vorhabens „Die chemische und biologische Erzeugung von elektronisch angeregten Zuständen"*

Mathematische und Theoretische Grundlagen in den Ingenieurwissenschaften (beendet Juni 1987)

Schwerpunkt 1971 – Juni 1987
Förderung insgesamt 91,6 Mio DM
im Jahre 1986: 10,8 Mio DM / 48 Vorhaben (mit Nachbewilligungen)

Nach sechzehnjähriger Förderung wurde dieser Schwerpunkt, der für alle ingenieurwissenschaftlichen Disziplinen offen war, im Juni 1987 beendet. Er gehört zu den Schwerpunkten mit der längsten Laufzeit und dem größten Förderungsvolumen, auch hinsichtlich der Anzahl von insgesamt über 300 Bewilligungen. Es sollten vor allem solche Vorhaben gefördert werden, die neue grundlegende Ansätze zum theoretischen Verständnis ingenieurwissenschaftlicher Problemstellungen verfolgen oder neue Wege beschreiten, um Probleme der ingenieurwissenschaftlichen Praxis theoretisch zu erfassen und für sie zum Beispiel exaktere Berechnungsmethoden oder Analogiemodelle zu entwickeln.

Beendigung Juni 1987

In den Anfangsjahren wurde der Schwerpunkt am stärksten von den Bauingenieuren beansprucht. Dies hing wohl damit zusammen, daß in diesem Bereich Drittmittel aus der Industrie schwerer einzuwerben waren. Außerdem interessierte sich die jüngere Generation der Wissenschaftler in stärkerem Umfang für eine tiefere Durchdringung der theoretischen Grundlagen des eigenen Fachgebietes. Besonders deutlich zeigte sich dies im Wasserbau, vor allem bei aus dem Ausland zurückkehrenden Hochschullehrern. Von Anfang an waren auch werkstoffwissenschaftliche Vorhaben im Schwerpunkt vertreten. Auch in finanzieller Hinsicht herausragend war hier die Bewilligung einer Zugprüfmaschine für Arbeiten auf dem Gebiet der Sprödbruchforschung für das Institut für Eisenhüttenkunde der Technischen Hochschule Aachen (Prof. Dahl/1972). Der Maschinenbau allgemein „entdeckte" den Schwerpunkt eher in der zweiten Hälfte der siebziger Jahre, während die Elektrotechnik verständlicherweise wenig vertreten ist, da ihre Gegenstände von der Theorie her, die vielfach direkt auf der Physik aufbaut, schon von jeher recht gut beschreibbar waren.
In den letzten Jahren zeigte sich eine vielversprechende Entwicklung in Form von fach- (oft auch orts-)übergreifenden Gemeinschaftsprojekten, an denen zum Teil mehrere und auch unterschiedlich ausgerichtete Arbeitsgruppen beteiligt sind. Diese Entwicklung will die

Förderungsrückblick

Stiftung Volkswagenwerk aufgreifen und verstärken, wenn sie mit Beendigung dieses Schwerpunktes gleichzeitig einen neuen für „Fachübergreifende Gemeinschaftsprojekte in den Ingenieurwissenschaften" einrichtet (S. 195 f.).

Ein Gemeinschaftsvorhaben, das im Berichtszeitraum bewilligt wurde, ist auf Seite 88 f. ausführlicher dargestellt.

1986/87 bewilligte Projekte

Aachen Technische Hochschule Aachen, Institut für Regelungstechnik (Prof. Dr.-Ing. H. Rake)
Petri-Netze für Entwurf und Untersuchung komplexer Steuerungssysteme

Technische Hochschule Aachen, Laboratorium für Werkzeugmaschinen und Betriebslehre (Prof. Dr.-Ing. T. Pfeiffer)
Mathematische Untersuchungen der Ausgleichsrechnung zur Bestimmung der Kenngrößen von geometrischen Grundelementen in der Koordinatenmeßtechnik

Technische Hochschule Aachen, Lehrstuhl für Produktionssystematik (Prof. Dr.-Ing. W. Eversheim)
Entwicklung eines problemorientierten Programmsystems für die graphisch-interaktive Simulation von Fertigungssystemen

Technische Hochschule Aachen, Lehrstuhl und Institut für Wasserbau und Wasserwirtschaft (Prof. Dr.-Ing. G. Rouvé)
Entwicklung eines mathematisch-numerischen Verfahrens zur Erfassung der Kavitationsgefahr im konstruktiven Wasserbau

Technische Hochschule Aachen, Lehrstuhl für Werkzeugmaschinen (Prof. Dr.-Ing. M. Weck)
Entwicklung eines Netzwerkgenerators zur automatischen Netzwerkgenerierung vorgegebener Geometrien
Untersuchung der Einsatzmöglichkeiten von Multigrid Methoden in der Finite Elemente Dynamikberechnung

Technische Hochschule Aachen, Verkehrswissenschaftliches Institut (Prof. Dr.-Ing. W. Schwanhäußer)
CAD-gestütztes Planungsverfahren im Eisenbahnwesen

Berlin Technische Universität Berlin, Institut für Schiffs- und Meerestechnik (Prof. Dr.-Ing. G. Clauss)
Weiterführung des Vorhabens „Entwicklung von Berechnungsmethoden zur Analyse der Pipelinedynamik beim Verlegen in tiefem Wasser"

Berlin und Haifa/Israel Technische Universität Berlin, FB 10, Institut für Thermodynamik und Anlagentechnik (Prof. Dr. H. Knapp)
und
Technion – Israel Institute of Technology, Chemical Engineering Department, Haifa (Prof. E. Kehat)
Consistent Binary Interaction Parameters for Liquid-Liquid Equilibrium

Am Lehrstuhl B für Verfahrenstechnik der Technischen Universität München (Prof. Dr.-Ing. A. Mersmann) werden Wachstums- und Keimbildungsdispersion am Beispiel der Kristallisation aus Lösungen erforscht. Damit sollen bessere Kenntnisse über die Auslegung von Kristallisatoren, wie sie in der Industrie zur Auskristallisation von Salzen, Zucker, Düngemitteln und vielen chemischen Produkten zum Einsatz kommen, erarbeitet werden – zum Beispiel zur Frage einer individuellen Wachstumsgeschwindigkeit bestimmter Kristalle. Das Bild zeigt die Untersuchung von Wachstumsdispersion am Beispiel von Kalialaunkristallen mittels Laserbeugungsspektrometer. (Bericht 1985/86, S. 177)

Foto Siebahn

190

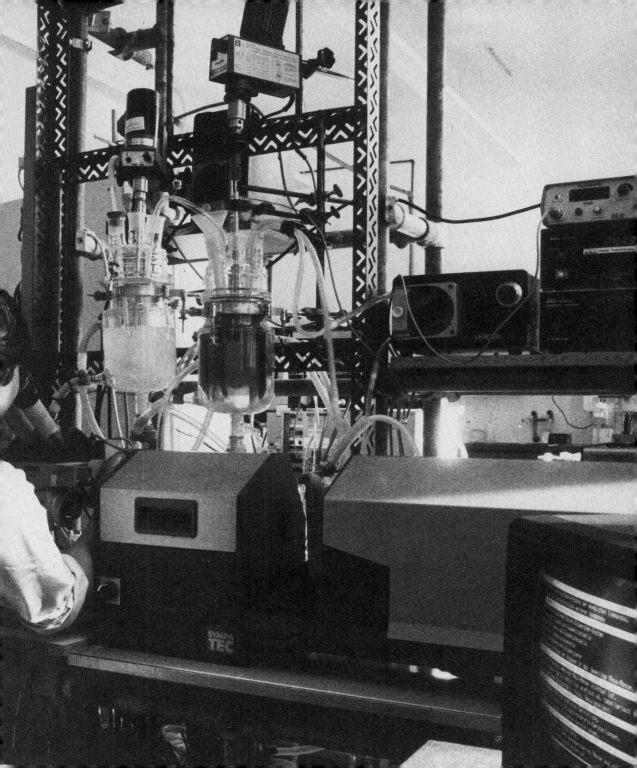

Bochum Universität Bochum, Arbeitsgruppe Dampf- und Gasturbinen (Prof. Dr.-Ing. H. Pfost)
Theoretische Ermittlung der Zweiphasenströmung in Vormisch-/Vorverdampfungsstrecken von Gasturbinenbrennkammern und deren experimentelle Überprüfung

Universität Bochum, Institut für Konstruktionstechnik, Maschinenelemente und Getriebetechnik (Prof. Dr.-Ing. F. Jarchow)
Weiterentwicklung der Theorie zur Ermittlung von Herzschen Drücken, Schmierspalthöhen und Wirkungsgraden in Verzahnungen von Schneckentrieben

192

Um bei der Stahlerzeugung den Gehalt an unerwünschten Begleitelementen weiter abzusenken, ist es erforderlich, die bestehenden technischen Verfahren nachhaltig zu verbessern. Zur Erweiterung des Grundlagenwissens über die strömungstechnischen Abläufe in metallurgischen Gefäßen bei Vorhandensein einer zweiten, spezifisch leichteren, unlöslichen Flüssigphase werden gezielte Versuche im Institut für Industrieofenbau und Wärmetechnik im Hüttenwesen der Technischen Hochschule Aachen (Prof. Dr.-Ing. H. Wilhelmi) durchgeführt. Ziel des Projekts ist die mathematische Beschreibung der Durchmischungsvorgänge in Reaktoren für metallurgische Prozesse. Das Bild zeigt Versuche mit einem wassergefüllten Plexiglaszylinder, dem eigentlichen Meßraum, der aus optischen Gründen in einem rechteckigen wassergefüllten Aquarium steht. Die auszubildende Strömung im Modellzylinder wird durch einen von unten eingebrachten Blasstrahl erzeugt. Links sieht man den Laserstrahl für die Laser-Doppler-Anemometrie zur Ermittlung der Geschwindigkeitsfelder. (Bericht 1985/86, S. 180; 1983/84, S. 158)

Universität Bremen, Forschungsschwerpunkt Dynamische Systeme (Prof. Dr. D. Hinrichsen, Prof. Dr. G. Ludyk)   *Bremen*
Global stabilisierende adaptive Regler

Technische Universität Clausthal, Institut für Chemische Technologie und Brennstofftechnik (Prof. Dr.-Ing. U. Hoffmann)   *Clausthal*
Automatisierung einer Druck-Mikro-Puls-Reaktor-Anlage für das schnelle Katalysatorscreening für die Niederdruck-Methanol-Synthese

Universität – Gesamthochschule – Duisburg, FB7 – Maschinenbau, Meß-, Steuer- und Regelungstechnik (Prof. Dr.-Ing. H. Schwarz)   *Duisburg*
Mathematische Realisierung bilinearer Systeme

FernUniversität – Gesamthochschule – Hagen, Arbeitsbereich Allgemeine und Theoretische Elektrotechnik (Prof. Dr.-Ing. R. Pregla)   *Hagen*
Mathematische Modellbildung von Elementen und Schaltungsteilen der Mikroelektronik

Technische Universität Hamburg-Harburg, Arbeitsbereich Hochfrequenztechnik (Prof. Dr. K. Schünemann)   *Hamburg-Harburg*
Eindeutige Charakterisierung der Eigenwellen geschirmter planarer Hochfrequenzleitungen

Universität Hannover, Curt-Risch-Institut für Dynamik, Schall- und Meßtechnik (Prof. Dr. H. G. Natke)   *Hannover*
Abschluß der Untersuchungen zur Körperschallentstehung beim Befahren von längsseitig gelagerten Fahrbahnplatten in Straßentunneln

Universität Hannover, Institut für Baumechanik und Numerische Mechanik (Prof. Dr.-Ing. E. Stein)
Weiterführung des Vorhabens „Kontinuumsmechanische Probleme mit endlichen Deformationen – Theorie und numerische Behandlung"
Finite-Element-Methoden für Probleme der optimalen Formgebung

Universität Hannover, Institut für Mechanik (Prof. Dr.-Ing. K. Popp)
Methoden und Rechenverfahren zur Analyse nichtlinearer deterministischer Systeme mit chaotischem Lösungsverhalten

Universität Hannover, Institut für Mechanik (Prof. Dr.-Ing. I. Teipel)
Abschluß des Vorhabens „Berechnung der schallnahen Strömung in einem Laufrad eines Radialverdichters"

Universität Hannover, Institut für Statik (Prof. Dr.-Ing. H. Rothert)
Weiterführung des Vorhabens „Zur mathematischen Formulierung und numerischen Behandlung von nichtlinearen Randwertaufgaben in der Statik unter Einbeziehung von veränderlichen Randbedingungen und verformungsabhängigen Belastungen"

Universität Hannover, Institut für Wasserwirtschaft, Hydrologie und landwirtschaftlichen Wasserbau (Prof. Dr.-Ing. R. Mull)
Modelluntersuchungen zur Beschreibung der Beseitigung von Kohlenwasserstoffen aus dem Boden durch das Luftabsaugeverfahren

Hannover *(Forts.)*	Universität Hannover, Institut für Wasserwirtschaft, Hydrologie und landwirtschaftlichen Wasserbau (Prof. Dr.-Ing. F. Sieker) *Erarbeitung und Entwicklung eines kombinierten hydrologisch-hydrodynamischen Modells zur Langzeitsimulation des Abflußprozesses in städtischen Kanalnetzen unter quantitativen und qualitativen Aspekten*
Hannover *Nanjing/* *China*	Universität Hannover, Institut für Wasserwirtschaft, Hydrologie und landwirtschaftlichen Wasserbau (Prof. Dr. K. Lecher) in Zusammenarbeit mit der East China Technical University of Water Resources, Nanjing (Prof. R. J. Liang, Prof. R. J. Zhao) *Forschungsvorhaben „Hochwasservorhersage in großen, semiariden Einzugsgebieten am Beispiel des Gelben Flusses (VR China)"*
Kaiserslautern	Universität Kaiserslautern, FB Maschinenwesen (Prof. Dr.-Ing. R. Nordmann) *Berechnung der dynamischen Koeffizienten von turbulent durchströmten Dichtungen mittels einer Finite-Differenzen-Methode*
	Universität Kaiserslautern, Lehrstuhl für Mechanische Verfahrenstechnik und Strömungsmechanik (Prof. Dr.-Ing. F. Ebert) *Berechnung des Abscheideverhaltens von Partikeln an Kugeln unter Wirkung von Trägheitskraft, Schwerkraft, Widerstandskraft und elektrostatischen Kräften*
Karlsruhe	Universität Karlsruhe, Institut für Bodenmechanik und Felsmechanik (Prof. Dr.-Ing. J. Brauns) *Numerische Simulation dreidimensionaler Sickerströmungen zu horizontalen Dränelementen im Grundbau*
	Universität Karlsruhe, Lehrstuhl für Angewandte Geologie (Prof. Dr. H. Hötzl) in Zusammenarbeit mit dem Institut für Boden- und Felsmechanik (Prof. Dr.-Ing. A. Blinde) und der Bundesanstalt für Wasserbau, Karlsruhe (Dipl.-Ing. H. Armbruster) *Abschluß des Vorhabens „Analytische Zusammenhänge zwischen geohydrologischen Vorgängen an unterirdischen Strömungsfeldern und den daraus resultierenden thermischen und geoelektrischen Feldern an der Oberfläche"*
München	Technische Universität München, Institut und Lehrstuhl B für Mechanik (Prof. Dr.-Ing. F. Pfeiffer) *Dynamik spielbehafteter Maschinenteile*
	Technische Universität München, Lehrstuhl für Elektrische Maschinen und Geräte im Institut für Energietechnik (Prof. Dr.-Ing. H. W. Lorenzen) *Digitale Regelung und Schutz von Synchrongeneratoren mit supraleitender Erregerwicklung*
	Technische Universität München, Lehrstuhl für Strömungsmechanik (Prof. Dr.-Ing. R. Friedrich) *Verringerung der Wandschubspannung turbulenter Grenzschichten durch Zerstörung großer Turbulenzstrukturen*

Universität Stuttgart, Institut für Kunststofftechnologie (Prof. Dr.-Ing. H.-G. Fritz)
Rheologische Zustandsgleichungen für Polymerschmelzen – Methoden der Parameteridentifikation und experimentelle Überprüfung

Stuttgart

Universität Stuttgart, Institut für Systemdynamik und Regelungstechnik (Prof. Dr.-Ing. E. D. Gilles, Prof. Dr.-Ing. M. Zeitz)
und den Instituten für
Chemische Verfahrenstechnik (Prof. Dr.-Ing. G. Eigenberger)
Technische Thermodynamik und Thermische Verfahrenstechnik (Prof. Dr.-Ing. K. Stephan)
Kunststofftechnologie (Prof. Dr.-Ing. H. G. Fritz)
Gemeinschaftsprojekt „Dynamische Prozeß- und Anlagensimulation in der Verfahrenstechnik"

Universität Stuttgart, Institut für Wasserbau (Prof. Dr.-Ing. J. Giesecke)
Ermittlung der optimal erforderlichen Stationsdichte von Niederschlagsaufzeichnungsgeräten aus Bodenmeßnetzen

Centre International des Sciences Mécaniques (CISM), Udine (Prof. G. Bianchi)
Kurs „Finite Element and Boundary Element Techniques from Mathematical and Engineering Point of View"

Udine/ Italien

Fachübergreifende Gemeinschaftsprojekte in den Ingenieurwissenschaften

Schwerpunkt seit Juni 1987

Die Einrichtung dieses Schwerpunktes wurde zugleich mit der Beendigung des Schwerpunktes „Mathematische und Theoretische Grundlagen in den Ingenieurwissenschaften" (vgl. S. 189 ff.) vom Kuratorium der Stiftung Volkswagenwerk in der Sommersitzung 1987 beschlossen. Er soll dazu anregen, daß Gruppen von Wissenschaftlern aus verschiedenen Disziplinen Fragestellungen aufgreifen, die mit Wissen und Methoden eines einzelnen Fachgebietes nicht zufriedenstellend gelöst werden können, sondern der Fachgrenzen überschreitenden Kooperation bedürfen. Anregung zu diesem Förderungsprogramm gaben eine Reihe von Gemeinschaftsvorhaben, die im jetzt beendeten Schwerpunkt beantragt und bewilligt wurden (z. B. zur Strömungsforschung, zur Prozeßsteuerung in der Verfahrenstechnik, zur quantitativen Bildauswertung).

Thematik/ Förderungsmöglichkeiten

195

Informationen zur Antragstellung Anträge sollten zunächst nicht ohne vorherige Abstimmung mit der Stiftung eingereicht werden. Nähere Informationen zu diesem Schwerpunkt sind in Vorbereitung.

Merkblatt 33 S. 341 ff.

Prozeßmodelle von trennenden und umformenden Fertigungsverfahren

Schwerpunkt seit 1983
Förderung insgesamt 6,3 Mio DM
im Jahre 1986: 1,5 Mio DM / 6 Vorhaben, 1 Nachbewilligung

Die Fertigungstechnik gehört zu denjenigen ingenieurwissenschaftlichen Disziplinen, die für die wirtschaftliche Entwicklung eines Landes von unmittelbarer Bedeutung sind. Die Fortschritte der Mikroelektronik und ihr Einzug in die Maschinenindustrie haben neue Möglichkeiten zur Führung von Prozeßabläufen eröffnet. Damit ist einmal die Grundlage für eine sehr hohe Automatisierung der Werkzeugmaschinen geschaffen worden, zum anderen ist durch die vorhandene hohe Rechenleistung eine Verlagerung von „Intelligenz" in das Steuersystem der Maschine möglich, z. B. im Sinne einer Überwachung oder Optimierung des Prozeßablaufs. Gleichzeitig ist die Prozeßsimulation vor dem eigentlichen Bearbeitungsvorgang erleichtert. Diese Situation war Ausgangspunkt für die Aufnahme des Schwerpunktes in das Förderungsprogramm der Stiftung Volkswagenwerk.

Thematik Um die neuen Möglichkeiten voll nutzen zu können, müssen alle am Fertigungsprozeß beteiligten Größen, ihre gegenseitige Beeinflussung und ihre Auswirkungen auf das Arbeitsergebnis bekannt sein. Die Erforschung dieser Zusammenhänge – bezogen auf das Zusammenwirken von Werkzeug und Werkstück – und deren Beschreibung in Prozeßmodellen ist Kern des Schwerpunktes. Dabei sollen sich die Projekte auf trennende und umformende Fertigungsverfahren beschränken.

Abgrenzung Die Entwicklung von Robotern, Sensoren und Stellelementen sind nicht in die Förderung einbezogen, ebenso Management- und organisatorische Fragen sowie systemtheoretische Entwicklungen und Modelle ohne Validierungsaspekte.

196

Es können Forschungsprojekte unterstützt werden, aber auch Symposien oder Sommerschulen (s. auch Symposienprogramm/Merkblatt 1). Stipendien für diplomierte oder promovierte jüngere Wissenschaftler für Aufenthalte an anderen Instituten im In- und Ausland kommen ebenso in Betracht. *Förderungs-möglichkeiten*

1986/87 bewilligte Projekte

Universität Bremen, FB Produktionstechnik (Prof. Dr.-Ing. P. G. Werner) *Bremen*
Ableitung und Verifikation eines Verschleißmodells für nicht-rotierende Diamant-Abrichtwerkzeuge

Universität Düsseldorf, Physikalisches Institut II (Prof. Dr. J. Uhlenbusch) *Düsseldorf*
und *und*
Bremer Institut für Angewandte Strahltechnik / BIAS (Dr.-Ing. G. Sepold) *Bremen*
Physikalisch-technische Grundlagen zum Laserbrennschneiden von Nichteisen-Metallen mit stationären und schnell repetierenden CO_2-Lasern

Universität Hamburg, Institut für Gewerblich-Technische Wissenschaften *Hamburg*
(Prof. Dr.-Ing. R. Clausen)
Grundlegende Untersuchungen des Verformungs- und Schwingverhaltens von Blechbauteilen beim Umformstrahlen mit gezieltem Kugelbeschuß

Universität Karlsruhe, Institut für Werkzeugmaschinen und Betriebstechnik *Karlsruhe*
(Prof. Dr.-Ing. H. Weule)
Prozeßmodell zur Leistungssteigerung des Zerspanverfahrens Räumen

Universität – Gesamthochschule – Paderborn, FB 10 – Maschinentechnik I, *Paderborn*
Umformende Fertigungsverfahren (Prof. Dr.-Ing. F. Dohmann)
Prozeßmodell für das Formaufweiten rohrförmiger Ausgangswerkstücke durch kombinierte Innendruck- und Axialkraftbelastung

Universität Stuttgart, Institut für Umformtechnik (Prof. Dr.-Ing. K. Lange) *Stuttgart*
Workshop „Werkstoff und Umformung"

Verhalten metallischer und keramischer Werkstoffe unter Betriebsbedingungen

Merkblatt 29
S. 332 ff.

Schwerpunkt seit 1981
Förderung insgesamt 20,9 Mio DM
im Jahre 1986: 2,6 Mio DM / 9 Vorhaben

Die Verfügbarkeit geeigneter Werkstoffe ist eine elementare Notwendigkeit der Technik; sie beeinflußt auch die Möglichkeit für technologische Entwicklungen. Bei der Anwendung eines Werkstoffes kommt es auf eine möglichst genaue Kenntnis seiner Eigenschaften und seines Verhaltens unter den oft komplexen Bedingungen im praktischen Einsatz an. Dies ist der Ausgangspunkt für diesen Schwerpunkt, der zu anwendungsbezogener werkstoffwissenschaftlicher Forschung anregen soll.

Thematik Wir verfügen heute über eine große Zahl sehr unterschiedlicher Werkstoffe; unsere Kenntnisse über die Herstellung, Verarbeitung und Anwendung beruhen allerdings zu einem großen Teil auf empirisch gewonnener Erfahrung. Das Förderungsprogramm, das sich auf metallische und keramische Werkstoffe des Anlagen- und Maschinenbaus konzentriert, soll dazu beitragen, Grundlagen für eine möglichst exakte Vorausbestimmung des Werkstoffverhaltens unter Betriebsbedingungen zu erarbeiten. Hierbei können beispielsweise Methoden zur Erfassung der Anforderungen an einen Werkstoff unter Betriebsbedingungen entwickelt und die Werkstoffreaktion auf diese Anforderungen beschrieben werden, der Zusammenhang von Gefüge und Werkstoffverhalten im Einsatz erforscht oder auch neue Ansätze zur Herstellung von Werkstoffen im Hinblick auf ein verbessertes Betriebsverhalten verfolgt werden. Unter Betriebsbedingungen wird hier das Zusammenwirken unterschiedlicher, beispielsweise mechanischer, thermischer und umgebungsbedingter, Beanspruchungen verstanden.

Förderungs- Es können theoretische wie auch experimentelle Forschungsprojekte
möglichkeiten gefördert werden. Darüber hinaus ist auch die Vergabe von Stipendien für promovierte jüngere Wissenschaftler für Auslandsaufenthalte und von Mitteln für die Veranstaltung von Arbeitstagungen und Sommerschulen (s. auch Symposienprogramm / Merkblatt 1) möglich.

Am Lehrstuhl für Angewandte Thermodynamik der Technischen Hochschule Aachen (Prof. Dr.-techn. F. Pischinger) wird die Entwicklung einer Vorkammer aus Keramik für einen schadstoffarmen Gasmotor gefördert. Dabei geht es um einen Ottomotor mit geteiltem Brennraum. Die Zündkerzen befinden sich in der Vorkammer mit fettem, gut zündfähigem Gemisch. Die Fackeln, die nach der Zündung aus der Vorkammer in den Hauptbrennraum schlagen, gewährleisten eine schnelle Verbrennung auch bei mageren Gemischen im Hauptbrennraum. Für ein schadstoffarmes Brennverfahren ist es wichtig, daß Vorkammer und Fackeln möglichst heiß sind. Als Material für die Vorkammer bietet sich daher besonders Keramik an. Ziel des Projekts sind die Entwicklung eines entsprechenden Brennverfahrens, einer dazu geeigneten keramischen Vorkammer und die Untersuchung der Auswirkungen auf die Abgas-Emission. Ein Motorprüfstand (Bild) dient zur experimentellen Überprüfung der Untersuchungsschritte und Projektziele. (Bericht 1985/86, S. 190 f.)

1986/87 bewilligte Projekte

Aachen Technische Hochschule Aachen, Institut für Industrieofenbau und Wärmetechnik im Hüttenwesen (Prof. Dr.-Ing. H. Wilhelmi)
Verhalten von sonderkeramischen Strukturwerkstoffen unter gleichzeitiger strömungsdynamischer und chemischer Belastung bei extremen Bedingungen in der Hochtemperatur- und Plasmatechnik

Braunschweig Technische Universität Braunschweig, Institut für Baustoffe, Massivbau und Brandschutz (Prof. Dr.-Ing. F. S. Rostásy)
Ingenieurmodell für das Verbundsystem Stahlbeton plus Klebelasche

Foto Herzog

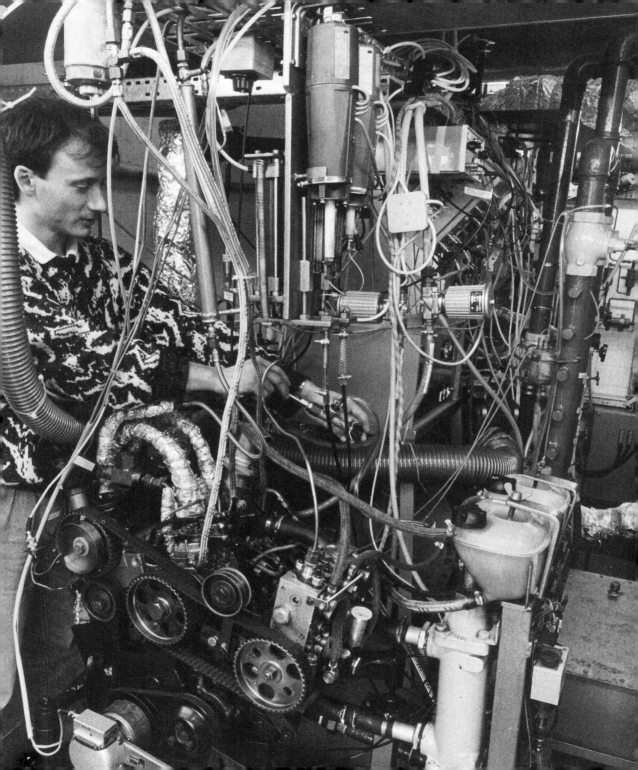

Braunschweig (Forts.)	Technische Universität Braunschweig, Institut für Schweißtechnik und Werkstofftechnologie (Prof. Dr.-Ing. K.-T. Rie) *Weiterführung des Vorhabens „Low Cycle Fatigue Verhalten metallischer Werkstoffe bei erhöhter Temperatur unter Betriebsbedingungen"*
Braunschweig und Lausanne	Technische Universität Braunschweig, Institut für Schweißtechnik und Werkstofftechnologie (Prof. Dr.-Ing. K.-T. Rie) und Ecole Polytechnique Fédérale de Lausanne, Départment des Matériaux (Prof. Dr. B. Ilschner) *Untersuchung temperaturabhängiger Beiträge zeitabhängiger Prozesse im LCF-Bereich unter Berücksichtigung stark lokalisierter Verformung*
Düsseldorf	Max-Planck-Institut für Eisenforschung GmbH, Düsseldorf (Prof. Dr. P. Neumann) *Verhalten kurzer Risse in Stählen bei biaxialen Betriebsbelastungen*
Erlangen	Universität Erlangen-Nürnberg, Institut für Werkstoffwissenschaften (Prof. Dr. H. Kaesche) *Untersuchungen zum Korrosionsermüdungsverhalten technischer Aluminiumlegierungen unter kontrollierten Bedingungen*
Frankfurt	DECHEMA – Deutsche Gesellschaft für chemisches Apparatewesen e.V., Frankfurt/M. (Prof. Dr. E. Heitz; Forschungsstipendium zugunsten Dr. U. Lotz) *Die Erosion/Korrosion von metallischen Werkstoffen in gestörten 2-Phasenströmungen hoher Feststoffkonzentration*
Hamburg-Harburg	Technische Universität Hamburg-Harburg, Arbeitsbereich Werkstoffphysik und -technologie (Prof. Dr. H. Hübner, Prof. Dr.-Ing. H. Mecking) *Kriechschädigung keramischer Konstruktionswerkstoffe unter zyklischer mechanischer Belastung*
Hannover	Universität Hannover, Institut für Physikalische Chemie und Elektrochemie (Prof. Dr. H. Schmalzried) *Weiterführung des Vorhabens „Das Verhalten von keramischen Oxidmehrstoffsystemen in Sauerstoffpotentialgradienten bei hohen Temperaturen"*
Stuttgart	Universität Stuttgart, Institut für Umformtechnik (Prof. Dr.-Ing. K. Lange) *Ermüdungsverhalten umgeformter Sintermetalle*
	Max-Planck-Institut für Metallforschung, Institut für Werkstoffwissenschaften, Stuttgart (Prof. Dr. H. Fischmeister, Prof. Dr. V. Gerold) *Einfluß einer Kaltverformung auf die Schädigungsmechanismen bei der Hochtemperaturermüdung*

Schwerpunkt seit Ende 1985
Förderung im Jahre 1986: 0,4 Mio DM / 3 Vorhaben

Mit dem Schwerpunkt möchte die Stiftung Volkswagenwerk ihre *Thematik*
Förderung auf dem Gebiet der Materialwissenschaften noch verstärken. Voraussetzung für die Bearbeitung vieler Fragen der Werkstoff-
Forschung sind Kenntnisse über den strukturellen Aufbau der verwendeten Materialien. Die Thematik des Förderungsschwerpunktes
ist dabei auf die feinsten strukturellen Details ausgerichtet, die auf
atomarer oder mikrostruktureller Ebene sichtbar gemacht werden
können. Um diese feinsten strukturellen Details zu analysieren, sind
aufwendige moderne Instrumente notwendig, die bis zur äußersten
Grenze ihres Auflösungsvermögens eingesetzt werden müssen. Der
Schwerpunkt soll dazu beitragen, bereits bestehende Methoden der
Mikrocharakterisierung weiterzuentwickeln und neue Methoden zu
erschließen, mit denen Anwendungen im Bereich der Materialforschung studiert werden können. Alle modernen mikroskopischen
Methoden wie die Durchstrahlungs- und Rasterelektronenmikrosko-
pie (einschließlich analytischer Mikroskopie), Feldionenmikroskopie
oder auch Tunnelmikroskopie können dafür genutzt werden. Diese
Methoden können zur Charakterisierung von Heterogenitäten in einem weiten Spektrum von Materialien eingesetzt werden, zu denen
hochfeste Legierungen und Dispersionswerkstoffe, duktile Keramiken und Magnetwerkstoffe sowie Halbleitermaterialien und -bauele-
mente gehören – wogegen Arbeiten über organische Naturstoffe
nicht in die Förderung einbezogen sind. Die höchstauflösenden Methoden gestatten die Untersuchung von Fehlern des kristallinen Aufbaus, von Entmischungsvorgängen und dynamischen Prozessen.

Forschungsprojekte können durch Personal- und Sachmittel finan- *Förderungs-*
ziert werden. Bei der Geräteausstattung geht die Stiftung davon aus, *möglichkeiten*
daß Grundgeräte für die mikroskopischen Verfahren in der Regel
vorhanden sind und die Förderung sich auf Ergänzungen zur Peripherie (z. B. für die Bildverarbeitung oder Probenpräparation) und
allgemein zur Benutzbarkeit vorhandener hochauflösender Mikroskope beschränkt.

Ein besonderes Anliegen ist auch die Nachwuchsförderung auf diesem Gebiet. Bei Ortswechsel können Stipendien für Forschungs- und

Ausbildungsaufenthalte für diplomierte und jüngere promovierte Wissenschaftler an wissenschaftliche Einrichtungen für bis zu zwei Jahren vergeben werden. Symposien und Sommerschulen können durch Zuschüsse zu den Reise- und Aufenthaltskosten unterstützt werden (vgl. auch Merkblatt 1).

Ausschreibung zur Geräteausstattung Die Ausrüstung der deutschen Forschungsinstitute mit Geräten zur hochauflösenden Mikroskopie und Mikroanalyse erweist sich als bisher unzureichend, besonders auch im internationalen Vergleich. Aus der Weiterentwicklung konventioneller Elektronenmikroskope ist in den letzten Jahren eine neue Gerätegeneration mit einem erheblich verbesserten Punktauflösungsvermögen (besser als 0,2 Nanometer) entstanden. Von diesen hochauflösenden Elektronenmikroskopen war bis 1986 noch kein entsprechendes Gerät in Deutschland verfügbar. Zur Verbesserung dieser Situation hat das Kuratorium der Stiftung Volkswagenwerk beschlossen, ein derartiges hochauflösendes Gerät für die werkstoffwissenschaftliche Grundlagenforschung innerhalb des Schwerpunktes „Mikrocharakterisierung von Werkstoffen und Bauelementen" im Rahmen einer Auschreibung zu vergeben. Im September 1986 wurden die deutschen Hochschulen und Forschungsinstitutionen dazu angeschrieben. Für die Antragstellung wurden einschlägige Erfahrungen des Forschungsinstitutes auf dem Gebiet der Werkstoffwissenschaft vorausgesetzt; darüber hinaus sollte auch das zukünftige Forschungsprogramm wesentlich auf den Einsatz des vorgesehenen Gerätes gestützt sein; als ebenso wichtig wurde die Bereitschaft vorausgesetzt, auch Gastwissenschaftlern Mitbenutzungsmöglichkeiten einzuräumen und die erforderlichen Serviceleistungen zu übernehmen. Im Frühjahr 1987 gingen zwei qualifizierte Anträge ein. Nach eingehender Prüfung und Begutachtung hat das Kuratorium im Sommer 1987 zugunsten des Max-Planck-Instituts für Metallforschung in Stuttgart entschieden. Diesem wurden 3 Millionen DM zur Beschaffung eines höchstauflösenden Transmissions-Elektronenmikroskops sowie für Forschungsarbeiten zur quantitativen hochauflösenden Elektronenmikroskopie an Grenzflächen in Werkstoffen bewilligt.

Über ein besonderes Projekt, das die zerstörungsfreie Mikrocharakterisierung von Oberflächen im nahezu atomaren Maßstab anstrebt, wird auf Seite 88 ausführlicher berichtet.

1986/87 bewilligte Projekte

Technische Universität Clausthal, Physikalisches Institut (Prof. Dr. E. Bauer, *Clausthal*
Dr. W. Telieps)
Echt abbildende Mikroskopie und Spektroskopie von Oberflächen mit langsamen
Elektronen

Technische Hochschule Darmstadt, Institut für Angewandte Physik (Prof. *Darmstadt*
Dr. H. Pagnia) *und*
und *Kassel*
Institut für Hochfrequenztechnik (Prof. Dr. Eng. H. L. Hartnagel)
und
Gesamthochschule Kassel, Experimentalphysik III (Prof. Dr. H. Gärtner)
Aufbau und Einsatz des Rastertunnelmikroskops zur Mikrocharakterisierung von
Festkörperoberflächen

Universität Göttingen, Institut für Metallphysik (Prof. Dr. P. Haasen, Dr. *Göttingen*
P.-J. Wilbrandt)
Rechnergestützte Bildaufzeichnung und Bildinterpretation für die hochauflösende
Elektronenmikroskopie von Ni_3Al-Ausscheidungen

Universität Göttingen, Institut für Metallphysik (Prof. Dr. P. Haasen; Ausbil-
dungsstipendium zugunsten Dr. Dagmar Gerthsen)
Hochauflösende Elektronenmikroskopie von Versetzungen in Galliumarsenid

Akademie der Wissenschaften zu Göttingen
Workshop „Hochauflösende Mikroskopie und Analytik von Werkstoffen" (organisiert von Prof. Dr. P. Haasen, Göttingen)

Universität Tübingen, Institut für Angewandte Physik (Prof. Dr. K.-H. Her- *Tübingen*
mann)
Höchstauflösungs-Elektronenholographie mit numerischer Rekonstruktion der
Objektwelle zur aberrationsfreien Analyse atomarer Strukturen

Grundlagen technischer Verbrennungsvorgänge

Merkblatt 28
S. 330 f.

Schwerpunkt seit 1981
Förderung insgesamt 17,7 Mio DM
im Jahre 1986: 3,6 Mio DM / 11 Vorhaben

Verbrennungsprozesse haben hauptsächlich bei der Energieumwandlung eine enorme technische Bedeutung, die von großtechnischen
Feuerungsanlagen bis zur Anwendung in Motoren reicht. Die Stiftung Volkswagenwerk möchte mit diesem Schwerpunkt dazu beitra-

gen, daß Verbrennungsprozesse noch intensiver erforscht werden. Obwohl diese Vorgänge schon seit prähistorischer Zeit genutzt und auch schon seit längerer Zeit wissenschaftlich untersucht werden, sind viele grundlegende Fragen wegen der Komplexität des Ablaufs noch offen. Entsprechende Resultate könnten langfristig auch praktische Folgen z. B. für die Verbesserung des Wirkungsgrades der Energieumwandlung oder zur Verminderung der Schadstofferzeugung haben. Neben den vorwiegend angesprochenen ingenieurwissenschaftlichen Disziplinen sollen auch die naturwissenschaftlichen Grundlagenfächer einbezogen werden.

Thematik Der Schwerpunkt ist auf Grundlagenuntersuchungen, die sich mit einem breiten Spektrum verschiedener Aspekte von Verbrennungsvorgängen beschäftigen, gerichtet. So ist neben der Untersuchung von heterogenen Verbrennungsvorgängen, Explosionen und Detonationen auch an die wissenschaftliche Beschäftigung mit der motorischen Verbrennung und mit Schadensfeuern (z. B. Wald- oder Zimmerbrände) sowie mit der Wechselwirkung von Strömungs- und Verbrennungsprozessen gedacht, vor allem, wenn hierbei neuartige diagnostische Untersuchungsmethoden zur Analyse der Experimente zur Anwendung kommen. Arbeiten, die die theoretische Beschreibung von Verbrennungsprozessen zum Ziel haben, können ebenfalls unterstützt werden. (Für Förderungsbeispiele vgl. S. 82 f.)

Förderungs- Förderungsmöglichkeiten bestehen für Forschungsprojekte, aber
möglichkeiten auch für die Veranstaltung von Symposien und Sommerschulen (vgl. hierzu Symposienprogramm/Merkblatt 1).

1986/87 bewilligte Projekte

Aachen Technische Hochschule Aachen, Institut für Allgemeine Mechanik (Prof. Dr. G. Wortberg, Prof. Dr.-Ing. G. Adomeit)
Ermittlung der Umsatzrate von Verbrennungsabläufen aus Strahlungs- und Ionenstrommessungen

Technische Hochschule Aachen, Institut für Luft- und Raumfahrt, Stoßwellenlabor (Prof. Dr. H. Grönig)
Detonationen in Staub-Gas-Gemischen

Technische Hochschule Aachen, Lehrstuhl für Allgemeine Mechanik (Prof. Dr.-Ing. G. Adomeit)
Weiterführung der „Untersuchung der Wechselwirkung von homogenen und heterogenen Reaktionen beim Abbrand an Kohlenstoffoberflächen"

204

Universität Bochum, Institut für Thermo- und Fluiddynamik (Prof. Dr.-Ing. *Bochum*
A. Leipertz)
Breitband-Rotations-CARS für die lokal und zeitlich hochaufgelöste Temperatur- und Konzentrationsmessung in technischen Verbrennungsprozessen

Technische Hochschule Darmstadt *Darmstadt*
Forschungsprojekt „Bessere Nutzung des Brennstoffes und geringere Schadstoffbildung in technischen Brennkammern":
Institut für Chemische Technologie (Prof. Dr. F. Fetting, Dr. H. Bockhorn)
Teilprojekt „Mathematische Modellierung technischer Verbrennungsvorgänge"
Institut für Physikalische Chemie (Prof. Dr. K. H. Homann)
Teilprojekt „Die Entstehung von polycyclischen aromatischen Kohlenwasserstoffen durch Oligomerenbildung aus ungesättigten Aliphaten bei Temperaturen bis 2000° C"
Fachgebiet Flugantriebe (Prof. Dr. D. K. Hennecke)
Teilprojekt „Untersuchung der turbulenten/Vermischungsvorgänge bei Gasströmen unter brennkammerähnlichen Bedingungen"

Technische Hochschule Darmstadt, Institut für Physikalische Chemie (Prof. Dr. K. H. Homann)
Weiterführung der „Untersuchung der Bildung von höheren Kohlenwasserstoffradikalen und Zwischenstufen bei der Rußbildung mit der Methode der Alkalimetalldampf-Diffusionsflamme"

Universität – Gesamthochschule – Essen, FB Maschinentechnik, Strömungs- *Essen*
lehre (Prof. Dr. W. Merzkirch)
Korrelationsmessungen in turbulenten Freistrahlflammen

Technion – Israel Institute of Technology, Energy Engineering Center, Haifa *Haifa/Israel*
(Prof. Dr. Eng. D. Adler, Dr. Eng. S. Haber) in Zusammenarbeit mit der *Aachen*
Technischen Hochschule Aachen, Lehrstuhl für Angewandte Thermodynamik (Prof. Dr. F. Pischinger)
Rechnerische Modellierung der Brennstoff-Luft-Mischung bei Einspritzung von Dieselkraftstoff in stark rotierende Luft

Universität Heidelberg, Institut für Angewandte Physikalische Chemie (Dr. *Heidelberg*
B. Rogg)
7th International Workshop on Mathematics in Combustion (IWOMIC VII)

Universität Stuttgart, I. Institut für Technische Chemie (Prof. Dr. A. Schön- *Stuttgart*
bucher, Prof. Dr. W. Brötz)
Weiterführung des Vorhabens „Kohärente Strukturen in Labortankflammen und Großfeuern"

Universität Stuttgart, Institut für Thermodynamik der Luft- und Raumfahrt
(Prof. Dr.-Ing. J. Algermissen)
Ramanspektroskopische Temperatur- und Konzentrationsmessungen in Grenzschichten vor gekühlten Wänden an Kohlenwasserstoff- und Alkoholflammen und der Vergleich von Meßergebnissen mit theoretischen Rechnungen

Universität Stuttgart, Institut für Thermodynamik der Luft- und Raumfahrt
(Prof. Dr. A. Frohn)
Weiterführung des Vorhabens „Mehrdimensionale gegenseitige Beeinflussung von Tropfen im Durchmesserbereich von 10 bis 200 Mikrometer bei der Verbrennung"

Förderung der Infrastruktur in den Ingenieurwissenschaften

Schwerpunkt seit 1981
Förderung insgesamt 17,3 Mio DM
im Jahre 1986: 2,6 Mio DM / 13 Vorhaben

Thematik Die schnell fortschreitende Entwicklung in der Technik stellt die Ingenieurwissenschaften nicht nur in der Forschung vor die Aufgabe, sich ständig neuen Anforderungen zu stellen; für die Lehre gilt dies gleichermaßen, sollen Hochschulabsolventen für ihren Beruf entsprechend gerüstet sein. Gerade hier zeigte sich, daß eine an keine fachlichen Eingrenzungen gebundene Förderung speziell zur Aktualisierung des Lehr- und Ausbildungsangebotes wünschenswert wäre. Ein Bedarf dafür besteht vor allem an den traditionellen Technischen Hochschulen, um die dort gewachsene Infrastruktur an neue Anforderungen, die sich aus der raschen Entwicklung der Technik ergeben, anzupassen. Um hier helfen zu können, hat die Stiftung Volkswagenwerk einen Schwerpunkt zur Förderung der Infrastruktur in den Ingenieurwissenschaften eingerichtet.

Förderungs- Mit dem Schwerpunkt „Förderung der Infrastruktur in den Inge-
möglichkeiten nieurwissenschaften" sind alle einschlägigen Hochschulen angesprochen; das Förderungsangebot richtet sich auf die

- Vergabe von Starthilfen bei (erfolgten) Neuberufungen im Zusammenhang mit einer Fachbereichsoptimierung, bei der ein neuer Lehrstuhl zugunsten eines bisher nicht vertretenen Lehrgebietes eingerichtet bzw. ein vorhandener Lehrstuhl entsprechend umgewidmet wird.

- Förderung von Modellen zur Verbesserung spezieller Ausbildungsgänge durch die Schaffung neuartiger Praktika, für die die erforderliche Geräteausstattung zur Verfügung gestellt werden kann.

Die Neubesetzung des Lehrstuhls für Technische Elektronik nahm die Fakultät für Elektrotechnik der Technischen Hochschule Aachen zum Anlaß, das bisherige Arbeitsgebiet nicht fortzuführen, sondern den Lehrstuhl auf Optoelektronik und schnelle Digitaltechnik neu auszurichten. Mit einer Starthilfe von 416 000 DM hat die Stiftung Volkswagenwerk dazu beigetragen, die für die Umorientierung erforderliche ergänzende Geräteausstattung zu beschaffen. Das Bild zeigt einen elektrophotographischen Drucker mit Festkörperbelichtungskomponente. Dabei wird Licht über eine Lichtfaseroptik einer zeilenförmigen Lichtschaltmaske mit Lichtschaltelementen zugeführt. Das im Durchlicht entstehende Linienmuster mit 2560 elektronisch schaltbaren Lichtpunkten mit je 80μm Durchmesser dient zur zeilenweisen Belichtung einer Photoleitertrommel in einem elektrophotographischen Drucker. In einem Raster von 2560 × 3600 Punkten kann so mit hoher Geschwindigkeit Text-Graphik und Bildinformation auf Normalpapier aufgezeichnet werden. (Bericht 1985/86, S. 206)

Foto Siebahn

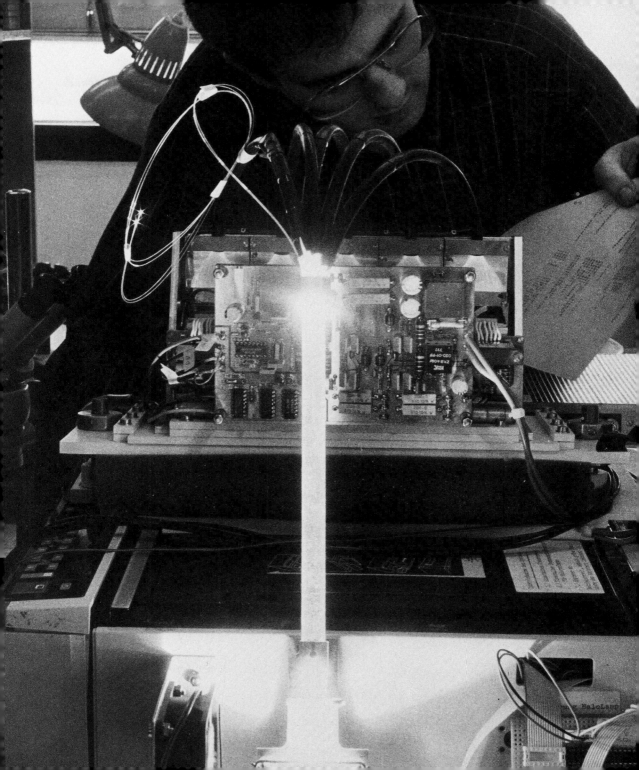

Weitere Förderungsmöglichkeiten der ersten Jahre (Stipendien und Austausch zwischen Hochschule und Praxis) wurden im Juni 1987 beendet.

Bisherige Förderung Bei den bisher beantragten und geförderten Vorhaben handelt es sich in der überwiegenden Zahl der Fälle um Ausstattungshilfen für neuartige Praktika in den unterschiedlichsten Gebieten. Im Jahre 1986 reichten diese von einem Vektorrechner-Praktikum über Rechnergestützte Qualitätssicherung, Betriebsfestigkeit, Ingenieurkeramik, Hydrologie und Wasserwirtschaft, Verkehr und Raumplanung zur Errichtung eines Mathematischen Labors. (Vgl. auch S. 89 f.)

1986/87 bewilligte Projekte

Aachen Technische Hochschule Aachen, WZL – Abt. Meßtechnik für die automatisierte Fertigung (Prof. Dr.-Ing. T. Pfeifer)
Aufbau des Praktikums „Rechnergestützte Qualitätssicherung"

Technische Hochschule Aachen, Institut für Getriebetechnik und Maschinendynamik (Prof. Dr.-Ing. G. Dittrich)
Handhabungsgerät für die Ausbildung von Maschinenbaustudenten

Technische Hochschule Aachen, Laboratorium für Werkzeugmaschinen und Betriebslehre (Prof. Dr.-Ing. W. Eversheim)
Stipendium für M. Groß zur Anfertigung einer Diplomarbeit am MIT, Cambridge (USA), auf dem Gebiet der Entwicklung von Expertensystemen

Clausthal Technische Universität Clausthal, Institut für Hüttenmaschinen und maschinelle Anlagentechnik (Prof. Dr.-Ing. H. Zenner)
Einrichtung eines Praktikums für Betriebsfestigkeit

Darmstadt Technische Hochschule Darmstadt, FB 16, Hydraulische Maschinen und Anlagen (Prof. Dr.-Ing. B. Stoffel)
Aufbau eines Ölhydraulik-Praktikums

Dortmund Universität Dortmund, FB Mathematik (Prof. Dr. R. Walter)
Errichtung eines Mathematischen Labors

Erlangen Universität Erlangen-Nürnberg, Institut für Werkstoffwissenschaften (Prof. Dr. H. Mughrabi)
Stipendium für W. Dorner zur Anfertigung einer Diplomarbeit an der Ecole Polytechnique Fédérale de Lausanne „Untersuchung der Rißwachstums-Mechanismen bei thermischer Ermüdung"

Hannover Universität Hannover, Institut für Arbeitswissenschaft und Didaktik des Maschinenbaus (Prof. M. Schweres)
Einrichtung eines Oberstufenlabors Arbeitswissenschaft

Universität Karlsruhe, Institut für Angewandte Informatik und Formale Be- *Karlsruhe*
schreibungsverfahren (Prof. Dr. Th. Ottmann)
Modellversuch „Computergestützter Informatik-Unterricht für Wirtschaftsinge-
nieure"

Universität Karlsruhe, Institut für Hydrologie und Wasserwirtschaft (Prof.
Dr.-Ing. E. Plate)
Aufbau mikrocomputerunterstützter Lehreinheiten für Hydrologie und Wasser-
wirtschaft

Universität Karlsruhe, Institut für Keramik im Maschinenbau (Prof. Dr. F.
Thümmler)
Geräteausstattung für ein neues Praktikum „Ingenieurkeramik"

Universität Karlsruhe, Institut für Städtebau und Landesplanung (Prof. Dr.-
Ing. W. Köhl)
CAD-Arbeitstechniken in der städtebaulichen Planung

Universität Karlsruhe, Lehrstuhl und Institut für Verkehrswesen (Prof. Dr.-
Ing. W. Leutzbach, Dr.-Ing. U. Brannolte)
Implementierung von Planspieltechniken auf Mikrocomputern für den Ausbil-
dungsbereich Verkehr und Raumplanung

Universität Karlsruhe, Rechenzentrum (Prof. Dr. W. Schönauer)
Pilotprojekt „Vektorrechner-Praktikum"

Technische Universität München, Lehrstuhl für Elektrische Meßtechnik *München*
(Prof. Dr. E. Schrüfer)
Einrichtung eines Fortgeschrittenen-Praktikums „Elektrische Meßtechnik"

Parasitäre Krankheiten von Holzgewächsen
– Ausbildung in der Holzpathologie –

Merkblatt 38
S. 343 ff.

Schwerpunkt seit 1984
Förderung insgesamt 0,5 Mio DM
im Jahre 1986: 0,2 Mio DM / 8 Stipendien (einschl. Weiterführungen
und Nachbewilligungen)

Seit fünfzehn Jahren werden weltweit in erhöhtem Maße Baum- *Zielsetzung/*
Thematik
krankheiten festgestellt (Ulmensterben, Lärchensterben, Palmenster-
ben u. a. m.). Auf der Suche nach den Ursachen richtet sich das Augenmerk auf Erreger, die an Forstgehölzen bisher wenig untersucht
wurden (z. B. Rickettsien, Viren, Mykoplasmen) und zu deren Erforschung es mikrobiologischer, molekularbiologischer und biochemi-

scher Kenntnisse bedarf. Mit dem Schwerpunkt zur Holzpathologie will die Stiftung Volkswagenwerk Nachwuchswissenschaftler aus Biologie, Biochemie sowie den Forst- und Agrarwissenschaften anregen, sich in das Gebiet der parasitären Krankheiten von Holzgewächsen einzuarbeiten. Sie möchte damit zugleich einen Beitrag zur Stärkung der Forstpathologie in der Bundesrepublik Deutschland leisten. Die Arbeiten können sich sowohl mit heimischen als auch mit Holzgewächsen anderer (z. B. tropischer) Klimazonen befassen. Untersuchungen über Krankheiten nichtpilzlichen Ursprungs werden bevorzugt gefördert. Auch epidemiologische Fragestellungen können berücksichtigt werden.

Bei der Thematik dieses Schwerpunktes geht es nicht um phytotoxikologische und bodenkundliche Untersuchungen, wie sie gegenwärtig vor allem zum Stichwort Waldsterben vorgenommen werden. Auch die Forstentomologie ist in dem Schwerpunkt nicht angesprochen, da sie sich nicht mit Erregerkrankheiten befaßt.

Förderungs-möglichkeiten Es werden Stipendien für diplomierte und jüngere promovierte deutsche Wissenschaftler, die sich in Abstimmung mit einem wissenschaftlichen Betreuer an einem deutschen Institut (z. B. Doktorvater) in die Holzpathologie einarbeiten wollen, gewährt. Der Bewerber erhält damit die Möglichkeit, an einem Institut des In- oder Auslands einem Forschungsvorhaben nachzugehen und sich dabei die erforderlichen Kenntnisse und Methoden anzueignen. Bei Bedarf ist die Vergabe zusätzlicher Reise- und Sachmittel möglich.

Förderungs-entwicklung Die Stiftung Volkswagenwerk bedauert, daß der Schwerpunkt bisher so wenig in Anspruch genommen wird. Im Berichtsjahr wurden zwei Doktorandenstipendien und ein Promoviertenstipendium gewährt sowie die Verlängerung von zwei Doktorandenstipendien und kleinere Nachbewilligungen. Die Themen betreffen unter anderem mycoplasmaähnliche Organismen im Ökosystem Gehölz-Kraut, Virusinfektionen bei Buchen, Behandlung erkrankter Waldbäume mit Antibiotika.

1986 bewilligte Stipendien

Bonn Universität Bonn, Institut für Pflanzenkrankheiten (Prof. Dr. F. Nienhaus) *Verlängerung des Doktorandenstipendiums für Dipl.-Ing. agr. S. Winter „Veränderungen im Proteinmuster virusinfizierter Rotbuchen"*

Biologische Bundesanstalt für Land- und Forstwirtschaft, Institut für Pflan- *Dossenheim*
zenschutz im Obstbau, Dossenheim (Dr. L. Kunze)
Doktorandenstipendium für W. Heintz „Untersuchungen zur Ökologie von my-
koplasmaähnlichen Organismen (MLO) im Ökosystem Gehölz – Krautschicht"

Universität Freiburg/Br., Institut für Forstbotanik und Holzbiologie (Prof. *Freiburg*
Dr. H. J. Braun)
Verlängerung des Doktorandenstipendiums für Christine Wunn „Behandlung er-
krankter Waldbäume im südlichen Schwarzwald mit Antibiotika"

Universität Göttingen, Forstbotanisches Institut (Prof. Dr. A. Hüttermann) *Göttingen*
Forschungsstipendium für Dr. Sabine von Tiedemann „Untersuchungen zur biolo-
gischen Bekämpfung von Armillaria mellea und A. obscura an Picea abies"

Universität Stuttgart, Biologisches Institut, Abt. Botanik (Prof. Dr. K.-W. *Stuttgart*
Mundry)
Doktorandenstipendium für Dipl.-Biol. H. Ungibauer-Kremp „Molekularbiologi-
sche Charakterisierung und Untersuchungen zur Biologie der Infektion eines mit
der Buche (Fagus sylvatica L.) assoziierten Virus"

Programm: Spezielles Ergänzungsstipendium
in der Klinischen Medizin

Programm seit 1984; erste Ausschreibung beendet
Programmittel insgesamt 3 Mio DM
bisher bewilligt: 9 Stipendien

Das heutige Medizinstudium bietet angehenden Klinikern mit wis- *Thematik*
senschaftlichen Ambitionen wenig Voraussetzungen für anspruchs-
volle experimentelle Forschungsarbeiten. Zahlreiche Gespräche mit
Hochschullehrern und Beratungen in Expertenkreisen haben dies der
Stiftung Volkswagenwerk immer wieder bestätigt. Zwar nutzen viele
Nachwuchswissenschaftler die bestehenden Stipendienangebote, um
sich z. B. im In- und Ausland in experimenteller oder theoretischer
Medizin ergänzend auszubilden, doch erweist sich die auch von der
Patientenversorgung geprägte Struktur unserer Hochschulkliniken
oft als wenig förderlich bei der Umsetzung des erworbenen Wissens
in anspruchsvolle klinische Forschungsprojekte.

Deshalb hat die Stiftung Volkswagenwerk mit ihrem Programm zur
Vergabe spezieller Ergänzungsstipendien in der klinischen Medizin
versucht, den bestehenden Schwierigkeiten von vornherein dadurch

zu begegnen, daß sie das Eigeninteresse des Stipendiaten mit den längerfristigen Forschungsinteressen der Hochschulklinik, an die er nach Ablauf seiner Ausbildung zurückkehrt, verbindet. Grundlage für die Stipendienvergabe ist deshalb, neben der Zusicherung der Klinik zur Aufnahme des Stipendiaten nach seiner Rückkehr vor allem auch, daß die Klinik dem geförderten Nachwuchswissenschaftler anschließend ausreichende Möglichkeiten zur Weiterführung seiner Forschungen einräumt.

Erste
Ausschreibung Da in dieser Hinsicht erst Erfahrungen gesammelt werden müssen, wurden zunächst nur zehn Stipendien an allen Hochschulkliniken und den medizinischen Fakultäten bzw. Fachbereichen bis Ende 1984 ausgeschrieben. Im Frühjahr 1985 wurden 9 Stipendien vergeben (vgl. Bericht 1985/86, S. 212 f.). Sie ermöglichen es den geförderten jungen Klinikern, sich zunächst bis zu zwei Jahre vor allem auf dem Gebiet der experimentellen Medizin weiter auszubilden. Acht der geförderten Stipendiaten tun dies im Ausland – hier vor allem in den USA. Nach Ablauf des bewilligten zweijährigen Stipendiums ist eine Förderung um weitere zwei Jahre möglich, dies eventuell auch erst nach einem vorübergehenden Aufenthalt an der Klinik, die den Bewerber nach Ablauf des Stipendiums aufnehmen wird.

Weitere
Förderung Sollten die Erfahrungen mit den ersten geförderten Stipendiaten positiv verlaufen und sollte das von der Stiftung anvisierte langfristige Ziel erreichbar sein, mit dem speziellen Ergänzungsstipendium allgemein zur Verstärkung der klinischen Forschung beizutragen, könnten künftig weitere Ausschreibungen erfolgen. Darüber wird jedoch keinesfalls vor Ende 1987 entschieden werden können, da die bisher geförderten Stipendiaten ihre Ausbildung meist erst in der zweiten Hälfte des Jahres 1985, zum Teil auch erst Anfang 1986, angetreten haben. Vorerst werden keine weiteren Bewerbungen zu diesem Programm entgegengenommen.

Wettbewerb Biowissenschaften

Ausschreibung am 31. Dezember 1986 beendet

Frühere
Förderungen
der Biowissen-
schaften Kennzeichnend für die Förderungstätigkeit der Stiftung Volkswagenwerk ist, daß sie ihre Mittel grundsätzlich im Rahmen thematisch und zeitlich abgegrenzter Schwerpunkte vergibt. Hierbei waren die

Biowissenschaften in früheren Jahren mit einem auch finanziell bedeutenden Anteil vertreten; erst zu Beginn der achtziger Jahre änderte sich das zugunsten der Förderung anderer Wissenschaftsbereiche.

Eine erneute Hinwendung zu den Biowissenschaften fand 1986/87 nicht in gewohnter Weise durch einen Schwerpunkt mit spezieller Thematik statt, sondern zunächst durch einen bis 31. Dezember 1986 befristeten „Wettbewerb Biowissenschaften", mit dem sich die Stiftung vorübergehend für alle Themen und Vorhaben sowohl der Forschung als auch der Lehre in den Biowissenschaften geöffnet hat. Für den Wettbewerb waren 10 Millionen DM vorgesehen. Die Ausschreibung zielte vor allem auf Anliegen, die im Rahmen der in der Bundesrepublik Deutschland bereits bestehenden Förderungsmöglichkeiten zur Zeit nicht berücksichtigt werden, zum Beispiel Vorhaben, die sich an der vordersten Front der Forschung bewegen und besonders risikoreich sind, die einen aussichtsreichen fachübergreifenden Ansatz enthalten oder darauf gerichtet sind, für die Biologie wichtige, aber vernachlässigte Teilgebiete wieder zu stärken. Gedacht war aber auch an vergleichende Ansätze, die geeignet sein könnten, der zunehmenden Spezialisierung entgegenzuwirken, oder an Vorhaben bzw. wissenschaftliche Veranstaltungen, die gezielt dazu dienen, Studenten frühzeitig an die Forschung heranzuführen.

Die Reaktion auf die Ausschreibung war über alle Erwartungen groß. Es gingen insgesamt 934 Kurzbewerbungen mit einem Förderungsbedarf von mehr als 320 Millionen DM ein – an Projektvorschlägen etwa das zehnfache dessen, was die Stiftung und auch vorher zu Rate gezogene Wissenschaftler erwartet hatten. Bewußt war bei der Ausschreibung von einschränkenden Randbedingungen abgesehen worden, um den Wissenschaftlern Mut zu machen, sich gerade mit solchen Ideen zu beteiligen, für die sie an anderer Stelle weniger Förderungschancen sahen. Das offene Angebot der Stiftung ist von den Wettbewerbsteilnehmern jedoch viel mehr unter finanziellen als unter thematischen Gesichtspunkten interpretiert worden. Dies belegen die zahlreichen Vorschläge zu aktuellen Themen, die bereits durch andere Förderer Unterstützung erfahren. Mit dem für den Wettbewerb in Aussicht genommenen, vergleichsweise kleinen Betrag von 10 Millionen DM wäre der Stiftung auf diesem Felde von vornherein kein substantieller zusätzlicher Beitrag möglich. Wenn ein solcher von den Bewerbern dennoch erhofft wurde und wenn zum Beispiel der ausgelobte Förderungsbetrag in manchen Fällen allein durch die Vorschläge aus einer einzelnen Hochschule weit übertroffen wurde, so läßt dies darauf schließen, daß zumindest in einigen Regionen die Grundlagenforschung unzureichend finanziert ist und daß manche Beteiligung wohl auch von dem Wunsch getragen war, etwas zur Verbesserung einer für die laufenden Arbeiten nicht ausreichenden Grundausstattung zu erreichen.

Die große Zahl der eingegangenen Bewerbungen stellte die Stiftung vor schwierige Entscheidungen. Dabei ging es zunächst darum, die wenigen Vorschläge auszuwählen, zu denen im Rahmen der zur Verfügung stehenden Mittel nun ausführlich begründete Anträge erbeten und geprüft werden konnten. Gemäß der mit dem Wettbewerb verfolgten Absicht räumte die Stiftung hier vor allem solchen Vorhaben eine Chance ein, die den eingangs geschilderten Ausschreibungsbedingungen weitgehend entsprachen. Nur als Beispiel sei dazu auf die ökologisch bzw. tropenökologisch ausgerichteten Gemeinschaftsprojekte mehrerer Wissenschaftler aus unterschiedlichen Teildisziplinen hingewiesen, die sich in der nachfolgenden Projektübersicht finden.

Über die mehr als 900 vorliegenden Kurzbewerbungen hat das Kuratorium Ende Februar 1987 entschieden und 31 Projektvorschläge – rund 3 Prozent der gesamten Vorschläge – zur Weiterverfolgung und endgültigen Prüfung ausgewählt. Die betreffenden Wissenschaftler wurden anschließend aufgefordert, jeweils eingehend begründete Anträge einzureichen, wobei das bei diesen Vorhaben angesetzte Finanzvolumen immer noch deutlich über 10 Millionen DM lag. Tatsächlich konnten von den bis Anfang Mai 1987 eingereichten 28 Projekten nach weiterer fachgutachtlicher Prüfung 25 bewilligt werden, davon rund die Hälfte in finanziell reduziertem Umfang. Die Bewilligungen beanspruchten insgesamt knapp 9 Millionen DM.

Diese Förderungsprojekte sind *ein* Ergebnis des Wettbewerbs; ein anderes liegt in der Fülle von Anregungen für mögliche neue thematisch ausgerichtete Schwerpunktprogramme. Als besonders wünschenswert erscheint dabei eine verstärkte Förderung auf dem Gebiet der Tropenökologie. Hierzu zeichnet sich nach einem von der Deutschen Forschungsgemeinschaft veranstalteten Rundgespräch die Möglichkeit zu einem abgestimmten Vorgehen mit anderen Förderungsinstitutionen ab, zu dem konkrete Beschlüsse aber noch abgewartet werden müssen. Doch auch andere, in besonderem Maße fachübergreifende Themen, wie zum Beispiel „Psycho-Immunologie", wurden für eine schwerpunktartige Förderung vorgeschlagen. Solange jedoch die starke finanzielle Beanspruchung der Stiftung im gesamten Förderungsprogramm nicht abgebaut ist, erscheint die Einrichtung neuer biowissenschaftlicher Schwerpunkte nicht möglich. (Hierzu sei auf die Grundsatzdiskussion des Kuratoriums zur Förderungskonzeption und zu einer Reduzierung der Schwerpunkte verwiesen, vgl. S. 32.) Somit wird auch erst zu einem späteren Zeitpunkt zu überlegen sein, ob (und gegebenenfalls wie) der Gedanke des Wettbewerbs bei zukünftigen Programmen weiterverfolgt werden könnte. Dabei käme es vor allem darauf an, durch entsprechende Vorgaben von vornherein die Zahl möglicher Bewerbungen in Grenzen zu halten, damit nicht wieder, wie beim abgeschlossenen „Wettbewerb Biowissenschaften", so viele Wissenschaftler enttäuscht werden müssen.

1987 bewilligte Projekte

Universität Bielefeld, Fakultät für Biologie (Dr. F. Vollrath) *Bielefeld*
Das Radnetz der Spinnen – Analyse des Bauverhaltens

Universität Bochum, Fakultät für Biologie, Lehrstuhl für Allgemeine Zoolo- *Bochum* gie (Dr. R. Rübsamen, Dr. G. J. Dörrscheidt)
Ontogenese der zentralnervösen Hörverarbeitung bei Säugern. Ein vergleichend neurobiologischer Versuchsansatz

Universität Bochum, Fakultät für Biologie, Spezielle Botanik (Prof. Dr. H. Haeupler)
Populationsbiologie seltener Pflanzenarten: Fallstudie einjähriger Paronychioideae (Nelkengewächse)

Technische Hochschule Darmstadt, Institut für Zoologie (Prof. Dr. W. Kai- *Darmstadt* ser)
Vergleichende Schlafforschung: Stoffwechselaktivität im Gehirn von schlafenden Honigbienen

Universität Düsseldorf, Medizinische Einrichtungen, Physiologisches Institut *Düsseldorf* III (Prof. Dr. R. Kaufmann)
Ultraschwache Zellstrahlung (mitogenetische Strahlung)

Universität Frankfurt/M., FB Biologie, Zoologisches Institut (Prof. Dr. B. *Frankfurt* Streit)
Modelle der Schadstoffbelastung in Organismen

Forschungsinstitut Senckenberg, Frankfurt/M. (Dr. G. R. Pelz, H. Brunken)
Fischbewegungen in naturnahen und anthropogen veränderten Fließgewässern unter besonderer Berücksichtigung der Kompensationstheorie

Göttingen	Universität Göttingen, Zentrum Neurologische Medizin, Abt. Klinische Neurophysiologie (Prof. Dr. B. Conrad)

Göttingen Universität Göttingen, Zentrum Neurologische Medizin, Abt. Klinische Neurophysiologie (Prof. Dr. B. Conrad)
Physiologie und Pathophysiologie der orofazialen Motorik

Hamburg Universität Hamburg, Institut für Allgemeine Botanik und Botanischer Garten (Prof. Dr. W. Kubitzki)
Evolutions- und Fortpflanzungsbiologie von Holzpflanzen des amazonischen Regenwaldes

Jerusalem The Hebrew University of Jerusalem, Department of Mathematics and Economics (Prof. Dr. A. Neyman) in Zusammenarbeit mit der Universität Bonn, Institut für Gesellschafts- und Wirtschaftswissenschaften (Prof. Dr. R. Selten)
Bonn *Ecoratio – Application of Game Theory to Ecology and Evolution*

Kiel Institut für Meereskunde an der Universität Kiel (Prof. Dr. J. Lenz)
Das neue Paradigma der Planktonforschung: Mikroorganismen steuern Stoffkreisläufe und Energiefluß in pelagischen Systemen

Institut für Meereskunde an der Universität Kiel, Abt. Fischereibiologie (Dr. U. Kils)
Kommunikation in Schwärmen – Untersuchungen zur Funktion der Schwarmbildung im Meer – „Synchrokinese" als überindividuelle Orientierungsstrategie in Umweltgradienten

Konstanz Universität Konstanz, Fakultät für Biologie (Gabriele Gerlach, Dr. G. Ehret)
Abwanderungsverhalten der Hausmaus (Mus musculus): Evolutionsbiologische Untersuchung des Sozialverhaltens und genetische Struktur einer Population

Marburg Universität Marburg, Radiologie-Zentrum (Prof. Dr. A. Habermehl)
Computer-Tomographie von Bäumen

Martinsried Max-Planck-Institut für Biochemie, Gentechnologische Arbeitsgruppen, AG „Molekulare Embryologie", Martinsried (Dr. M. Schartl)
Phylogenetische Verbreitung und Evolution von Proto-Onkogenen

München/ Technische Universität München, Fakultät für Physik, Lehrstuhl für Biophysik E 22, Garching (Dr. H. E. Gaub)
Garching *Zweidimensionale Protein-Kristallisation auf geordneten Domänen aus F_{ab}-Lipiden*

Münster Universität Münster, Geologisch-Paläontologisches Institut und Museum (Prof. Dr. F. Strauch)
Die Abhängigkeit evolutiver Abläufe von embryologischen Steuerungsmechanismen auf der Basis paläobiologischen Datenmaterials

Universiät Münster, Zoologisches Institut, Lehrstuhl für Allgemeine Biologie (Prof. Dr. K. Heckmann)
Räuber-induzierte Feindabwehr bei Protozoen

Oldenburg Universität Oldenburg, AG Fachstudium und Hochschuldidaktik (Dr. Heide Homann)
Wissenschaftliche Ausbildung in der Eingangsphase biowissenschaftlicher Studiengänge – Ein Konzept, der zunehmenden Spezialisierung entgegenzuwirken

216

Universität Oldenburg, FB 7, Biologie (Prof. Dr. H. K. Schminke)
Lösung zoosystematischer Probleme mit biochemischen und morphologischen Methoden

Max-Planck-Institut für Limnologie, Abt. Ökophysiologie, Plön (Prof. Dr. *Plön*
W. Lampert)
Analyse chemischer Interaktionen in Lebensgemeinschaften des Süßwassers: Biochemische Charakterisierung stoffwechselaktiver und morphogenetischer gelöster Substanzen

Max-Planck-Institut für Limnologie, Arbeitsgruppe Tropenökologie, Plön
(Dr. M. Worbes, Dr. W. J. Junk)
Jahrringforschung in den Tropen

Universität Tübingen, Institut für Biologie I (Prof. Dr. F. Oberwinkler)   *Tübingen*
Mykologische Expedition nach Taiwan

Universität Witten/Herdecke, Abteilung: Theoretische Biowissenschaften   *Witten/*
(Prof. Dr. R. Kaehr)   *Herdecke*
Theorie komplexer biologischer Systeme

Universität Würzburg, Zoologisches Institut, Lehrstuhl für Tierphysiologie   *Würzburg*
(Prof. Dr. M. Lindauer)
Spionage im Tierreich

In Vorbereitung: Archäometallurgie

In Vorbereitung seit 1986

Seit einigen Jahren greifen auch in der Bundesrepublik Deutschland Wissenschaftler unterschiedlicher Disziplinen zunehmend Fragen der prähistorischen und historischen Metallgewinnung und -verarbeitung auf. Die Stiftung Volkswagenwerk hat deshalb nach Beendigung der Förderung der Archäometrie (vgl. Bericht 1985/86, Seite 262 ff.) einen neuen Schwerpunkt unter dem Arbeitstitel „Archäometallurgie" in Vorbereitung genommen. Zunächst möchte sie in Gesprächen mit Experten vor allem aus den Altertumswissenschaften sowie den Natur- und Ingenieurwissenschaften einen Überblick über bestehende Forschungsinteressen und -möglichkeiten gewinnen. Erst danach wird die Stiftung über die Einrichtung und Ausgestaltung eines eventuellen Schwerpunktes entscheiden. In der Vorbereitungsphase können aber schon Anträge für Forschungsvorhaben und Symposien geprüft werden. Ein Förderungsbeispiel vom Frühjahr 1987 ist auf Seite 95 vorgestellt. (Vgl. auch Bild S. 251)

Die folgende Projektliste enthält eine weitere Bewilligung aus dem ersten Halbjahr 1987 sowie zwei 1986 zur Thematik des Schwerpunktes geförderte Symposien.

1986/87 zur Thematik bewilligte Projekte

Freiburg Universität Freiburg/Br., Institut für Ur- und Frühgeschichte (Prof. Dr. H. Steuer)
Zur Frühgeschichte des Erzbergbaus und der Verhüttung im südlichen Schwarzwald

Heidelberg Max-Planck-Institut für Kernphysik, Heidelberg (Prof. Dr. G. A. Wagner, Dr. E. Pernicka)
International Symposium on Old World Archaeometallurgy
Früheste Kupfermetallurgie im Zentralbalkan (Serbien)

Mainz Universität Mainz, Institut für Geowissenschaften (Prof. Dr. I. Keesmann)
Symposion „Archäometallurgie von Kupfer und Eisen in Westeuropa"

Fachoffene Schwerpunkte

Symposienprogramm

Merkblatt 1
S. 309 ff.

Schwerpunkt seit 1966
Förderung insgesamt 17,4 Mio DM
im Jahre 1986: 1,9 Mio DM / 97 Veranstaltungen

Der Förderung des wissenschaftlichen Erfahrungsaustausches auf Fachtagungen hat die Stiftung Volkswagenwerk seit Beginn ihrer Tätigkeit eine hohe Bedeutung beigemessen. Sie sieht darin die Möglichkeit, mit vergleichsweise geringem Mitteleinsatz breite Wirkungen zu erzielen. Als besonders effektiv haben sich Veranstaltungen erwiesen, die ein abgegrenztes wissenschaftliches Thema behandeln und bei denen der Teilnehmerkreis entsprechend der jeweiligen Thematik gezielt ausgewählt und zahlenmäßig so begrenzt wird, daß eine aktive Mitwirkung aller Teilnehmer gesichert ist. Auf diesen Voraussetzungen gründen sich die mit dem Symposienprogramm gegebenen Förderungsmöglichkeiten: Sie sind bewußt auf die Bezuschussung kleiner, wenig aufwendiger Fachveranstaltungen beschränkt, bei denen die Teilnehmerzahl in der Regel bei 30 liegen sollte; sie kann bis auf 60 (unter Einschluß von Zuhörern) erhöht werden, wenn dafür besondere Gründe sprechen, zum Beispiel wenn dies notwendig erscheint, um verstärkt jüngere Wissenschaftler zu beteiligen. Auch bei Kursen sollte die Teilnehmerzahl auf höchstens 60 beschränkt werden. Veranstaltungen mit zahlenmäßig größerer Beteiligung können von anderen Stellen gefördert werden; hier ist in erster Linie die Deutsche Forschungsgemeinschaft zu erwähnen, mit der auch abgestimmt wurde, daß Symposienanträge nur an einer Stelle bearbeitet werden. Die Stiftung Volkswagenwerk vermeidet es, eine anteilige Finanzierung von Symposien zu übernehmen bzw. von anderen Förderungsorganisationen gewährte Beträge aufzustocken. Kongresse oder diesen ähnliche Veranstaltungen, ebenso Ausstellungen, werden von der Stiftung nicht unterstützt.

Förderungs-möglichkeiten

Im Gegensatz zu anderen Schwerpunkten ist das Symposienprogramm nicht an bestimmte Fachgebiete oder Problemstellungen gebunden. Die Stiftung kommt mit ihrer Förderung von kleinen Symposien (Arbeitstagungen, Workshops) oder Kursen (Ferienkurse, Sommerschulen) allen Disziplinen entgegen und will hier ebenso tra-

219

G = IR
Orbit
Fluß IR×M → M
Wie viele Sorten von Orbits gibt ?
period.
Fixpkt
G = U(1)
M = IR²
S¹
{0} ∪ IR+
E = MA²
E = MB²

Im Februar 1987 fand im Physikzentrum Bad Honnef eine einwöchige Frühjahrsschule zum Thema „Fundamentale Wechselwirkungen: Geometrische Trends" statt, die 60 jungen Physikern eine notwendige Ergänzung ihres Studienprogramms auf einem besonders wichtigen Gebiet neuer Entwicklungen der Theoretischen Physik vermittelte. Das Physikzentrum Bad Honnef dient den Physikern als Treffpunkt für Tagungen und zur naturwissenschaftlich-technischen Weiterbildung. Die Stiftung Volkswagenwerk hatte 1977 und 1986 zur Verbesserung der räumlichen Ausstattung beitragen können und fördert viele der (von verschiedenen Veranstaltern) dort durchgeführten wissenschaftlichen Tagungen und Fortbildungsveranstaltungen. (S. 227, 255; Bericht 1977/78, S. 169 u. a.)

ditionelle Wissenschaftsgebiete wie neue, insbesondere interdisziplinäre Arbeitsbereiche unterstützen. Ihr liegt vor allem an solchen Veranstaltungen, die der Diskussion neuer wissenschaftlicher Entwicklungen dienen und eine interdisziplinäre oder überörtliche Zusammenarbeit, unter angemessener Beteiligung jüngerer Wissenschaftler, herbeiführen und den Kontakt zu ausländischen Wissenschaftlern vertiefen. Der Tagungsort sollte in der Bundesrepublik Deutschland einschließlich Berlin (West) liegen. Im Interesse eines sparsamen Einsatzes von Förderungsmitteln werden Zuschüsse in erster Linie auf Reise- und Aufenthaltskosten für die Teilnehmer beschränkt, sofern sie den Besuch der Veranstaltung nicht aus anderen Mitteln finanzieren können. Über die Antragsvoraussetzungen und Förderungsmöglichkeiten im einzelnen informiert das im Anhang abgedruckte Merkblatt für Antragsteller.

Der Förderung der wissenschaftlichen Kommunikation mißt die Stiftung selbstverständlich auch innerhalb ihrer thematisch bestimmten Förderungsschwerpunkte große Bedeutung bei. Deshalb sieht die überwiegende Zahl der Schwerpunkte ausdrücklich entsprechende Förderungsmöglichkeiten vor; die inhaltlich einen solchen Schwerpunkt betreffenden Symposien und Fachtagungen werden im allgemeinen dort geführt.

Insgesamt wurden seit 1966 allein im Rahmen des Symposienprogramms über 700 wissenschaftliche Veranstaltungen gefördert. *Förderungsentwicklung*
Von den 1986 geförderten Symposien betrafen 34 geisteswissenschaftliche Themen, 24 Wirtschafts- und Sozialwissenschaften, 28 Naturwissenschaften und Medizin, 11 waren ingenieurwissenschaftlichen Themen gewidmet. Weitere 32 wissenschaftliche Veranstaltungen wurden im Rahmen der übrigen Schwerpunkte finanziert, so daß die Gesamtzahl der Symposienförderung bei 129 lag. Einige Beispiele geförderter Veranstaltungen aus dem Berichtszeitraum sind auf Seite 106 ff. dargestellt.

1986/87 bewilligte Symposien*

Geistes- und Gesellschaftswissenschaften

Universität Augsburg, Lehrstuhl für Statistik und Mathematische Wirtschaftstheorie (Prof. Dr. G. Bamberg) *Augsburg*
3. Workshop über Risiko und Kapital „Prinzipal-Agenten-Beziehungen"

* Ohne Veranstaltungen, die im Rahmen anderer Schwerpunkte gefördert wurden.

Foto Siebahn

221

Bayreuth Universität Bayreuth, Institut für Geowissenschaften (Prof. Dr. H. Ruppert)
Der Wandel der bäuerlichen Gesellschaft im Vorderen Orient

Berlin Freie Universität Berlin, FB Geschichtswissenschaften, Friedrich-Meinecke-Institut (Prof. Dr. W. Affeldt)
Lebensbedingungen, Lebensnormen und Lebensformen für Frauen in Spätantike und Frühmittelalter

Freie Universität Berlin, FB Politische Wissenschaft, Institut für Grundlagen der Politik (Prof. Dr. G. Göhler)
Verhaltenswissenschaftliche und philosophisch-anthropologische Voraussetzungen einer Theorie politischer Institutionen

Freie Universität Berlin, FB Politische Wissenschaft, Institut für Innenpolitik und Komparatistik (Dr. W. Luthardt)
Demokratie und Repräsentation – Theorie, Praxis und Wandel politischer und sozialer Institutionen

Freie Universität Berlin, FB Politische Wissenschaft, Institut für Innenpolitik und Komparatistik (Prof. Dr. R. Rytlewski)
Lebensstile und Kulturmuster in sozialistischen Gesellschaften

Aspen Institute Berlin (Prof. Dr. Sh. Stone)
Internationale Konferenzen „Westliche Sicherheitspolitik und Rüstungskontrolle – Chemische Waffen und europäische Sicherheit" und „Sicherheit in Europa: Was sind die Elemente gemeinsamer Sicherheitsinteressen in Ost und West?"

Deutscher Verein für Kunstwissenschaft e. V., Berlin (Prof. Dr. P. Bloch)
Arbeitstagung „Monumenta Artis Germaniae – heute. Deutsche Kunstgeschichtsbeschreibung in einer gewandelten wissenschaftlichen Welt"

Gesellschaft für Erdkunde, Berlin (Prof. Dr. B. Hofmeister)
Deutsche geographische Forschung in Australien in Vergangenheit und Gegenwart

Wissenschaftszentrum Berlin für Sozialforschung (Prof. Dr. M. Dierkes, Dr. J. Schwalbach)
4. Arbeitstagung Industrieökonomik: Langfristige Erfolgsunterschiede in industriellen Unternehmen und Märkten westlicher Industrienationen

Bielefeld Universität Bielefeld, Fakultät für Soziologie (Prof. Dr. G. Schmidt)
Organisation, Institutionalisierung und gesellschaftliche Relevanz industriesoziologischer Forschung in sozialistischen Ländern

Universität Bielefeld, Zentrum für interdisziplinäre Forschung / Zif (Prof. Dr. W. Prinz)
Europäische Sommerakademie „Kognitive Ansätze in der Gedächtnisforschung"

Bochum Universität Bochum, Institut für Philosophie (Prof. Dr. F. Rodi)
Gustav Špet – Werk und Wirkung. Versuch einer Bestandsaufnahme

Bonn Deutsche Gesellschaft für die Vereinten Nationen, Forschungsstelle, Bonn (Dr. Helga Timm, Prof. Dr. K. Hüfner)
Effizienz internationaler Organisationen und ihre Messung

222

Herzog Anton Ulrich-Museum, Braunschweig (Prof. Dr. R. Klessmann) *Braunschweig*
Hendrick ter Brugghen und die Nachfolger Caravaggios in Holland

Universität Bremen, Fachbereich 8 (Prof. Dr. K.-H. Ludwig) *Bremen*
Bergbau und Arbeitsrecht. Die Arbeitsverfassung im europäischen Bergbau des Mittelalters und der frühen Neuzeit

Universität Bremen, Fachbereich 10 (Prof. K. Matthies)
Sinnliche Erfahrung – KUNST – Therapie: ästhetisches Lernen in der technischen Welt

Zentrum für Europäische Rechtspolitik an der Universität Bremen (Prof. Dr. Chr. Joerges)
Amerikanische und deutsche Traditionen der soziologischen Jurisprudenz und der Rechtskritik

Zentrum Philosophische Grundlagen der Wissenschaften an der Universität Bremen (Prof. Dr. G. Pasternack)
Lukács-Workshop

Technische Hochschule Darmstadt, FB Informatik (Prof. Dr.-Ing. H.-J. *Darmstadt*
Schek)
International Workshop on Theory and Applications of Nested Relations and Complex Objects

Universität–Gesamthochschule–Duisburg, FB Sprach- und Literaturwissen- *Duisburg*
schaft, Anglistik/Amerikanistik (Prof. Dr. R. Dirven)
Pidgin and Creole Languages

Universität Erlangen-Nürnberg, Sozialwissenschaftliches Institut, Lehrstuhl *Erlangen*
für Kommunikations- und Politikwissenschaft (Prof. Dr. W. Schulz)
Europa als Medienereignis

Universität Erlangen-Nürnberg, Sozialwissenschaftliches Institut, Lehrstuhl
für Romanische Sprachen und Auslandskunde (Prof. Dr. H.-A. Steger, Dr.
Renate Morell)
Grenzen und Horizonte – Zur Problematik Mitteleuropas in Vergangenheit und Gegenwart

Universität Frankfurt/M., FB Wirtschaftswissenschaften (Prof. Dr. W. Meiß- *Frankfurt*
ner)
PLS (Partial Least Squares) Model Building: Theory and Applications

Universität Frankfurt/M., Institut für Jugendbuchforschung (Prof. Dr. K.
Doderer)
Aspekte der Kinderkultur in den Zwanziger Jahren – Über Walter Benjamins Interesse an der Kinderliteratur

Universität Gießen, FB Erziehungswissenschaften, Institut für Bildungsfor- *Gießen*
schung und Pädagogik des Auslands (Prof. Dr. H. Widmann)
Probleme der Reintegration türkischer Migrantenkinder

Gießen Universität Gießen, FB Psychologie (Prof. Dr. P. Netter, Prof. Dr. V. Gheor-
(Forts.) ghiu)
Suggestion/Suggestibilität

Universität Gießen, Institut für die Didaktik der Englischen Sprache und Literatur (Prof. Dr. L. Bredella)
Probleme interkultureller Verständigung zwischen den USA und Deutschland

Göttingen Universität Göttingen, Forschungs- und Studienzentrum der Agrar- und
Forstwissenschaften der Tropen und Subtropen (Prof. Dr. W. Achtnich)
*Wissenschaftliche Ergebnisse deutsch-türkischer Universitätspartnerschaften im
Agrarbereich*

Universität Göttingen, Institut für Geschichte der Medizin (Prof. Dr. U.
Tröhler)
Arbeitsgespräch „Ethik in der Medizin"

Universität Göttingen, Seminar für Romanische Philologie (Prof. Dr. M. En-
gelbert)
Der Spanische Bürgerkrieg – 50 Jahre danach

Universität Göttingen, Seminar für Slavische Philologie (Prof. Dr. R. Lauer)
Sprache und Literatur bei Vuk Karadžić

Akademie der Wissenschaften zu Göttingen
*Inhaltliche, methodische und terminologische Probleme bei der Erforschung von
Entstehung und Entwicklung der landesherrlichen Residenzen im späten Mittelal-
ter* (Prof. Dr. H. Platu und Prof. Dr. J. Fleckenstein, Göttingen)
*Aktuelle Morphodynamik und Morphogenese in den semiariden Tropen und Sub-
tropen* (Prof. Dr. J. Hagedorn, Göttingen; Prof. Dr. H. Mensching, Hamburg)

Göttingen Max-Planck-Institut für Geschichte, Göttingen (Prof. Dr. R. Vierhaus) ge-
London meinsam mit dem Leo Baeck Institute, London (Dr. A. Paucker)
*Deutsch-jüdische Geschichte. Zur Entwicklung der historischen Forschung und
Darstellung seit 1945: Ergebnisse, Kritik, Aufgaben*

Hamburg Universität Hamburg, FB Sportwissenschaft (Prof. Dr. P. Weinberg)
Probleme der Lerntheorie in der Sportwissenschaft

Universität Hamburg, II. Institut für Experimentalphysik (Prof. Dr. H. Spitzer)
*Naturwissenschaftliche Aspekte der Verifikation von Rüstungsbegrenzungsver-
trägen*

Universität Hamburg, Institut für Soziologie (Prof. Dr. A. Deichsel)
Lokalkultur und Weltgesellschaft – Aspekte der Moderne

Universität Hamburg, Historisches Seminar (Prof. Dr. B.-J. Wendt)
Britische Übersee-Expansion und britisches Empire vor 1840

Deutsche Vereinigung für Politische Wissenschaft, Hamburg (Prof. Dr. H.-H. Hartwich)
Notwendigkeiten, Möglichkeiten und Grenzen einer „Professionalisierung" des politikwissenschaftlichen Studiums

Universität Hannover, FB Rechtswissenschaften, Lehrgebiet Staats- und Verwaltungsrecht (Prof. Dr. H. P. Schneider) *Hannover*
Regulierungsprobleme der Parteienfinanzierung

Universität Heidelberg, Institut für Tropenhygiene und öffentliches Gesundheitswesen am Südasien-Institut (Prof. Dr. A. Kroeger) *Heidelberg*
Kranksein und Migration in Europa. Eine sozial- und ethnomedizinische Bestandsaufnahme

Universität Heidelberg, Musikwissenschaftliches Seminar (Prof. Dr. L. Finscher)
Musik an der Universität

Universität Heidelberg, Südasien-Institut, Seminar für Geschichte (Prof. Dr. D. Rothermund)
Language Policies and the Education of Ethnic Minorities

Roemer- und Pelizaeus-Museum, Hildesheim (Dr. A. Eggebrecht, Prof. Dr. H. J. Prem) *Hildesheim*
Das aztekische Mexiko im Lichte der neuesten Ausgrabungen am Templo Mayor in Mexiko-Stadt

Universität Karlsruhe, Institut für Angewandte Informatik und Formale Beschreibungsverfahren (Prof. Dr. H. Kleine-Büning) *Karlsruhe*
Logik in der Informatik

Universität Kiel, Musikwissenschaftliches Institut (Prof. Dr. F. Krummacher) *Kiel*
Dietrich Buxtehude und die europäische Musik seiner Zeit

Historisches Archiv des Erzbistum Köln (Prof. Dr. T. Diederich) *Köln*
Vorbereitung einer Inventarisierung von Siegelbeständen mit Hilfe der EDV

Bundesinstitut für ostwissenschaftliche und internationale Studien, Köln (Dr. D. Heinzig) gemeinsam mit der Deutschen Gesellschaft für Asienkunde, Hamburg (Prof. Dr. J. Glaubitz) *Köln* *Hamburg*
Die Sowjetunion und Asien in den 80er Jahren – Ziele und Grenzen sowjetischer Politik zwischen Indischem Ozean und Pazifik

Deutsch-Französisches Institut, Ludwigsburg (Dr. R. Picht) *Ludwigsburg*
Frankreich im Wahljahr 1986: Politisches System im Umbruch

Universität Mannheim, Seminar für Allgemeine Linguistik (Prof. Dr. P. St. Ureland) *Mannheim*
Internationales Symposion „Sprachkontakt in der Hanse"

Universität Mannheim, Seminar für deutsche Philologie (Prof. Dr. G. Bauer)
Stadtsprachenforschung mit besonderer Berücksichtigung der Stadt Straßburg

Marburg Universität Marburg, FB Geschichtswissenschaften (Prof. Dr. P. Rück)
Kolloquium „Fotografische Sammlungen mittelalterlicher Urkunden in Europa"

Universität Marburg, Forschungsstelle zum Vergleich Wirtschaftlicher Lenkungssysteme (Prof. Dr. A. Schüller)
Theoriebildung und empirische Forschung im Systemvergleich

Universität Marburg, Seminar für Neuere Geschichte (Prof. Dr. K. Malettke)
Deutsch-französisches Historiker-Kolloquium „Humanismus und höfisch-städtische Eliten im 16. Jahrhundert"

Marburg Universität Marburg, FB Gesellschaftswissenschaften und Philosophie, Insti-
Budapest tut für Politikwissenschaft (Priv.-Doz. Dr. J. Becker) in Zusammenarbeit mit dem Mass Communication Research Centre, Budapest (Dr. T. Szecskö)
Internationale Informationsflüsse zwischen Ost- und Westeuropa

München Universität München, Institut für Philosophie (Priv.-Doz. Dr. W. Vossenkuhl)
Die Tradition der Analytischen Philosophie im 20. Jahrhundert

Deutsche Gesellschaft für Phänomenologische Forschung e. V., München (Prof. Dr. E. W. Orth, Trier)
Das Denken Martin Heideggers 10 Jahre nach seinem Tod

Münster Universität Münster, Institut für Wirtschafts- und Sozialgeschichte (Prof. Dr. T. Pierenkemper)
Der Agrarsektor im Entwicklungsprozeß

Osnabrück Universität Osnabrück, FB Wirtschaftswissenschaften (Prof. Dr. G. Kirchgässner)
Das Wachstum des öffentlichen Sektors in entwickelten Volkswirtschaften

Passau Universität Passau, Lehrstuhl für Englische Literaturwissenschaft (Prof. Dr. M. Pfister)
Krise und Modernisierung des Ich

Speyer Hochschule für Verwaltungswissenschaften Speyer (Priv.-Doz. Dr. E. V. Heyen)
Formation und Transformation des Verwaltungswissens in Frankreich und Deutschland (18./19. Jahrhundert)

Stuttgart Deutsche Gesellschaft für Osteuropakunde e. V., Stuttgart (Prof. Dr. G. Brunner, Prof. Dr. A. Kappeler)
Die Muslime im sowjetischen und jugoslawischen Bundesstaat: Identität – Politik – Widerstand

Landesdenkmalamt Baden-Württemberg, Referat Archäologie des Mittelalters, Stuttgart (Dr. H. Schäfer)
Kolloquium zur archäologisch-historischen Stadtforschung (Publikation)

226

Universität Trier, FB 3, Mittelalterliche Geschichte (Prof. Dr. A. Haverkamp) *Trier*
Deutschland und England im hohen Mittelalter (11.–13. Jahrhundert) – Ansätze
zu einem Vergleich

Universität Tübingen, Institut für Politikwissenschaft (Prof. Dr. G. Meyer) *Tübingen*
Politische Kultur der Volksrepublik Polen

Universität Tübingen, Seminar für Indologie und Vergleichende Religions-
wissenschaft (Prof. Dr. B. Gladigow)
Deutsch-italienisches Symposion „Religionswissenschaft und Kulturwissenschaft –
Die Schule von Rom und die deutsche Religionsgeschichte"

Pädagogische Hochschule Weingarten (Prof. Dr. D. Wahl) *Weingarten*
Subjektive Theorien auf dem Prüfstand

Lessing-Akademie e. V., Wolfenbüttel (Prof. Dr. R. Vierhaus) *Wolfenbüttel*
Moses Mendelssohn und die Kreise seiner Wirksamkeit

Universität Würzburg, Institut für Deutsche Philologie, Volkskundliche Abt. *Würzburg*
(Prof. Dr. W. Brückner) gemeinsam mit Dr. H. Ottenjann (Museumsdorf *Cloppenburg*
Cloppenburg)
Kulturhistorische Möbelforschung in Mitteleuropa

Mathematik, Naturwissenschaften, Ingenieurwissenschaften,
Biowissenschaften

Deutsche Physikalische Gesellschaft e. V., Physikzentrum Bad Honnef (Dr. *Bad Honnef*
J. Debrus)
Frühjahrsschule „Fundamentale Wechselwirkungen: Geometrische Trends"

Deutsche Physikalische Gesellschaft e. V., Bad Honnef (Präsident Prof. Dr. *Bad Honnef*
J. Treusch, Dortmund) *Dortmund*
Strategische Verteidigungsinitiative (SDI)

Freie Universität Berlin, Institut für Tierphysiologie und Angewandte Zoolo- *Berlin*
gie (Prof. Dr. R. Menzel)
Farbensehen – Photopigmente, neutrale Integration, Psychophysik

Technische Universität Berlin, FB Physik, Institut für Festkörperphysik
(Prof. Dr. I. Broser)
Seminar über Heterostrukturen und Halbleiterlaser

Universität Bremen, Abt. Neurobiologie (Prof. Dr. H. Flohr) *Bremen*
Post-Lesion Neural Plasticity

Universität Bremen, Abt. Verhaltensphysiologie (Prof. Dr. G. Roth)
Tagung „Mechanismen sensorischer Verhaltenssteuerung bei Fischen und Amphi-
bien"

Clausthal Technische Universität Clausthal, Arnold-Sommerfeld-Institut für Mathematische Physik (Prof. Dr. H. D. Doebner)
XV. International Conference on Differential Geometric Methods in Theoretical Physics

Dortmund Universität Dortmund, Abt. Maschinenbau, Lehrstuhl für Fabrikorganisation (Prof. Dr.-Ing. H.-H. Gerlach)
2. Instandhaltungsforum „Instandhaltung automatisierter Anlagen – neue Anforderungen an die Ausbildung"

Frankfurt Forschungsinstitut Senckenberg, Natur-Museum Senckenberg, Frankfurt/M. (Prof. Dr. W. Ziegler)
Interdisziplinäre Arbeitstagung über die Geologie, Geochemie und Paläontologie der Fossillagerstätte „Grube Messel" bei Darmstadt

Gesellschaft Deutscher Chemiker, Fachgruppe „Magnetische Resonanzspektroskopie", Frankfurt/M. (Prof. Dr. R. Kosfeld)
8. Diskussionstagung mit Schwerpunkt „Flüssigkristalliner Zustand"

Freiburg Universität Freiburg/Br., Abt. Klinische Neurologie und Neurophysiologie (Prof. Dr. J. Krüger)
Tagung „Neuronal Cooperativity; Experiment, Interpretation, Theory"

Gießen Universität Gießen, Wissenschaftliches Zentrum, Tropeninstitut (Prof. Dr. J. Steinbach)
Die Bedeutung der kleinen Wiederkäuer zur Nutzung marginaler Standorte in den Tropen und Subtropen

Göttingen Akademie der Wissenschaften zu Göttingen
Internationales Symposion „Experimentelle Phykologie. Molecular and Cellular Asects of Algal Development" (Prof. Dr. A. Pirson, Göttingen)

Max-Planck-Institut für Strömungsforschung, Göttingen (Prof. Dr. H. Gg. Wagner)
EUROMECH-Colloquium 208 „Explosions in Industry"

Hamburg Max-Planck-Institut für Meteorologie, Hamburg (Prof. Dr. H. Hinzpeter)
Alfred-Wegener-Konferenz „Ground Based Remote Sensing of the Troposphere"

Hannover Universität Hannover, Curt-Risch-Institut für Dynamik, Schall- und Meßtechnik (Prof. Dr. H. G. Natke)
Workshop „Structural Safety Evaluation Based on System Identification Approaches"

Universität Hannover, Institut für Mechanik (Prof. Dr.-Ing. D. Besdo)
Workshop „Numerische Methoden der Plastomechanik"

Universität Hannover, Institut für Strömungsmechanik und Elektronisches Rechnen im Bauwesen (Prof. Dr.-Ing. P. Holz)
International Colloquium on Mathematical Models for Morphological Processes in Coastal Waters

228

Universität Karlsruhe, Institut für Didaktik der Physik (Prof. Dr. G. Falk, Prof. Dr. F. Herrmann) *Karlsruhe*
Sommerschule „New Concepts in Physics Teaching – Scientific Basis and Realization in School"

Gesamthochschule Kassel, Institut für Mechanik (Prof. Dr.-Ing. H. Irretier) *Kassel*
EUROMECH-Colloquium 219 „Refined Dynamical Theories of Beams, Plates and Shells and their Applications"

Gesamthochschule Kassel, Institut für Werkstofftechnik (Prof. Dr.-Ing. G. W. Ehrenstein)
Kolloquium „Eigenverstärkung von Thermoplasten"

Deutsche Gesellschaft für Klinische Chemie e. V., Köln *Köln*
Mechanisms and Control of pH Homeostasis (Prof. Dr. W. Gerok und Doz. Dr. D. Häussinger, Freiburg/Br.)

Max-Planck-Institut für Chemie, Abt. Geochemie, Mainz (Prof. Dr. A. Hofmann) *Mainz*
Workshop on Numerical Simulation of Mantle Convection

Universität Marburg, FB Humanmedizin, Institut für Experimentelle Immunologie (Prof. Dr. K.-U. Hartmann) *Marburg*
Workshop (Seminarkurs) „Forschungsthemen der Immunpathologie"

Universität Marburg, Institut für Mineralogie, Petrologie und Kristallographie (Prof. Dr. E. Hellner)
Arbeitstagung „Nomenklatur und Symbolik von intermetallischen Strukturen"

Universität München, Klinikum Großhadern, Institut für Chirurgische Forschung (Prof. Dr. W. Brendel) *München*
Workshop „Cytoimmunological Monitoring in Heart-, Heart-Lung-/Liver-Recipients"

Universität München, Mathematisches Institut (Prof. Dr. R. Fritsch)
Arbeitstagung „Geometrische Darstellungstheorie"

Universität München, Zoologisches Institut (Prof. Dr. G. Neuweiler)
Sinne in ihrer Umwelt

Technische Universität München, Lehrstuhl für Photogrammetrie (Prof. Dr.-Ing. H. Ebner, Dr.-Ing. D. Fritsch) gemeinsam mit Prof. Dr. G. W. Hein, Institut für Astronomische und Physikalische Geodäsie, Universität der Bundeswehr München
Joint-Workshop „Kombinierte Ausgleichung von heterogenen geodätischen und photogrammetrischen Daten"

Technische Universität München, Mathematisches Institut (Prof. Dr. G. Tinhofer)
WG 86 – Graphtheoretic Concepts in Computer Science

Merkblatt 2
S. 312 ff.   Akademie-Stipendien
_____

Schwerpunkt seit 1971
Förderung insgesamt 31,6 Mio DM
im Jahre 1986: 6,3 Mio DM / 71 Vorhaben, 7 Nachbewilligungen

Förderungs-
möglichkeiten   Mit diesem nicht an Fachrichtungen oder Themenstellungen gebundenen Schwerpunkt will die Stiftung Volkswagenwerk besonders qualifizierten und belasteten C 4- und C 3-Professoren an deutschen Hochschulen die Möglichkeit bieten, während eines Zeitraums von mindestens sechs Monaten und höchstens zwei Jahren zugunsten von Forschungsaufgaben von den Lehrverpflichtungen befreit zu werden. Allerdings darf ein Akademie-Stipendium nicht die öffentliche Hand von der Gewährung üblicher Forschungsfreisemester entlasten. Für den Bewerber selbst kommt nur eine zusätzliche Befreiung unter Fortzahlung der Dienstbezüge in Betracht.

Nach der Art der Förderung ist zu unterscheiden:

- das *Vollstipendium* mit Mitteln für einen Lehrvertreter (derzeit maximal 100 000 DM jährlich), für zusätzliches Personal und Sachaufwendungen (derzeit bis zu 10 000 DM pro Jahr) sowie für Reisen (Zuschüsse)

- das *Zusatzstipendium* für einen 6- bis 12-monatigen Auslandsaufenthalt mit Zuschüssen zu Reise- und Sachkosten während vom jeweiligen Land gewährter Freisemester.

Die Förderung kann sich auf den Beginn, die Fortführung oder den Abschluß wissenschaftlicher Arbeiten erstrecken. Ein Akademie-Stipendium zur Erarbeitung von Lehrbüchern und zusammenfassenden Darstellungen setzt voraus, daß dabei eigenständige Forschungsbeiträge des jeweiligen Bewerbers einfließen und ein deutlicher Erkenntnisgewinn für die Wissenschaft zu erzielen ist. In Anträgen für Lehrbücher muß zudem deren besondere Bedeutung für die universitäre Ausbildung dargelegt werden. Vor Stipendienbewerbungen zu anderweitig geförderten Projekten sollten zunächst die dort bestehenden Förderungsmöglichkeiten geprüft werden.

Seit 1983 finanziert die Stiftung bei Vollstipendien nur noch Lehrvertretungen vorrangig durch habilitierte Nachwuchswissenschaftler in ungesicherter Position. Damit will sie den jüngeren Wissenschaftlern, die bei der heutigen Stellensituation an den Hochschulen oft trotz der erlangten Lehrbefähigung kaum Gelegenheit haben, ihre Qualifikation für einen Lehrstuhl in der Praxis nachzuweisen, eine Chance bieten. *Qualifizierungschance für Lehrvertreter*

Ein vergleichender Rückblick auf die Entwicklung der Antrags- und Bewilligungszahlen des Schwerpunktes zeigt in den letzten Jahren eine deutliche jährliche Zunahme: Gegenüber den je etwa 20 neu bewilligten Akademie-Stipendien in den Jahren 1981–1983 hat sich die Anzahl in den drei letzten Jahren verdoppelt bis verdreifacht. Seit 1971 wurden insgesamt 387 Akademie-Stipendien zur Verfügung gestellt, für die in 103 Fällen Nachbewilligungen ausgesprochen wurden. *Förderungsentwicklung*

Eine Aufteilung der 1986 bewilligten Vorhaben nach Fachbereichen ergibt 34 Bewilligungen für die Geisteswissenschaften, 20 für die Natur- und Ingenieurwissenschaften, 17 für die Sozial- und Wirtschaftswissenschaften. Unter den einzelnen Disziplinen stehen die Sprach- und Literaturwissenschaften mit 11 Stipendien an der Spitze, gefolgt von Geschichtswissenschaften mit 8 und Mathematik mit 7 Stipendien.

1986/87 bewilligte Akademie-Stipendien*

Prof. Dr.-Ing. G. Fehl, Lehrstuhl für Planungstheorie, Technische Hochschule Aachen *Aachen*
Gartenstadt und Rationalisierung 1918–1926

* R = Reisestipendium (Zusatzstipendium für Auslandsaufenthalte)

| Augsburg | Prof. Dr. F. Pukelsheim, Institut für Mathematik, Universität Augsburg |

Augsburg
: Prof. Dr. F. Pukelsheim, Institut für Mathematik, Universität Augsburg
Buchprojekt „Optimality Theory of Experimental Design" (R)

Bamberg
: Prof. Dr. R. Bergmann, Lehrstuhl für deutsche Sprachwissenschaft und ältere deutsche Literatur, Universität Bamberg
Arbeiten an einem „Rückläufigen Morphologischen Wörterbuch des Althochdeutschen"

Berlin
: Prof. Dr. K. Gründer, Institut für Philosophie, Freie Universität Berlin
Schwäbischer Pietismus und Philosophie

Prof. Dr. D. Heikamp, Fachgebiet Kunstwissenschaft, Technische Universität Berlin
Lebensstufen eines reisenden Virtuoso: Der Maler Federico Zuccari

Prof. Dr. H. Kaelble, Zentralinstitut für Sozialwissenschaftliche Forschung, Freie Universität Berlin
Frankreich und Deutschland – Vergleich zweier europäischer Gesellschaften im 20. Jahrhundert

Prof. Dr. A. Schwan, FB Politische Wissenschaft, Institut für Grundlagen der Politik, Freie Universität Berlin
Ethos der Demokratie. Philosophische Grundlagen einer materialen Pluralismustheorie

Prof. Dr. R. Seiler, FB 3, Mathematik, Technische Universität Berlin
Zusammenfassende Darstellung der theoretischen Ansätze zum Quanten-Hall-Effekt

Prof. Dr. U. Wesel, Institut für Grundlagen und Grenzgebiete des Rechts, Freie Universität Berlin
Erarbeitung eines Lehrbuchs „Grundzüge der Rechtsgeschichte – Über Recht und Staat von den Anfängen bis zur Gegenwart"

Bielefeld
: Prof. Dr. F. X. Kaufmann, Fakultät für Soziologie, Universität Bielefeld
Soziologische Theorie der Sozialpolitik

Prof. Dr. Chr. Klessmann, Fakultät für Geschichtswissenschaft, Universität Bielefeld
Deutsche Geschichte 1955–1970

Bochum
: Prof. Dr. O. Anweiler, Institut für Pädagogik, Universität Bochum
Forschungsarbeiten über „Das Schulsystem der DDR" und „Erziehung und Gesellschaft im realen Sozialismus (Sowjetunion, Polen, DDR)"

Prof. Dr. K. Eimermacher, Seminar für Slavistik, Universität Bochum
Studien zur Geschichte der sowjetischen Nachkriegskunst

Prof. Dr. H. Korte, Zentrales Sozialwissenschaftliches Seminar, Universität Bochum
Zivilisationstheorie und Figurationssoziologie. Eine Einführung in Werk und Biographie von Norbert Elias

232

Prof. Dr. W. Besch, Germanistisches Seminar, Universität Bonn

Arbeiten zur Grammatik des Frühneuhochdeutschen und zu den Anredeformen im Deutschen

Bonn

Prof. Dr. F. Grunewald, Mathematisches Institut, Universität Bonn

Automorphe Formen auf hyperbolischen Räumen

Prof. Dr. N. Oellers, Germanistisches Seminar, Universität Bonn

Abschluß der Arbeiten an Band 2/II der Schiller-Nationalausgabe

Prof. Dr. J. Stagl, Seminar für Soziologie, Universität Bonn

Buchprojekt „Soziale, historische und theoretische Voraussetzungen der Ethnologie"

Prof. Dr. Kristiana Hartmann, Institut für Bau- und Stadtbaugeschichte, Technische Universität Braunschweig

Kommunale Entscheidungsvorgänge beim Siedlungsbau der 20er Jahre

Braunschweig

Prof. Dr. P. Bürger, Fachbereich 10, Universität Bremen

Moderne – Avantgarde – Postmoderne

Bremen

Prof. Dr. N. Jaeger, Institut für Angewandte und Physikalische Chemie, Universität Bremen

Experimentelle Untersuchung und Modellierung elektrochemischer Oszillationen (R)

Prof. Dr. K. H. Hofmann, FB Mathematik, Technische Hochschule Darmstadt

Herausgabe einer Monographie „The Lie Theory of Semigroups and its Applications"

Darmstadt

Prof. Dr. U. Onken, Lehrstuhl für Technische Chemie B, Universität Dortmund

Erarbeitung eines Lehrbuchs über chemische Prozeßkunde, einer Gesamtdarstellung „Druckeinfluß auf aerobe Kulturen" sowie weiterer Veröffentlichungen

Dortmund

Prof. Dr. W. Wehle, Institut für Romanistik, Katholische Universität Eichstätt

Arkadien – Vom Mythos des einfachen Lebens und den Idealen einer natürlichen Sittlichkeit

Eichstätt

Prof. Dr. H. Bauer, Mathematisches Institut, Universität Erlangen-Nürnberg

Neubearbeitung des Lehrbuchs „Wahrscheinlichkeitstheorie und Grundzüge der Maßtheorie"

Erlangen

Prof. Dr. E. Wirth, Institut für Geographie, Universität Erlangen-Nürnberg

Abschluß laufender Untersuchungen über orientalische Städte

Prof. Dr. E.-O. Czempiel, FB Gesellschaftswissenschaften, Abt. Internationale Beziehungen, Universität Frankfurt/M.

Die USA und die Sowjetunion: Der neue Konflikt

Frankfurt

Frankfurt (Forts.)	Prof. Dr. Ina-Maria Greverus, Institut für Kulturanthropologie und Europäische Ethnologie, Universität Frankfurt/M.

Abschluß des Buchprojektes „Zum Verhältnis von Soziologie, Ethnologie und Kulturanthropologie"

Prof. Dr. Ilse Staff, FB Rechtswissenschaft, Universität Frankfurt/M.
Zur Rezeption von Carl Schmitt in Italien und zu ihren rechtstheoretischen und politischen Auswirkungen

Freiburg	Prof. Dr. M. Barner, Mathematisches Institut, Universität Freiburg/Br.

Abschluß einer zusammenfassenden Darstellung „Differentialgeometrie der Kreise und Kugeln"

Prof. Dr. E. Eberlein, Institut für Mathematische Stochastik, Universität Freiburg/Br.
Starke Approximation von Partialsummenprozessen (R)

Prof. Dr. F. H. Link, Englisches Seminar, Amerikanische Abt., Universität Freiburg/Br.
Geschichte der amerikanischen Verskunst von ihren Anfängen bis zum Ende des 19. Jahrhunderts

Prof. Dr. R. Mäckel, Institut für Physische Geographie, Universität Freiburg/Br.
Abschluß des Publikationsvorhabens „Erfassung und Bewertung des Naturpotentials und der Landschaftsdegradierung in Afrika"

Prof. Dr. K. Pohlmeyer, Fakultät für Physik, Universität Freiburg/Br.
Konsistente Formulierung und Strukturaufklärung von Quantenstringtheorien in vier Raum-Zeit-Dimensionen (R)

Göttingen	Prof. Dr. Helga Grebing, Seminar für Mittlere und Neuere Geschichte, Universität Göttingen

Flüchtlinge und Flüchtlingspolitik in Niedersachsen in der Nachkriegszeit (1945–1952)

Prof. Dr. H. J. Prem, Institut und Sammlung für Völkerkunde, Universität Göttingen
Untersuchungen zu Maya-Ruinenstätten in Mexiko und zur Chronologie der voreuropäischen Geschichte Zentralmexikos

Prof. Dr. K. Raschke, Pflanzenphysiologisches Institut und Botanischer Garten, Universität Göttingen
Wirkungen des Phytohormons Abscisinsäure auf den Ionentransport durch das Plasmalemma von Schließzellen und auf die Photosynthesekapazität von Blättern

Prof. Dr. M. Staehelin, Musikwissenschaftliches Seminar, Universität Göttingen
Abschluß der Biographie von Hans Georg Nägeli

Prof. Dr. H. Feger, Psychologisches Institut I, Universität Hamburg
Erarbeitung eines Lehrbuchs zur „Einstellungsmessung" und Abfassung einer Monographie zur „Ordinalen Netzwerkskalierung"

Prof. Dr. O. Riemenschneider, Mathematisches Seminar, Universität Hamburg
Abschluß eines Buchprojekts „Komplex-analystische Flächensingularitäten und weiterführende Untersuchungen über Deformationen spezieller Klassen

Prof. Dr. L. Schäfer, Philosophisches Seminar, Universität Hamburg
Natur und Verantwortung

Prof. Dr. H. Bley, Historisches Seminar, Universität Hannover
Abschluß der Arbeiten an einer „Geschichte Afrikas im 18. und 19. Jahrhundert"

Prof. Dr. L. Kreutzer, Seminar für Deutsche Literatur und Sprache, Universität Hannover
Vergleichende Literaturwissenschaft der Industrie- und Entwicklungsländer

Prof. Dr.-Ing. F. Sieker, Institut für Wasserwirtschaft, Hydrologie und landwirtschaftlichen Wasserbau, Universität Hannover
Zusammenfassende Darstellung „Hydrologie der Stadtentwässerung"

Prof. Dr. R. Bastine, Psychologisches Institut, Universität Heidelberg
Erstellung eines Lehrbuchs „Klinische Psychologie", Band 2

Prof. Dr. P. Michelsen, Germanistisches Seminar, Universität Heidelberg
Studien zu Goethes „Faust"

Prof. Dr. B. Panzer, Slavisches Seminar, Universität Heidelberg
Die slavischen Sprachen in Geschichte und Gegenwart – Sprachstrukturen und Verwandtschaft

Prof. Dr. P. A. Riedl, Kunsthistorisches Institut, Universität Heidelberg
Buchprojekt „Die Kirchen von Siena", Band II

Prof. Dr. P. Roquette, Mathematisches Institut, Universität Heidelberg
Buchprojekt „Modelltheoretische Methoden in der Zahlentheorie" sowie Fertigstellung von drei Publikationen zur „Klassenkörpertheorie"

Prof. Dr. D. Rothermund, Südasien-Institut, Universität Heidelberg
India in the Great Depression 1929–1939

Prof. Dr. H. Lenk, Institut für Philosophie, Universität Karlsruhe
Ethik der Technikgeschichte

Prof. Dr.-Ing. E. Naudascher, Institut für Hydromechanik, Universität Karlsruhe
Arbeiten zur hydromechanischen Beanspruchung von Konstruktionen des Wasserbaus

Kiel Prof. Dr. D. Frey, Institut für Psychologie, Universität Kiel
Die Theorie der kognitiven Dissonanz

Prof. Dr. H. E. Mayer, Historisches Seminar, Universität Kiel
Kritische Ausgabe der Urkunden der lateinischen Kreuzfahrerkönige von Jerusalem

Köln Prof. Dr. F. W. Hehl, Institut für Theoretische Physik, Universität Köln
Buchprojekt „Poincaré Gauge Field Theory of Gravitation"

Prof. Dr. H. D. Irmscher, Institut für Deutsche Sprache und Literatur, Universität Köln
Arbeit an der kritischen Ausgabe von J. G. Herders „Studien und Entwürfen"

Konstanz Prof. Dr. G. Gigerenzer, Sozialwissenschaftliche Fakultät, Fachgruppe Psychologie, Universität Konstanz
Abschluß des Buchprojektes „Measuring the Mind – The Interplay Between Method and Theory"

Prof. Dr. W. Schuller, Philosophische Fakultät, Fachgruppe Geschichte, Universität Konstanz
Darstellung der Griechischen Geschichte für die Frühe und Klassische Zeit

Prof. Dr. Ch. Schwarze, Philosophische Fakultät, Fachgruppe Sprachwissenschaft, Universität Konstanz
Grammatik der italienischen Sprache

Marburg Prof. Dr. R. Habel, Institut für Neuere Deutsche Literatur, Universität Marburg
Weiterführung der Arbeiten an der „Christian Morgenstern-Gesamtausgabe"

Melbourne/ Australien Prof. Dr. G. Schulz, Department of Germanic Studies, University of Melbourne
Geschichte der deutschen Literatur zwischen Französischer Revolution und Restauration, Band 2

München Prof. Dr. H. Bauer, Institut für Kunstgeschichte, Universität München
Untersuchung der internationalen Tätigkeit venezianischer Deckenmaler im 18. Jahrhundert

Prof. Dr. G. Bossong, Institut für Romanische Philologie, Universität München
Differentielle Objektmarkierung

Prof. Dr. U. Meyer-Berkhout, Sektion Physik, Universität München
Crystal-Barrel-Projekt bei LEAR/CERN und CHARM II-Experiment bei CERN

Münster Prof. Dr. E. Heftrich, Germanistisches Institut, Universität Münster
Nietzsches „semiotische" Gestalten

236

Prof. Dr. H. M. Trautner, FB Psychologie, Universität Münster
Lehrbuch der Entwicklungspsychologie, Band 2

Prof. Dr. K. Garber, FB Sprache, Literatur, Medien, Universität Osnabrück   *Osnabrück*
Abschluß des zweibändigen Werkes „Arkadien und Gesellschaft"

Prof. Dr. B. Gajek, Institut für Germanistik, Universität Regensburg   *Regensburg*
Ludwig Thoma-Biographie

Prof. Dr. K. Vondung, FB 3 Sprach- und Literaturwissenschaften, Germani-   *Siegen*
stik, Universität – Gesamthochschule – Siegen
Die Apokalypse in der deutschen Literatur und Geistesgeschichte des 19. und
20. Jahrhunderts

Prof. Dr. H. Witthöft, FB 1, Wirtschafts- und Sozialgeschichte, Universität
– Gesamthochschule – Siegen
Einführung in die historische Metrologie

Prof. Dr. H. Spehl, FB IV, Volkswirtschaftslehre, Universität Trier   *Trier*
Grundlagen der Stadt- und Regionalökonomie

Prof. Dr. O. Bayer, Evangelisch-Theologisches Seminar, Institut für Christli-   *Tübingen*
che Gesellschaftslehre, Universität Tübingen
Abschluß der Arbeiten an einem Kommentarwerk zu „Hamanns Kantkritik"

Prof. Dr. J. van Ess, Orientalisches Seminar, Universität Tübingen
Erarbeitung von zwei Bänden „Theologie und Gesellschaft im 2. und 3. Jahrhun-
dert der Hidschra"

Prof. Dr. K. Gaiser, Philologisches Seminar, Universität Tübingen
Fertigstellung des Platon-Bandes in „Ueberwegs Grundriß der Geschichte der Phi-
losophie"

Prof. Dr. H. Krämer, Philosophisches Seminar, Universität Tübingen
Buchprojekt „Platon und die Grundlegung der Metaphysik"

Prof. Dr. J. Paul, Kunsthistorisches Institut, Universität Tübingen
Abschluß des Publikationsvorhabens „The Illustration of the Bible in France and
England, 1100–1270"

Prof. Dr. K. Schwager, Kunsthistorisches Institut, Universität Tübingen
Abschluß der Baumonographie zur römischen Jesuitenkirche „Il Gesù" und Unter-
suchungen über den Architekten della Porta

Prof. Dr. E. Straßner, Deutsches Seminar, Universität Tübingen
Abschluß des Handbuchs „Mediensprache – Entwicklungs- und Erscheinungsfor-
men von Sprache in den publizistischen Medien"

Prof. Dr.-Ing. H. Kaldenhoff, FB 11, Fachgebiet Wasserbau und Wasserwirt-   *Wuppertal*
schaft, Universität – Gesamthochschule – Wuppertal
Forschungsprogramm „Environmental Dynamics" (R)

China-Programm: Förderung der deutsch-chinesischen
wissenschaftlichen Zusammenarbeit

Schwerpunkt seit 1986
Förderung im Jahre 1986: 1,6 Mio DM / 11 Vorhaben

Die Stiftung möchte mit diesem – für alle Fächer offenen – Programm ihre chinabezogene Förderung nach Themen und Förderungsinstrumenten erweitern und verstärken und damit einen langfristig wirksamen Beitrag zur Zusammenarbeit zwischen den Wissenschaftlern aus beiden Ländern leisten. Dem Beschluß zur Einrichtung des Schwerpunktes Mitte 1986 waren mehrere Expertengespräche sowie eine im Auftrag der Stiftung vom Institut für Asienkunde, Hamburg, erstellte Bestandsaufnahme* über die derzeitige wissenschaftliche Zusammenarbeit zwischen der Volksrepublik China und der Bundesrepublik Deutschland vorausgegangen.

Bisherige China-Förderung China ist für die Stiftung Volkswagenwerk kein Neuland in der Forschungsförderung: Bereits 1979 und 1980 wurden Starthilfen an die Tongji-Universität Shanghai und an die Medizinische Hochschule Wuhan (inzwischen umbenannt in Tongji Medizinische Universität Wuhan) für die apparative Ausstattung von neugegründeten Forschungsinstituten vergeben. 1981 erhielt die Tongji-Universität weitere Mittel als Zuschuß für eine Rechenanlage. Im „Partnerschaftsprogramm Ingenieur- und Naturwissenschaften" wurden seit 1980 bis zur Einrichtung des China-Programms nahezu 40 deutsch-chinesische Kooperationsprojekte gefördert. Schließlich unterstützt die Stiftung für fünf Jahre eine Partnerschaft der juristischen Fakultäten in Göttingen und Nanjing. Insgesamt hat sie seit 1979 rund 7,6 Millionen DM für die Entwicklung von Forschung und Lehre in der Volksrepublik China, zumeist in enger Zusammenarbeit mit deutschen Wissenschaftlern, bereitgestellt.

Thematik Das China-Programm richtet sich ebenso an Natur- und Ingenieurwissenschaften und Medizin wie an Geistes- und Gesellschaftswissenschaften. Im Mittelpunkt stehen partnerschaftliche Kooperation

---

* E. Louven, M. Schädler: Wissenschaftliche Zusammenarbeit zwischen der Volksrepublik China und der Bundesrepublik Deutschland. Bestandsaufnahme und Anregungen für die Forschungsförderung. Ein Bericht im Auftrag der Stiftung Volkswagenwerk, Hannover. Mitteilungen des Instituts für Asienkunde, Hamburg, Nr. 149, 1986

im Rahmen von Forschungsvorhaben sowie der wissenschaftliche Erfahrungsaustausch. Auch auf die Aus- und Weiterbildung junger Wissenschaftler in China wird Wert gelegt. Vorhaben mit eindeutig entwicklungspolitischem Bezug sowie Übersetzungen belletristischer Literatur können jedoch nicht berücksichtigt werden.

Gefördert werden in erster Linie Forschungsvorhaben unter Mitwirkung deutscher und chinesischer Wissenschaftler einschließlich gegebenenfalls damit verbundener Lehrveranstaltungen. Bei einer Laufzeit von durchschnittlich zwei bis drei Jahren können hierfür Mittel bis zu 100 000 DM bereitgestellt werden. Sie sind in erster Linie für den chinesischen Partner bestimmt, wobei beschaffte Geräte, Bücher etc. in dessen Eigentum übergehen. Die Mittel werden jedoch an das deutsche Institut bewilligt und von diesem verwaltet. *Förderungs-möglichkeiten*

Weiter können bilaterale Symposien, Workshops und Sommerkurse unterstützt werden, sowie Arbeitstagungen deutscher Wissenschaftler auf Fachebene, die speziell dem Erfahrungsaustausch dienen. Darüber hinaus hält sich die Stiftung für besondere, im Interesse der Entwicklung der Wissenschaften in China und der deutsch-chinesischen Zusammenarbeit liegende Einzelvorhaben offen.

Auf China bezogene gesellschaftswissenschaftliche Forschungen deutscher wissenschaftlicher Einrichtungen können weiterhin und verstärkt im Rahmen des Schwerpunktes „Grundlegende Entwicklungen in Lateinamerika, Asien und Afrika" gefördert werden.

Einige Beispiele 1986/87 geförderter deutsch-chinesischer Projekte sind auf den Seiten 96 ff. und 105 beschrieben.

1986/87 bewilligte Projekte*

Technische Hochschule Aachen, Lehrstuhl und Institut für Technische Chemie und Petrolchemie (Prof. Dr. W. Keim) *Aachen Dalian*
mit Dalian Institute of Technology, Institute of Organic Chemistry (Prof. Dr. Zhou Keyan)
Weiterführung des Forschungsvorhabens „Olefine für Weichmacher und Detergentien durch lineare Oligomerisierung von Olefinen"

———

* Einschließlich 9 vor Einrichtung des China-Programms noch im Partnerschaftsprogramm bewilligter Projekte.

Aachen *Beijing*	Technische Hochschule Aachen, Lehr- und Forschungsgebiet Werkstoffwissenschaften (Prof. Dr. techn. E. Lugscheider)
	mit Institute of Aeronautics and Astronautics, Beijing (Prof. Dr. Hongshou Zhuang)
	Untersuchungen zur Verbesserung der Flammspritztechnik in konventionellen Industrien Chinas
Berlin *Shanghai*	Technische Universität Berlin und Forschungszentrum für Innovative Rechnersysteme und -technologie der Gesellschaft für Mathematik und Datenverarbeitung mbH an der TU Berlin (Prof. Dr.-Ing. W. K. Giloi)
	mit Shanghai Jiaotong University, Department of Computer Science and Electronics (Prof. Xie Zhiliang, Prof. Sun Yong-Qiang)
	Deutsch-chinesisches Verbundprojekt „Aufbau eines nach dem Prinzip der Datentypen-Architektur arbeitenden Universalrechners"
Berlin *Xian*	Technische Universität Berlin, Institut für Luft- und Raumfahrt (Prof. Dr.-Ing. R. Gasch)
	mit Northwestern Polytechnical University, Xian (Prof. Liu Qizhon)
	Auswuchten von elastischen Rotoren mit Hilfe von Steifigkeitsveränderungen in den Lagerböcken
Bochum *Shanghai*	Universität Bochum, Institut für Automatisierungstechnik, Lehrstuhl für Produktionssysteme (Prof. Dr.-Ing. W. Maßberg)
	mit Tongji-Universität Shanghai, Lehrstuhl für Fertigungstechnik, Werkzeugmaschinen und Automation (Prof. Zhang Shu)
	Simulation flexibler Fertigungssysteme an der Tongji-Universität in Shanghai
Clausthal *Changsha*	Technische Universität Clausthal, Institut für Aufbereitung und Veredelung, Abt. Flotation und chemische Verfahren (Prof. Dr. A. Bahr)
	mit Zentral-Südchinesische Universität für Technologie, Changsha (Prof. Xu Shi, Prof. Li Longfeng)
	Entwicklung und Optimierung einer Prozeßführung für die Aufbereitung von komplexen Sulfid-, Kalzit- und Flußspat-haltigen Wolframerzen
Clausthal *Shanghai*	Technische Universität Clausthal, Institut für Chemische Technologie und Brennstofftechnik (Prof. Dr. H. H. Oelert)
	mit Ostchinesische Hochschule für chemische Technologie, Lehrstuhl für Kohle-Chemie, Shanghai (Prof. G. Z. Lu, Prof. Dr. J. S. Gao)
	Fortsetzung der Untersuchungen zur hydrierenden Verflüssigung chinesischer Kohlen
Darmstadt *Beijing*	Technische Hochschule Darmstadt, Institut für Botanik (Prof. Dr. U. Lüttge)
	mit Beijing Agricultural University, Plant Physiology Laboratory (Prof. Dr. Lou Cheng-hou) und Plant Virology Laboratory (Prof. Dr. Liu Yi)
	Gaswechsel und Wasserhaushalt von Zuckerrüben zur Abschätzung der Effekte der Rizomania-Viruskrankheit

240

Gesellschaft für Schwerionenforschung mbH, Darmstadt (Prof. Dr. R. Bock) *Darmstadt*
mit Institute of Modern Physics, Academia Sinica, Lanzhou (Prof. Dr. Wu *Lanzhou*
En-jiu)
Detektor-System für Schwerionenexperimente

Technische Hochschule Darmstadt, Institut für Baubetrieb und Informa- *Darmstadt*
tionsverarbeitung im Bauwesen (Prof. Dr.-Ing. E. Schubert) *Shanghai*
mit Tongji-Universität Shanghai, FB Bauwesen (Prof. Dr. Ding)
Kostenkontrolle und Ablaufoptimierung bei der Abwicklung von Bauprojekten
in China

Technische Hochschule Darmstadt, Institut für Übertragungstechnik und
Elektroakustik (Prof. Dr. G. M. Sessler)
mit Tongji-Universität Shanghai, R. W. Pohl-Institut für Festkörperphysik
(Prof. Zhao Ming-zhou, Prof. Sun Xi-ming)
Korona-Aufladung von Hochpolymer-Folien bei erhöhten Temperaturen

Max-Planck-Institut für Systemphysiologie, Dortmund (Prof. Dr. R. Kinne) *Dortmund*
mit Tongji Medizinische Universität Wuhan (Dr. Yu Bi) *Wuhan*
Elektrophysiologische Untersuchungen zum Transport von Gallensäuren in Leber,
Dünndarm und Niere

Deutscher Verband für Schweißtechnik e. V., Düsseldorf (Dr.-Ing. H. Sossen- *Düsseldorf*
heimer) *Beijing*
mit Chinesische Gesellschaft für Schweißtechnik, Beijing
Teilnahme deutscher Wissenschaftler an der 1. Deutsch-Chinesischen Konferenz
„Neue Entwicklungen und Anwendungen in der Schweißtechnik" in Peking

Arbeitsgemeinschaft zur Förderung des Chinesischunterrichts in der Bundes- *Germersheim*
republik Deutschland e. V. (AFCh), Germersheim (Dr. P. Kupfer)
Symposion „Förderung des Chinesischunterrichts im Rahmen des Kulturaustau-
sches mit der Volksrepublik China"

Universität Gießen, Geographisches Institut (Prof. Dr. L. King) *Gießen*
mit Academia Sinica, Geographisches Institut, Nanjing (Prof. Yu Xiaogan) *Nanjing*
Erfassung der Bodenerosion und Planung von Erosionsschutzmaßnahmen in den
Longwan und East Tianmu Mountains, China

Universität Göttingen, Forstbotanisches Institut (Prof. Dr. A. Hüttermann) *Göttingen*
mit Beijing Foresty University, Experimental Center of Forest Biology (Prof. *Beijing*
Wang Shasheng) und General Laboratory of Plant Microtechnology (Prof.
Li Tianqing)
Untersuchung des Wachstumspotentials und Nährstoffbedarfs nordchinesischer
Pappeln

241

Hamburg *Guangzhou*	Universität Hamburg, Ordinariat für Weltforstwirtschaft (Prof. Dr. E. F. Bruenig) mit Zhongshan Universität, Fakultät für Biologie, Guangzhou *Struktur, Funktion und Dynamik des tropischen vorwiegend immergrünen Feuchtwaldes in Hainan/China und Sarawak/Borneo*
Hannover	Universität Hannover, Institut für Soziologie (Prof. Dr. O. Negt; zugunsten Prof. Liang) *Der Wandel des chinesischen Denkens im Zeichen der Reformen. Eine Analyse der chinesischen Intelligenz in der Gegenwart*
Hannover *Yang Ling*	Universität Hannover, Institut für Bodenkunde (Prof. Dr. J. Richter) mit Northwestern College of Agriculture, Department of Soil Science, Yang Ling/Shaanxi-Province (Prof. Li Chang-Wei) *Stickstoffverluste in Ackerlößböden Zentralchinas und Möglichkeiten zu ihrer Verringerung*
Heidelberg *Wuhan*	Universität Heidelberg, Institut für Tropenhygiene und öffentliches Gesundheitswesen am Südasien-Institut (Dr. A. Ruppel) mit Tongji Medizinische Universität Wuhan, Institut für Parasitologie (Dr. Shi You-en) *Immunogene Proteine von Schistosoma japonicum*
Köln	Deutsch-Chinesische Gesellschaft für Medizin e. V., Köln (Präsident Prof. Dr. P. Gerhardt) *Doktorandenstipendien für chinesische Mediziner und Teilnahme chinesischer Wissenschaftler an einem wissenschaftlichen Workshop der Gesellschaft in der Bundesrepublik Deutschland*
München/ *Obernach* *Wuhan*	Technische Universität München, Versuchsanstalt für Wasserbau Obernach, Oskar v. Miller-Institut (Dr. A. Keller) mit Wuhan Institute of Hydraulik and Electric Engineering (Prof. Yang Zhiming) *Vergleichende Kavitationsuntersuchungen an Modellen konstruktiver Teile wasserbaulicher Anlagen in verschiedenen Versuchseinrichtungen unter Berücksichtigung neuester Meßtechniken für maßgebende Einflußgrößen*
Stuttgart *Changsha*	Universität Stuttgart, Institut für Lebensmittelchemie (Prof. Dr. G. Schwedt) mit Hochschule für Bergbau und Hüttenwesen, Fakultät für Chemie, Changsha (Dr. Da-ren Yan) *Ionen-chromatographische Analyse von Metallen*

242

Programm: Förderung habilitierter Wissenschaftler

Programm seit 1977
Förderung im Rahmen der übrigen Schwerpunkte
insgesamt: 2,7 Mio DM
im Jahre 1986: 79 000 DM / 1 Weiterführung

Das Angebot sieht eine Förderung in Verbindung mit einem konkre-   *Förderungs-*
ten Forschungsprojekt innerhalb bestehender Schwerpunkte der Stif-   *möglichkeiten*
tung Volkswagenwerk vor*. Es richtet sich an solche besonders qualifizierte jüngere Wissenschaftler, deren Verbleiben an der Hochschule als Hochschullehrernachwuchs dringend erwünscht, deren
Zukunft an den Hochschulen jedoch wegen der schlechten Beru-
fungschancen in den nächsten Jahren ungesichert ist.

Die Stiftung Volkswagenwerk will mit dieser Förderungsmaßnahme
einen ihren Möglichkeiten und Prinzipien entsprechenden Beitrag
zur Sicherung des wissenschaftlichen Nachwuchses leisten; sie verfolgt dabei im Interesse jüngerer Wissenschaftler die gleichen Bestre-
bungen wie die Deutsche Forschungsgemeinschaft, ohne damit in
Konkurrenz zum „Heisenberg-Programm" treten zu wollen.

Bewerber, habilitiert oder mit vergleichbarer Qualifikation, sollten
nicht älter als 35 Jahre sein; der Projektantrag sollte über eine Hochschule oder über eine andere wissenschaftliche Einrichtung gestellt
werden, die den Bewerber für den Förderungszeitraum als wissenschaftlichen Mitarbeiter einstellen kann. Neben den Personalkosten
für den Bewerber (in der Regel nach BAT I b) und einer Ersatzgeld-
pauschale in Höhe von 200 DM monatlich kann die Stiftung auch gegebenenfalls erforderliche Sach- und Reisekostenzuschüsse, eventuell auch für einen Forschungsaufenthalt im Ausland übernehmen.

Anträge sollen neben Informationen zum geplanten Projekt – das in
seiner Thematik einem der Schwerpunkte der Stiftung entsprechen
muß – auch Angaben zu wissenschaftlichem Werdegang und bisheri-

---

* Ausnahmen: die Forschungswettbewerbe und Ausbildungs- bzw. Stipendienprogramme; das Partnerschaftsprogramm Ingenieur- und Naturwissenschaften; Infrastruktur Ingenieurwissenschaften sowie die vier fachoffenen
Schwerpunkte.

ger Forschungs- und Lehrtätigkeit der Bewerber (mit Publikationsliste und Referenzen) enthalten.

Förderungs-
entwicklung Anzahl der Anträge und der Förderungen liegen unter den Erwartungen; das Programm wird jedoch zunächst bis Ende 1988 fortgeführt.

1986 wurde eine Weiterführung der Habilitiertenförderung für Privatdozent Dr. H. Dubiel (Universität Frankfurt, Fachbereich Philosophie) für das Vorhaben „Neokonservative Theorie der postindustriellen Gesellschaft und Kritische Theorie des Spätkapitalismus. Zur Konzeptualisierung einer Theorie postliberaler Gesellschaften" bewilligt.

Beendete Schwerpunkte und Einzelprojekte

Die Jahresberichte der Stiftung Volkswagenwerk haben eine doppelte Funktion: neben der Berichterstattung über die geleistete Förderungsarbeit dienen sie der aktuellen Information über die Stiftung und ihre Förderungsmöglichkeiten. Deshalb entspricht die Darstellung des Förderungsprogramms in den Berichten jeweils dem neuesten Stand. Schwerpunkte, die während oder mit Ablauf des Berichtsjahres beendet wurden, stehen nicht mehr innerhalb des Förderungsprogramms, sondern in der Gruppe „Beendete Schwerpunkte", zusammen mit früher bereits abgeschlossenen Schwerpunkten; denn Beendigung eines Schwerpunktes bedeutet nur, daß keine Neuanträge mehr entgegengenommen werden. Fristgerecht eingegangene Anträge werden wie üblich geprüft und bearbeitet. Entsprechend kommt es vor allem im Folgejahr häufig noch zu einer größeren Anzahl von Bewilligungen (vgl. S. 254 ff.).

Hier sind die Ende 1985 bis Ende 1986 abgeschlossenen Schwerpunkte einzeln dargestellt. Weitere Bewilligungen zu bereits früher beendeten Schwerpunkten sind bei den Einzelprojekten außerhalb der Schwerpunkte zusammengefaßt.

Nordamerika-Studien

Schwerpunkt 1976–1986
Förderung bis Ende 1986: 15,1 Mio DM
im Jahre 1986: 2,2 Mio DM / 13 Vorhaben

Am 31. Dezember 1986 endete die Antragsmöglichkeit für Forschungsvorhaben über Politik, Wirtschaft, Gesellschaft und Kultur in den USA und Kanada im zwanzigsten Jahrhundert und damit die langjährige Laufzeit dieses regionenbezogenen Schwerpunktes. Bis zum Abschlußtermin erhielt die Stiftung noch eine größere Anzahl von Anträgen, die im Jahre 1987 bearbeitet und entschieden wurden. Dies schlug sich in einem nicht unbeträchtlichen Bewilligungsvolumen nieder. Im ersten Halbjahr 1987 wurden noch einmal für 12 Vorhaben rund 3,1 Millionen DM bewilligt, womit sich die Gesamt-

Abschluß 1986

summe der Förderung in diesem Schwerpunkt für über 100 Einzelbewilligungen auf 18,2 Millionen DM erhöht hat.

Rückblick Mit den Bewilligungen in den Jahren 1986 und 1987 konnte den gesellschaftswissenschaftlich ausgerichteten Nordamerika-Studien noch einmal ein wichtiger Impuls gegeben werden. Dies geschah ganz im Sinne der Zielsetzung des Schwerpunktes. Die fachliche Ausrichtung und Bedeutung der deutschen Amerikaforschung lag bis zu Beginn der Förderung 1976 traditionell im philologischen Bereich. Inzwischen zeichnet sich ab – und daran hat unzweifelhaft die zehnjährige Förderung der Stiftung ihren Anteil –, daß Studien zu Nordamerika in den letzten Jahren auch in anderen Disziplinen größere Beachtung gefunden haben. Auch wenn die kontinuierliche Beschäftigung mit Nordamerika in den Rechts-, Wirtschafts- und Sozialwissenschaften und der Neueren Geschichte nach wie vor defizitär ist, hat der Schwerpunkt doch wesentliche Anstöße zur Überwindung des Nachholbedarfs geben und über die traditionellen Themen hinausgehende Aktivitäten anregen können. Dies geschah einmal durch die intensive Förderung von Forschungsaufenthalten in den USA und durch Projektförderungen, die ein zunehmend breiteres Themenspektrum – auch zu Kanada – abdecken konnten, zum anderen durch infrastrukturelle Maßnahmen wie die Startfinanzierung eines Kanada-Instituts in Augsburg, die Vergabe zahlreicher Stipendien für Nachwuchswissenschaftler, die Förderung von Sommerschulen sowie von Materialsammlungen für den Einsatz in Forschung und Lehre. Nicht zuletzt wurde die von der Bundesregierung inzwischen vollzogene Gründung eines Deutschen Historischen Instituts in Washington durch vorangegangene Förderung einer Reihe deutsch-amerikanischer Historikertreffen durch die Stiftung Volkswagenwerk maßgeblich vorbereitet. Dies alles läßt hoffen, daß es zunehmend gelingt, den bisher vorhandenen „Circulus vitiosus" von fehlenden Professuren, mangelnden Ausbildungs- und Karrierechancen und spärlichem wissenschaftlichen Nachwuchs auf diesem für die Bundesrepublik so wichtigen Gebiet aufzubrechen und daß sich die Forschungsrichtung „Nordamerika-Studien" nunmehr in der erreichten Größenordnung behaupten kann, aber auch, daß sie von anderer Seite Unterstützung erhält.

Über zwei vor allem der Nachwuchsförderung dienende Projekte wird auf Seite 105 ff. ausführlicher berichtet.

An der Universität Osnabrück, Abt. Vechta - Geographie (Prof. Dr. H.-W. Windhorst) wird ein Forschungsprojekt über die Industrialisierung der landwirtschaftlichen Produktion in den USA unterstützt. Dazu werden neben großflächigen Feldaufnahmen zu Bodennutzung und Tierhaltung die Agrarstatistiken des Landwirtschaftsministeriums der USA staatenweise nach den Fragestellungen des Projekts aufbereitet. Die Daten werden weitestgehend im Rechner gehalten und mit Hilfe eines Softwarepakets in Computerkarten umgesetzt. Ebenso werden Graphiken und Tabellen erstellt, z. B. zur eingetretenen Konzentration bei ausgewählten Produkten oder zu wichtigsten agrartechnologischen Innovationen sowie ihren Auswirkungen auf die Produktsteigerung. Im Bild dargestellt ist die Entwicklung einer Farbkarte auf dem Bildschirm des verwendeten Personal-Computers. Mehr als 100 solcher Karten konnten bisher erstellt werden, die jederzeit für die weitere Arbeit abgerufen werden können.

Foto Siebahn

246

1986/87 bewilligte Projekte

Berlin Freie Universität Berlin, FB Politische Wissenschaft, Forschungsstelle Sozial-ökonomik der Arbeit (Dr. J. Gabriel)
Flexibilisierung der Arbeit und Wirkung auf die Schaffung von Arbeitsplätzen (Forschungsaufenthalt in den USA)

Berlin Freie Universität Berlin, John F. Kennedy-Institut für Nordamerikastudien
Bochum (Prof. Dr. W. P. Adams) in Zusammenarbeit mit der Universität Bochum, Fakultät für Geschichtswissenschaft (Prof. Dr. W. J. Helbich)
Directory of European Historians of North America Addresses, Publications, Research in Progress

Bremen Universität Bremen, FB 6, Rechtswissenschaft (Prof. Dr. G. Winter)
Rechtliche Regelung der nichthumanen Anwendung der Gentechnologie in den USA und ihre Bedeutung für die Regelungsansätze in der Bundesrepublik Deutschland

Universität Bremen, FB 10, Sprach- und Kulturwissenschaften (Prof. Dr. D. Hoerder)
Konflikt und Kooperation: Vergleichende Untersuchungen zur osteuropäischen Arbeitswanderung, 1880er–1930er Jahre

Frankfurt Universität Frankfurt/M., Zentrum für Nordamerika-Forschung/ZENAF (Prof. Dr. V. Albrecht)
Der amerikanische Dokumentarfilm in Forschung und Lehre der deutschen Amerikastudien

Universität Frankfurt/M., Zentrum für Nordamerika-Forschung/ZENAF (Prof. Dr. K. Allerbeck)
Der Prozeß der Diffusion von Mikroelektronik und Telekommunikation: Computer Literacy, informelle Standards und soziale Netzwerke in den Vereinigten Staaten

Universität Frankfurt/M., Zentrum für Nordamerika-Forschung/ZENAF (Prof. Dr. K. L. Shell)
Fortführung des „Internship-Programs für die USA"

Universität Frankfurt/M., Zentrum für Nordamerika-Forschung/ZENAF (Prof. Dr. K. L. Shell, Prof. Dr. E.-O. Czempiel)
Sommerschulen 1987–1989 „Grundlagen amerikanischer Politik: Strukturen und Entscheidungsprozesse amerikanischer Innen-, Außen- und Wirtschaftspolitik"

Hamburg Universität Hamburg, Historisches Seminar (Prof. Dr. R. Doerries, Prof. Dr. A. Herzig)
Die jüdische Auswanderung aus Deutschland in die USA (1780–1870)

Universität Hamburg, Institut für Politische Wissenschaft (Prof. Dr. H. J. Kleinsteuber)
The Transfer of New Communication and Information Technologies and Its Social Implications. A Comparative Case Study of Canadian Arctic Inuit

248

Hochschule für Wirtschaft und Politik Hamburg (Priv.-Doz. Dr. U. Mayer)
Flexibilisierung der Personalpolitik in der Bundesrepublik und in Nordamerika am Beispiel Leiharbeit (Forschungsaufenthalt in Kanada und in den USA)

Universität Oldenburg, Institut für vergleichende Politikforschung (Prof. Dr. H. Uppendahl)
Politikstile im kanadischen Bundesstaat

Oldenburg

Universität Osnabrück, Abt. Vechta, Geographie (Prof. Dr. H.-W. Windhorst)
Die Industrialisierung der landwirtschaftlichen Produktion in den USA und deren Auswirkungen auf regionale Strukturen und Prozesse im agrarischen Produktionssektor

Osnabrück/ Vechta

Universität Tübingen, Seminar für Englische Philologie, Abt. für Amerikanistik (Prof. Dr. A. Weber, Prof. Dr. H. Borchers)
Symposion „Rethinking the Audience: New Tendencies in Television Research"

Tübingen

Institut für Angewandte Wirtschaftsforschung, Tübingen (Prof. Dr. A. E. Ott)
Die Auswirkungen von Regulierung und Deregulierung auf die ökonomische Innovation. Die Erfahrungen in den USA

Archäometrie

Schwerpunkt 1971–1985
Förderung insgesamt 46,9 Mio DM
im Jahre 1986: 2,3 Mio DM / 15 Vorhaben

Der Schwerpunkt hatte zum Ziel, die Erforschung, Entwicklung und Erprobung naturwissenschaftlicher Methoden bei der Auffindung, Freilegung, Analyse, Erhaltung und Restaurierung von Kulturgütern anzuregen und zu fördern. Neuanträge wurden bis zum 31. Dezember 1985 entgegengenommen. Die Begrenzung wurde bereits frühzeitig bekanntgegeben, um interessierten wissenschaftlichen Disziplinen und Institutionen Gelegenheit zu geben, entsprechende Projekte zu planen und in der abschließenden Förderungsphase die unterschiedlich weit entwickelte Zusammenarbeit der kulturhistorischen Disziplinen mit den Naturwissenschaften zu intensivieren. – Ein Rückblick zur Förderungsentwicklung in der Archäometrie wurde im letztjährigen Bericht gebracht (S. 262).

Abschluß 1985

Im Bericht 1985/86 hatte die Stiftung auch angekündigt, die Bereiche Archäometallurgie und Landesarchäologie aufmerksam weiter zu verfolgen, da hier aus Anträgen und Expertengesprächen ein besonderes Forschungsdefizit erkennbar war. Inzwischen ist ein Schwerpunkt „Archäometallurgie" seit Sommer 1986 in Vorbereitung genommen worden (vgl. S. 217 f.).

1986 bewilligte Projekte

Berlin Freie Universität Berlin, Institut für Anorganische und Analytische Chemie, Arbeitsgruppe Archäometrie (Priv.-Doz. Dr. G. Schneider)
Keramik der Zweiten Zwischenzeit aus dem östlichen Nildelta – Untersuchungen im Hinblick auf die Auseinandersetzung zwischen ägyptischer und syrisch-palästinensischer Kultur
Untersuchungen an römischen Firmalampen mit archäologischen und naturwissenschaftlichen Methoden

Technische Universität Berlin, FB Architektur (Prof. Dr.-Ing. Dr. H. Reuther, Prof. Dr.-Ing. K. Dierks)
Archäometrische Untersuchungen an der Marktkirche in Clausthal-Zellerfeld

Braunschweig Technische Universität Braunschweig, Leichtweiß-Institut für Wasserbau (Prof. Dr.-Ing. G. Garbrecht)
Arbeitstagung „Wasserwirtschaft und Wasserbau in der Geschichte Ägyptens"

Bremerhaven Deutsches Schiffahrtsmuseum, Bremerhaven (Dr. P. Hoffmann)
Forschungsvorhaben „Zwei-Stufen PEG-Tränkung von Naßholz"

Freiburg Universität Freiburg/Br., Institut für Ur- und Frühgeschichte (Prof. Dr. W. Schüle)
Kulturökologie und Landschaftsentwicklung im prähistorischen Südspanien

Hamburg Universität Hamburg, Archäologisches Institut, Arbeitsbereich Ägyptologie (Prof. Dr. H. Altenmüller)
Untersuchungen über die im Alten Ägypten bis zur koptischen Zeit genutzten Farbstoffe pflanzlicher Herkunft

Hildesheim Roemer- und Pelizaeus-Museum, Hildesheim (Dr. A. Eggebrecht)
Erarbeitung eines archäometrisch fundierten Ausstellungskonzepts „Gesteinsgrundlagen der altägyptischen Kultur"

Hildesheim Roemer- und Pelizaeus Museum, Hildesheim (Dr. A. Eggebrecht)
und und
Heidelberg Universität Heidelberg, Mineralogisch-Petrographisches Institut (Prof. Dr. A. El Goresy)
Abschluß des Vorhabens „Zusammensetzung altägyptischer Farbpigmente und ihre Herkunftslagerstätten in Zeit und Raum"

Karlsruhe Fraunhofer-Institut für Informations- und Datenverarbeitung, Karlsruhe (Prof. Dr. H.-H. Nagel, Dr.-Ing. U. Lübbert)
Abschluß des Vorhabens „Gerät zur automatischen optischen Erfassung der Form von Keramik"

Die Zerstörung von Metall-Kulturdenkmälern durch Umwelteinflüsse findet bislang in der Öffentlichkeit weniger Beachtung als die Gefährdung von Kunstwerken aus Stein und Glas. Auch deshalb unterstützt die Stiftung Volkswagenwerk am Bayerischen Landesamt für Denkmalpflege in München ein Forschungsvorhaben zur Konservierung von Bronzen im Freien. Es wird von dem 1978 mit rund 1,7 Mio DM durch die Stiftung startfinanzierten Zentrallaboratorium des Bayerischen Landesamtes in enger Zusammenarbeit mit dem Deutschen Museum München und dem Anorganisch-Chemischen Institut der Universität München durchgeführt.
Das Bild zeigt das Programmieren der Klimabedingungen für die Schadgaskammer (Glasapparatur im Hintergrund). Die Klimakammer, in der Modellbronzen einer verdünnten Schwefeldioxidatmosphäre ausgesetzt werden, ist eine Eigenentwicklung des Instituts für dieses Projekt.
(Bericht 1985/86, S. 266; Bericht 1978/79, S. 182)

Foto Siebahn

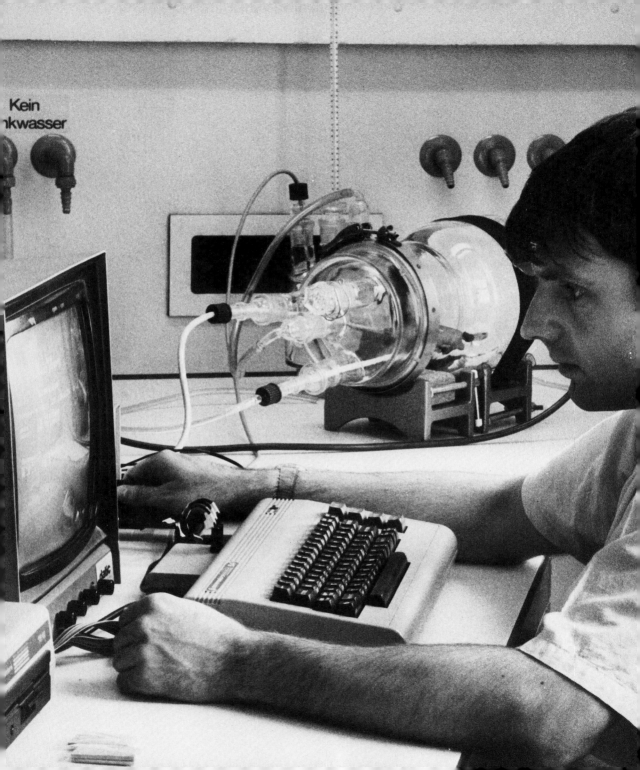

Lübeck *Berlin*	Amt für Denkmalpflege der Hansestadt Lübeck (Dipl.-Ing. B. Schlippe) in Zusammenarbeit mit dem Rathgen-Forschungslabor der Staatlichen Museen Preußischer Kulturbesitz, Berlin (Dr. Chr. Goedicke) *Thermolumineszenzdatierung ältester Backsteinbauten. Entwicklung und Erprobung von Modellen und Techniken*
Mainz	Römisch-Germanisches Zentralmuseum, Mainz (Prof. Dr. G. Bosinski, mit Prof. Dr. B. Frenzel, Universität Hohenheim) *Abschluß des Vorhabens „Wald der Allerödzeit bei Miesenheim/Neuwieder Bekken"*
München	Universität München, Institut für Ägyptologie (Prof. Dr. W. Barta) und Institut für Allgemeine und Angewandte Geologie (Prof. Dr. D. D. Klemm) *Herkunft des Gesteinsmaterials der königlichen Baudenkmäler des Alten Reiches von Abu Roasch bis Meidum* Bayerisches Landesamt für Denkmalpflege, München (Prof. Dr. M. Petzet) *Forschungsvorhaben „Die Entsalzung von Steindenkmälern im Freien"*

Internationale Begegnungszentren der Wissenschaft
(begrenzte Förderungsmaßnahme)

Schwerpunkt 1974–1987
Förderung insgesamt 66,4 Mio DM
im Jahre 1986 und 1987 zum Abschluß je 9 Mio DM

Die Stiftung Volkswagenwerk hat die Pflege der Kontakte zwischen deutschen und ausländischen Wissenschaftlern und den wissenschaftlichen Gedankenaustausch über die Ländergrenzen hinweg stets als besonders wichtig angesehen. Diesen Zielen diente auch das Förderungsprogramm „Internationale Begegnungszentren der Wissenschaft" (IBZ-Programm), dessen Abwicklung mit Ausnahme eines Falles bei der Alexander von Humboldt-Stiftung liegt. Mit dem Programm wurden und werden an verschiedenen wissenschaftlichen Hochschulen der Bundesrepublik Deutschland Begegnungszentren geschaffen, in denen neben - nicht von der Stiftung geförderten - Wohnungen für ausländische Gastwissenschaftler und ihren Familien Räume für Gespräche, Vorträge und Seminare den geistig-wissenschaftlichen Austausch zwischen deutschen und ausländischen Wissenschaftlern erleichtern. Die Förderung trägt der Erfahrung Rechnung, daß der Erfolg eines Forschungsaufenthaltes in der Bundesre-

252

publik nicht allein vom Fortgang der eigenen Arbeit des Gastwissen-
schaftlers abhängt, sondern auch von den äußeren Rahmenbedingungen am Hochschulort.

Die Internationalen Begegnungszentren der Wissenschaft werden aus *Förderung*
Beiträgen verschiedener Geldgeber finanziert. Die über den Förde- *1974–1987*
rungsbeitrag der Stiftung Volkswagenwerk hinaus erforderlichen
Mittel wirbt die Humboldt-Stiftung in Einzelverhandlungen mit den
jeweiligen Ländern, Universitäten und sonstigen interessierten Einrichtungen für jedes Begegnungszentrum gesondert ein. Für die Auswahl von Objekten und die Einwerbung von Mitteln hat die Alexander von Humboldt-Stiftung einen Sonderausschuß eingesetzt, dem
auch Vertreter der Hochschulen und Bausachverständige angehören
und der sich zugleich mit den Anträgen interessierter Hochschulen
befaßt.

Von den für dieses Förderungsprogramm insgesamt bewilligten 66,4
Millionen DM entfallen 60,4 Millionen DM auf das von der Alexander von Humboldt-Stiftung abgewickelte IBZ-Programm und 6 Millionen DM auf das Internationale Begegnungszentrum der wissenschaftlichen Hochschulen in Hannover (Leibnizhaus), das 1983 eingeweiht wurde.

In den letzten Jahren wurden die Begegnungszentren in Berlin, Biele- *Einzelobjekte*
feld, Bochum, Bonn-Bad Godesberg, Darmstadt, Dortmund, Erlan-
gen, Freiburg, Gießen, Göttingen, Köln, Konstanz, Mannheim und
Münster fertiggestellt. In Frankfurt, Garching, Hohenheim, Kiel und
München sind Begegnungszentren im Bau oder in der Planung. Die
Auswahl der restlichen noch mit Mitteln der Stiftung Volkswagenwerk zu fördernden Begegnungszentren trifft die Alexander von
Humboldt-Stiftung. (Nähere Informationen sind bei der Alexander
von Humboldt-Stiftung, Jean-Paul-Straße 12, 5300 Bonn 2, erhältlich.)

Bei seiner letzten Bewilligung von insgesamt 18 Millionen DM hat *Zum Abschluß:*
das Kuratorium zugleich den Abschluß der Förderung des IBZ-Pro- *Appell an*
gramms durch die Stiftung Volkswagenwerk beschlossen. Angesichts *andere*
der erwiesenen Wichtigkeit und Nützlichkeit der Begegnungszentren *Finanzträger*
und des erkennbaren weiteren Bedarfs hat das Kuratorium die letzt-
malige Bewilligung mit dem dringenden Appell an Bund und Länder
als Finanzträger von Hochschulen, Max-Planck-Instituten, Großforschungseinrichtungen usw. verbunden, verstärkt in die Förderung In-

253

ternationaler Begegnungszentren der Wissenschaft einzutreten. Hierbei kommt aus Sicht der Stiftung Volkswagenwerk vor allem auch der Einsatz von Hochschulbauförderungsmitteln in Betracht. Auch den weiteren Bedarf aus ihren Mitteln zu bestreiten, hätte dem Grundsatz der Stiftung Volkswagen werk widersprochen, Neues zwar anzustiften, die Dauerfinanzierung bei Bewährung des Neuen aber den ordentlichen Haushalten zu überlassen.

1986/87 bewilligt

Bonn Alexander von Humboldt-Stiftung, Bonn
Abschluß des Programms Internationale Begegnungszentren der Wissenschaft

Einzelprojekte außerhalb derzeitiger Schwerpunkte

Die hier zusammengefaßten Bewilligungen sind zum Teil zum sinnvollen Abschluß von Förderungsprojekten früherer Jahre aus inzwischen beendeten Schwerpunkten ausgesprochen worden, zum Teil wurden die Projekte wegen ihrer besonderen Bedeutung außerhalb des Schwerpunktprogramms geprüft und gefördert. Das bedarf einer Erläuterung.

Die Schwerpunkte der Stiftung Volkswagenwerk bilden zusammen ein flexibles und auf Fortschreibung angelegtes Förderungsprogramm, das kontinuierlich überprüft wird und immer wieder Veränderungen erfährt. Eine Förderung außerhalb der Schwerpunkte ist nur in besonders gelagerten Ausnahmefällen möglich. Sie kann zum Beispiel bei Vorhaben auf neuen aussichtsreichen, bisher nicht hinreichend bearbeiteten Forschungsgebieten in Frage kommen, wenn sich diese Gebiete für eine spätere Schwerpunktbildung der Stiftung eignen. Auch an Förderung einer auf ihrem Gebiet führenden wissenschaftlichen Einrichtung oder – über eine geeignete Institution – zugunsten eines herausragenden Wissenschaftlers ist hier zu denken, soweit das Kuratorium ein besonderes wissenschafts- und stiftungspolitisches Förderungsinteresse hieran im Einzelfall anerkennt. Ferner gibt es Forschungsanliegen, die sich wegen der vergleichsweisen Seltenheit oder Besonderheit der Fälle kaum in einem Schwerpunkt erfassen lassen, es aber trotzdem oder gerade deshalb verdienen könnten, näher geprüft zu werden, oder Vorhaben, bei denen die „Neutralisierungsfunktion" der Stiftung angesprochen ist – so etwa, wenn für die Bearbeitung eines politisch sensiblen Themas die Finanzierung durch eine unabhängige Stiftung wichtig erscheint.

In einer solchen Förderung außerhalb der Schwerpunkte sieht die Stiftung Volkswagenwerk eine besondere Aufgabe und Chance, auch in ihrer Ergänzungsfunktion zur Forschungsförderung aus staatlichen Mitteln. Einige Beispiele aus dem Berichtszeitraum sind auf Seite 100 ff. ausführlich dargestellt.

Bei allen Ausnahmen vom Schwerpunktprinzip müssen jedoch die Prüfmaßstäbe noch strenger sein als bei Anträgen innerhalb der Schwerpunkte, vor allem hinsichtlich der wissenschaftlichen Qualität und Originalität, aber auch hinsichtlich der Frage, ob auch Förderungsmöglichkeiten bei anderen Stellen bestehen. Es kann sich daher empfehlen, vor der Ausarbeitung eines umfassenden Antrags zunächst eine Voranfrage an die Geschäftsstelle der Stiftung zu richten, ob eine Förderung außerhalb der Schwerpunkte in Betracht kommt. Dafür eignet sich die Übersendung eines Memorandums oder einer Kurzdarstellung, um dann eventuell in einem persönlichen Gespräch die Möglichkeiten einer Förderung zu erkunden oder von seiten der Stiftung im Einzelfall gangbare Wege aufzuzeigen.

1986/87 bewilligte Projekte

Deutsche Physikalische Gesellschaft e. V., Physikzentrum, Bad Honnef (Dr. J. Debrus, Dr. R. Poerschke) *Bad Honnef*
Einrichtung eines Computer- und Seminarraums

Universität Bamberg, Bauforschung und Baugeschichte (Prof. Dr.-Ing. J. Cramer) *Bamberg*
Druckbeihilfe für den Band „Bauforschung und Denkmalpflege – Umgang mit historischer Bausubstanz"

Deutsche Gesellschaft für Auswärtige Politik e. V., Bonn *Bonn*
Zuschuß zum Ausbau des Institutsgebäudes

Institut für Wirtschafts- und Gesellschaftspolitik e. V., Bonn
Wissenschaftliches Besuchs- und Arbeitsprogramm von Wissenschaftlern des Instituts für Weltwirtschaft und Internationale Beziehungen der Akademie der Wissenschaften der UdSSR

Harvard University, Center for European Studies, Cambridge, Mass. (Dr. G. Goldmann) *Cambridge/USA*
Forschungsaufenthalt Prof. Dr. G. Nötzold

Cambridge/USA (Forts.)	Harvard University, Department of Music, Cambridge, Mass. (Prof. Dr. Chr. Wolff)

Abschluß des „Bach-Compendiums"

Cambridge/USA und Bonn	Harvard University, John F. Kennedy School of Government, Cambridge, Mass.

und

Studienstiftung des deutschen Volkes, Bonn (Dr. H. Rahn)
Weiterführung des „McCloy Academic Scholarship Program"

Darmstadt Technische Hochschule Darmstadt, FB Mathematik (Prof. Dr. J. Hoschek, Prof. Dr. J. Lehn; Prof. Dr. H. Neunzert, Kaiserslautern)
Einrichtung eines Zentrums für Praktische Mathematik

Frankfurt Stiftung Stipendien-Fonds des Verbandes der Chemischen Industrie, Frankfurt/M. (Dr. B. Ording)
Weiterführung des „Kekulé-Stipendiums der Stiftung Volkswagenwerk für Doktoranden der Chemie"

Freiburg Universität Freiburg/Br., Institut für Physikalische Chemie (Priv.-Doz. Dr. H.-H. Limbach)
Weiterführung der „NMR-spektroskopischen Untersuchungen der Kinetik von Wasserstoffübertragungen in organischen Materialien"

Universität Freiburg/Br., Lehrstuhl für Angewandte Physiologie (Prof. Dr. E. Bassenge)
Weiterführung des Vorhabens „Vasoaktive Wirkungen des Endothels auf arterielle Gefäße: Mechanismen der Bildung und Freisetzung endothelialer vasoaktiver Signale bei der Gefäßwiderstandsregulation in vivo"

Freiburg/ Oberwolfach Mathematisches Forschungsinstitut Oberwolfach (Prof. Dr. M. Barner, Freiburg)
Erweiterung des Mathematischen Forschungsinstituts Oberwolfach

Gießen Universität Gießen, FB Psychologie (Prof. Dr. D. Vaitl)
Doktoranden-Rotationsprogramm zwischen Laboratorien (DROL-Programm) im Bereich der Psychophysiologie

Hannover Universität Hannover, Historisches Seminar (Dr. H.-G. Aschoff)
Erschließung und Veröffentlichung der Korrespondenz Ludwig Windthorsts

Universität Hannover, Institut für Politische Wissenschaft (Prof. Dr. G. Schäfer)
Weiterführung des Vorhabens „Die Rolle der Tudeh-Partei und anderer gesellschaftlicher Organisationen Irans als Instrumente der sowjetischen Iranpolitik"

Hochschul-Informations-System (HIS) GmbH, Hannover (Dr. J. Ederleh)
Abiturienten an Fachhochschulen – Ursachen und Auswirkungen der Attraktivität des Fachhochschulstudiums für Abiturienten

Heidelberg Universität Heidelberg
Errichtung eines Internationalen Wissenschaftsforums Heidelberg

Universität Heidelberg, Institut für Finanz- und Steuerrecht (Prof. Dr. P. Kirchhof)
und
Universität Bonn, Rechts- und Staatswissenschaftliche Fakultät (Prof. Dr. J. Isensee)
Weiterführung und Abschluß des Handbuchs des Staatsrechts der Bundesrepublik Deutschland

Heidelberg und Bonn

The Central Archives for the History of the Jewish People, Jerusalem (Dr. D. J. Cohen, Dr. A. Segall)
Vorprojekt für die Erschließung der archivalischen Quellen zur Geschichte der Juden in Deutschland

Jerusalem

Universität Köln, Augenklinik (Dr. R. Brunner)
Risikofaktoren und hämorheologische Therapie bei Perfusionsstörungen des neurovisuellen Systems

Köln

The International Institute for Strategic Studies, London (Prof. Dr. R. O'Neill) in Zusammenarbeit mit der Stiftung Wissenschaft und Politik, Ebenhausen (Prof. Dr. K. Ritter u. a.)
The Implications of Strategic Defences for Western Security Policies

London Ebenhausen

Universidad Autónoma de Madrid, Instituto Universitario de Investigación y Metabólica (Prof. Dr. A. Ruiz-Torres) in Zusammenarbeit mit der Universität Marburg, FB Geographie (Prof. Dr. G. Mertins)
Abschluß der „Untersuchung der Faktoren, die das Stoffwechselgleichgewicht des alten Menschen ändern, und Analyse der Auswirkungen von Risikofaktoren"

Madrid Marburg

Universität Marburg, FB 14, Fach Physikalische Chemie (Prof. Dr. H. Bässler)
Weiterführung des Vorhabens „Lochbrenn-Spektroskopie an organischen Aufdampfschichten"

Marburg

Universidad Iberoamericana, Mexico (Dr. C. Escandón)
Zuschuß zum Ausbau von durch Erdbeben zerstörten Hörsälen

Mexico

Universität München, Institut für Organische Chemie (Prof. Dr. H. Langhals)
Zusatzgerät zum Vorhaben „Farbstoffe für Fluoreszenz-Solarkollektoren"

München

Universität Münster, Englisches Seminar (Prof. Dr. B. Fabian)
Geschichte der Sammlung von englischsprachigem Schrifttum in der Staats- und Universitätsbibliothek Göttingen im 18. Jahrhundert

Münster

Universität Regensburg, Institut für Organische Chemie (Prof. Dr. J. Daub)
Weiterführung des Vorhabens „Lichtsensitive Elektronentransfer-Systeme: Nichtalternierende Benzochinonderivate, Monomere, Oligomere und Polymere"

Regensburg

Universität Tübingen, Institut für Organische Chemie (Prof. Dr. M. Hanack) gemeinsam mit dem Max-Planck-Institut für Festkörperforschung, Stuttgart (Dr. S. Roth)
4. Symposion „Physik und Chemie unkonventioneller Materialien"

Tübingen Stuttgart

Schleswig	Landesamt für Vor- und Frühgeschichte von Schleswig-Holstein, Schleswig (Dr. J. Reichstein)
	Aufarbeitung der Grabung Büdelsdorf durch Wolfgang Bauch M. A.
Seoul/ Südkorea	Koreanische Gesellschaft für Germanistik, Seoul
	Erstellung eines deutsch-koreanischen Wörterbuchs
Stanford/USA	Stanford University, California
	Programm zur Zusammenarbeit zwischen Industrie und Universität im Bereich der Materialforschung und zugehöriger neuartiger Anwendungen (Walter-Schottky-Programm)
Ulm	Universität Ulm, Abt. für Theoretische Physik (Prof. Dr. P. Reineker)
	Abschluß der „Theoretischen Untersuchungen von Radikalkationen-Salzen: Dimensionalität der Elektronenbewegung, Elektronenspinresonanz, Leitfähigkeit und Phasenübergänge"
Washington	Georgetown University, Joseph and Rose Kennedy Institute of Ethics, Washington (Prof. Dr. H.-M. Sass)
	Teilnahme deutscher Wissenschaftler an zwei Intensiv-Seminaren in medizinischer Ethik

Niedersächsisches Vorab

Förderungsmittel 1962–1986: 610 Mio DM
im Jahre 1986: 56,9 Mio DM
(davon 38,9 Mio DM für Starthilfen und Strukturmaßnahmen)

Nach § 8 Abs. 2 der Stiftungssatzung ist ein festgelegter Teil der zur Verfügung stehenden Förderungsmittel innerhalb des Stiftungszwekkes an das Land Niedersachsen vorweg zu vergeben. Dieser Teil umfaßt – nach Abzug der anteiligen Verwaltungskosten – den Gegenwert der jährlichen Dividende, die der Stiftung Volkswagenwerk aus der Beteiligung des Landes Niedersachsen an der Volkswagen Aktiengesellschaft zusteht, sowie 10 v.H. der übrigen Erträge einschließlich der Erträge aus der Beteiligung des Bundes an der Volkswagen Aktiengesellschaft. Über die Förderungsmittel entscheidet das Kuratorium aufgrund von Verwendungsvorschlägen der Niedersächsischen Landesregierung. *Grundlagen*

Die seit 1962 für das Niedersächsische Vorab zur Verfügung gestellten Mittel entsprechen rund 21% des gesamten Bewilligungsvolumens der Stiftung. Im Berichtsjahr dienten etwa zwei Drittel der Vorab-Bewilligungen (38,9 Millionen DM) institutionellen Förderungen, die zum Teil noch auf Empfehlungen der Forschungsstrukturkommission (Bericht 1980/81, S. 216 ff.) zurückgehen; die übrigen 18 Millionen DM waren für die Ausstattung der Hochschulen mit Forschungseinrichtungen und Forschungsmitteln sowie für Forschungsprojekte bestimmt. *Förderungsentwicklung*

Die Bewilligungen für die 1979/80 beschlossenen Strukturmaßnahmen haben 1986 eine Gesamthöhe von 81,3 Millionen DM erreicht. Darunter befinden sich folgende für die Stiftung inzwischen abgeschlossene Projekte: *Institutionelle Förderung Strukturmaßnahmen*

Fraunhofer-Institut für Toxikologie und Aerosolforschung (ITA), Hannover (32,5 Millionen DM)

Kriminologisches Forschungsinstitut Niedersachsen e.V., Hannover (7,8 Millionen DM)

Niedersächsisches Institut für Wirtschaftsforschung e.V. (NiW), Hannover (2,9 Millionen DM)

Institut für Angewandte Systemforschung und Prognose e.V. (ISP), Hannover (1,9 Millionen DM)

Herzog August Bibliothek, Wolfenbüttel (2,5 Millionen DM)
Forschungszentrum im Naturschutzpark Lüneburger Heide, Schneverdingen (0,5 Millionen DM)
Die Förderung zweier klinischer Arbeitsgruppen der Max-Planck-Gesellschaft der Universität Göttingen, für die seit 1982 bisher insgesamt 11,9 Millionen DM bewilligt wurden (1986: 2,3 Millionen DM), wird nach fünf Jahren Ende 1987 auslaufen.

Weitere Beispiele für gezielte Strukturmaßnahmen sind das Deutsche Institut für Lebensmittelchemie in Quakenbrück, über das auf Seite 83 f. ausführlich berichtet wird; das im Januar 1987 gegründete Laser-Laboratorium in Göttingen (ALG; vgl. auch S. 83); die geplante Gründung eines Instituts für Solarenergieforschung, für das im Berichtsjahr 3,95 Millionen DM bewilligt wurden (geschätzter Gesamtbedarf für fünf Jahre: 10,2 Mio DM); die baulichen Voraussetzungen für zwei Arbeitsgruppen im Bereich der Biomedizin und der Molekularbiologie des Max-Planck-Instituts für Biophysikalische Chemie in Göttingen, für die 1,2 Millionen DM bewilligt wurden (Neubaumaßnahmen zur Aufstellung eines Ganzkörper-Kernspintomographen und zur Errichtung eines biotechnologischen Lehrtraktes; geschätzte Gesamtkosten 10 Mio DM). Weiter wurde ein Wellenbekken als Versuchseinrichtung zur Erzeugung von Richtungsseegang am Franzius-Institut für Wasserbau und Küsteningenieurwesen an der Universität Hannover finanziert, sowie – für die Medizinische Hochschule Hannover – ein Linearbeschleuniger für die Abteilung Strahlentherapie und spezielle Onkologie und die Einrichtung eines Forschungslabors für das Fach Neurochirurgie. Zum Aus- und Umbau des Regionalen Rechenzentrums der Universität Hannover, dessen Kosten sich insgesamt auf 30,8 Millionen DM belaufen, wurden von der Stiftung 15,4 Millionen DM beigesteuert, davon 11,8 Millionen DM im Berichtsjahr. 50 Prozent der Mittel sind nach dem Hochschulbauförderungsgesetz vom Bund zu erstatten.

Im folgenden werden die 1986 bewilligten institutionellen Förderungen und Forschungsvorhaben aus dem Niedersächsischen Vorab aufgeführt. Zur statistischen Aufgliederung dieses Förderungsbereichs vgl. auch die Tabellen 1, 3 und 8 (S. 115 ff.).

Braunschweig   Technische Universität Braunschweig, Institut für Flugführung
Vorbereitung eines BMFT/EG-Projekts „Erkundung oberflächennaher Strukturen der Erde mit dem elektromagnetischen Reflexionsverfahren vom Flugzeug/Hubschrauber aus"

Technische Universität Braunschweig, Institut für Verkehr, Eisenbahnwesen und Verkehrssicherung
Forschungsvorhaben „Sichere und wirtschaftliche Prozeßsteuerung im spurgeführten Verkehr"

Technische Universität Braunschweig, Leichtweiß-Institut für Wasserbau und
Freunde der Hebräischen Universität Jerusalem in Deutschland e.V., Frankfurt/M.
Deutsch-israelisches Gemeinschaftsvorhaben „Water Supply System to a Royal Estate and Winter Palaces in the Western Plain in Jericho"

Braunschweig und Frankfurt/ Jerusalem

Technische Universität Clausthal
Vorbereitung und Entwicklung des Forschungsschwerpunktes „Rohstofforientierte Meerestechnik"

Clausthal

Technische Universität Clausthal, Institut für Mechanische Verfahrenstechnik
Zusätzliche Mittel für den Sonderforschungsbereich „Konstruktion verfahrenstechnischer Maschinen bei besonderen mechanischen, thermischen und chemischen Belastungen"

Technische Universität Clausthal, Institut für Schweißtechnik und Trennende Fertigungsverfahren
Vorbereitung des Forschungsvorhabens „Einfluß der Werkstoff- und Oberflächenstruktur auf Prozeß und Güte von Ultraschall-Schweißverbindungen von Feindrähten auf Dünn- und Dickschichtmetallen"

Technische Universität Clausthal, Institut für Tiefbohrtechnik, Erdöl- und Erdgasgewinnung
Projektvorbereitung „Integrierte Meßmethode zur Bestimmung von Porosität und Permeabilität dichter Medien"

Technische Universität Clausthal, Institut für Werkstoffkunde und Werkstofftechnik
Vorarbeiten zum Forschungsvorhaben „Oberflächenbehandlung von Aluminium mittels Hochleistungslaser"
Vorarbeiten zum Forschungsvorhaben „Herstellung von Eisenlegierungspulvern mittels Ölverdüsung von Schmelzen"

Freunde der Hebräischen Universität Jerusalem in Deutschland e.V., Frankfurt/M. (für Faculty of Agriculture, Jerusalem)
Deutsch-israelisches Gemeinschaftsvorhaben:
Recycling of Wastes to Growth Media

Frankfurt/ Jerusalem

Universität Göttingen, Arbeitsgruppe Materialentwicklung und Materialforschung/Kristall-Labor
Einrichtung der Arbeitsgruppe als Vorstufe eines Zentrums für Werkstofftechnologie und Materialforschung

Göttingen

Universität Göttingen, Forstbotanisches Institut
Vorbereitung des Forschungsverbundvorhabens „Biotechnologische Erzeugung und Verwertung von Industrieholz" auf dem Gebiet „Nachwachsende Rohstoffe"

Universität Göttingen, Institut für Anorganische Chemie
Erforschung von Maltechniken mittelalterlicher Buchmalerei und deren Schädigung sowie Entwicklung von Konservierungsmethoden

Universität Göttingen, Institut für Metallphysik
Vorarbeiten für Rechnergestützte Bildaufzeichnung und Bildinterpretation für die hochauflösende Elektronenmikroskopie von Ni₃Al-Ausscheidungen
Vorarbeiten zur Untersuchung von plastisch verformten Verbindungshalbleitern (GaAs, CdTe) durch Hall-Effekt-Messungen

Universität Göttingen, Institut für Metallphysik, Abt. Metallkunde
Projektvorbereitung „Elektrotransport von Kohlenstoff in Eisenmetallen"

Universität Göttingen, Institut für Mikrobiologie
Projektvorbereitung „Genetische Manipulation anaerober Bakterienstämme zur Verbesserung der Alkoholproduktion aus stärkehaltigen und gasförmigen Stoffen"

Universität Göttingen, Institut für Wildbiologie und Jagdkunde
Erforschung des Seehundes, des Kormorans und des Wanderfalken

Universität Göttingen, Juristisches Seminar, Forschungsstelle für Arzt- und Arzneimittelrecht
Fortsetzung der Untersuchung über die Einrichtung von Landesethikkommissionen für Gentechnologie
Fortführung des Forschungsvorhabens „Medizinrecht"

Universität Göttingen, Seminar für Wirtschaftspädagogik
Modellversuch „Lernen, Denken, Handeln in komplexen ökonomischen Situationen – unter Nutzung neuer Technologien"

Universität Göttingen, Universitäts-Sternwarte
Projektvorbereitung „Deutsches Großteleskop"

Landesbetrieb Universitätskliniken, Abt. Pädiatrie, SP Neuropädiatrie
Vorarbeiten zu einer Studie zur Epidemiologie, Evolution und Ursache des Rett-Syndroms

Landesbetrieb Universitätskliniken, Ernährungspsychologische Forschungsstelle, Psychologie
Vorarbeiten für „Simulation einer ‚Überflußgesellschaft' im Tierexperiment unter besonderer Berücksichtigung sozialer Variablen auf die spontane Nahrungsaufnahme"

Landesbetrieb Universitätskliniken, Abt. Kinder- und Jugendpsychiatrie
Entwicklung und Erprobung integrativer Behandlungs- und Förderungsstrategien für Kinder mit verfestigten Teilleistungsschwächen beim Lesen und Rechtschreiben

Landesbetrieb Universitätskliniken, Orthopädische Klinik   *Göttingen*
Projektvorbereitung „Implantatsicherheit"   *(Forts.)*

Max-Planck-Gesellschaft zur Förderung der Wissenschaften e. V., München
Fortführung der Arbeitsgruppen an der Medizinischen Klinik der Universität
Göttingen:
Klinische Arbeitsgruppe „Gastrointestinale Endokrinologie"
Klinische Arbeitsgruppe „Biologische Regulation der Wirt-Tumor-Interaktion"

Laboratorium für Lasertechnologie Göttingen e. V.
Mittel für den Aufbau

Universität Göttingen, Institut für Mikrobiologie   *Göttingen*
Meeresbiologischer Kurs am H. Steinitz Marine Biology Laboratory in Eilat / He- *Jerusalem*
bräische Universität Jerusalem

Universität Göttingen, Institut für Mikrobiologie   *Göttingen*
und   *und*
Freunde der Hebräischen Universität Jerusalem in Deutschland e. V., Frank-   *Frankfurt/*
furt/M. (für Dept. of Molecular Biology, Jerusalem)   *Jerusalem*
Deutsch-israelisches Gemeinschaftsvorhaben „Control of Intracellular pH During
Anearobic Grown of Microorganisms"

Max-Planck-Institut für Biophysikalische Chemie, Göttingen
und
Freunde der Hebräischen Universität Jerusalem in Deutschland e. V., Frank-
furt/M.
Deutsch-israelisches Gemeinschaftsvorhaben „Noradrenergic Modulation of
Cortical Microcircuits"

Universität Göttingen, Institut für Metallphysik   *Göttingen*
und   *und*
Deutsche Technion-Gesellschaft e. V., Hannover (für Technion Haifa)   *Hannover/*
Deutsch-israelisches Gemeinschaftsvorhaben „Herstellung und elektrische Charak- *Haifa*
terisierung von Korngrenzen in Cadmium-Tellurid (CdTe)"

Landesbetrieb Universitätskliniken, Abt. Klinische Neurophysiologie
und
Deutsche Technion-Gesellschaft e. V., Hannover (für Technion Haifa)
Deutsch-israelisches Gemeinschaftsvorhaben „Physiologie und Pathophysiologie
menschlicher Bewegungen: Anwendung systemanalytischer Methoden in der Un-
tersuchung des neuromuskulären Systems des Menschen"

Universität Hannover, FB Bauingenieur- und Vermessungswesen   *Hannover*
Erstellung von Lehrmaterial zum Aufbaustudium für Teilnehmer aus dem ara-
bischsprachigen Raum
Vorbereitung des Modellversuchs „Postgraduiertenstudium für Teilnehmer aus
Entwicklungsländern"

| Hannover | Universität Hannover, Institut für Biophysik |

Hannover
(Forts.)

Universität Hannover, Institut für Biophysik
Voruntersuchungen zur Forschung und Entwicklung der Solarenergienutzung und Vorbereitung für die Errichtung des Instituts für Solarenergieforschung
Vorbereitung von zwei Forschungsprojekten auf dem Gebiet der Biologischen Stickstoff-Fixierung

Universität Hannover, Institut für Fabrikanlagen
Vorbereitung weiterer Projekte zum BMFT-Verbundprojekt „Kühlhaus"

Universität Hannover, Institut für Kerntechnik, Institut für Strömungsmaschinen
Zusätzliche Geräte für Arbeiten im Sonderforschungsbereich „Zeitabhängige Vorgänge und Schadenserkennung in Komponenten wärmetechnischer Anlagen"

Universität Hannover, Institut für Mikrobiologie
Niedersächsischer Forschungsverbund Bioverfahrenstechnik/Prozeßtechnik biologischer Produktionsverfahren „Meßtechnik, Regelungstechnik und Modellierung"

Universität Hannover, Institut für Quantenoptik
Bildung einer Arbeitsgruppe für Lasertechnik

Universität Hannover, Institut für Quantitative Wirtschaftsforschung
Abschluß des Projekts „Koordination von Softwareentwicklung in Statistik, Ökonometrie und Empirischer Wirtschaftsforschung"

Universität Hannover, Institut für Siedlungswasserwirtschaft und Abfalltechnik
Abwasservermeidungs- und Behandlungsverfahren in der Stärkeindustrie (Vorstudie)

Universität Hannover, Institut für Technische Chemie
Vorbereitung der „Untersuchungen zur Entbindung von Kohlenwasserstoffen und mehrkernigen Aromaten bei der Verfeuerung von Kohle in einer stationären Wirbelschicht"
Vorbereitung des Forschungsprojekts „Charakterisierung und Modellierung von Wirbelschichtfeuerungsanlagen mit Feststoffzirkulation"
Vorbereitung für ein Projekt zur „Entwicklung eines Expertensystems für die Prozeßautomatisierung in der Biotechnologie"
Vorbereitung eines Forschungsschwerpunktes „Grundlagen der Bioprozeßtechnik"

Universität Hannover, Institut für Werkstoffkunde
Vorarbeiten zu „Untersuchungen zur Einsetzbarkeit von verschiedenen Drahtvorschubeinrichtungen an Handhabungsautomaten für das Schweißen mit Fülldrahtelektroden im Unterwasserbetrieb"
Verbundprojekt „Unterwasserarbeitssystem" sowie Konzepterarbeitung für ein Unterwasserzentrum Hannover

Universität Hannover, Weiterbildendes Studium Bauingenieurwesen
Numerische Methoden und Datenverarbeitung im Konstruktiven Ingenieurbau

Tierärztliche Hochschule Hannover, Physiologisches Institut
Vorarbeiten für den Sonderforschungsbereich „Gastrointestinale Barriere"

Hannover (Forts.)

Bundesanstalt für Geowissenschaften und Rohstoffe, Hannover
Vorarbeiten zum Aufbau eines künftigen Fachinformationszentrums für Rohstoffgewinnung und Geowissenschaften

Fraunhofer-Gesellschaft zur Förderung der angewandten Forschung e.V., München
Mittel für den Neubau des Instituts für Toxikologie und Aerosolforschung, Hannover

Historische Kommission für Niedersachsen und Bremen, Hannover
Forschungsvorhaben „Widerstand gegen die nationalsozialistische Herrschaft im Gebiet des heutigen Landes Niedersachsen"

Institut für Angewandte Systemforschung und Prognose e.V., Hannover
Mittel im Rahmen der institutionellen Förderung

Institut für Entwicklungsplanung und Strukturforschung GmbH, Hannover
Forschungskonzeption (Vorstudie) „Verringerung/Verhinderung von Kinderverkehrsunfällen"

Institut für Solarenergieforschung, Hannover
Mittel zur Errichtung des Instituts

Niedersächsisches Institut für Wirtschaftsforschung e.V., Hannover
Mittel im Rahmen der institutionellen Förderung

Universität Hannover, Institut für Physikalische Chemie und Elektrochemie
und
Deutsche Technion-Gesellschaft e.V., Hannover (für Technion Haifa)
Deutsch-israelisches Gemeinschaftsvorhaben „Laser-Induced Desorption and Evaporation"

Hannover und Haifa

Universität Hannover, Institut für Werkstoffkunde
und
Deutsche Technion-Gesellschaft e.V., Hannover (für Technion Haifa)
Deutsch-israelisches Gemeinschaftsvorhaben „Analysis of Three-dimensional Defects in Light Metal by Combination of Modal Analysis and Radiographic Methods"

Tierärztliche Hochschule Hannover, Institut für Mikrobiologie
und
Freunde der Hebräischen Universität Jerusalem in Deutschland e.V., Frankfurt/M.
Deutsch-israelisches Gemeinschaftsvorhaben „The Cell Membrane of Flask-shaped Mycoplasma"

Hannover und Frankfurt/ Jerusalem

Medizinische Hochschule Hannover, Abt. Allgemeinmedizin
und
Hebrew University Jerusalem, Faculty of Medicine
Deutsch-israelisches Gemeinschaftsvorhaben „Acute Respiratory Illnesses; Family Functioning and Immunity System"

Fachhochschule Nordostniedersachsen, Lüneburg
Modellversuch zum Weiterbildungsstudium „Qualitätssicherung im Bauwesen"

Fachhochschule Nordostniedersachsen, Lüneburg, FB Bauingenieurwesen, Wasserwirtschaft und Kulturtechnik
Vorbereitung eines Projekts „Bodenbelastung und Wasserhaushalt"

Universität Oldenburg
Mittel für den Aufbau eines „Zentrums für Meeresforschung Wilhelmshaven" und Einrichtung einer vorbereitenden Arbeitsgruppe „Meereschemie/Geochemie, Meeresbiologie/Geobiologie"

Universität Oldenburg, FB Biologie
Vorbereitung eines EUREKA-EOROPARC-Projektes
Beteiligung des Instituts für Geomikrobiologie an einem vom BMFT am Institut für Denkmalpflege des Nieders. Landesverwaltungsamtes Hannover geförderten Projekts zum „Steinzerfall"

Universität Oldenburg, FB Chemie, Organische Chemie
Vorarbeiten für ein Forschungsprojekt „Pflanzenzucht und nachwachsende Rohstoffe, chemische Grundstoffe und Energieträger"

Universität Oldenburg, FB Physik
Vorarbeiten für das Forschungsvorhaben „Normkurven für die Hörschwelle und für die Kurven gleicher Lautheit beim Menschen (Frequenzbereich 50 Hz bis 1 kHz)"

Universität Oldenburg, Arbeitsgruppe Physik
Modellversuch „Grundlagen der Nutzung regenerativer Energiequellen"

Universität Oldenburg, FB 3, Sozialwissenschaften
Forschungs- und Dokumentationsarbeiten über die Industriebauten von Walter Gropius in Niedersachsen

Universität Oldenburg, Institut für Betriebswirtschaftslehre
Pilotstudie „Berücksichtigung umfassender Ressourcenschonung im Rahmen von Forschungs- und Entwicklungsaktivitäten in Unternehmen"

Universität Oldenburg, Institut für Soziologie
Aufstiegsorientierung und Aufstiegsschwierigkeiten von Frauen im Universitätsbereich (Projektvorbereitung)

Universität Oldenburg, Institut für Volkswirtschaftslehre
Vorbereitung von vier Projekten zum „Umgang mit natürlichen Ressourcen"

Universität Osnabrück, FB Biologie, Arbeitsgruppe Systemforschung *Osnabrück*
Niedersächsischer Beitrag zum BMFT-Projekt „Intensivlandwirtschaft und Nitratbelastung des Grundwassers im Kreis Vechta"

Universität Osnabrück, FB Biologie/Chemie
Aufbau einer Arbeitsgruppe „Angewandte Genetik und Mikroorganismen"

Universität Osnabrück, FB Biologie/Chemie, Arbeitsgruppe Mikrobiologie
ATP-Synthese ($F_1 Fo$) von Bakterien: Synthese eines modifizierten unc E und unc F Gens

Universität Osnabrück, FB Erziehungs- und Kulturwissenschaften
Humane Schule im Spannungsfeld von Regionalität und Universalität (Projektvorbereitung)
Empirische Erhebungen für das Forschungsvorhaben „Früherkennung psychopathologischer Entwicklungen im Kleinkindalter"

Universität Osnabrück, FB 8, Psychologie, Klinische Psychologie
Zerebrale Beeinträchtigungen und Formen der Bewältigung bei psychisch Kranken und Behinderten (Projektvorbereitung)

Universität Osnabrück, FB Sprache, Literatur, Medien
Entwicklung der deutschsprachigen Sprachwissenschaft von 1900 bis 1950 (Projektvorbereitung)

Universität Osnabrück, Professorenstelle Mikrobiologie
Fortführung des Forschungsvorhabens „Mechanismus des aktiven Transports bei Bakterien-Isolierung, Charakterisierung und Rekonstitution des ATP-Synthese-Komplexes"

Universität Osnabrück, Professorenstelle Organische Chemie
Forschungsvorhaben „Neuartige Bausteine für die automatische Gensynthese"

Fachhochschule Osnabrück, FB Elektrotechnik
Modellversuch „Austauschstudiengang Elektrotechnik am Coventry Polytechnic in Großbritannien"

Forschungsinstitut für Mathematikdidaktik e. V., Osnabrück
Auswirkungen verschiedener Repräsentationsformen algorithmischer Begriffe und der Aufbau mentaler Modelle

Zoogesellschaft Osnabrück e. V. /Osnabrücker Zoo
Modelluntersuchungen zur Denitrifikation von Abwässern aus Wasserkreisläufen mit hohen Ansprüchen an die Wasserqualität am Beispiel des Betriebes von Meer- und Süßwasseraquarien

Universität Osnabrück, Abt. Vechta, Geographie *Osnabrück/*
Aufbau einer Forschungsgruppe zur Untersuchung der Produktions-, Arbeits- und *Vechta*
Lebensbedingungen in agrarischen Intensivgebieten
Regionale Strukturforschung in agrarischen Intensivgebieten

267

Osnabrück und Frankfurt/ Jerusalem	Universität Osnabrück, FB Physik und Freunde der Hebräischen Universität Jerusalem in Deutschland e.V., Frankfurt/M. *Deutsch-israelisches Gemeinschaftsvorhaben „Ferroelectricity and Paraelectricity in Mixed Crystals"*
Quakenbrück	Deutsches Institut für Lebensmitteltechnik e.V., Quakenbrück *Mittel für den Neubau des Instituts*
Wolfenbüttel	Herzog August Bibliothek, Wolfenbüttel *Mittel für den Ausbau des Meissner-Hauses in Wolfenbüttel für das Forschungsprogramm der Bibliothek*

268

VI. Wirtschaftsbericht 1986

Im Geschäftsjahr 1986 erreichte der Bruttoertrag infolge der Erhö- *Überblick*
hung des Dividendensatzes durch die Volkswagen AG auf 20 Prozent 192,1 Mio DM (Vorjahr 155,8 Mio DM). Dadurch konnten
Neubewilligungen in Höhe von 156,6 Mio DM ausgesprochen werden (Vorjahr 137,0 Mio DM); ausgezahlt wurden Förderungsmittel
in Höhe von 112,5 Mio DM (Vorjahr 99,2 Mio DM).

Die Zusammensetzung der Bruttoerträge von 192,1 Mio DM zeigt *Bruttoerträge*
die Tafel 12 „Mittelherkunft – Entwicklung der Bruttoerträge seit
1962" (S. 272 f.). Aus den Bundesdarlehen wurden Zinsen in Höhe von
66,1 Mio DM eingenommen (1985: 66,8 Mio DM). Davon entfallen
auf Zinsen aus Darlehen an die Bundesrepublik Deutschland 51,3
und auf Zinsen aus dem Darlehen an die Deutsche Bundesbahn
14,8 Mio DM). Aus dem übrigen Stiftungsvermögen wurden 65 Mio
DM (Vorjahr 58,5 Mio DM) erwirtschaftet: 50,4 Mio DM aus Wertpapieren, 11,7 Mio DM aus langfristigen Forderungen und Beteiligungen sowie 2,9 Mio DM aus sonstigen Quellen. Die Dividenden,
die der Stiftung aus den Anteilen des Bundes und des Landes Niedersachsen an der Volkswagen AG zustehen, sind mit 61 Mio DM ausgewiesen (Vorjahr 30,5 Mio DM).

Die ertragsmindernden Aufwendungen – Kosten, die unmittelbar bei *Ertrags-*
der Erwirtschaftung der Erträge entstehen und nicht zu den Kosten *minderungen*
der Stiftungsverwaltung im Sinne des § 4 der Satzung gehören – betragen 1,9 Mio DM (Vorjahr 0,2 Mio DM). Sie betreffen im wesentlichen Abschreibungen auf Wertpapierbestände nach dem Niederstwertprinzip. Im übrigen erfaßt die Stiftung Abschreibungen auf
Sachanlagen des Stiftungskapitals in der Ertragsrechnung als Aufwand. Dagegen werden die Abschreibungen auf Anlagen für Förderungszwecke und für Zwecke des Geschäftsbetriebs mit den dafür
auf der Passivseite der Bilanz gebildeten Gegenposten erfolgsneutral
aufgerechnet. Dieses Verfahren ergibt sich aus dem Buchführungssy-
stem der Stiftung, das Ausgaben für Investitionen im Förderungsbereich als Verwendung von Förderungsmitteln und die Kosten der einmaligen Beschaffung für den Geschäftsbetrieb im Jahr der Beschaffung in voller Höhe als Verwaltungsaufwand in der Ertragsrechnung
nachweist.

Der Nettoertrag (Bruttoerträge abzüglich Ertragsminderungen und Zuführung zum sonstigen Stiftungskapital) beträgt 145,2 Mio DM (Vorjahr 125,6 Mio DM). Dem sonstigen Stiftungskapital werden 45 Mio DM (Vorjahr 30 Mio DM) zugeführt. Diese Zuführung erfolgte gemäß § 58 Nr. 7 a Abgabenordnung, wonach gemeinnützige Körperschaften bis zu 25% des Überschusses der Einnahmen über die Unkosten aus Vermögensverwaltung einer freien Rücklage zuführen können.

Die durch die Arbeit des Kuratoriums und der Geschäftsstelle bedingten Aufwendungen der Verwaltung haben im Berichtsjahr insgesamt 10,4 Mio DM betragen. Einen Überblick über diese Kosten, denen zum Vergleich die Aufwendungen des Vorjahres gegenübergestellt sind, vermittelt die folgende Zusammenstellung:

Verwaltungskosten	1986 DM (rd.)	1985 Vergleichszahlen DM (rd.)	Veränderungen gegenüber dem Vorjahr DM (rd.)
Personalkosten	8 892 800	7 514 700	+ 1 378 100
Sachkosten	1 977 700	2 384 100	− 406 400
Laufende Kosten	10 870 500	9 898 800	+ 971 700
Veränderungen im geschäftsgebundenen Vermögen	+ 83 200	− 1 847 200	− 1 930 400
Gesamtkosten	10 953 700	8 051 600	+ 2 902 100
./. Erträge der Geschäftsstelle	497 900	699 700	− 201 800
	10 455 800	7 351 900	+ 3 103 900

Die Personalkosten (8 892 800 DM) verteilen sich auf Gehälter und Löhne (5 673 000 DM), gesetzliche soziale Abgaben (777 900 DM), sonstige tarifliche und soziale Aufwendungen (133 100 DM), Kosten der Altersversorgung (2 272 400 DM) und sonstige Personalkosten (36 400 DM).

Von den Sachkosten - insgesamt 1 977 700 DM - entfielen 1 484 300 DM auf die Kosten des Bürobetriebs, 195 800 DM auf Beratungs-, Prüfungs- und Rechtsverfolgungskosten, 176 100 DM auf Jahresbericht und Öffentlichkeitsarbeit der Stiftung, 116 700 DM auf Reise- und Kraftfahrzeugkosten und 4 800 DM auf sonstigen Aufwand.

Der gesamte laufende Aufwand in Höhe von 10,9 Mio DM hat 5,6% der Bruttoerträge (einschließlich der Erträge der Geschäftsstelle) betragen (Vorjahr 9,9 Mio DM; 6,3%). Der Prozentsatz verringerte sich gegenüber dem Vorjahr insbesondere infolge der Erhöhung des Bruttoertrages. Die Stiftung wird die Entwicklung der Verwaltungskosten weiterhin mit Sorgfalt beobachten.

Kosten für Investitionen haben im Berichtsjahr einen Aufwand von 153 200 DM verursacht, dem beim für den Geschäftsbetrieb gebundenen Vermögen frei gewordene Beträge in Höhe von 52 600 DM sowie Veränderungen bei den noch nicht verbrauchten Wirtschaftsplanmitteln von 17 400 DM gegenüberstanden, so daß sich für das geschäftsgebundene Vermögen insgesamt eine Erhöhung von 83 200 DM ergab. Die Veränderung gegenüber dem Vorjahr (Überschuß von 1 847 200 DM) ergibt sich insbesondere aus der 1985 vorgenommenen Umsetzung von zuvor dem Geschäftsbetrieb dienenden Stiftungswohnungen.

Die Erträge der Geschäftsstelle von 497 900 DM umfassen die Erträge aus dem für den Geschäftsbetrieb gebundenen Vermögen (vor allem Mieterträge) und Kostenerstattungen. Sie sind als Minderung der Verwaltungskosten im Sinne des §4 der Satzung auszuweisen. Dies ist für eine klare Abrechnung über die Vorabmittel des Landes Niedersachsen, die anteilig mit Verwaltungskosten belastet werden (§8 Abs. 2 der Satzung), erforderlich.

Mittelaufteilung	DM	DM	
Vorab des Landes Niedersachsen		38 694 720,47	*Förderungs-mittel*
Mittel für regionale Einrichtungen			
Baden-Württemberg	4 316 541,00		
Bayern	3 679 675,00		
Berlin	1 839 837,00		
Bremen	500 000,00		
Hamburg	1 037 857,00		
Hessen	2 712 581,00		
Niedersachsen	2 665 406,00		
Nordrhein-Westfalen	4 599 593,00		
Rheinland-Pfalz	1 108 620,00		
Saarland	684 042,29		
Schleswig-Holstein	872 743,00	24 016 895,29	
Mittel für überregionale Einrichtungen		72 050 685,87	
Förderungsmittel gesamt		134 762 301,63	

12

Mittelherkunft – Entwicklung der Bruttoerträge seit 1962 – in Mio DM

■ Zinsen aus Bundesdarlehen   ■ sonstige Erträge   □ VW-Dividende

Mio DM

Jahr	VW-Dividende	sonstige Erträge	Zinsen aus Bundesdarlehen	Summe
1962	75,6	2,6	12,1	90,3
1963	25,2	4,2	113,6	143,0
1964	33,6	11,8	53,0	98,4
1965	42,0	12,4	63,6	118,0
1966	42,0	15,2	63,6	120,8
1967	42,0	11,7	63,6	117,3
1968	41,8	18,3	63,6	123,7
1969	41,8	24,2	62,1	128,1
1970	46,4	25,9	60,1	132,4
1971	46,4	28,6	58,1	133,1
197	22,6	28,7	56,1	10

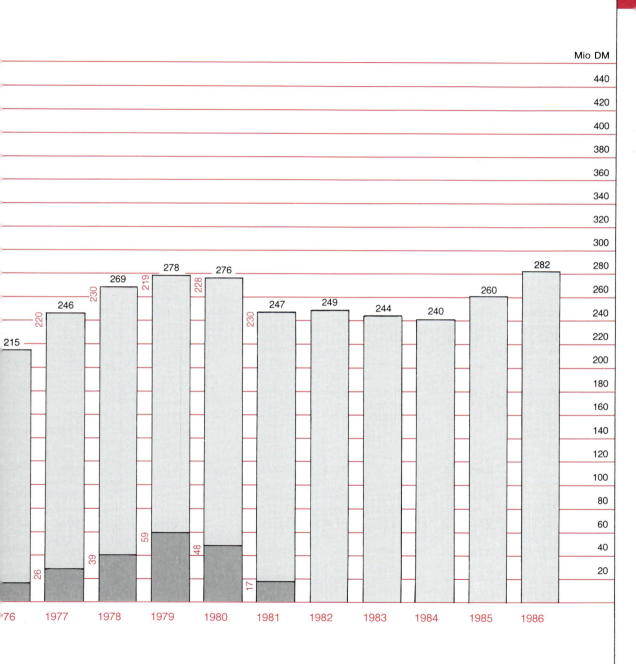

Mio DM

440
420
400
380
360
340
320
300
280
260
240
220
200
180
160
140
120
100
80
60
40
20

215 · 220 · 246 · 230 · 269 · 219 · 278 · 228 · 276 · 230 · 247 · 249 · 244 · 240 · 260 · 282

26 · 39 · 59 · 48 · 17

'76 · 1977 · 1978 · 1979 · 1980 · 1981 · 1982 · 1983 · 1984 · 1985 · 1986

Entwicklung der verfügbaren Förderungsmittel 1986

Art der Mittel	Vortrag aus dem Vorjahr	Zugang aus dem Jahresertrag	Tilgung und Rückflüsse	Stornierung von Bewilligungen	Fonds-Um-setzungen	Bewilligungen Kuratorium	Bestände am 31.12.1986	Am 31.12.19 no auszuzahlen Bewilligung
	DM	DM	DM	DM	DM	DM	DM	D
I. Regionale Einrichtungen in den Ländern:								
Baden-Württemberg	−3 202 385,94	4 316 541,00	1 397,68	142 389,19	−19 104,80	4 244 419,00	−3 005 581,87	6 265 209
Bayern	−1 917 375,74	3 679 675,00	528,68	334 701,13		2 799 045,00	−701 515,93	5 280 396
Berlin	−1 685 449,29	1 839 837,00	964,00	127 262,35		1 771 993,00	−1 489 378,94	2 633 487
Bremen	78 037,94	500 000,00		63 144,66	113,12	965 810,00	−324 514,28	1 134 561
Hamburg	323 674,48	1 037 857,00		27 261,98	−19 400,00	1 317 414,00	51 979,46	1 718 509
Hessen	−985 818,01	2 712 581,00	433,30	263 068,67		1 955 715,00	34 549,96	2 908 202
Niedersachsen	−2 178 427,03	2 665 406,00		252 151,57		2 392 776,00	−1 653 645,46	3 532 262
Nordrhein-Westfalen	−3 599 285,70	4 599 593,00	1 004,16	218 521,45	−2 339,85	3 827 851,00	−2 610 357,94	5 293 093
Rheinland-Pfalz	−179 909,96	1 108 620,00		238 368,34	14 982,00	926 189,00	255 871,38	1 738 801
Saarland	1 092 793,52	684 042,29		7 285,39		880 628,00	903 493,20	1 332 655
Schleswig-Holstein	−116 958,83	872 743,00	472,00	27 799,25		279 200,00	504 855,42	1 180 179
	−12 371 104,56	24 016 895,29	4 799,82	1 701 953,98	−25 749,53	21 361 040,00	−8 034 245,00	33 017 359
Noch nicht auf die Länder aufgeteilte Bewilligungen								
Summe I	−12 371 104,56	24 016 895,29	4 799,82	1 701 953,98	−25 749,53	21 361 040,00	−8 034 245,00	33 017 359
II. Überregionale Einrichtungen	8 431 589,80	72 050 685,87	204 923,02	5 294 722,88	25 749,53	78 341 676,00	7 665 995,10	166 059 417
Summe I + II	−3 939 514,76	96 067 581,16	209 722,84	6 996 676,86		99 702 716,00	−368 249,90	199 076 777
III. Niedersächsisches Vorab	5 716 798,84	38 694 720,47		18 632 574,64		56 880 000,00	6 164 093,95	77 241 032
Insgesamt	1 777 284,08	134 762 301,63	209 722,84	25 629 251,50		156 582 716,00	5 795 844,05	276 317 809

Im Jahre 1986 wurden 134,8 Mio DM Förderungsmittel erwirtschaftet. Ferner wurden die Förderungsmittel durch Rückflüsse aus früheren Bewilligungen (Stornierungen, Ausbuchungen verbliebener Spitzenbeträge, Darlehns- und sonstige Rückflüsse) um 25,8 Mio DM verstärkt, so daß sich der Zugang an Verfügungsmitteln 1986 auf insgesamt 160,6 Mio DM belief (Vorjahr 124,3 Mio DM). *Förderungs-mittel*

Der bisherige Verteilungsschlüssel für regionale und überregionale Einrichtungen nach § 8 Abs. 3 der Satzung galt unverändert weiter (S. 297). Die Anwendung des Schlüssels führte zu der auf Seite 271 dargestellten Aufteilung der Mittel. (Zur Entwicklung im einzelnen vgl. Tafel 14.)

Da das Wirtschaftsergebnis erst durch den Jahresabschluß festgestellt wird, teilt die Stiftung den Wissenschafts- bzw. Kultusverwaltungen der Länder im Laufe des Geschäftsjahres anhand von Vorausschätzungen mit, welche Höhe die Förderungsmittel für regionale Einrichtungen voraussichtlich erreichen werden.

Der Bestand an verfügbaren Förderungsmitteln entwickelte sich – ausgehend vom Vortrag per 31. Dezember 1985 – wie folgt: *Verfügungs-mittel, Vorgriff*

Bestände der Fonds am 31.12.1985	DM
Vorab des Landes Niedersachsen	+ 5 716 798,84
Mittel für regionale Einrichtungen (Vorgriff)	− 12 371 104,56
Mittel für überregionale Einrichtungen	+ 8 431 589,80
Verfügungsmittel am 31.12.1985	+ 1 777 284,08
Veränderung 1986	
aus Jahresertrag	+ 134 762 301,63
aus Rückflüssen	+ 25 838 974,34
Zwischensumme	+ 162 378 560,05
Bewilligungen	− 156 582 716,00
Verfügungsmittel am 31.12.1986	+ 5 795 844,05
davon:	
Vorab des Landes Niedersachsen	+ 6 164 093,95
Mittel für regionale Einrichtungen (Vorgriff)	− 8 034 245,00
Mittel für überregionale Einrichtungen	+ 7 665 995,10

Im Jahre 1986 hat das Kuratorium 156,6 Mio DM Förderungsmittel neu bewilligt. Die Zusammensetzung dieses im Jahresabschluß nachgewiesenen Betrages ist im einzelnen der Übersicht über das Förderungsprogramm (Einband-Innenseite) sowie der Förderungsstatistik *Bewilligungen*

(S. 111 ff.) zu entnehmen. Aus der Bewilligungssumme entfielen 21,4 Mio DM auf die Mittel für regionale Einrichtungen, 78,3 Mio DM auf die Mittel für überregionale Einrichtungen und 56,9 Mio DM auf das Niedersächsische Vorab.

Verpflichtungen aus Bewilligungen Aus dem am 31. Dezember 1985 ausgewiesenen Bestand an Verpflichtungen aus Bewilligungen in Höhe von 257,8 Mio DM und aus den Zugängen 1986 von 156,6 Mio DM ergaben sich Verpflichtungen von insgesamt 414,4 Mio DM. Diese Verbindlichkeiten wurden im Berichtsjahr durch 112,5 Mio DM ausgezahlte Förderungsmittel und 25,6 Mio DM rückgängig gemachte Bewilligungen um 138,1 Mio DM verringert.

Am 31. Dezember 1986 verblieb somit ein Bestand an Auszahlungsverpflichtungen aus Bewilligungen in Höhe von 276,3 Mio DM; davon entfallen auf das Vorab des Landes Niedersachsen 77,2 Mio DM, auf die Mittel für regionale Einrichtungen 33,0 Mio DM und auf die Mittel für überregionale Einrichtungen 166,1 Mio DM. Der Gesamtbestand hat gegenüber dem Vorjahr (257,8 Mio DM) um 18,5 Mio DM zugenommen. Die Entwicklung der verfügbaren Förderungsmittel ist im einzelnen auf Tafel 14 (S. 276) dargestellt.

Insgesamt sind die Förderungsverpflichtungen um 22,5 Mio DM auf 282,1 Mio DM angestiegen (s. Tafel 13, S. 274 f.). Da der Förderungsmittelzugang aus Ertrag und Rückflüssen (160,6 Mio DM) um 4 Mio DM höher war als das Bewilligungsvolumen (156,6 Mio DM), erhöhten sich die für Bewilligungen verfügbaren Förderungsmittel entsprechend von 1,8 Mio DM auf 5,8 Mio DM. Dieser Betrag setzt sich zusammen aus Verfügungsmitteln von 6,2 Mio DM beim Niedersächsischen Vorab und einem Vorgriff von 0,4 bei den Mitteln für regionale und überregionale Einrichtungen; er ist in der Bilanz mit den Verpflichtungen aus Bewilligungen (276,3 Mio DM) unter den Förderungsverpflichtungen ausgewiesen.

Vermögensbewirtschaftung Die Hauptaufgabe der Finanz- und Vermögensverwaltung der Stiftung besteht darin, aus der Anlage des Stiftungsvermögens und der Zwischenanlage der durch Bewilligungen gebundenen Mittel Einkünfte zu erwirtschaften und für die Zahlungsbereitschaft der Stiftung zu sorgen. Auch 1986 konnte eine gute Verzinsung des bewirtschafteten Vermögens erreicht werden.

Die Treuarbeit AG hat in ihrem Prüfungsbericht 1986 der Stiftung Volkswagenwerk erneut eine geordnete Vermögens-, Finanz- und Liquiditätslage bestätigt (s. S. 282).

Die Bilanz zum 31. Dezember 1986 ist auf den Seiten 284 f. wiederge- *Bilanz*
geben. Die Bilanzsumme beträgt 1749,4 Mio DM; damit hat sie sich
gegenüber dem Vorjahresstichtag (1681 Mio DM) um 68,4 Mio DM
erhöht. Die Bilanzstruktur ist auf Tafel 15 (S. 286) dargestellt.

Die Aktivseite zeigt in Gegenüberstellung zu den Vorjahreswerten *Aktiva*
folgendes Bild:

	31.12.1986 Mio DM	31.12.1985 Mio DM
Sachanlagen	15,1	15,6
Finanzlanlagen	1409,7	1369,9
Sonstige Wertpapiere	258,3	222,2
Kurz- und mittelfristige Forderungen (einschl. Rechnungsabgrenzungsposten)	60,6	60,3
Flüssige Mittel	5,7	13,0
Summe	1749,4	1681,0

Die Sachanlagen gliedern sich wie folgt:

	31.12.1986 Mio DM	31.12.1985 Mio DM
Sachanlagen des Stiftungsvermögens	2,3	2,3
Sachanlagen für Förderungszwecke	5,0	5,2
Sachanlagen für Zwecke des Geschäftsbetriebs	7,8	8,1
Sachanlagen insgesamt	15,1	15,6

Bei einem Vergleich der Werte an den beiden Stichtagen sind im
Jahre 1986 folgende Veränderungen innerhalb der Aktivwerte festzustellen:

Die Sachanlagen haben buchmäßig um 0,5 Mio DM abgenommen.
Dabei machten die Abschreibungen 0,6 Mio DM aus, Zugänge (Investitionen) 0,1 Mio DM.

Die Finanzanlagen erhöhten sich im Ergebnis um 39,8 Mio DM. Ab-
gängen im Gesamtbetrag von 38,7 Mio DM standen den Finanzla-
gen zugeführte Werte in Höhe von 78,5 Mio DM gegenüber.

Der nach dem Niederstwertprinzip bewertete Bestand an sonstigen
Wertpapieren erhöhte sich von 222,2 Mio DM um 36,1 Mio DM auf
258,3 Mio DM. Die kurz- und mittelfristigen Forderungen (einschließlich Rechnungsabgrenzungsposten), die im Vorjahr 60,3 Mio
DM ausmachten, haben sich um 0,3 Mio DM auf 60,6 Mio DM erhöht. Darin sind 23,1 Mio DM fällige Darlehenszinsen enthalten, die
Anfang 1987 eingegangen sind. Die flüssigen Mittel waren mit
5,7 Mio DM um 7,3 Mio DM geringer als im Vorjahr (13 Mio DM).

Passiva Die Passivseite der Bilanz weist im Vergleich zum Vorjahr folgende Veränderungen auf:

	31.12.1986 Mio DM	31.12.1985 Mio DM
Stiftungskapital	1 436,0	1 391,0
Gebundene Mittel für Förderungszwecke	8,2	8,5
Gebundene Mittel für den Geschäftsbetrieb	10,0	8,3
Rücklagen	–	2,0
Rückstellungen	12,6	10,8
Verbindlichkeiten (einschl. Rechnungsabgrenzungsposten)	0,5	0,8
Förderungsverpflichtungen	282,1	259,6
Summe	1 749,4	1 681,0

Das nach § 4 Abs. 2 der Satzung gewinnbringend anzulegende Kapital der Stiftung beläuft sich unverändert auf 1 074,4 Mio DM. Das sonstige Stiftungskapital ist auf 361,6 Mio DM angewachsen (1985: 316,6 Mio DM). Dieser Position wurde ein Betrag von 45 Mio DM gemäß § 58 Nr. 7 a Abgabenordnung zugeführt.

Ferner werden gebundene Mittel in Höhe von 18,2 Mio DM ausgewiesen, von denen 8,2 Mio DM für Förderungszwecke und 10 Mio DM für Zwecke des Geschäftsbetriebs gebunden sind. Das für Förderungszwecke gebundene Vermögen umfaßt solche für Förderungszwecke erworbene Sachwerte, die im Eigentum der Stiftung bleiben (z.B. Verfügungsbauten für wissenschaftliche Einrichtungen) und für Förderungszwecke vergebene Darlehen. Von dem Gesamtwert von 8,2 Mio DM entfallen 5 Mio DM auf Sachanlagen und 3,2 Mio DM auf bewilligte Darlehen. Der Betrag von 10 Mio DM stellt den Gegenwert der Investitionen für Zwecke des Geschäftsbetriebs (einschließlich Mitarbeiterwohnungen) dar. Die bisher als Rücklagen ausgewiesenen noch nicht verbrauchten Mittel des Wirtschaftsplans von 2 Mio DM wurden in die Position Gebundene Mittel für den Geschäftsbetrieb umgesetzt.

Die Rückstellungen für Altersversorgung belaufen sich auf 12,2 Mio DM, für sonstige Zwecke auf 0,4 Mio DM. Die anderen Verbindlichkeiten einschließlich Rechnungsabgrenzungsposten vermindern sich insgesamt um 0,3 Mio DM auf 0,5 Mio DM.

Die Verpflichtungen aus vom Kuratorium beschlossenen Bewilligungen betragen 276,3 Mio DM. Hinzu kommen 5,8 Mio DM noch nicht verfügte Förderungsmittel, so daß in der entsprechenden Bilanzposition insgesamt 282,1 Mio DM ausgewiesen sind.

Zum Abschlußprüfer wurde wieder die Treuarbeit AG, Hannover, bestellt. Die Treuarbeit hat auch nach Richtlinien geprüft, die im Einvernehmen mit den Stiftern sowie dem Bundesrechnungshof und dem Niedersächsischen Landesrechnungshof festgelegt worden sind. Weiter erstreckte sich die Prüfung auf die Beachtung der Vorschriften des Niedersächsischen Stiftungsgesetzes und der hierzu erlassenen Richtlinien. Die von der Treuarbeit in ihrem Prüfungsbericht erteilte Bestätigung ist auf Seite 282 wiedergegeben.

In der Frage, ob der Bundesrechnungshof und der Niedersächsische Landesrechnungshof ebenfalls ein Prüfungsrecht bei der Stiftung Volkswagenwerk beanspruchen können, war zunächst im Jahre 1966 unter Beteiligung der Stifter der Stiftung Volkswagenwerk, der Bundesrepublik Deutschland und des Landes Niedersachsen, einvernehmlich eine Kompromißvereinbarung getroffen worden, die den Rechnungshöfen umfassenden Einblick in die Geschäfte der Stiftung Volkswagenwerk bot. Am 20. Juni 1973 ging der Stiftung Volkswagenwerk jedoch ein Bescheid des Bundesrechnungshofs und des Niedersächsischen Landesrechnungshofs zu, wonach diese die Stiftung Volkswagenwerk einer Rechnungsprüfung aufgrund der Haushaltsordnungen des Bundes und des Landes Niedersachsen unterziehen wollten. Das Kuratorium der Stiftung Volkswagenwerk beschloß daraufhin in seiner Sitzung am 22. Juni 1973, diesen Bescheid verwaltungsgerichtlich auf seine Rechtmäßigkeit überprüfen zu lassen.

Auf die erhobene Klage der Stiftung gegen den Bundesrechungshof und den Niedersächsischen Landesrechnungshof (s. hierzu die im Bericht 1972, S. 201 ff., abgedruckte Presseinformation der Stiftung Volkswagenwerk vom 27. Juni 1973) hob das Verwaltungsgericht Hannover mit Urteil vom 29. März 1979 den Bescheid der Rechnungshöfe vom 20. Juni 1973 auf.

Das Oberverwaltungsgericht Lüneburg gab mit Urteil vom 22. Januar 1982 der Berufungsklage der beiden Rechnungshöfe statt. Es wies die erstinstanzliche Entscheidung ab und ließ zugleich die Revision zu. Die gegen die Lüneburger Entscheidung eingelegte Revision der Stiftung (vgl. im einzelnen die im Bericht 1984/85, S. 293 f., wiedergegebene Pressemitteilung der Stiftung Volkswagenwerk vom 19. März 1982) hat das Bundesverwaltungsgericht mit Urteil vom 28. Februar 1986 zurückgewiesen und damit die Rechtmäßigkeit des Prüfungsbegehrens der Rechnungshöfe bestätigt. Allerdings, so führt das Bundesverwaltungsgericht in seiner Begründung aus, ergebe sich eine nicht unerhebliche Begrenzung der Kontrollbefugnis für die Rechnungshöfe daraus, daß Bund und Land Niedersachsen diese Stiftung

TREUARBEIT

AKTIENGESELLSCHAFT

WIRTSCHAFTSPRÜFUNGSGESELLSCHAFT · STEUERBERATUNGSGESELLSCHAFT

BERLIN · BONN · BREMEN · BRÜSSEL · DÜSSELDORF · FRANKFURT AM MAIN · HAMBURG · HANNOVER · KASSEL · KIEL
LUXEMBURG · MÜNCHEN · SAARBRÜCKEN · STUTTGART

Stiftung Volkswagenwerk
Kastanienallee 35

3000 Hannover 81

RUF: SAMMELNUMMER (0511) 5357-1
FERNSCHREIBER: 9 22782
FERNKOPIERER (0511) 5357287
TELEGRAMMANSCHRIFT: TREUARBEIT
DURCHWAHL (0511) 5357- 276

Stiftung
Volkswagenwerk
Eing.: 26. MAI 1987

FUHRBERGER STRASSE 5
POSTFACH 610240.
3000 HANNOVER 61

25. Mai 1987

Prüfung der Jahresrechnung 1986
(Bilanz zum 31. Dezember 1986 und Ertragsrechnung für
die Zeit vom 1. Januar bis 31. Dezember 1986)

Sehr geehrte Herren,

aufgrund unserer Bestellung zum Abschlußprüfer durch das
Kuratorium haben wir die Jahresrechnung 1986 der Stiftung
Volkswagenwerk geprüft und darüber einen ausführlichen Bericht
erstattet. Das Prüfungsergebnis läßt sich wie folgt zusammen-
fassen:

Die Jahresrechnung 1986 ist richtig aus den Büchern der Stiftung
entwickelt worden und entspricht den Grundsätzen einer ordnungs-
gemäßen Rechnungslegung. Die Bewertung der durch geeignete Unterlagen nachgewiesenen Vermögensposten und Schulden erfolgte nach
kaufmännischen Grundsätzen. Vermögens-, Finanz- und Liquiditätslage der Stiftung sind geordnet. In der Ertragsrechnung sind die
im Jahre 1986 für Stiftungszwecke zugeflossenen Mittel zutreffend
erfaßt worden. Die Geschäfte der Stiftung wurden in Übereinstimmung mit der Satzung, den Beschlüssen des Kuratoriums und
den Vorschriften des Niedersächsischen Stiftungsgesetzes geführt.
Die Verwendungsnachweise für bewilligte Förderungsmittel wurden
in die Abschlußprüfung einbezogen. Alle erbetenen Auskünfte
sind uns bereitwillig erteilt worden.

Mit vorzüglicher Hochachtung
TREUARBEIT
Aktiengesellschaft
Wirtschaftsprüfungsgesellschaft
Steuerberatungsgesellschaft

(Siepe)
Wirtschaftsprüfer

(Kühne)
Wirtschaftsprüfer

„als privatrechtliche, in ihrem Aufgabenbereich der Wissenschaftsförderung von staatlichen Einflüssen möglichst weitgehend freigestellte Stiftung gründeten; unter diesen Umständen entspräche die Vorstellung, die Stiftung solle vollen Umfangs einer Kontrolle durch die … (Rechnungshöfe) … unterworfen sein, insbesondere auch auf dem Gebiet der wissenschaftlichen Bewertung von Forschungsvorhaben und der wissenschaftlichen Einschätzung ihrer Förderungswürdigkeit, schwerlich dem Stifterwillen“. So möge der Stiftung im Kernbereich ihrer Aufgabe in der Tat das Grundrecht der Wissenschaftsfreiheit zur Seite stehen. Indes sei es nicht Gegenstand dieses Verfahrens, im einzelnen die Grenzen der Prüfungsbefugnis der Rechnungshöfe zu bestimmen (Abdruck des Urteils im Bericht 1985/86, S. 319 ff.).

Die Stiftung Volkswagenwerk ist nach § 9 ihrer Satzung gehalten, einen Nachweis über die Verwendung der von ihr vergebenen Mittel einzuholen. Der Verwendungsnachweis ist von den Förderungsempfängern grundsätzlich nach Abschluß der geförderten Projekte zu erbringen; bei längeren Abwicklungszeiten werden auch Zwischenverwendungsnachweise erbeten. *Verwendungsprüfung*

Am 31. Dezember 1986 waren zu 8 276 Bewilligungen über insgesamt 1 869,8 Mio DM von den Förderungsempfängern Verwendungsnachweise zu führen. Davon waren am bezeichneten Stichtag 7 015 Bewilligungen über 1 541,7 Mio DM voll prüfungsfähig. 6 041 Abrechnungen über 1 294,4 Mio DM konnten inzwischen abschließend geprüft werden; für 974 Bewilligungen mit 247,3 Mio DM stand die abschließende Prüfung noch aus. Zu 127 Verwendungsnachweisen über 46,7 Mio DM schwebten Rückfragen; 427 Verwendungsnachweise über eine Bewilligungssumme von 106,1 Mio DM waren bei der Geschäftsstelle noch nicht eingegangen – vielfach zu Projekten, bei denen die letzte Auszahlung erst im Jahre 1986 geleistet wurde; im Verzug waren 161 Förderungsempfänger (im Vorjahr 60). Am Stichtag waren 420 Verwendungsnachweise mit Bewilligungen über 94,5 Mio DM noch nicht geprüft. Zu den noch nicht voll ausgezahlten Bewilligungen liegen zum Teil schon geprüfte Zwischenabrechnungen vor. Nach dem Ergebnis der Verwendungsprüfung haben die Zuwendungsempfänger die Zweckbestimmung der Mittel und die sonstigen Bewilligungsbedingungen wie bisher grundsätzlich beachtet. Schwerwiegende Beanstandungen, die zur Rückforderung bewilligter Mittel zwangen, blieben weiterhin seltene Ausnahmen.

Die Treuarbeit hat die Ordnungsmäßigkeit der Verwendungsprüfung in ihrem Prüfungsbericht erneut bestätigt.

Aktiva

		Stand am 1.1.1986 DM	Zugänge DM	Abgänge DM	Abschreibungen DM	Stand am 31.12.1986 DM
Sachanlagen	Bebaute Grundstücke und grundstücksgleiche Rechte mit Wohn- und Geschäftsgebäuden	14.877.375,83	10.271,18		506.458,18	14.381.188,83
	Geschäftsausstattung	728.288,28	111.878,58		102.554,58	737.612,28
		15.605.664,11	**122.149,76**		**609.012,76**	**15.118.801,11**
Finanzanlagen	Darlehen an die Bundesrepublik Deutschland	630.000.000,00		16.667.000,00		613.333.000,00
	Darlehen an die Deutsche Bundesbahn	180.000.000,00				180.000.000,00
	Beteiligungen	116.785.460,15	4.900.773,16	6.600.000,00		115.086.233,31
	Wertpapiere des Anlagevermögens	354.546.024,77	48.843.600,00	3.533.550,00		399.856.074,77
	Sonstige langfristige Forderungen	88.574.307,63	24.793.851,38	11.976.461,93		101.391.697,08
		1.369.905.792,55	**78.538.224,54**	**38.777.011,93**		**1.409.667.005,16**
						1.424.785.806,27
Sonstige Wertpapiere						**258.355.583,99**
Kurz- und mittelfristige Forderungen	Zinsansprüche					**37.860.729,30**
	Sonstige					**22.491.858,52**
Flüssige Mittel						**5.661.946,64**
Rechnungs-abgrenzungs-posten						**265.503,69**
						1.749.421.428,41

					DM	DM
Stiftungskapital gemäß § 4 Abs.2 der Satzung						1.074.384.358,54
Sonstiges Stiftungskapital						361.592.771,84
Gebundene Mittel	für Förderungszwecke				8.155.900,14	
	für den Geschäftsbetrieb				10.004.266,01	18.160.166,15
Rückstellungen	für Altersversorgung				12.157.636,00	
	für sonstige Zwecke				475.804.10	12.633.440,10
Andere Verbindlichkeiten						331.960,50

Förderungs- verpflichtungen	Für Bewilligungen verfügbare Mittel			Verpflichtungen aus Bewilligungen
	Vorab Land Niedersachsen DM	regionale Einrichtungen DM	überregionale Einrichtungen DM	DM
Vorträge aus 1985	+5.716.798,84	−12.371.104,56*	+8.431.589,80	+257.859.231,18
Zugang aus dem Jahresertrag	+38.694.720,47	+24.016.895,29	+72.050.685,87	
Bewilligungen des Kuratoriums	−56.880.000,00	−21.361.040,00	−78.341.676,00	+156.582.716,00
Rückgängig gemachte Bewilligungen	+18.632.574,64	+1.701.953,98	+5.294.722,88	−25.629.251,50
Umsetzungen		−25.749,53	+25.749,53	
Darlehnstilgung und sonstige Rückflüsse		+4.799,82	+204.923,02	
Auszahlungen aus Bewilligungen				−112.494.886,52
	+6.164.093,95	−8.034.245,00*	+7.665.995,10	
		+5.795.844,05		+276.317.809,16

		DM
		282.113.653,21
Rechnungs- abgrenzungs- posten		205.078,07
		1.749.421.428,41

* Vorgriff auf künftige Erträge

Darstellung der Bilanzstruktur 1986

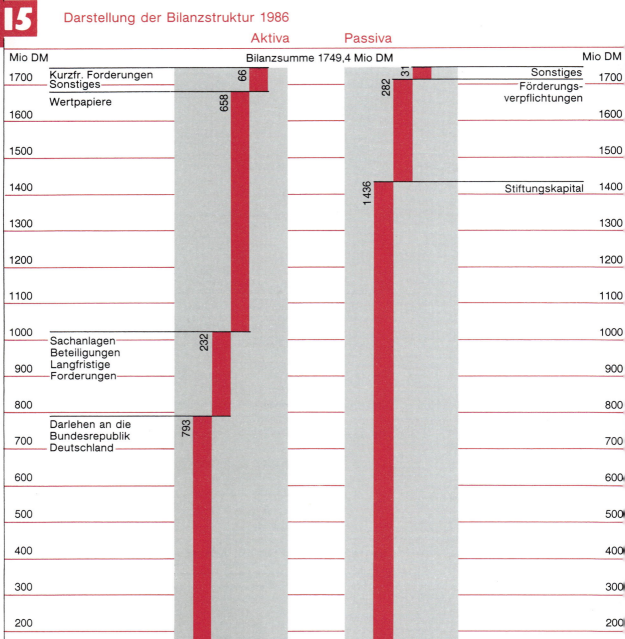

Aktiva　　**Passiva**

Bilanzsumme 1749,4 Mio DM

Mio DM

1700	
1600	
1500	
1400	
1300	
1200	
1100	
1000	
900	
800	
700	
600	
500	
400	
300	
200	
100	
0	

Aktiva-Beschriftungen:
- Kurzfr. Forderungen / Sonstiges — 66
- Wertpapiere — 658
- Sachanlagen / Beteiligungen / Langfristige Forderungen — 232
- Darlehen an die Bundesrepublik Deutschland — 793

Passiva-Beschriftungen:
- Sonstiges — 31
- Förderungsverpflichtungen — 282
- Stiftungskapital — 1 436

Mio DM

VII. Kuratorium und Geschäftsstelle
Namen und Organisation

Das Kuratorium der Stiftung Volkswagenwerk
(Stand September 1987)

Dr. Werner Remmers
Vorsitzender

Dr. Heinz Riesenhuber
Stellvertretender Vorsitzender

Dr. Andreas von Bülow
Stellvertretender Vorsitzender

Professor Dr. Hans Jürgen Bretschneider

Ilse Brusis

Dr. Johann-Tönjes Cassens

Professor Dr. Hans-Jürgen Engell

Dr. Carl H. Hahn

Professor Dr. Norbert Kloten

Professor Dr. Karl-Hans Laermann

Professor Dr. Gottfried Landwehr

Professor Dr.-Ing. Kurt Leschonski

Professor Dr. Hans Maier

Dr. Egbert Möcklinghoff

Stiftung Volkswagenwerk
Organisation der Geschäftsstelle

D-3000 Hannover 81   Kastanienallee 35   Postfach 81 05 09

Generalsekretär Rolf Möller (-215)	Öffentlichkeitsarbeit Dr. Sabine Jeratsch (-277) Pressestelle Dr. Werner Boder (-380)	Telefon (05 11) 83 81-0 In Klammern: Durchwahl Telex 9-22 965 Stand September 1987

Abteilung I: **Natur- und Ingenieurwissenschaften, Medizin** [1]
Leiterin: Dr. Marie Luise Zarnitz (-285)   Vertreter: Dipl.-Ing. Horst Penschuck (-217)

Referent	Schwerpunkte	Fachgebiete
N. N.	Parasitäre Krankheiten von Holzgewächsen Partnerschaftsprogramm	Biologie, Geowissenschaften
Dr.-Ing. Michael Maurer (-376)	Metallorganische Reaktionen für die organische Synthese Mikrostrukturwissenschaft Grundlagen technischer Verbrennungsvorgänge	Chemie, Physik
Dipl.-Ing. Horst Penschuck (-217)	Infrastruktur Ingenieurwissenschaften China-Programm (Fachgebiete Abt. I) Ergänzungsstipendium Klinische Medizin Symposien (Grundsatzfragen)	Medizin, Veterinärmedizin
Dr. Hans Plate (-218)	Synergetik Prozeßmodelle Fertigungsverfahren Fachübergreifende Gemeinschaftsprojekte i. d. Ingenieurwissenschaften	Mathematik Bauingenieurwesen Maschinenwesen
Dr. Herbert Steinhardt (-374)	Werkstoffe unter Betriebsbedingungen Mikrocharakterisierung von Werkstoffen und Bauelementen	Allgemeine Ingenieurwissenschaften Bergbau und Hüttenwesen Elektrotechnik
Günter Dege (-289)	Archäometallurgie (in Vorbereitung) Beispiele kulturwissenschaftlicher Dokumentation Akademie-Stipendien (Fachgebiete Abt. I sowie Grundsatzfragen)	Alte und Orientalische Kulturen Kunst- und Musikwissenschaft Volkskunde, Völkerkunde

Zentralabteilung (ZA): Finanzen, Verwaltung, Recht

Leiter: N. N. *   Vertreter: Carsten Carstensen (-219)

Finanzen [2]	Verwaltung Leiter: Carsten Carstensen (-219)	Recht, Verfahren Leiter: Klaus Stadtmüller (-240)

Klaus Magdsick (-355)
  Allgemeine Vermögensverwaltung
	Hans-Heinrich Brandes (-269)
	  Rechnungswesen,
	  Innere Verwaltung
		Dr. Hagen Hof (-232)
		  Besondere Rechtsangelegenheiten

Hans-Joachim Nehls (-365)
  Liegenschaften
	Eberhard Kretzschmar (-204)
	  Verwendungsprüfung	

Karl Heinz Rosenbusch (-368)
  Finanzplanung, EDV, Statistik;
  Niedersächsisches Vorab
	Werner Laue (-220)
	  Personalwesen	

		* Vorübergehend nimmt der General- sekretär die Leitung der Zentralabtei- lung wahr. [2] Die Finanzreferate unterstehen dem Abteilungsleiter unmittelbar.

Abteilung II: Geistes- und Gesellschaftswissenschaften [1]

Leiter: Otto Häfner (-216)   Vertreter: Prof. Dr. Wolfgang Wittwer (-214)

Referent	Schwerpunkte	Fachgebiete
Dr. Siegfried Englert (-212)	Grundlegende Entwicklungen in Lateinamerika, Asien und Afrika (Asien sowie alle geisteswissenschaftlichen Vorhaben) China-Programm (Fachgebiete Abt. II)	Pädagogik Psychologie Außereuropäische Sprachen und Literaturen
Priv.-Doz. Dr. Axel Horstmann (-245)	Antike in der Moderne Akademie-Stipendien (Koordination Abt. II)	Philosophie Theologie Europäische Sprachen und Literaturen
Dr. Helga Junkers (-385)	Demokratische Industriegesellschaften im Wandel	Wirtschaftswiss. (Makroökonomie) Rechtswissenschaften Soziologie
Dr. Norbert Marahrens (-256)	Deutschland nach 1945 Stadtforschung Management von Forschung und Entwicklung	Wirtschaftswiss. (Mikroökonomie) Informatik Architektur, Städtebau, Landesplanung
Dr. Alfred Schmidt (-237)	Süderweiterung der EG Sicherheitspolitik Grundlegende Entwicklungen in Lateinamerika, Asien und Afrika (gesellschaftswissenschaftliche Vorhaben Lateinamerika/Afrika)	Politikwissenschaft
Prof. Dr. Wolfgang Wittwer (-214)	Frühneuzeitliche Geschichte Deutscher Widerstand 1933–1945 Region Südostasien	Geschichte Geographie Forst- und Agrarwissenschaften

[1] Die Abgrenzung zwischen den Abteilungen I und II gilt nur als Leitlinie. Die Zuständigkeit für die einzelnen Schwerpunkte und Fachgebiete ergibt sich aus dieser Übersicht.

Mitarbeiter der Geschäftsstelle

Akrami, Petra

Batke, Melanie
Batschko-Rühmann,
    Annemarie
Bauer, Birgit
Becker, Jürgen
Boder, Werner, Dr. phil.
Börger, Marion
Bothe, Sigrid
Brandes, Hans-Heinrich
Brüggemann, Christel
Burmester, Ursula

Carstensen, Carsten,
    Dipl.-Volksw.
Cords, Ina

Deecke, Barbara
Dege, Günter
Dierßen, Dieter
Dierßen, Helene
Dobrus, Marion

Englert, Siegrfied, Dr. phil.
Epstein, Henning
Erdmann, Heike

Frommer, Ingrid

Genge, Wulf
Gillitzer, Hildegard
Goly, Andrea
Grete, Helmut

Häfner, Otto,
    Dipl. disc. pol.
Harbort, Ingrid
Hartmann, Gesa
Heber, Ingrid
Heimann, Ute
Hoerner, Manfred
Hof, Hagen, Dr. iur.
Horstmann, Axel,
    Priv.-Doz. Dr. phil.

Jensen, Andreas
Jeratsch, Sabine, Dr. phil.

Junkers, Helga, Dr. rer. pol.,
    Dipl.-Volksw.

Kessler, Karin
Kibbat, Gisela
Klemm, Christina
Kremer, Adolf Günter
Kremer, Bettina
Kretzschmar, Eberhard
Kroll, Anneliese
Kudla, Maria
Kurant, Rosemarie
Kurtz, Heidemarie

Lagodzinski, Ellen
Lampe, Christel
Latzel, Renate
Laue, Werner
Lichtenberg, Sieglinde
Loch, Ute
Löffelbein, Renate

Magdsick, Klaus,
    Dipl.-Volksw.
Marahrens, Norbert,
    Dr. rer. pol., Dipl.-Kfm.
Mattner, Helga
Maurer, Michael, Dr.-Ing.,
    Dipl.-Ing.
Möller, Rolf
    Staatssekretär a. D.
Müller, Jutta
Müller-Maibaum, Ursula

Nehls, Hans-Joachim
Nesper, Monika
Niesit, Renate

Penschuck, Horst,
    Dipl.-Ing.
Peters, Antje
Plate, Hans, Dr. rer. nat.,
    Dipl.-Phys.

Reddies, Dora
Rettig, Ursel
Richter, Brigitte

Rieger, Gisela
Rosenbusch, Karl Heinz
Rühmann, Doris

Schaeper, Friedrich Wilhelm
Schmidt, Alfred, Dr. rer. pol.,
    Dipl.-Volksw.
Schmidt-Loga, Lore

Sermund, Erika
Speer, Ulrike
Stadtmüller, Klaus,
    Ass. iur.
Steinhardt, Herbert,
    Dr. rer. nat., Dipl.-Phys.
Stolze, Helmut

Trembley, Barbara
Trenn, Marianne
Trittermann, Regina

Vogeler, Erich Jürgen
Vogler, Sylvia

Wagner, Gabriele
Wittwer, Wolfgang,
    Prof. Dr. phil.
Wöhler, Sabine
Wollny, Ingeborg
Wolter, Rudolf

Zarnitz, Marie Luise,
    Dr. rer. nat., Dipl.-Chem.
Zimmermann, Rudolf
Zipperer, Gustav

Betriebsrat

Hoerner, M.
Hof, Dr. H. (stellv. Vors.)
Horstmann, Dr. A.
Loch, U.
Wittwer, Prof. Dr. W. (Vors.)

Anhang

Der Anhang dieses Jahresberichtes ist auf Umweltschutzpapier gedruckt.
Umweltschutzpapier entsteht zu 100% aus Altpapier. Bei seiner Herstellung werden weniger Material und Energie verbraucht sowie Wasser und Luft geringer belastet als bei der Herstellung von Normalpapier.

Rechtsgrundlagen

Vertrag über die Regelung der Rechtsverhältnisse bei der Volkswagenwerk Gesellschaft mit beschränkter Haftung und über die Errichtung einer „Stiftung Volkswagenwerk" vom 11./12. 11. 1959 (BGBl. 1960, I S. 301, Anlage S. 302)

Der Bund und das Land Niedersachsen sind übereingekommen, die zwischen ihnen in bezug auf die Eigentumsverhältnisse an der Volkswagenwerk GmbH in Wolfsburg bestehenden Meinungsverschiedenheiten vergleichsweise zu bereinigen. Zu diesem Zweck schließen der Bund, vertreten durch den Bundesminister für wirtschaftlichen Besitz des Bundes, und das Land Niedersachsen, vertreten durch den Niedersächsischen Ministerpräsidenten, dieser wiederum vertreten durch den Niedersächsischen Minister der Finanzen, folgenden Vertrag:

§ 1

Die Volkswagenwerk GmbH wird in eine Aktiengesellschaft umgewandelt.

§ 2

Der Bund und das Land Niedersachsen erhalten je 20% des Grundkapitals der Volkswagenwerk Aktiengesellschaft und je zur Hälfte die bis zur Umwandlung von der Volkswagenwerk GmbH ausgeschütteten Gewinne einschließlich der aufgelaufenen Zinsen.
Die restlichen 60% des Grundkapitals werden in Form von Kleinaktien in noch im Benehmen mit dem Lande Niedersachsen festzulegenden Raten veräußert werden. Bis zur Veräußerung werden die Aktien vom Bund im Benehmen mit dem Land Niedersachsen verwaltet.

§ 3

Der Bund und das Land Niedersachsen werden gemeinsam eine „Stiftung Volkswagenwerk" mit dem Sitz in Niedersachsen errichten, deren Zweck es ist, Wissenschaft und Technik in Forschung und Lehre zu fördern.

Der Stiftung sollen folgende Vermögenswerte übertragen werden:
  a) die jährlichen Gewinne auf die den Vertragspartnern verbleibenden Aktien,

  b) der Erlös aus den zu veräußernden Kleinaktien mit der Maßgabe, daß die Stiftung verpflichtet wird, diesen Betrag zu einem angemessenen Zinssatz als Darlehen für die Dauer von zwanzig Jahren dem Bund zur Verfügung zu stellen,

  c) diejenigen Gewinne, die auf die vom Bund gemäß § 2 Abs. 2 zu verwaltenden Aktien entfallen.

292

§ 4

Die Satzung der Stiftung soll Bestimmungen darüber enthalten, nach welchen Grundsätzen die Stiftungsorgane zu besetzen und die der Stiftung zufließenden Erträge zu verwenden sind.

Hierbei ist sicherzustellen, daß

a) der Vorsitz im Kuratorium der Stiftung einem Vertreter des Landes Niedersachsen übertragen wird,

b) dem Land Niedersachsen zufließen

aa) die Erträge aus dem Niedersächsischen Aktienbesitz,

bb) als Sitzland neben dem allgemeinen schlüsselmäßig zu ermittelnden Länderanteil ein Vorab von 10% aus den restlichen Stiftungserträgen.

Diese Mittel sind vom Land Niedersachsen im Sinne des § 3 dieses Vertrages zu verwenden.

§ 5

Die Höhe des Grundkapitals der Volkswagenwerk Aktiengesellschaft wird vom Bund im Benehmen mit dem Land Niedersachsen festgesetzt werden.
In der Satzung der Volkswagenwerk Aktiengesellschaft ist vorzusehen, daß je zwei Mitglieder vom Bund und dem Land Niedersachsen in den Aufsichtsrat entsandt werden und daß Beschlüsse, für die nach dem Aktiengesetz eine qualifizierte Mehrheit erforderlich ist, einer Mehrheit von mehr als 80% des bei der Beschlußfassung vertretenen Grundkapitals bedürfen.
Einen Vorschlag des Bundes, einen seiner Vertreter im Aufsichtsrat zum Vorsitzer zu wählen, werden die Vertreter des Landes Niedersachsen unterstützen.

§ 6

Der Bund und das Land Niedersachsen verpflichten sich, alle Maßnahmen zu treffen, die notwendig und geeignet sind, das mit diesem Vertrag angestrebte Ziel zu erreichen.

§ 7

Der Vertrag tritt nach Billigung durch die gesetzgebenden Körperschaften des Bundes und des Landes Niedersachsen in Kraft.

Hannover, den 11. November 1959   Bad Godesberg, den 12. November 1959

Für den Niedersächsischen   Der Bundesminister
Ministerpräsidenten   für wirtschaftlichen Besitz des Bundes
Der Niedersächsische Minister   (gez.) Dr. Lindrath
der Finanzen
(gez.) Ahrens

Stiftungsurkunde und Satzung

Gemäß §§ 3 und 4 des Vertrages über die Regelung der Rechtsverhältnisse bei der Volkswagenwerk Gesellschaft mit beschränkter Haftung und über die Errichtung einer Stiftung Volkswagenwerk vom 11./12. 11. 1959 (BGBl. 1960 Teil I S. 301/302) errichten die Bundesrepublik Deutschland, vertreten durch den Bundesminister für wirtschaftlichen Besitz des Bundes, und das Land Niedersachsen, vertreten durch den Niedersächsischen Ministerpräsidenten, dieser wiederum vertreten durch den Niedersächsischen Minister der Finanzen, gemeinsam eine Stiftung des bürgerlichen Rechts mit der Bezeichnung

„Stiftung Volkswagenwerk"

1. Die Stiftung hat ihren Sitz in Hannover.

2. Zweck der Stiftung ist es, Wissenschaft und Technik in Forschung und Lehre zu fördern.

3. Der Stiftung werden folgende Vermögenswerte übertragen:

    a) Ein Anspruch gegen die Bundesrepublik Deutschland auf Übertragung des Erlöses aus der Veräußerung von 60% des Grundkapitals der Volkswagenwerk Aktiengesellschaft.

    b) Ein Anspruch gegen die Bundesrepublik Deutschland und das Land Niedersachsen auf den Gegenwert der jährlichen Gewinne aus den der Bundesrepublik Deutschland und dem Land Niedersachsen gehörenden Aktien der Volkswagenwerk Aktiengesellschaft in Höhe von je 120 Millionen DM.
    Bei der Veräußerung ihres diesbezüglichen Aktienbesitzes sind die Bundesrepublik Deutschland und das Land Niedersachsen berechtigt, ihre Verpflichtung zur Abführung der jährlichen Dividende durch die Abführung des Erlöses aus der Veräußerung an die Stiftung abzulösen.

    c) Ein Anspruch gegen die Bundesrepublik Deutschland auf den Gegenwert der Gewinne, die der Bundesrepublik Deutschland nach der Umwandlung der Volkswagenwerk GmbH in eine Aktiengesellschaft aus den gemäß a zu veräußernden Aktien zufließen.

4. Die Stiftung ist verpflichtet, an das Land Niedersachsen zur Verwendung im Sinne des Stiftungszwecks aus ihren jährlichen Erträgen vorab zu vergeben:

    a) Die Erträge aus dem Niedersächsischen Aktienbesitz oder im Falle seiner Veräußerung und der Abführung des Erlöses an die Stiftung die Erträge aus dem gemäß Ziffer 3 b abgeführten Kapital,

    b) 10% der restlichen Stiftungserträge.

5. Den Vorsitz im Kuratorium der Stiftung führt ein Vertreter des Landes Niedersachsen.

6. Im Falle der Beendigung der Stiftung fällt ihr Vermögen zu gleichen Teilen der Bundesrepublik Deutschland und dem Land Niedersachsen zu, die das Vermögen entsprechend dem Stiftungszweck verwenden sollen.

7. Die Stiftung erhält nachstehende

Satzung:

(Text der Satzung vom 19. Mai 1961 in der Fassung der Änderungen vom 18. Mai 1962 und 8. Februar 1967 – Gemeinsames Ministerialblatt der Bundesministerien 1961 S. 695; Niedersächsisches Ministerialblatt 1963 S. 1048 und 1967 S. 192)

§ 1 Name, Sitz

Die Stiftung führt den Namen „Stiftung Volkswagenwerk". Sie ist eine rechtsfähige Stiftung des bürgerlichen Rechts und hat ihren Sitz in Hannover.

§ 2 Stiftungszweck

Zweck der Stiftung ist die Förderung von Wissenschaft und Technik in Forschung und Lehre.

§ 3 Gemeinnützigkeit

Die Stiftung verfolgt unmittelbar und ausschließlich gemeinnützige Zwecke im Sinne des § 17 des Steueranpassungsgesetzes vom 16. 10. 1934 (RGBl. I S. 925) und der Gemeinnützigkeitsverordnung vom 24. 12. 1953 (BGBl. I S. 1592).

§ 4 Stiftungsvermögen

(1) Das Vermögen der Stiftung besteht im Zeitpunkt ihrer Errichtung aus:

a) dem Anspruch gegen die Bundesrepublik Deutschland auf Übertragung des Erlöses aus der Veräußerung von 60% des Grundkapitals der Volkswagenwerk Aktiengesellschaft,

b) dem Anspruch auf den Gegenwert der jährlichen Gewinne aus den der Bundesrepublik Deutschland und dem Land Niedersachsen zustehenden je 20% des im Zeitpunkt der Errichtung der Stiftung vorhandenen Grundkapitals der Volkswagenwerk Aktiengesellschaft. Bei der Veräußerung ihres diesbezüglichen Aktienbesitzes sind die Bundesrepublik Deutschland und das Land Niedersachsen berechtigt, ihre Verpflichtung zur Abführung der jährlichen Dividende durch Abführung des Erlöses aus der Veräußerung an die Stiftung abzulösen,

c) dem Anspruch gegen die Bundesrepublik Deutschland auf den Gegenwert der Gewinne, die der Bundesrepublik Deutschland nach der Umwandlung der Volkswagenwerk GmbH in eine Aktiengesellschaft aus den gemäß a zu veräußernden Aktien zufließen.

(2) Die nach Absatz 1 a und Absatz 1 b Satz 2 anfallenden Vermögenswerte sind gewinnbringend anzulegen. Den unter Absatz 1 a genannten Betrag hat die Stiftung der Bundesrepublik Deutschland für die Dauer von zwanzig Jahren als Darlehen zur Verfügung zu stellen. Das Darlehen ist für die ersten 3 Jahre der Laufzeit mit 5 v. H. zu verzinsen. Nach jeweils 3 Jahren ist der Zinssatz auf den Satz festzusetzen, den der Bund im vor-

ausgegangenen Jahr für an der Börse gehandelte Anleihen mit einer Laufzeit von mindestens 5 Jahren gezahlt hat. Ist ein marktüblicher Zins in dieser Weise nicht festzulegen, soll der Präsident der Deutschen Bundesbank ihn verbindlich bestimmen.

(3) Zur Erreichung des Stiftungszwecks verwendet die Stiftung

    a) die Erträge aus der Anlage der nach Absatz 1a und Absatz 1b Satz 2 anfallenden Vermögenswerte,

    b) die in Absatz 1b Satz 1 und Absatz 1c genannten Gewinne,

    c) sonstige Zuwendungen.

Die Verwaltungskosten der Stiftung sind aus diesen Mitteln vorab zu decken.

§ 5 Kuratorium

(1) Vorstand der Stiftung ist das Kuratorium.

(2) Das Kuratorium besteht aus 14 Mitgliedern. Je 7 Mitglieder werden von der Bundesregierung und dem Niedersächsischen Landesministerium berufen. Anstelle eines ausgeschiedenen Mitglieds ist für den Rest der Amtszeit ein neues Mitglied zu berufen.

(3) Die Mitglieder des Kuratoriums üben ihre Tätigkeit ehrenamtlich aus. Ihre Amtszeit beträgt 5 Jahre; sie kann bei Mitgliedern des ersten Kuratoriums auf $7\frac{1}{2}$ Jahre verlängert werden. Anschließende Wiederberufung ist nur einmal zulässig.

(4) Aus dem Kreis der Mitglieder des Kuratoriums beruft das Niedersächsische Landesministerium den Vorsitzenden und die Bundesregierung einen stellvertretenden Vorsitzenden. Das Kuratorium wählt aus seiner Mitte einen weiteren stellvertretenden Vorsitzenden.

(5) Das Kuratorium faßt seine Beschlüsse mit einer Mehrheit von zwei Dritteln der abgegebenen Stimmen. Satzungsänderungen bedürfen einer Mehrheit von zwei Dritteln der satzungsmäßigen Mitgliederzahl. Das Kuratorium ist beschlußfähig, wenn 8 seiner Mitglieder, darunter der Vorsitzende oder einer seiner Stellvertreter, anwesend sind.

(6) Der Vorsitzende beruft die Sitzungen des Kuratoriums ein. Über die Sitzung ist eine Niederschrift zu fertigen, die vom Vorsitzenden und dem Protokollführer zu unterzeichnen ist.

(7) Das Kuratorium gibt sich eine Geschäftsordnung.

§ 6 Vertretung der Stiftung

Die Stiftung wird gerichtlich und außergerichtlich durch das Kuratorium, dieses durch den Vorsitzenden des Kuratoriums gemeinsam mit einem seiner Stellvertreter oder gemeinsam durch die beiden Stellvertreter des Vorsitzenden vertreten. Das Kuratorium soll durch die beiden Stellvertreter des Vorsitzenden nur vertreten werden, wenn der Vorsitzende verhindert ist.

§ 7 Aufgaben des Kuratoriums

Das Kuratorium verwaltet die Stiftung. Ihm obliegen insbesondere

a) Beschlußfassung über die Vergabe der Förderungsmittel,
b) Festlegung des Verteilungsschlüssels gemäß § 8 Absatz 3,
c) Aufstellung eines jährlichen Wirtschaftsplans,
d) Aufstellung der Jahresrechnung,
e) Aufstellung und Veröffentlichung des Jahresberichts über die Tätigkeit der Stiftung.

§ 8 Vergabe der Förderungsmittel

(1) Die Förderungsmittel sind als zweckgebundene Zuwendungen für förderungswürdige Einrichtungen der Wissenschaft und Technik in Forschung und Lehre zu vergeben. Dabei ist sicherzustellen, daß sie als zusätzliche Förderungsmittel verwandt werden; darunter fallen auch zusätzliche laufende Personal- und Sachkosten, jedoch nur in Ausnahmefällen über die Dauer von 5 Jahren hinaus.

(2) Der vom Lande Niedersachsen an die Stiftung gezahlte Gegenwert der jährlichen Dividende von 20% des Aktienkapitals der Volkswagenwerk Aktiengesellschaft sowie 10% der übrigen gemäß § 4 Abs. 3 a und b zur Verfügung stehenden Mittel sind entsprechend den Vorschlägen des Niedersächsischen Landesministeriums und nach Abzug der anteiligen Verwaltungskosten zur Förderung von Vorhaben der im Rahmen des Absatzes 1 genannten Zwecke an das Land Niedersachsen vorweg zu vergeben.

(3) Die übrigen Mittel sind für regionale und überregionale Einrichtungen zu vergeben. Ein Verteilungsschlüssel bestimmt, welcher Anteil der zur Förderung regionaler Einrichtungen aufgewandten Mittel auf jedes Bundesland entfällt. Bei der Vergabe dieser Mittel soll das Kuratorium darauf achten, daß in dem Zeitraum, für den der Verteilungsschlüssel gilt, förderungswürdige regionale Einrichtungen in allen Ländern angemessen berücksichtigt werden.

(4) Das Kuratorium hat vor seiner Entscheidung über Anträge auf Zuwendung von Förderungsmitteln eine Stellungnahme der für die zu fördernde Einrichtung zuständigen obersten Behörde einzuholen.

§ 9 Verwendungsnachweis

Bei der Vergabe von Förderungsmitteln hat das Kuratorium Bestimmungen hinsichtlich des Nachweises über die Verwendung dieser Mittel durch den Empfänger und über die Nachprüfung des Verwendungsnachweises zu treffen. Dabei ist auszubedingen, daß die Stiftung befugt ist, die bestimmungsgemäße Verwendung der Mittel auch bei dem Empfänger zu prüfen oder prüfen zu lassen.

§ 10 Jahresrechnung, Prüfung

(1)   Das Haushaltsjahr der Stiftung ist das Kalenderjahr. Innerhalb der ersten 5 Monate eines jeden Jahres hat das Kuratorium eine Jahresrechnung für das abgelaufene Kalenderjahr aufzustellen. Die Rechnung einschließlich der Verwendungsnachweise ist jährlich durch einen Wirtschaftsprüfer oder eine Wirtschaftsprüfungsgesellschaft zu prüfen, die vom Kuratorium zu bestellen und für deren Prüfung im Einvernehmen mit den nachstehenden Rechnungshöfen Richtlinien festzusetzen sind.

(2)   Die Stiftung unterliegt der Prüfung durch den Niedersächsischen Landesrechnungshof und den Bundesrechnungshof.

§ 11 Satzungsänderungen

Änderungen dieser Satzung bedürfen der Zustimmung der Stifter.

§ 12 Beendigung, Heimfall

Im Falle der Beendigung der Stiftung fällt ihr Vermögen zu gleichen Teilen der Bundesrepublik Deutschland und dem Land Niedersachsen zu. Die Berechtigten sollen das Vermögen entsprechend dem Stiftungszweck verwenden.

Schloß Arensburg, den 19. Mai 1961

Für den Niedersächsischen
Ministerpräsidenten
Der Niedersächsische Minister
der Finanzen
(gez.) Ahrens

Der Bundesminister
für wirtschaftlichen Besitz des Bundes
(gez.) Wilhelmi

Bewilligungsgrundsätze

Die Stiftung Volkswagenwerk geht davon aus, daß ihre Förderungsmittel nach Maßgabe dieser Grundsätze und zusätzlich mitgeteilter besonderer Bewilligungsbedingungen verwaltet werden, wobei die jeweils für den Bewilligungsempfänger geltenden Regelungen (bei Hochschuleinrichtungen die Grundsätze für die Bewirtschaftung von „Mitteln Dritter") berücksichtigt werden sollen.

A. Mittelabruf, Allgemeines zur Bewirtschaftung

1. *Abruf der Mittel*

(1) Der jeweilige Mittelbedarf ist möglichst frühzeitig, im allgemeinen mindestens 6 Wochen im voraus (anhand des beiliegenden Formblattes – zweifach) anzumelden. Änderungen sind unverzüglich mitzuteilen.

(2) Um Zinsverluste zu vermeiden, überweist die Stiftung die Mittel grundsätzlich erst zu Beginn des Monats, in dem sie für den Bewilligungszweck gebraucht werden. Der Abrufplan soll daher monatsweise Anforderungen enthalten. Bei monatlichen Raten unter 10 000 DM kann ein Vierteljahresbedarf im voraus abgerufen werden.

Die Stiftung überweist nur fest abgerufene Beträge, und zwar nur auf ein Konto der Institution des Bewilligungsempfängers, bei Hochschulen und anderen öffentlich-rechtlichen Einrichtungen an die zuständige Kasse.

(3) Ausgezahlte Mittel, die wider Erwarten zunächst nicht verwendet werden, sind (mit den angefallenen Zinsen) unverzüglich zurückzuüberweisen und bei Bedarf erneut abzurufen.

(4) Die bewilligten Mittel sind nicht an Haushaltsjahre gebunden und verfallen nicht am Schluß des Kalenderjahres.

2. *Wirtschaftlichkeit und Sparsamkeit*

(1) Der Bewilligungsempfänger kann aus den bereitgestellten Mitteln nur solche Ausgaben leisten, die unmittelbar durch die im Bewilligungsschreiben konkret festgelegte Zweckbestimmung gedeckt sind. Vor Erhalt des Bewilligungsschreibens geleistete Ausgaben können nicht abgerechnet werden.

(2) Die Mittel sind so wirtschaftlich und sparsam wie möglich zu verwenden. Die Stiftung kann sie nur in Ausnahmefällen (insbesondere bei Tarif- oder Preiserhöhungen, die nicht durch Einsparungen an anderer Stelle aufzufangen sind) auf begründeten Antrag erhöhen.

(3) Nicht verbrauchte Mittel sind spätestens mit dem Verwendungsnachweis zurückzuzahlen.

3. *Abweichungen von der Bewilligung*

(1) Sieht das Bewilligungsschreiben (sonst der diesem zugrunde liegende Kostenplan) mehrere Ausgabepositionen vor, so können die einzelnen Positio-

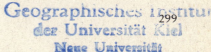
299

nen* bei Bedarf bis zu 20% verstärkt werden, wenn die Mehrausgaben notwendig sind, um den Bewilligungszweck zu erreichen, und wenn sie bei anderen Positionen eingespart werden.

Personalmittel können unter diesen Voraussetzungen und im Rahmen des der Bewilligung zugrunde liegenden Stellenplans auch um mehr als 20% verstärkt werden, soweit dies wegen nachträglicher Tariferhöhungen oder sonst tariflich oder gesetzlich unabweisbar ist.

(2) Solche Umdispositionen setzen in jedem Fall voraus, daß der Bewilligungszweck eingehalten und die Gesamtsumme der Bewilligung nicht überschritten wird und daß ausdrückliche Ablehnungen oder Hinweise der Stiftung und sonstige Regelungen (z. B. besoldungsrechtlicher oder tarifvertraglicher Art sowie solche des Reisekostenrechts) nicht entgegenstehen.

(3) In anderen Fällen bedürfen Abweichungen von der Bewilligung grundsätzlich der vorherigen Einwilligung der Stiftung. Das gilt – sofern die Kosten im übrigen eingespart werden – nicht für höchstens sechsmonatige Abweichungen von der vorgesehenen Förderungsdauer.

B. Grundsätze für einzelne Kostenarten

4. *Personalmittel*

(1) Vergütungen sind der Tätigkeit und den örtlichen (Instituts-) Verhältnissen anzupassen. Die Verantwortung für die (tariflich) angemessene Einstufung liegt beim Bewilligungsempfänger; die im Bewilligungsschreiben (oder in den Bewilligungsgrundlagen) festgelegten Einstufungen bilden Obergrenzen.

(2) Die jeweils vorgesehene Vergütung setzt eine Vollzeitbeschäftigung voraus. Doktoranden, die im Rahmen des geförderten Vorhabens promovieren wollen, können höchstens 50% der Vergütungsgruppe II a BAT oder der Eingangsstufe A 13 erhalten.

(3) Aus den Personalmitteln können Sozial- und sonstige Nebenleistungen (z. B. Arbeitgeberanteil zur gesetzlichen Sozialversicherung, Umlage oder Beiträge zur zusätzlichen Alters- und Hinterbliebenenversorgung, Beihilfen im Krankheitsfall, Weihnachtsgeld, nicht Kindergeld gemäß Bundeskindergeldgesetz) nach den Vorschriften für den öffentlichen Dienst gezahlt werden, wenn die Mitarbeiter auch im übrigen entsprechend diesen Vorschriften vergütet werden.

(4) Sofern nicht schon ein geregeltes Beschäftigungsverhältnis besteht, wird der Abschluß eines schriftlichen Dienstvertrages unter Berücksichtigung der Laufzeit der Bewilligung empfohlen. Die Stiftung wird in keinem Fall Arbeitgeber der aus ihren Förderungsmitteln Beschäftigten.

5. *Reisemittel*

(1) Reisekosten sind nach den Grundsätzen des Reisekostenrechts für den öffentlichen Dienst, jedoch nicht über die beantragten und bewilligten Sätze

---

* Ausgabepositionen in diesem Sinne sind die Gesamtansätze für wissenschaftliches Personal, für sonstiges Personal, Reisekosten, sonstige laufende Sachkosten, Gerätekosten, Kosten für sonstige einmalige Beschaffungen.

hinaus, abzurechnen. Ausländische Bewilligungsempfänger sollen nach den bei ihnen geltenden Reisekostenregeln abrechnen.

(2) Für Aufenthalte ausländischer Wissenschaftler im Inland kann die Bewilligung besondere Sätze vorsehen.

6. *Geräte*

(1) Wenn die Stiftung nichts anderes mitteilt, ist die Beschaffung bewilligter Geräte dem Bewilligungsempfänger überlassen, der dabei folgendes zu beachten hat:

a) Alle Möglichkeiten eines Preisnachlasses, insbesondere eines Forschungsrabattes, oder Skontos sind zu nutzen, gegebenenfalls unter Einschaltung zentraler Beschaffungsstellen;

b) bei größeren Objekten sind Vergleichsangebote einzuholen und die Gründe für die getroffene Wahl festzuhalten;

c) über die Bemühungen nach a) und das Verfahren nach b) ist im Verwendungsnachweis zu berichten;

d) soll aufgrund neuer Erkenntnisse anstelle des bewilligten ein Gerät anderer Ausführung erworben werden, so ist (in den Grenzen der Nr. 3) eine vorherige Einwilligung der Stiftung nicht erforderlich.

(2) Legt das Bewilligungsschreiben fest, daß Geräte von der Stiftung beschafft werden, gilt folgendes:

a) Der Bewilligungsempfänger soll umgehend mitteilen, ob die bewilligten Geräte noch seinen Anforderungen entsprechen und die angegebenen Preise noch gelten;

b) den anschließend von der Stiftung erteilten Lieferauftrag kann der Bewilligungsempfänger nicht ändern; etwaige Änderungswünsche sollte er der Stiftung unverzüglich mitteilen;

c) der Bewilligungsempfänger hat der Stiftung (gegebenenfalls mit dem beigefügten Vordruck) sofort die ordnungsgemäße Lieferung und gegebenenfalls die ordnungsmäßige geräte-technische Abnahme zu bestätigen.

(3) Der Bewilligungsempfänger hat die sachgemäße Nutzung, Unterbringung und Wartung der Geräte sicherzustellen. Die Stiftung übernimmt keine laufenden Kosten (z. B. für Energieverbrauch, Versicherungen, Wartung, Reparaturen und Ersatzteile).

(4) Die Geräte sollen auch anderen wissenschaftlichen Einrichtungen zur Verfügung stehen, soweit der Bewilligungszweck dadurch nicht beeinträchtigt wird.

7. *Eigentumsregelung bei beweglichen Sachen*

(1) Bewegliche Sachen (Geräte, Bücher, Kraftfahrzeuge usw.), die mit den bewilligten Mitteln erworben werden, gehen in das Eigentum des Bewilligungsempfängers über. Die Stiftung behält sich vor, aus wichtigem Grund die Übereignung auf eine von ihr benannte Stelle oder auf sich zu verlangen. Das

gilt vor allem, wenn ein am Projekt verantwortlich Beteiligter zu einer anderen Einrichtung wechselt.

(2) Die Sachen sind in Bestandsverzeichnisse aufzunehmen, soweit es sich nicht um Verbrauchsmaterial oder Kleinstgeräte handelt. Größere Objekte sollen mit einem gut sichtbaren Hinweis (Aufschrift, Tafel, Stempelaufdruck) versehen werden, daß sie aus Mitteln der Stiftung Volkswagenwerk beschafft sind. Aus Stiftungsmitteln beschaffte Literatur soll mit einem entsprechenden Exlibris gekennzeichnet werden. (Hinweisschilder und Exlibris können mit der gegebenenfalls beigefügten Bestellkarte angefordert werden.)

(3) Der Bewilligungsempfänger kann die Sachen veräußern, wenn sie für den Bewilligungszweck nicht mehr benötigt werden oder nicht mehr zu verwenden sind. Der Veräußerungserlös ist an die Stiftung abzuführen, sofern er nicht im Rahmen des Bewilligungszwecks oder, wenn dieser erfüllt ist, für andere wissenschaftliche Zwecke benötigt wird.

(4) Für aus dem Veräußerungserlös erworbene Sachen gelten die vorstehenden Regelungen entsprechend.

(5) Bei einem Erwerb von beweglichen Sachen, die mit dem Grund und Boden fest verbunden (wesentliche Bestandteile) werden, gelten die nachstehend zu Nr. 8 genannten Regelungen.

8. *Eigentumsregelung bei Grundstücken und Gebäuden*

(1) Der Bewilligungsempfänger wird Eigentümer der Grundstücke und Gebäude, die mit den bewilligten Mitteln erworben oder errichtet werden. Er hat bei einer Zweckentfremdung (Abweichung von der im Bewilligungsschreiben unter Bezug auf die Bewilligungsgrundlage festgelegten Zweckbestimmung) der Stiftung den Teil des Verkehrswertes zu erstatten, der ihrem Zuschuß im Verhältnis zu den Gesamtgestehungskosten entspricht. Bei einem Verkauf zu einem über dem Verkehrswert liegenden Preis tritt der Verkaufserlös an die Stelle des Verkehrswerts.

(2) Außer bei Hochschulen und anderen öffentlich-rechtlichen Einrichtungen ist der Ausgleichsanspruch nach (1) in Höhe des bewilligten Zuschusses durch Eintragung einer Belastung im Grundbuch zu sichern.

(3) Grundstücke und Gebäude sind an geeigneter Stelle mit einem deutlichen Hinweis (Aufschrift, Tafel) zu versehen, daß sie mit Mitteln der Stiftung Volkswagenwerk erworben oder errichtet worden sind.

(4) Entsprechendes gilt bei einem Erwerb von grundstücksgleichen Rechten.

9. *Druckkosten*

(1) Druckkostenzuschüsse werden nach Anforderung durch den Bewilligungsempfänger regelmäßig unmittelbar an den Verlag gezahlt. Die vollständige Auszahlung setzt voraus, daß das Werk gedruckt ist und der Stiftung ein Belegexemplar sowie die Schlußabrechnung nach (3) vorliegen. Die Stiftung leistet auf Anforderung bei Beginn der Setzarbeiten einen Teilbetrag bis zur Hälfte des Zuschusses.

(2) Das Impressum des Werkes soll den Hinweis „Gefördert von der Stiftung Volkswagenwerk" enthalten.

(3) Die Schlußabrechnung des Verlages über die tatsächlich entstandenen Herstellungskosten soll auf einem (von der Stiftung anzufordernden) Vordruck erfolgen und vom Bewilligungsempfänger bestätigt sein; sie tritt an die Stelle des Nachweises nach Nr. 10 und des Berichts nach Nr. 11. Ist nach der Schlußabrechnung ein geringerer Druckkostenzuschuß erforderlich als nach der Vorberechnung, so wird die Stiftung den Zuschuß entsprechend anpassen.

(4) Für bedingt rückzahlbare Druckkostenzuschüsse gilt ferner folgendes:

a) Jeweils zum Ende eines Kalenderjahres ist abzurechnen und der Stiftung die entsprechende Rückzahlung zu leisten;

b) ändert sich während der Abrechnungszeit der Ladenpreis, so ist das der Stiftung unverzüglich mitzuteilen, damit die Rückzahlungsquote angepaßt werden kann.

c) Wenn der Zuschuß nach der fünften Jahresabrechnung noch nicht zurückgezahlt ist, wird eine abschließende Regelung vereinbart, wobei die Stiftung eine angemessene Abfindung auch im Hinblick auf etwaige weitere Auflagen verlangen kann.

(5) Der Bewilligungsempfänger hat gegenüber dem Verlag und gegebenenfalls auch gegenüber dem Verfasser oder Herausgeber sicherzustellen, daß sie diese Bewilligungsgrundsätze sowie zusätzlich mitgeteilte besondere Bedingungen anerkennen.

C. Verwendungsnachweis, Berichte, Veröffentlichungen

10. *Rechnerischer Nachweis*

(1) Der Nachweis über die Verwendung der Mittel ist alsbald nach Abschluß der Förderungsmaßnahme zu erbringen; auf Anforderung sind auch Teilabrechnungen zu erstellen. Dem Bewilligungsempfänger gehen zu gegebener Zeit Vordrucke für den Nachweis zu. Die Stiftung bittet, sie alsbald vollständig und sorgfältig ausgefüllt zurückzusenden.

(2) Bei Vorhaben, die von der Stiftung nur zum Teil finanziert werden, hat der Nachweis eine Übersicht über die gesamten Ausgaben und Deckungsmittel für das Vorhaben zu enthalten.

(3) Der Zweck einer Ausgabe ist jeweils klar zu bezeichnen.

(4) Die abgerechneten Einnahmen und Ausgaben müssen durch prüffähige Unterlagen belegt sein. Die Belege oder Belegkopien sind für eine Prüfung bereitzuhalten, aber erst aufgrund besonderer Anforderung an die Stiftung zu senden.

(5) Die Stiftung behält sich vor, den Nachweis an Ort und Stelle zu prüfen oder prüfen zu lassen.

11. *Berichte*

(1) Der Stiftung ist alsbald nach Abschluß des Vorhabens ein Schlußbericht vorzulegen; bei Vorhaben, die zwei Jahre oder länger dauern sollen, erwartet die Stiftung außerdem jährliche Zwischenberichte.

(2) Der Schlußbericht soll, je nach der Eigenart des Vorhabens,

    a) den Projektverlauf sowie für das Vorhaben besonders förderliche oder hemmende Umstände darstellen;

    b) die Ergebnisse – auch verglichen mit den ursprünglichen Zielen, gegebenenfalls mit Hinweisen auf weiterführende Fragestellungen und auf Möglichkeiten der Umsetzung oder Anwendung – beschreiben und bewerten;

    c) sonstige für die Bewertung der Förderungsmaßnahme wichtige Umstände mitteilen (z. B. Kooperationen mit in- und ausländischen Wissenschaftlern; erschienene oder geplante Publikationen, Berichte auf Fachveranstaltungen; Graduierungen, Promotionen oder Habilitationen im Zusammenhang mit dem Vorhaben).

(3) Über diese Berichtspflichten hinaus ist der Bewilligungsempfänger gehalten, die Stiftung unaufgefordert über Ereignisse zu unterrichten, die das Vorhaben wesentlich beeinflussen. Das gilt insbesondere, wenn die Voraussetzungen für die Durchführung des Vorhabens oder dessen Ziele gefährdet erscheinen.

12. *Veröffentlichungen*

(1) Die Stiftung legt Wert darauf, daß die Ergebnisse der von ihr geförderten Vorhaben der Öffentlichkeit zugänglich gemacht werden, vorzugsweise durch Publikation in gängigen Fachorganen.

(2) Bei Publikationen, die aus dem geförderten Vorhaben hervorgehen, soll im Impressum (Rückseite des Titelblattes) vermerkt werden: „Gefördert von der Stiftung Volkswagenwerk". Ein entsprechender Hinweis ist auch in Einladungen, Programmen (bei geförderten wissenschaftlichen Veranstaltungen) oder Presseverlautbarungen anzubringen.

(3) Die Stiftung bittet sicherzustellen, daß sie alsbald ein Belegexemplar jeder Veröffentlichung erhält.

(4) Die Stiftung bittet ferner, Forschungsberichte und ähnliche nicht über den Buchhandel erhältliche Veröffentlichungen, die aus dem geförderten Vorhaben hervorgehen, in je einem Exemplar zu überlassen

dem jeweils zuständigen Fachinformationssystem

der zentralen Sammelstelle für Forschungsberichte bei der Technischen Informationsbibliothek, Welfengarten 1 B, 3000 Hannover, sowie

der zuständigen Hochschulbibliothek.

13. *Öffentlichkeitsarbeit*

(1) Die Stiftung begrüßt es grundsätzlich, wenn der Bewilligungsempfänger mit dem Vorhaben und der Förderungsentscheidung der Stiftung an die Öffentlichkeit tritt (z. B. über die Universitätspressestelle, Tageszeitungen, Journalisten-Interviews). Die Stiftung ist über ihre Pressestelle hierbei gern behilflich, besonders durch Vermittlung von Kontaktadressen.

(2) Gegebenenfalls erbittet die Stiftung für ihre eigene Öffentlichkeitsarbeit (Pressemitteilungen, Jahresberichte usw.) Entwürfe für Informationstexte bzw. anderweitige Unterstützung (z. B. Bildmaterial).

D. Sonstiges

14. *Rücknahme, Widerruf, Einstellung*

(1) Die Stiftung kann die Bewilligung zurücknehmen, wenn diese innerhalb von zwei Jahren (ab Datum des Bewilligungsschreibens) nicht wenigstens teilweise in Anspruch genommen worden ist.

(2) Die Stiftung behält sich den Widerruf der Bewilligung und die Rückforderung gezahlter Förderungsmittel vor, wenn Bewilligungsgrundsätze oder zusätzlich mitgeteilte besondere Bedingungen nicht beachtet werden, insbesondere wenn Mittel nicht zweckentsprechend verwendet werden oder die Verwendung der Mittel nicht nachgewiesen wird.

(3) Die Stiftung behält sich vor, die Förderung eines Vorhabens aus wichtigem Grund einzustellen. Gleiches gilt, wenn wesentliche Voraussetzungen für die Durchführung des Vorhabens weggefallen sind oder die Ziele des Vorhabens nicht mehr erreichbar erscheinen. Die Abwicklung der vom Bewilligungsempfänger eingegangenen Verpflichtungen ist zwischen diesem und der Stiftung durch besondere Vereinbarung zu regeln.

15. *Schutzbestimmungen, Haftungsausschluß*

(1) Der Bewilligungsempfänger ist verantwortlich für die Einhaltung einschlägiger gesetzlicher Bestimmungen, behördlicher Anordnungen und von Sicherheits- und Unfallverhütungsvorschriften (auch in Betriebsanleitungen für Geräte). Er verpflichtet sich, Regeln und Konventionen einzuhalten, die in bestimmten Forschungsgebieten gelten oder als Standard angesehen werden (z. B. die Deklaration von Helsinki über die Planung und Durchführung von medizinischen und klinischen Versuchen am Menschen).

(2) Die Stiftung steht nicht für Schäden ein, die aus der Durchführung des geförderten Vorhabens entstehen. Sollte sie für solche Schäden haftbar gemacht werden, hält der Bewilligungsempfänger sie schadlos.

16. *Beteiligung an einem wirtschaftlichen Erfolg*

(1) Ergeben sich unmittelbar aus dem geförderten Vorhaben wirtschaftliche Gewinne, Kostenerstattungen oder andere Erträge (einschließlich solcher aus Schutzrechten) – jedoch jeweils ohne Gegenrechnung von Aufwendungen –, so ist das der Stiftung alsbald mitzuteilen.

(2) Die Stiftung kann aus solchen Erträgen die Rückzahlung ihrer Bewilligung zuzüglich angemessener Zinsen oder eine angemessene Beteiligung verlangen.

(3) Für Einnahmen aus Publikationen (Vorträgen, Aufsätzen, Büchern) gilt das nur, wenn es das Bewilligungsschreiben oder zusätzlich mitgeteilte Bewilligungsbedingungen ausdrücklich bestimmen.

17. *Weitergabe der Bewilligungsgrundsätze*

Der Bewilligungsempfänger hat dafür zu sorgen, daß diese Grundsätze sowie zusätzlich mitgeteilte besondere Bedingungen den am geförderten Vorhaben und an der Abwicklung der Bewilligung Beteiligten (z. B. Mitarbeitern, Auftragnehmern) zur Kenntnis gebracht und von ihnen eingehalten werden.

Grundsätzliches zur Vergabe von Forschungsstipendien zur Aus- und Fortbildung

Im Rahmen verschiedener Schwerpunkte sieht das Förderungsprogramm der Stiftung Volkswagenwerk Forschungsstipendien zur Aus- und Weiterbildung für jüngere, besonders qualifizierte Nachwuchswissenschaftler vor (abgeschlossenes Hochschulstudium; in der Regel nur deutsche Staatsangehörige; Bewilligung nur über wissenschaftliche Einrichtung).

Förderungsmöglichkeiten bestehen fallweise für Forschungsvorhaben, Ergänzungsstudien, zusätzliche Ausbildung (z. T. auch zur Promotion) und/oder Studien- und Forschungsaufenthalte im Ausland; in einzelnen Schwerpunkten sind auch Forschungs- und Ausbildungsprojekte für kleine Gruppen von Stipendiaten (mindestens zwei, in der Regel nicht mehr als drei) unter individueller Betreuung durch erfahrene Hochschullehrer vorgesehen.

Stipendien können für längstens 30 Monate gewährt werden, sofern nicht spezielle Stipendienprogramme eine andere Regelung enthalten.

Im folgenden sind die Grundsätze für Höhe und Abwicklung von derzeit *in einzelnen Schwerpunkten* vorgesehenen Stipendien zusammengefaßt.

Die sachlichen und personellen Voraussetzungen für ein Stipendium sowie Einzel- und Besonderheiten gehen jeweils aus den Schwerpunktinformationen im Jahresbericht und den im Einzelfall anzufordernden speziellen Merkblättern und Stipendienrichtlinien hervor.

Höhe des Stipendiums

Das Grundstipendium wird entsprechend der beruflichen und wissenschaftlichen Qualifikation sowie des Alters des Stipendiaten festgesetzt (Höhe z. Z. zwischen DM 1500 und DM 2250 mtl.).

In besonders zu begründenden Fällen (z. B., wenn ein Stipendiat für die Dauer des Stipendiums aus einer Stelle beurlaubt wird) kann das Stipendium in Anlehnung an die Beamtenbesoldung oder den BAT bemessen werden.

Ein *Familienzuschlag* kann verheirateten Stipendiaten für den Ehegatten gewährt werden (z. Z. DM 400 mtl.), wenn dieser kein eigenes Einkommen bezieht.

Bei Forschungsaufenthalten im Ausland wird in der Regel ein *Auslandszuschlag* gewährt. Dieser erhöht sich bei mehr als sechsmonatiger Begleitung der Familie des Stipendiaten. Derzeit betragen die Auslandszuschläge für einen alleinreisenden Stipendiaten pro Monat:

Ländergruppe I	700 DM	Ländergruppe III	1130 DM
Ländergruppe II	920 DM	Ländergruppe IV	1350 DM

Folgende beispielhaft genannte Länder gehören z. Z. zu den Ländergruppen:

Gruppe I: Brasilien, Chile, Griechenland, Indien, Jugoslawien, Mexiko, Österreich, Peru, VR Polen, Portugal, Spanien, Sudan, Tschechoslowakei, Türkei, Venezuela

Gruppe II: Argentinien, Bolivien, VR China, Kenia, Kolumbien, Luxemburg, Niederlande, Pakistan, Philippinen

Gruppe III: Australien, Bangladesh, Belgien, Dänemark, Frankreich, Italien, Kanada, Schweiz, Sowjetunion, Sri Lanka, Zaire

Gruppe IV: Ägypten, Algerien, Großbritannien, Indonesien, Irland, Israel, Japan, Korea, Malaysia, Norwegen, Schweden, Singapur, Thailand, Vereinigte Staaten von Amerika, Vietnam

Zu den *Fahrtkosten* für die Hin- und Rückreise zum Studienort kann ein Zuschuß für den Stipendiaten bis zur Höhe der tatsächlichen Kosten (2. Klasse) gezahlt werden, für den Ehegatten und die Kinder bis zur Hälfte, unter der Voraussetzung, daß sie den Stipendiaten für mehr als sechs Monate in das Ausland begleiten.
Für zusätzliche Aufwendungen, die in unmittelbarem Zusammenhang mit der Inanspruchnahme des Stipendiums stehen (z.B. Lehr- und Lernmittel, Informationsreisen, Reisen im Gastland usw.), kann ein pauschaler Zuschuß *(Ersatzgeld)* in Höhe von DM 200 mtl. gewährt werden.
Die Stipendien sind im Rahmen der Bestimmungen des §3 Ziff. 44 EStG steuerfrei.

Antragstellung und Entscheidung

Da Stipendien nur an wissenschaftliche Einrichtungen vergeben werden können, sollte der Antrag bereits über die wissenschaftliche Einrichtung vorgelegt werden, die im Falle einer Bewilligung des Stipendiums die spätere Abwicklung übernehmen wird.
Die Entscheidung über den Antrag liegt allein bei der Stiftung Volkswagenwerk. Ablehnungsbescheide ergehen ohne Begründung. Eine Wiederaufnahme abgelehnter Anträge ist nicht möglich.
Ein Anspruch auf Förderung besteht nicht.

Schwerpunkte

in denen zur Zeit die Vergabe einer begrenzten Anzahl zeitlich unterschiedlich befristeter Forschungs- und/oder Ausbildungsstipendien vorgesehen ist:
(Stand 1. 10. 1987)

Antike in der Moderne – Wirkungs- und Rezeptionsgeschichte des „klassischen" Altertums; Forschungen zur frühneuzeitlichen Geschichte; Forschungen zum deutschen Widerstand 1933–1945; Demokratische Industriegesellschaften im Wandel; Süderweiterung der Europäischen Gemeinschaft; Gegenwartsbezogene Forschung zur Region Südostasien; Grundlegende Entwicklungen in Lateinamerika, Asien und Afrika; Management von Forschung und Entwicklung; Synergetik; Prozeßmodelle von trennenden und umformenden Fertigungsverfahren; Verhalten metallischer und keramischer Werkstoffe unter Betriebsbedingungen; Mikrocharakterisierung von Werkstoffen und Bauelementen; Parasitäre Krankheiten von Holzgewächsen: Ausbildung in der Holzpathologie. – Vgl. auch Forschung und Ausbildung im Bereich der Sicherheitspolitik (Einzelprogramme), S. 164 ff.; Spezielles Ergänzungsstipendium in der Klinischen Medizin, S. 211 f.

Vgl. hierzu die Schwerpunktdarstellungen (S. 129 ff.) und Merkblätter/ Informationen für Antragsteller (S. 308 ff.).
Zur Förderung habilitierter Wissenschaftler im Rahmen konkreter Forschungsprojekte vgl. Programmdarstellung S. 243 f. und Merkblatt 23, S. 322 f.

Merkblätter/Informationen für Antragsteller

Zur Information über Ziele, Thematik und Abgrenzung ihrer Schwerpunkte und Förderungsprogramme sowie der Antragsvoraussetzungen und Förderungsmöglichkeiten gibt die Stiftung Merkblätter für Antragsteller und Richtlinien für Stipendienprogramme sowie Faltblätter zu einzelnen Schwerpunkten heraus. Bis Oktober 1987 sind 40 Merkblätter erschienen. Im folgenden sind die zur Zeit geltenden Merkblätter aufgeführt, die bei Bedarf einzeln angefordert werden können.

Merkblatt für Antragsteller 1

Postfach 81 05 09   D-3000 Hannover 81
Telex 9 - 22965
Telefon Vermittlung (05 11) 83 81 - 0
Telefon Durchwahl   83 81 - (-)

Kastanienallee 35   Hannover-Döhren

Schwerpunkt Symposienprogramm

I. *Ziel des Förderungsprogramms*

Der Schwerpunkt „Symposienprogramm" dient der Förderung der wissenschaftlichen Kommunikation über ein abgegrenztes wissenschaftliches Thema, vor allem der Diskussion neuer wissenschaftlicher Entwicklungen. Die Stiftung fördert vorzugsweise solche Veranstaltungen, die eine interdisziplinäre oder überörtliche Zusammenarbeit – insbesondere auch mit ausländischen Forschern und unter angemessener Beteiligung jüngerer Wissenschaftler – herbeiführen.

Im Schwerpunkt „Symposienprogramm" können alle Fachgebiete gefördert werden. Es ist nicht erforderlich, daß sich das Thema der zu fördernden Veranstaltung auf einen anderen Schwerpunkt der Stiftung bezieht.

II. *Förderungsmöglichkeiten*

Die Stiftung fördert im Schwerpunkt „Symposienprogramm" nur Veranstaltungen. Anträge von Einzelpersonen auf Reise- und Aufenthaltskosten für Tagungsbesuche können im Rahmen dieses Programms nicht bearbeitet werden.

Voraussetzungen

Die Stiftung kann Zuschüsse vergeben zur Veranstaltung von

Symposien (Arbeitstagungen, Workshops) und

Kursen (Ferienkurse, Sommerschulen)

Der Teilnehmerkreis sollte entsprechend der jeweiligen Thematik gezielt ausgewählt und zahlenmäßig so begrenzt werden, daß eine aktive Mitwirkung der Beteiligten und ein intensiver Meinungsaustausch im Plenum gesichert ist.

Als obere Grenze für die Förderung von Symposien sieht die Stiftung auch bei einer anzustrebenden ausgewogenen Beteiligung mehrerer Disziplinen oder Arbeitsrichtungen in der Regel eine Teilnehmerzahl von 30 an; sie kann bis auf 60 (unter Einschluß von Zuhörern) erhöht werden, wenn dafür besondere Gründe sprechen, z. B. wenn dies notwendig erscheint, um verstärkt jüngere Wissenschaftler zu beteiligen. Auch bei Kursen sollte die Teilnehmerzahl auf höchstens 60 beschränkt werden.

Der Tagungsort sollte in der Bundesrepublik Deutschland einschließlich Berlin (West) liegen.

Von einer Förderung allgemein ausgeschlossen sind Kongresse, Jahrestagungen wissenschaftlicher Vereinigungen und ähnliche Großveranstaltungen oder Teile davon. Sind zeitlich vor oder nach derartigen Tagungen auch solche Veranstaltungen geplant, die den Förderungsmöglichkeiten des Schwerpunktes „Symposienprogramm" entsprechen, kommt ein Zuschuß nur zur Deckung der echten Mehrkosten in Betracht.

Umfang der Förderung

Im Interesse eines sparsamen Einsatzes von Mitteln beschränkt die Stiftung ihre Förderung in erster Linie auf Zuschüsse zu Reise- und Aufenthaltskosten solcher Teilnehmer, die den Besuch der Veranstaltung nicht aus anderen Mitteln finanzieren können. Vor allem bei Flugreisen sollten von vornherein kostengünstige Tarife in Betracht gezogen werden. Nur im Einzelfall können Reise- und Aufenthaltskosten bis zur Höhe der sich aus den Bestimmungen des Reisekostenrechts des öffentlichen Dienstes ergebenden Sätze berücksichtigt werden.

Kosten für mitreisende Angehörige oder für die Bewirtung von Gästen werden nicht übernommen. Gleiches gilt für ein etwaiges Rahmenprogramm; hier geht die Stiftung von einer Eigenbeteiligung der Teilnehmer aus.

Im allgemeinen rechnet die Stiftung bei der Art der von ihr geförderten Veranstaltungen damit, daß etwaige Kosten zur Vorbereitung und Durchführung der Tagungen vom Veranstalter getragen werden. Soweit dennoch eine zusätzliche Förderung beantragt wird (z. B. weil auch durch Tagungsbeiträge keine Kostendeckung zu erwarten ist), sind die notwendigen Aufwendungen besonders zu begründen. Für Honorare kommt die Stiftung grundsätzlich nicht auf.

Druckkosten für die Veröffentlichung der Tagungsbeiträge werden in der Regel nicht übernommen. Hier geht die Stiftung davon aus, daß wesentliche Ergebnisse und besonders wichtige Einzelvorträge in Fachzeitschriften veröffentlicht werden.

III. *Antragsfrist*

Anträge mit allen erforderlichen Angaben sollten möglichst sechs Monate vor dem Veranstaltungstermin bei der Stiftung vorliegen; beträgt dieser Zeitraum weniger als drei Monate, können sie in der Regel nicht mehr bearbeitet werden.

IV. *Antragstellung*

Anträge werden schriftlich ohne weitere Formerfordernisse an die Geschäftsstelle der Stiftung Volkswagenwerk, Kastanienallee 35, 3000 Hannover 81, erbeten.

Sie sollen so abgefaßt sein, daß sie sowohl der Stiftung als auch den von ihr zu Rate gezogenen Fachgutachtern ein für die Prüfung ausreichendes Bild der geplanten Veranstaltung vermitteln. Spezielle fachliche Ausführungen können dem Antrag gegebenenfalls auch als Anlage beigegeben werden.

Als Anhalt für die allgemein benötigten Informationen werden folgende Punkte genannt:

- Klare, möglichst aussagefähige Bezeichnung des Themas der Veranstaltung

  Ort, Datum und Dauer der geplanten Veranstaltung (gegebenenfalls auch Erläuterungen zum Zusammenhang mit einer anderen Veranstaltung)

- Ausführliche Begründung (Anlaß, Notwendigkeit, Bezug zum gegenwärtigen Forschungsstand, Zielsetzung)

- Wissenschaftliches Programm der Veranstaltung mit Zeitplan (zumindest vorläufige Übersicht über Vortrags- bzw. Diskussionsthemen)

- Gesichtspunkte für die Anzahl und Auswahl der Teilnehmer (insbesondere auch hinsichtlich der interdisziplinären oder überörtlichen Zusammenarbeit sowie des Umfanges der Beteiligung ausländischer und jüngerer Wissenschaftler)

  Namensliste der vorgesehenen bzw. eingeladenen Teilnehmer sowie eventuell bereits vorliegender Zusagen (zumindest für die Vortragenden)

- Begründung und Aufschlüsselung der bei der Stiftung zur Finanzierung beantragten Positionen einschließlich Angaben zur Gesamtfinanzierung der Veranstaltung

- Bezeichnung des Veranstalters bzw. der einladenden Institution und Bezeichnung des Bewilligungsempfängers

  (Die Stiftung kann Förderungsmittel satzungsgemäß nur an wissenschaftliche Einrichtungen vergeben. Bei Antragstellern bzw. vorgesehenen Bewilligungsempfängern außerhalb des unmittelbaren Hochschulbereiches und der Max-Planck-Gesellschaft fordert die Stiftung gegebenenfalls noch einen Tätigkeitsbericht bzw. Angaben zur Rechtsform, Satzung, Gemeinnützigkeit, Besetzung der Organe und Gremien, Etatgestaltung und Haushaltsprüfung der zu fördernden Einrichtung an.)

- Angabe, ob Anträge zur Förderung der betreffenden Veranstaltung anderen Stellen vorgelegt wurden oder werden.

V. *Auskünfte*

Für weitere Auskünfte steht die Geschäftsstelle der Stiftung Volkswagenwerk, Hannover (Tel.: 05 11 / 83 81-0), zur Verfügung.

Stiftung Volkswagenwerk

Merkblatt
für Antragsteller 2

Postfach 81 05 09   D-3000 Hannover 81
Telex 9 - 22965
Telefon Vermittlung (05 11) 83 81 - 0
Telefon Durchwahl   83 81 -(-)

Kastanienallee 35   Hannover-Döhren

Schwerpunkt
Akademie-Stipendien

I. *Zweckbestimmung und Personenkreis*

Die Stiftung Volkswagenwerk möchte mit diesem Schwerpunkt, der
nicht an bestimmte Fachrichtungen oder Themenstellungen gebunden
ist, besonders qualifizierten und belasteten Hochschullehrern während
einer längeren Befreiung von ihren Lehrverpflichtungen eine Konzentration auf ihre Forschungsaufgaben ermöglichen. Mit der Förderung können wissenschaftliche Arbeiten begonnen, fortgeführt oder abgeschlossen werden; auch die Erarbeitung von Lehrbüchern oder zusammenfassenden Darstellungen wird unterstützt. Mit der Finanzierung der Lehrvertretung von Akademie-Stipendiaten soll gleichzeitig Nachwuchswissenschaftlern eine Qualifizierungschance eröffnet werden.

Das Akademie-Stipendium können Hochschullehrer erhalten, die eine
C4- oder C3-Professur an einer deutschen Hochschule innehaben.

Als Kriterien für die Stipendienvergabe gelten vor allem
• hohe wissenschaftliche Qualifikation
  und
• Belastung durch Hochschulaufgaben außerhalb der Forschung.

II. *Förderungsmöglichkeiten*

1. *Vollstipendium*

Für die Dauer von mindestens sechs Monaten und höchstens zwei
Jahren kann die Stiftung während eines oder mehrerer zusätzlicher
Freisemester des Akademie-Stipendiaten die Finanzierung einer Lehrvertretung übernehmen. Als Obergrenze dafür gilt ein Betrag in
Höhe des durchschnittlichen Grundgehalts eines C4-Professors zuzüglich Ortszuschlag (derzeit jährlich 100 000 DM). Außerdem können die Akademie-Stipendiaten selbst Zuschüsse für Reisekosten sowie – bis zur Höhe von 10 000 DM jährlich – für zusätzliches Personal und Sachaufwendungen erhalten.

Für die Lehrvertretung sollten vorrangig habilitierte Wissenschaftler
in ungesicherter Position gewonnen werden.

Die Stiftung erwartet, daß die Akademie-Stipendiaten für die Dauer
der Förderung unter Fortzahlung der Dienstbezüge freigestellt oder
beurlaubt werden. Dabei ist zu berücksichtigen, daß das Vollstipendium eine zusätzliche Förderung darstellt, die die öffentliche Hand

bei der Gewährung üblicher Forschungsfreisemester nicht entlasten darf. Eine Anrechnung auf den hierfür vorgesehenen Turnus steht der Gewährung eines solchen Akademie-Stipendiums entgegen; allenfalls kann die gesamte Karenzzeit um die Laufzeit eines in Anspruch genommenen Akademie-Stipendiums ausgedehnt werden.

2. *Zusatzstipendium*

Während der vom jeweiligen Bundesland gewährten Freisemester oder Freijahre können Auslandsaufenthalte mit einer Dauer von mindestens 6 und höchstens 12 Monaten durch Zuschüsse zu den Reise- und Sachkosten gefördert werden.

III. *Antragstellung*

Anträge können schriftlich ohne weitere Formerfordernisse an die Geschäftsstelle der Stiftung Volkswagenwerk gerichtet werden. Die Stiftung ist gehalten, vor einer Entscheidung die jeweils zuständige oberste Behörde zu befragen. In der Regel wird dies im Anschluß an die Begutachtung geschehen. Bis zur Entscheidung muß für dieses Verfahren mit einer Bearbeitungszeit von mindestens 6 Monaten gerechnet werden.

Folgende Informationen werden benötigt:

- Ausführliche Schilderung des wissenschaftlichen Vorhabens mit klarer Bezeichnung des Themas
- Zusammenfassung von 1 bis 2 Seiten im Falle einer umfangreichen Projektdarstellung
- Angaben über den vorgesehenen Arbeitsort, den Beginn des Stipendiums und die Zeitplanung
- Darstellung der Belastung des Bewerbers durch Lehr- und Verwaltungsaufgaben sowie Angaben zu seinem Status an der Hochschule
- Angaben über bisherige und künftige Freisemester des Landes
- Lebenslauf mit Angaben zum Familienstand des Bewerbers
- Publikationsliste
- Angaben über Vorlage dieses Antrags oder thematisch verwandter Anträge bei anderen Förderungsinstitutionen
- Angaben zur Regelung der Lehrvertretung (nur zum Vollstipendium)
- Kostenplan

In der Kostenaufstellung sollen die eventuellen Mehrkosten eines Auslandsaufenthalts des Bewerbers, zusätzliche Personal- und/oder Sachkosten einschließlich der Reisekosten im einzelnen beziffert und begründet werden. Zu Arbeitsaufenthalten im Ausland empfiehlt es sich, eine Einladung der ausländischen Institution beizufügen.

Zu Anträgen auf Gewährung eines Vollstipendiums bittet die Stiftung regelmäßig nach der grundsätzlichen Entscheidung über eine Förderung die Hochschule um eine auf die Bezüge des jeweiligen Lehrvertreters zugeschnittene Spezifikation der Kosten.

IV. *Auskünfte*

Für weitere Auskünfte zu diesem Programm stehen in der Geschäftsstelle der Stiftung zur Verfügung:

Abteilung I: Günter Dege (Tel.: 05 11 / 83 81 - 2 89), Ina Cords (-290)
Mathematik, Natur- und Ingenieurwissenschaften; Medizin;
Alte und Orientalische Kulturen; Kunst- und Musikwissenschaft; Volkskunde, Völkerkunde

Abteilung II: Priv.-Doz. Dr. Axel Horstmann (Tel.: 05 11 / 83 81 - 2 45)
Geistes- und Gesellschaftswissenschaften

Stiftung Volkswagenwerk

Merkblatt für Antragsteller 20

Postfach 81 05 09   D-3000 Hannover 81
Telex 9 - 22965
Telefon Vermittlung (05 11) 83 81 - 0
Telefon Durchwahl   83 81 - 385

Kastanienallee 35   Hannover-Döhren

Schwerpunkt
Demokratische Industriegesellschaften im Wandel

I. *Vorbemerkung*

Der seit 1977 bestehende Förderungsschwerpunkt „Wandel und Krisenfaktoren in demokratischen Industriegesellschaften" wird seit 1982 – thematisch modifiziert und mit größerer Betonung problemorientierter Grundlagenforschung – unter dem Titel „Demokratische Industriegesellschaften im Wandel" weitergeführt.

II. *Zielsetzung und Thematik*

Ziel des Schwerpunkts bleibt die Förderung wirtschafts- und sozialwissenschaftlicher Forschung, die Ursachen und Folgen des längerfristigen sozio-ökonomischen, technologischen und politisch-kulturellen Wandels in den Industriegesellschaften Westeuropas, Nordamerikas und in Japan aufgreift und analysiert.

Angeregt werden sollen vor allem solche Forschungsvorhaben, die durch die Wahl der Fragestellung, durch die theoretische Perspektive und den methodischen Zugriff fächerübergreifende Bezüge herstellen und sich – auch unter Beachtung historischer Zusammenhänge und international vergleichend – um eine Erklärung gegenwärtiger Probleme und die Prognose künftiger Entwicklungen der industriell fortgeschrittenen Demokratien bemühen. Dabei sollten z. B. auch naturwissenschaftlich-technische, kulturelle und psychologische Einflußfaktoren, die die Wertorientierungen, das Verhalten, aber auch die Erwartungen von Individuen und gesellschaftlichen Gruppen gegenüber Technik, Wirtschaft, Staat und Politik bestimmen, einbezogen werden.

Die daraus abgeleitete Thematik der Förderung zielt auf die Bearbeitung der Zusammenhänge zwischen technologischer und ökonomischer Entwicklung, sozialen und kulturellen Veränderungen und politischen Entscheidungen sowie daraus resultierenden gegenwärtigen und künftigen Anpassungsproblemen der „westlichen" Industriegesellschaften. Hierbei sind die internationalen Verflechtungen und weltwirtschaftlichen Veränderungen auch in ihren Einwirkungen auf Struktur- und Funktionsprobleme in Politik und Administration zu berücksichtigen. Es sollen daher vor allem Forschungsvorhaben zu den beiden folgenden, sich ergänzenden Themenkomplexen gefördert werden:

- *Technologische und ökonomische Entwicklungen im Kontext weltwirtschaftlicher Veränderungen*

  Gedacht wird an Forschungen, die sich theoretisch und/oder auf empirisch vergleichender Basis mit den aus Verschiebungen der weltwirtschaftlichen Arbeitsteilung, der Ressourcenverknappung und den aus der wachsenden Internationalisierung der Warenproduktion und Märkte erwachsenden Problemen und Konflikten

  - sowohl auf der (auch institutionellen und politischen) Ebene der internationalen Koordination
  - als auch unter dem Aspekt einzelstaatlicher Anpassungs- und Modernisierungsstrategien befassen.

  Zentrale ökonomisch-technische Gegenwarts- und Zukunftsprobleme der Industriegesellschaften müssen in diesem Zusammenhang gesehen werden, so z. B. die Interdependenzen von ökonomischer Stagnation, Inflation und Arbeitslosigkeit, Innovationskraft, Technologieentwicklung und geänderten Einstellungen zum technischen Fortschritt, zur Umwelt, zum Wirtschaftswachstum, zur Wohlfahrtsentwicklung und zur Arbeit.

- *Aufgaben und Belastungen des politisch-administrativen Systems durch politisch-kulturellen, ökonomischen und sozialen Wandel*

  Hier sollen Forschungen angeregt werden, deren theoretisch und/oder empirisch-analytisch orientierte Ansätze auf die Analyse der besonderen und neuartigen Belastungen des politischen Systems der westlichen Demokratien abzielen. Diese werden z. B. hervorgerufen durch restriktivere wirtschaftlich-technische Bedingungen, durch komplizierter werdende Konsens- und Akzeptanz-, Entscheidungs- und Handlungsprozesse, durch veränderte Einstellungen gegenüber überkommenen gesellschaftlichen Werten und Lebensqualitäten sowie traditionellen politischen Organisations-, Verhandlungs- und Verhaltensformen. Zentrale Aspekte der Frage nach der Handlungs- und Leistungsfähigkeit demokratischer politischer Systeme werden dadurch berührt.

Bei der Behandlung entsprechender Fragestellungen sollten auch herkömmliche wirtschaftstheoretische und sozialwissenschaftliche Deutungsmuster und Modelle ebenso wie kontrovers beurteilte unterschiedliche Strategien der wirtschaftlichen und politischen Steuerung in ihren theoretischen Grundlagen, Implikationen und Wirkungen überprüft werden. Auch neue fachübergreifende Erklärungsansätze (z. B. die Theorie der „property rights", der „Neuen politischen Ökonomie", zur

„Wohlfahrtsökonomie", des „Institutionalismus", des „Korporatismus" etc.), die wirtschaftstheoretische, rechtliche, organisations- und verhaltenswissenschaftliche Bezüge stärker einbeziehen, sollten – nicht nur im Rahmen aufwendiger empirischer Projekte, sondern auch durch modelltheoretische Vorhaben, Sekundäruntersuchungen und problemgeschichtliche Analysen – weiterentwickelt werden.

III. *Förderungsinstrumente*

1. *Forschungsprojekte*

Vergabe von Personal- und Sachmitteln einschließlich Reisekostenzuschüssen an wissenschaftliche Einrichtungen. Es werden sowohl einzelne graduierte Wissenschaftler als auch Arbeitsgruppen gefördert. Das schließt die Möglichkeit der Förderung von Projekten ausländischer Antragsteller ein; Voraussetzung hierfür ist eine enge Zusammenarbeit mit deutschen Wissenschaftlern.

Die Durchführung internationaler Kooperations- und Verbundprojekte hält die Stiftung nach wie vor für wichtig; dabei anfallender besonderer Koordinationsbedarf kann grundsätzlich finanziert werden; allerdings legt die Stiftung Wert auf eine substantielle finanzielle Beteiligung der anderen beteiligten Länder, insbesondere hinsichtlich der Finanzierung der dort von eigenen Forschungsteams durchgeführten Teilprojekte.

Projektergebnisse sollten möglichst schon während der Projektlaufzeit, auf jeden Fall aber auf Abschlußkolloquien zur Diskussion gestellt werden.

2. *Studiengruppen*

Besonderes Interesse gilt der Förderung von Studiengruppen, zu denen sich Wissenschaftler aus dem In- und Ausland befristet zusammenfinden, um bestimmte Fragestellungen zu konzipieren und zu bearbeiten. Hierfür können Sach- und Personalmittel sowie Zuschüsse zu den Reisekosten bereitgestellt werden.

3. *Wissenschaftlicher Nachwuchs*

Die Stiftung vergibt in diesem Schwerpunkt keine einzelnen Promotionsstipendien. Sie möchte jedoch auch in dem hier gegebenen thematischen Rahmen einen speziellen Beitrag zur Verbindung von Forschung und Nachwuchsförderung leisten, indem sie kleine Gruppen besonders qualifizierter Graduierter durch die Förderung von Promotionsvorhaben – ggf. auch in der Zeit unmittelbar danach – unterstützt. Voraussetzung hierfür ist allerdings die Zusammenarbeit mehrerer Doktoranden unter einer Rahmenthematik, zu deren Bearbeitung sie mit dem jeweiligen Dissertationsthema beitragen. Anträge im Sinne einer solchen „Institutsgebundenen Nachwuchsförderung" werden von Hochschullehrern gestellt und verantwortet und sollen mindestens zwei, in der Regel nicht mehr als drei Stipendien je bis zu 30 Monaten vorsehen. Besonderer Wert wird auf die fachliche Betreuung der Stipendiaten durch den Verantwortlichen gelegt. Auch Stipendien werden über wissenschaftliche Einrichtungen vergeben. (Nähere Informationen hierzu können bei der Stiftung angefordert werden.)

Voraussetzungen:

- *ein Rahmenthema, das sich innerhalb der Schwerpunktthematik besonders gut für die Verbindung von Forschung und Nachwuchsförderung eignet;*
- *ausführliche Darstellung der Einzelvorhaben, die von der Anlage her einen weiterführenden Forschungsbeitrag erwarten lassen;*
- *individuelle Anleitung und Betreuung der Stipendiaten durch einen Hochschullehrer;*
- *gegebenenfalls Einbeziehung von Auslandsaufenthalten, möglichst in Zusammenarbeit mit einem oder mehreren ausländischen Partnerinstituten.*

In der Regel nur für deutsche Staatsangehörige.

4. *Arbeitstagungen und Symposien*

Arbeitstagungen, vor allem zur Initiierung, Vorbereitung und koordinierenden Begleitung von nationalen und internationalen Forschungsvorhaben und zur abschließenden Diskussion von Forschungsergebnissen, können durch Vergabe von Sachmitteln und Reisekostenzuschüssen unterstützt werden. Gleiches gilt für Kolloquien oder auch Kolloquienreihen, die der Erarbeitung und Diskussion neuer theoretischer und methodischer Ansätze und neuer Fragestellungen dienen sollen. Im übrigen ist auch in diesem Schwerpunkt die Förderung von Symposien im Sinne des Symposienprogramms der Stiftung und entsprechend der dort genannten Kriterien (das entsprechende Merkblatt 1 für Antragsteller stellt die Stiftung auf Anforderung zur Verfügung) möglich.

5. *Freistellungen und Auslandsaufenthalte*

Der Stiftung erscheint es im Rahmen dieses Schwerpunkts besonders wichtig, ausgewiesenen Wissenschaftlern die Möglichkeit zu geben, frei von sonstigen Verpflichtungen grundlegende Fragestellungen zu bearbeiten. Es wird daher an dieser Stelle ausdrücklich auf das Akademie-Stipendium für Hochschullehrer (das entsprechende Merkblatt 2 für Antragsteller stellt die Stiftung ebenfalls auf Anforderung zur Verfügung) verwiesen, da eine entsprechende Förderung auch in Verbindung mit einem Forschungsprojekt in dem hier vorgestellten Schwerpunkt erfolgen kann, sowie auf das Programm zur Förderung habilitierter Wissenschaftler (das entsprechende Merkblatt 23 für Antragsteller ist bei der Stiftung erhältlich).

Darüber hinaus können Hochschullehrer/Projektleiter zur Vorbereitung und Durchführung von Projekten Zuschüsse (Reise- und Aufenthaltskosten) für Auslandsaufenthalte erhalten. Die Aufenthaltsdauer sollte in der Regel mindestens zwei, höchstens sechs Monate betragen.

IV. *Antragstellung*

Anträge können schriftlich ohne weitere Formerfordernisse bei der Stiftung Volkswagenwerk vorgelegt werden.

Anträge aus dem Ausland sind deutschen Anträgen prinzipiell gleichgestellt, doch werden für eine nähere Prüfung Angaben über eine definierte Kooperation mit wissenschaftlichen Einrichtungen oder Wissenschaftlern in der Bundesrepublik Deutschland grundsätzlich vorausgesetzt.

Zur Abfassung der Anträge / Anhaltspunkte für die im allgemeinen benötigten Informationen: siehe Kap. III, S. 67f. / Hinweise zur Antragstellung und S. 309 ff. / Merkblatt Symposienprogramm.

V. *Auskünfte*

Für weitere Auskünfte steht die Geschäftsstelle der Stiftung Volkswagenwerk, Hannover (Dr. Helga Junkers, Tel.: 05 11 / 83 81-3 85), zur Verfügung.

Stiftung Volkswagenwerk

Merkblatt für Antragsteller 22

Postfach 81 05 09   D-3000 Hannover 81
Telex 9 - 22965
Telefon Vermittlung (05 11) 83 81 - 1
Telefon Durchwahl   83 81 - 256

Kastanienallee 35   Hannover-Döhren

Schwerpunkt
Deutschland nach 1945 – Entstehung und Entwicklung der Bundesrepublik Deutschland und der DDR

I. *Zielsetzung*

Die Stiftung Volkswagenwerk möchte mit diesem Förderungsschwerpunkt zu einer empirisch-quellenmäßig fundierten Erforschung der deutschen Entwicklung seit dem Ende des Zweiten Weltkrieges beitragen. Dabei werden auch die besonderen Probleme der zeitgeschichtlichen Forschung zur Nachkriegsentwicklung gesehen, die in dem durch die große Materialfülle bedingten erhöhten Bearbeitungsaufwand, in der zunehmenden Notwendigkeit multidisziplinär besetzter Projektgruppen und in den erhöhten Qualifikationsanforderungen für Projektbearbeiter liegen.
Das Förderungsangebot der Stiftung möchte insgesamt dazu beitragen, die wissenschaftliche Behandlung des Themenbereichs „Nachkriegsgeschichte" zu intensivieren, zu systematisieren und – wo notwendig – zu koordinieren.

II. *Thematik*

Gegenstandsbereiche

Der *allgemeine Gegenstandsbereich* umfaßt solche Vorhaben, die die empirische, quellenmäßig gesicherte Erforschung der politischen, wirtschaftlichen, sozialen und kulturellen Entwicklungen in Deutschland seit 1945, d. h. im Deutschland der unmittelbaren Nachkriegszeit sowie in der Bundesrepublik und in der DDR, zum Gegenstand haben. Die unmittelbare Vorgeschichte – Weimarer Republik, Drittes Reich – kann in besonderen Fällen, in denen sie zur Erhellung einer relevanten Nachkriegsentwicklung wesentlich erscheint, berücksichtigt werden.

Das Thema „Deutschland nach 1945" ist dabei nicht im Sinne einer verengten Nationalgeschichtsbetrachtung zu verstehen, sondern die deutsche Entwicklung ist weitgehend einzubeziehen in die allgemeine, vor allem durch internationale Entwicklungen geprägte Nachkriegsgeschichte. Deshalb haben für die Stiftung solche Forschungsvorhaben Vorrang, die in ihrer Betrachtungsweise die Trennung innen- und außenpolitischer Entwicklungen überwinden wollen und dafür die wechselseitigen Verflechtungen zwischen inneren und äußeren Bezügen betonen. Innerhalb dieses thematischen Rahmens werden folgende Teilbereiche berücksichtigt:

- Themenbereich westliche Besatzungszonen/Bundesrepublik
  – Gründungsgeschichte
- Themenbereich westliche Besatzungszonen/Bundesrepublik
  – Verlaufsgeschichte
- Themenbereich SBZ/DDR (Frühgeschichte)
- Quelleneditionen unter besonderen Bedingungen
- Kooperation und Koordination

Im *Themenbereich westliche Besatzungszonen/Bundesrepublik – Gründungsgeschichte* werden Forschungsarbeiten zur Umbruchs- und Gründungsphase der deutschen Nachkriegsgeschichte bis zur Mitte der 50er Jahre besondere Beachtung finden. Dabei können insbesondere berücksichtigt werden:

die Frühgeschichte des Parlamentarismus und der politischen Parteien

die Entstehungsgeschichte grundlegender Gesetze

die Einwirkungen der Besatzungsmächte

die Begründung von Normen (z. B. im geistig-kulturellen Selbstverständnis)

Neuansätze einschließlich „vergeblicher" Gründungen (z. B. im geistig-politischen Bereich)

Der *Themenbereich westliche Besatzungszonen/Bundesrepublik – Verlaufsgeschichte* erfaßt Vorhaben, die mittelfristige, etwa bis Mitte der 60er Jahre anhaltende bzw. vollzogene Entwicklungen zum Gegenstand haben. In diesen Bereich gehört insbesondere

die Erforschung der allmählichen gleitenden Veränderungsprozesse (sogenannte „stille Revolution")

die Institutionengeschichte

die Rechts- und Verfassungsentwicklung in zeitgeschichtlichen Zusammenhängen

die Entwicklung der Deutschlandpolitik in den westlichen Besatzungszonen/Bundesrepublik und in der SBZ/DDR (einschließlich ihres Stellenwertes bei Parteien, gesellschaftlichen Gruppen und in der weiteren Öffentlichkeit)

Der *Themenbereich Sowjetische Besatzungszone (SBZ)/DDR* konzentriert sich zunächst auf die Förderung von Arbeiten zur zeitgeschichtlichen Erforschung der Frühphase bis in die zweite Hälfte der 50er Jahre. Der Zeitraum bis Mitte der 60er Jahre sollte dann einbezogen werden, wenn es sich um die Erforschung von Entwicklungen handelt, die schwerpunktmäßig in der Frühphase der SBZ/DDR angelegt sind. Für die Beschränkung auf die zeitgeschichtliche Erforschung der Frühphase spricht die besondere Quellenlage. Als mögliche Teilgebiete sind zu nennen Vorhaben

zu Parteiensystemen und Massenorganisationen

zu staatlichen und nichtstaatlichen Institutionen

zur Wirtschafts- und Sozialgeschichte

zum Prozeß der Einbeziehung der SBZ/DDR in den Wirkungszusammenhang des Ostblocks

zur Quellenerfassung (insbesondere Bestandsübersichten)

Die Förderung in diesem Themenbereich verfolgt zugleich die Absicht, zur Stärkung der zeitgeschichtlichen SBZ/DDR-Forschung im Hochschulbereich beizutragen. Keine Priorität haben für die Stiftung Arbeiten zum ideologisch-politischen Systemvergleich zwischen der DDR und der Bundesrepublik.

Quelleneditionen können nur in sehr eingeschränktem Umfang gefördert werden, wenn

die Relation zwischen Aufwand und späteren Verwendungsmöglichkeiten angemessen ist

es sich um zentrale Vorhaben von besonderer, auch forschungspolitischer Bedeutung handelt oder

wenn besondere methodische Probleme in Modellvorhaben gelöst werden sollen (z. B. neue Formen der Editionstechnik und der wissenschaftlichen Kommentierung, neuartige Quellengattungen, ungewöhnliche Provenienzen)

Größere Vorhaben müssen von Beginn an institutionell-organisatorisch gesichert sein, da die Stiftung nur dann eine Startförderung übernehmen kann, wenn die Fortsetzung der Arbeiten gewährleistet ist.

Übergreifende Gesichtspunkte

Der Schwerpunkt steht *fachübergreifenden Forschungen* offen. Anträge können also nicht nur aus der zeitgeschichtlich orientierten Geschichtswissenschaft vorgelegt werden, sondern auch aus den benachbarten Sozial- und Geisteswissenschaften, wenn dort zeitgeschichtlich-entwicklungsbezogene und quellenmäßig fundierte Vorhaben beabsichtigt werden. Besonderes Interesse besteht an der Bearbeitung völker- und staatsrechtlicher sowie sonstiger rechtspolitischer Fragestellungen in zeitgeschichtlichen Zusammenhängen.

Ebenso wird die Beteiligung ausländischer Wissenschaftler bzw. wissenschaftlicher Institutionen in *internationalen Kooperationsvorhaben* begrüßt, da die zunehmende internationale Verflechtung der deutschen

Entwicklung auch entsprechende Betrachtungsweisen verlangt. Dies gilt für die Besatzungsmächte ebenso wie für die kleineren europäischen Staaten, unter denen Österreich wegen der Verknüpfung in der Ausgangssituation des Jahres 1945 besonders zu erwähnen ist.

Im Rahmen des Schwerpunktes ist ferner die Unterstützung von *Koordinationsbestrebungen* – etwa in Form von Arbeitsgemeinschaften und Arbeitstagungen – für Teilbereiche möglich. Entsprechende Aktivitäten bieten sich u. a. an für:

die Zeitgeschichte der SBZ/DDR

die Parteiengeschichte

die Institutionengeschichte

die Kooperation zwischen Rechtswissenschaft und Zeitgeschichtsforschung

die wirtschaftsgeschichtliche Forschung

Arbeiten zur amerikanischen Deutschlandpolitik

methodologische Probleme (z. B. Oral History)

III. *Förderungsmöglichkeiten*

Anträge können sich auf die Förderung von

- Forschungsprojekten (durch Vergabe von Personal- und Sachmitteln einschließlich Reisekostenzuschüssen) und
- Arbeitstagungen (im wesentlichen Zuschüsse zu den Reisemitteln) beziehen.

Ferner wird auf die Möglichkeit der Förderung habilitierter Nachwuchswissenschaftler sowie auf die Vergabe von Akademie-Stipendien für Hochschullehrer hingewiesen (nähere Informationen hierzu können bei der Stiftung angefordert werden).

IV. *Antragstellung*

Anträge können schriftlich ohne weitere Formerfordernisse bei der Stiftung Volkswagenwerk vorgelegt werden.
Anträge aus dem Ausland sind deutschen Anträgen prinzipiell gleichgestellt, doch werden für eine nähere Prüfung Angaben über eine definierte Kooperation mit wissenschaftlichen Einrichtungen oder Wissenschaftlern in der Bundesrepublik Deutschland grundsätzlich vorausgesetzt.

Zur Abfassung der Anträge / Anhaltspunkte für die im allgemeinen benötigten Informationen: siehe Kap. III, S. 67 f. / Hinweise zur Antragstellung und S. 309 ff. / Merkblatt Symposienprogramm.

V. *Auskünfte*

Für weitere Auskünfte steht die Geschäftsstelle der Stiftung Volkswagenwerk, Hannover (Dr. Norbert Marahrens, Tel.: 05 11 / 83 81-2 56), zur Verfügung.

Stiftung Volkswagenwerk

**Merkblatt
für Antragsteller** 23

Postfach 81 05 09   D-3000 Hannover 81
Telex 9 - 22965
Telefon Vermittlung (05 11) 83 81 - 0
Telefon Durchwahl   83 81 - 214

Kastanienallee 35   Hannover-Döhren

Programm
Förderung habilitierter Wissenschaftler

I. *Zweckbestimmung und Personenkreis*

Die Stiftung Volkswagenwerk möchte mit diesem Programm einen ihren Förderungsmöglichkeiten und -prinzipien entsprechenden Beitrag
zur Sicherung der Forschung und des wissenschaftlichen Nachwuchses
leisten.

Die Stiftung eröffnet hochqualifizierten habilitierten Wissenschaftlern
(oder Bewerbern mit vergleichbarer Qualifikation), die dem Hochschullehrernachwuchs zuzurechnen sind und die keine Dauerstellen innehaben, die Möglichkeit, sich für eine begrenzte Zeit um eine Förderung zu
bewerben. Als Bewerber können in aller Regel nur deutsche Staatsangehörige berücksichtigt werden, die nicht älter als 35 Jahre sein sollen. Die
Antragstellung setzt weiterhin voraus, daß die Bewerber ein Arbeitsvorhaben konzipieren, das einem der (jeweils im Jahresbericht der Stiftung
veröffentlichten) Förderungsschwerpunkte zugeordnet werden kann.

Die Stiftung fördert im Rahmen dieses Programms keine Habilitatio-
nen. Hierzu wird auf die Vergabe von Habilitationsstipendien durch die
Deutsche Forschungsgemeinschaft verwiesen.

II. *Förderungsmöglichkeiten*

Die Stiftung geht davon aus, daß die Bewerber von Hochschulen oder
wissenschaftlichen Einrichtungen außerhalb des Hochschulbereichs für
die Dauer der Förderung und zur Durchführung ihrer Forschungen als
wissenschaftliche Mitarbeiter/Angestellte eingestellt werden können.
Während dieser Zeit sollte für den geförderten Wissenschaftler die
Möglichkeit bestehen, in der Hochschullehre mitzuwirken.

Das Förderungsprogramm steht auch habilitierten Bewerbern offen, die
Studien in noch wenig etablierten Forschungsrichtungen nachgehen
möchten, an fächerübergreifender Kooperation besonders interessiert
sind oder Forschungs- und Lehrerfahrung im Ausland gesammelt haben
oder sammeln möchten.

III. *Dauer und Höhe der Förderung*

Die Förderung kann für die Dauer von maximal vier Jahren beantragt
werden.

Für die Höhe der Förderung gilt der BAT (mit den entsprechenden Bei-
hilfevorschriften des öffentlichen Dienstes) und die Vergütungsgruppe I b.

Während der Laufzeit der Förderung wird eine monatliche Ersatzgeld-pauschale von 200 DM (zur Abgeltung der Aufwendungen für z. B. Bücher, Verbrauchsmaterial usw.) gewährt. Darüber hinaus können im Einzelfall und bei besonderer Begründung Sach- und Reisekostenzuschüsse, evtl. auch für Forschungsaufenthalte im Ausland, gewährt werden.

IV. *Antragstellung*

Anträge werden schriftlich und formlos an die Geschäftsstelle der Stiftung Volkswagenwerk, Kastanienallee 35, 3000 Hannover 81, gerichtet. Die Antragstellung sollte bereits über die wissenschaftliche Einrichtung erfolgen, die im Bewilligungsfalle die Einstellung des Bewerbers vornehmen wird. Diese institutionelle Einbindung sollte vor Antragstellung geklärt werden.
Die Stiftung zieht für die Beurteilung von Anträgen Fachgutachter zu Rate. Der Projektvorschlag, dem die Stiftung besondere Bedeutung beimißt, sollte daher eine ausführliche und konkrete Darstellung der Forschungsthematik enthalten, der sich der Bewerber im Förderungszeitraum widmen will.
Für die Prüfung und Beurteilung von Anträgen werden folgende Angaben benötigt:

1. *Zur Person*
   - Wissenschaftlicher Werdegang (Art, Zeitpunkt und Ergebnis der abgelegten Examina) und der bisher ausgeübten beruflichen Tätigkeiten, insbesondere bisherige Forschungstätigkeit
   - Aussage, ob der Deutschen Forschungsgemeinschaft ein Antrag auf Bewilligung eines Heisenberg-Stipendiums vorliegt bzw. vorgelegen hat
   - Publikationsliste (ggf. gegliedert nach Originalbeiträgen, Beiträgen als Ko-Autor, Reviewartikeln sowie sonstigen Publikationen)

2. *Zum Vorhaben*
   - Darstellung der Forschungsthematik unter Bezugnahme auf einen Schwerpunkt im Förderungsprogramm der Stiftung
   - Bezug zum gegenwärtigen Forschungsstand
   - Eigene Vorarbeiten zur Forschungsthematik
   - Durchführungs-/Zeitplan
   - Kostenplan mit Begründung und Aufschlüsselung der beantragten Mittel

Handelt es sich bei der Einrichtung, die das Stipendium abwickeln soll, um eine solche außerhalb des unmittelbaren Hochschulbereichs und der Max-Planck-Gesellschaft, sind außerdem Angaben zur Rechtsform, zur Satzung, zur Besetzung der leitenden Gremien, zur Gemeinnützigkeit, Etatgestaltung und Haushaltsprüfung erforderlich.

V. *Auskünfte*

Für weitere allgemeine Auskünfte zu diesem Förderungsprogramm steht die Geschäftsstelle der Stiftung Volkswagenwerk, Hannover (Prof. Dr. Wolfgang Wittwer, Tel.: 05 11 / 83 81-214), zur Verfügung.

Stiftung Volkswagenwerk

Merkblatt für Antragsteller 24

Postfach 81 05 09   D-3000 Hannover 81
Telex 9 - 22965
Telefon Vermittlung (05 11) 83 81 - 0
Telefon Durchwahl   83 81 - 376

Kastanienallee 35   Hannover-Döhren

Schwerpunkt
Mikrostrukturwissenschaft

I. *Ziel des Förderungsprogramms*

Der Schwerpunkt soll zu einer verstärkten wissenschaftlichen Beschäftigung mit Festkörpern feinster Dimensionen anregen. Dabei sind vor allem Ingenieurwissenschaften, Physik und Chemie angesprochen.

Es ist an solche Festkörper gedacht, die aufgrund ihrer kleinen Dimensionen (in mindestens einer Raumrichtung) neuartige Eigenschaften zeigen. Als obere Grenze für die Größe von Mikrostrukturen gilt daher der Bereich, in dem sich eine deutliche Änderung der Eigenschaften abzeichnet. Die untere Grenze sollte bei Körpern solcher Dimensionen liegen, die noch ausgeprägte Festkörpereigenschaften aufweisen und nicht als Aggregat einzelner molekularer bzw. atomarer Bausteine aufzufassen sind.

Theoretische und/oder experimentelle Vorhaben werden bevorzugt gefördert, wenn sie von mehreren Wissenschaftlern (ggf. aus verschiedenen Fachgebieten) gemeinsam geplant und durchgeführt werden, um unterschiedliche, sich ergänzende Methoden zu verwenden.

II. *Thematik des Förderungsprogramms*

Die Förderung zielt auf die Untersuchung künstlich erzeugter Mikrostrukturen; entsprechende Arbeiten können sich befassen:

- Mit allen Phänomenen, die bei Mikrostrukturen (einschließlich magnetischer Blasen und Josephson-Elemente) als Folge der kleinen Dimensionen auftreten, wie zum Beispiel

  - quantenmechanische Tunneleffekte

  - Quantisierungseffekte

  - statistische Effekte

  - extrem hohe Konzentrationsgradienten

  - extreme Werte externer Größen (z. B. höchste elektrische Felder durch Anlegen von „normalen" Spannungen an sehr kleine Bereiche)

  - spezielle Transportmechanismen (Ladung, Wärme, Schall)

  - sonstige neuartige Eigenschaften

- Mit der gezielten Herstellung von Mikrostrukturen.

Unter Herstellung werden grundsätzliche Fragen der Neu- oder Weiterentwicklung der Herstellungsmethoden sowie einzelner Herstellungsschritte, nicht jedoch die Produktion z. B. von integrierten Halbleiter-bauelementen im industriellen Maßstab verstanden. Beispielhaft seien genannt die Erzeugung von Mikrostrukturen mit Hilfe von Elektronen-, Ionen- oder Röntgenstrahlen sowie die Untersuchung von Epitaxie-, Ätz- oder Dotierungsverfahren.

Arbeiten über „Photolacke", die bei verschiedenen Herstellungsverfahren benötigt werden, können ebenfalls gefördert werden.

• Mit Materialien, von denen neuartige Eigenschaften im Mikrobereich zu erwarten sind.

Neben Silicium können andere Halbleitermaterialien wie Galliumarsenid oder Indiumphosphid, aber auch Dielektrika oder Metalle untersucht werden, wenn entsprechende Arbeiten in einem klaren Zusammenhang mit Mikrostrukturen stehen.

Abgrenzung

Die Förderung bezieht sich auf Festkörper, nicht aber auf fluide Materialien. Untersuchungen, die der Oberflächen- oder Grenzflächenphysik zuzurechnen sind, können ebensowenig berücksichtigt werden wie Vorhaben, die sich mit der Auswirkung von Gitterfehlern auf die Eigenschaften makroskopischer Körper befassen. Auch biomedizinische Fragestellungen sind nicht eingeschlossen. Allgemein können Projekte, für die spezielle Förderungsmöglichkeiten bei anderen Institutionen bestehen (z. B. auf dem Gebiet der metallischen Gläser), nicht gefördert werden.

III. Förderungsmöglichkeiten

• Forschungsprojekte

Vergabe von Personal- und Sachmitteln einschließlich Reisekostenzuschüssen an wissenschaftliche Einrichtungen.
Die Vergabe von Reisekostenzuschüssen im Rahmen von Forschungsprojekten soll auch zusätzliche Möglichkeiten für gemeinsame Arbeiten oder Erfahrungsaustausch eröffnen. So können z. B. experimentelle Arbeiten, für die die Geräteausstattung am Ort nicht ausreichend ist, ggf. auch über einige Monate hinweg an einem auswärtigen Institut gefördert werden.

• Symposien, Sommerschulen

Unterstützung von Symposien, Sommerschulen und ähnlichen Tagungen über ein abgegrenztes Thema, insbesondere durch Vergabe von Reise- und Aufenthaltszuschüssen an veranstaltende wissenschaftliche Einrichtungen. Der Teilnehmerkreis sollte bei Symposien oder vergleichbaren Veranstaltungen auch bei anzustrebender Beteiligung mehrerer Disziplinen oder Arbeitsrichtungen auf 30 Personen beschränkt sein; die Teilnehmerzahl kann bis auf 60 (unter Einschluß von Zuhörern) erhöht werden, wenn dafür besondere Gründe sprechen, zum Beispiel wenn dies notwendig erscheint, um verstärkt jüngere Wissenschaftler zu beteiligen. Auch bei Kursen sollte die Teilnehmerzahl höchstens 60 betragen.

Ferner ist die Förderung Habilitierter zur Sicherung des wissenschaftlichen Nachwuchses möglich (nähere Informationen hierzu können bei der Stiftung angefordert werden).

IV. *Antragstellung*

Anträge können schriftlich ohne weitere Formerfordernisse bei der Stiftung Volkswagenwerk vorgelegt werden.

Anträge aus dem Ausland sind deutschen Anträgen prinzipiell gleichgestellt, jedoch erwartet die Stiftung in diesem Schwerpunkt angesichts der in den Natur- und Ingenieurwissenschaften allgemein üblichen internationalen Zusammenarbeit, daß die Notwendigkeit einer speziellen Kooperation mit deutschen Wissenschaftlern oder Instituten aus der spezifischen Situation des Vorhabens heraus belegt wird.

Zur Abfassung der Anträge / Anhaltspunkte für die im allgemeinen benötigten Informationen / Kostenplan: siehe Kap. III, S. 67 f. / Hinweise zur Antragstellung und S. 309 ff. / Merkblatt Symposienprogramm.

V. *Auskünfte*

Für weitere Auskünfte steht die Geschäftstelle der Stiftung Volkswagenwerk, Hannover (Dr.-Ing. Michael Maurer, Tel.: 05 11 / 83 81-3 76), zur Verfügung.

Stiftung Volkswagenwerk

Merkblatt für Antragsteller 26

Postfach 81 05 09   D-3000 Hannover 81
Telex 9 - 22965
Telefon Vermittlung (05 11) 83 81 - 0
Telefon Durchwahl   83 81 - 212
                                      - 2 37
Kastanienallee 35   Hannover-Dohren

Schwerpunkt
Grundlegende Entwicklungen in Lateinamerika,
Asien und Afrika

I. *Zielsetzung*

Aufbauend auf der bisherigen Förderung gegenwartsbezogener geistes- und sozialwissenschaftlicher Forschungen zu Problemen der sogenannten Dritten Welt in Regionenschwerpunkten (Lateinamerika 1970–1973, Ostasien 1970–1975, Vorderer und Mittlerer Orient 1970–1981, Südostasien seit 1976) durch die Stiftung Volkswagenwerk zielt dieser Schwerpunkt auf

• eine weitere Stärkung und Verbesserung deutscher auslandsbezogener Forschungsaktivitäten zu bedeutsamen Themen dieser Ländergruppe in den Geistes- und Sozialwissenschaften,

- die Unterstützung sich entwickelnder geistes- und sozialwissenschaftlicher Forschungsaktivitäten in den Ländern der Dritten Welt durch partnerschaftliche Kooperation mit deutschen Wissenschaftlern und durch die Möglichkeit einer direkten Förderung wissenschaftlicher Institutionen in diesen Ländern im Einzelfall,

- die (gegebenenfalls auch vergleichende) Bearbeitung von Fragestellungen, die auf das Erkennen größerer Zusammenhänge gerichtet sind und herkömmliche Regionenabgrenzungen überschreiten,

- eine empirische Grundlegung bei der Überprüfung und Neubestimmung theoretischer Ansätze mittlerer Reichweite,

- die Einbeziehung der deutschen Geistes- und Sozialwissenschaften in internationale Arbeitszusammenhänge durch Zusammenarbeit mit Wissenschaftlern aus Entwicklungsländern und aus Westeuropa und Nordamerika,

- grundlagenorientierte Beiträge als entwicklungspolitische Entscheidungshilfen unter Ausklammerung kurzfristig anwendungsorientierter Vorhaben.

II. *Thematik*

Bei grundsätzlicher Offenheit in der Themenvorgabe möchte die Stiftung Volkswagenwerk vorrangig wissenschaftliche Aktivitäten fördern, die relativ universalen Entwicklungsproblemen in Lateinamerika, Asien und Afrika unter Beachtung ihrer jeweiligen kulturellen Individualität gewidmet sind. Mögliche Themen sind

kulturelle Prozesse
- Refundamentalisierung; Revitalisierung traditioneller Elemente
- Rolle von Überzeugungssystemen (Religionen, Weltanschauungen, Ideologien)
- kulturelle und nationale Identitätsprobleme
- Entwicklungsprobleme wissenschaftlicher Betätigung und Forschung

gesellschaftliche Prozesse
- Minoritätenprobleme und Innovationsverhalten von Ethnien
- ethnisch-kulturelle Fragmentierungen in Staaten mit künstlichen, aus der Kolonialzeit übernommenen Grenzen
- Gruppenaufbau und räumlich-topographische Organisation von (traditionellen) Gesellschaften
- Soziologie der Industrialisierung (z. B. in wirtschafts- und sozialhistorischer Perspektive)
- Sozialstrukturanalysen
- Gründe und Formen sozialer Ungleichheit
- Veränderungen der bäuerlichen und städtischen Lebenswelt
- Verbindungselemente zwischen Agrarentwicklung und Urbanisierung
- Wanderungsbewegungen (unter Einschluß internationaler Migration)
- eine den Entwicklungsländern angepaßte Sozialpolitik

ökonomische Prozesse

- Auswirkungen von Entwicklungsstrategien (insbesondere auf untere Bevölkerungsschichten)
- Folgen gesamt- und weltwirtschaftlicher Veränderungen für das innere Gefüge von Gesellschaften (z. B. Rückwirkungen auf soziale Strukturen; Verteilungsprobleme der Industrialisierung)
- wirtschaftliche Aspekte der Süd-Süd-Beziehungen (Blockbildungen der Entwicklungsländer in der Weltwirtschaft, regionale Integration, Arbeitsteilung und Differenzierung zwischen Entwicklungsländern, Verhältnis von Schwellenländern zu ärmeren Entwicklungsländern)

politische Prozesse

- Mobilisierungs- und Partizipationsstrategien (z. B. bei Unterschichten)
- Willensbildungsprozesse auf den verschiedenen Ebenen politischer Systeme
- Implementierungsprobleme staatlicher Politik
- grundlegende Analysen regionaler Konflikte

Die Stiftung behält sich vor, im Verlauf der Förderung weitere Themenvorgaben zu entwickeln und in geeigneter Form bekanntzumachen.

III. *Allgemeine Kriterien*

Beachtet werden sollten

- die Leistungsfähigkeit der zeitgeschichtlichen (sozial- und wirtschaftsgeschichtlichen) Betrachtungsweise für die Identifikation längerfristig wirksamer Probleme,
- die Verknüpfungsmöglichkeiten der Makro- mit der Mikroebene eines Phänomens, um Wirkungszusammenhänge aufzuklären und Zuordnungen zu komplexen Rahmenbedingungen vornehmen zu können,
- Möglichkeiten, aber auch Grenzen vergleichender Betrachtungsweise hinsichtlich der Übertragbarkeit von Forschungsergebnissen,
- die Komplexität von Problemen, die eine Herausforderung an verschiedene Disziplinen darstellen und die in ähnlicher Form in verschiedenen Weltregionen zu beobachten sind,
- die Kooperation mit Wissenschaftlern und wissenschaftlichen Institutionen aus den Untersuchungsländern.

IV. *Abgrenzung*

Im Blick auf Förderungsprogramme anderer Institutionen bzw. bisherige internationale Forschungsschwerpunkte können in der Förderung der Stiftung Volkswagenwerk *nicht* berücksichtigt werden

- kurzfristig anwendungsorientierte Vorhaben, die eher der praktischen Entwicklungspolitik zuzurechnen sind
- naturwissenschaftliche, technologische und medizinische Sachfragen
- theoretische Beiträge zu globalen Entwicklungsstrategien
- Arbeiten zu Bevölkerungsfragen

V. *Förderungsmöglichkeiten*

Gefördert werden können

- Forschungsprojekte (durch Bereitstellen von Personal- und Sachmitteln einschließlich Reisekostenzuschüssen und Mitteln für ausländische Kooperationspartner)
- Partnerschaftliche Zusammenarbeit mit Forschungseinrichtungen und Wissenschaftlern in Ländern der Dritten Welt durch Mittel zur Vorbereitung von gemeinsamen Forschungsprojekten sowie durch Sachmittel für Geräte, Literatur, Verbrauchsmaterial und Reisen für kleinere Arbeitsvorhaben (bis zu einer Höhe von maximal 50 000 DM)
- Fachtagungen (mit einem in der Regel auf 30 Wissenschaftler beschränkten Teilnehmerkreis und in besonderen Fällen auch mit ausländischem Veranstaltungsort)
- Nachwuchsausbildung in Forschungs- und Ausbildungsprojekten für kleinere Gruppen von Stipendiaten (einschließlich Erwerb spezieller Fachkenntnisse und Feldaufenthalte) unter Betreuung durch erfahrene Wissenschaftler
- kleinere, auch international zusammengesetzte Forschergruppen in besonders geeigneten Fällen und unter zeitlicher Befristung.

Forschungsvorhaben und/oder Fachtagungen, die gemeinsam mit Wissenschaftlern der VR China durchgeführt werden sollen, können in besonderem Maße im Rahmen des Schwerpunktes „China-Programm zur Förderung der deutsch-chinesischen wissenschaftlichen Zusammenarbeit" (Merkblatt 39) gefördert werden.

VI. *Antragstellung*

Anträge können schriftlich ohne weitere Formerfordernisse bei der Stiftung Volkswagenwerk vorgelegt werden.
Anträge aus dem Ausland sind deutschen Anträgen prinzipiell gleichgestellt, doch werden für eine nähere Prüfung Angaben über eine definierte Kooperation mit wissenschaftlichen Einrichtungen oder Wissenschaftlern in der Bundesrepublik Deutschland grundsätzlich vorausgesetzt.

Zur Abfassung der Anträge / Anhaltspunkte für die im allgemeinen benötigten Informationen: siehe Kap. III, S. 67 f. / Hinweise zur Antragstellung und S. 309 ff. / Merkblatt Symposienprogramm.

VII. *Auskünfte*

In der Geschäftsstelle der Stiftung Volkswagenwerk, Hannover, erteilen weitere Auskünfte zu

- Asien und allen geisteswissenschaftlichen Vorhaben:
  Dr. Siegfried Englert (Tel.: 05 11 / 83 81-2 12)
- gesellschaftswissenschaftlichen Vorhaben Lateinamerika/Afrika:
  Dr. Alfred Schmidt (Tel.: 05 11 / 83 81-2 37)

Stiftung Volkswagenwerk

Merkblatt
für Antragsteller **28**

Postfach 81 05 09   D-3000 Hannover 81
Telex 9 - 22965
Telefon Vermittlung (05 11) 83 81 - 0
Telefon Durchwahl   83 81 - 376

Kastanienallee 35   Hannover-Döhren

Schwerpunkt
Grundlagen technischer Verbrennungsvorgänge

I. *Ziel des Förderungsprogramms*

Der Schwerpunkt soll zur Erforschung der Grundlagen technischer Verbrennungsvorgänge beitragen und Förderungsmöglichkeiten vor allem für solche Vorhaben bieten, die auf eine genauere Kenntnis der Prozesse unmittelbar bei der Verbrennung zielen. Das Förderungsprogramm wendet sich an alle Disziplinen, die sich mit Verbrennungsvorgängen aus der Sicht der Reaktionskinetik, Strömungsmechanik, Verfahrenstechnik, Feuerungstechnik oder motorischen Verbrennung befassen. Dabei soll auch die Zusammenarbeit von Wissenschaftlern unterschiedlicher Disziplinen und fachlicher Ausrichtung angeregt werden.

II. *Thematik*

Es können wissenschaftliche Vorhaben gefördert werden, die sich insbesondere mit folgenden Aspekten beschäftigen:

- Verbesserung der (berührungslosen) diagnostischen Methoden zur Messung von Temperatur, Konzentration, Teilchengröße, Geschwindigkeitsfeld und Geschwindigkeitsfluktuationen in Verbrennungsprozessen
- Wechselwirkung von Strömungs- und Verbrennungsvorgängen
- Explosionen, Detonationen
- Stabilität von Verbrennungsprozessen, Auftreten von Schwingungen
- Heterogene Verbrennung (einschließlich Verbrennung von Stäuben und Tröpfchen)
- Theoretische Behandlung von Flammen (vorgemischt und nicht vorgemischt) und deren Wechselwirkung mit festen Wänden
- Grundlagen der motorischen Verbrennung
- Bildung von Schadstoffen (einschließlich Partikelbildung)
- Schadensfeuer (Ursache, Bedingungen für ihre Ausbreitung, Brandverhalten komplexer Systeme).

Bei der wissenschaftlichen Beschäftigung auch mit speziellen, in der Praxis z. B. bereits angewendeten Prozessen sollte die Erarbeitung verallgemeinerungsfähiger Erkenntnisse im Vordergrund stehen.

III. Förderungsmöglichkeiten

- *Forschungsprojekte*

  Vergabe von Personal- und Sachmitteln einschließlich Reisekostenzuschüssen an wissenschaftliche Einrichtungen.

- *Symposien, Sommerschulen*

  Unterstützung von Symposien, Sommerschulen und ähnlichen Tagungen über ein abgegrenztes Thema, insbesondere durch Vergabe von Reise- und Aufenthaltszuschüssen an veranstaltende wissenschaftliche Einrichtungen. Der Teilnehmerkreis sollte bei Symposien oder vergleichbaren Veranstaltungen auch bei anzustrebender Beteiligung mehrerer Disziplinen oder Arbeitsrichtungen auf 30 Personen beschränkt sein; die Teilnehmerzahl kann bis auf 60 (unter Einschluß von Zuhörern) erhöht werden, wenn dafür besondere Gründe sprechen, z.B. um verstärkt jüngere Wissenschaftler zu beteiligen. Auch bei Kursen sollte die Teilnehmerzahl höchstens 60 betragen. Einzelreisen zu Tagungen oder Kongressen können in der Regel nicht gefördert werden.

Ferner ist die Förderung Habilitierter zur Sicherung des wissenschaftlichen Nachwuchses möglich (nähere Informationen hierzu können bei der Stiftung angefordert werden).

Allgemein können nur Vorhaben berücksichtigt werden, für die keine gezielten Förderungsprogramme bei anderen Institutionen bestehen.

IV. Antragstellung

Anträge können schriftlich ohne weitere Formerfordernisse bei der Stiftung Volkswagenwerk vorgelegt werden.
Anträge aus dem Ausland sind deutschen Anträgen prinzipiell gleichgestellt, jedoch erwartet die Stiftung in diesem Schwerpunkt angesichts der in den Natur- und Ingenieurwissenschaften allgemein üblichen internationalen Zusammenarbeit, daß die Notwendigkeit einer speziellen Kooperation mit deutschen Wissenschaftlern oder Instituten aus der spezifischen Situation des Vorhabens heraus belegt wird.

Zur Abfassung der Anträge / Anhaltspunkte für die im allgemeinen benötigten Informationen / Kostenplan: siehe Kap. III, S. 67 f. / Hinweise zur Antragstellung; für wissenschaftliche Veranstaltungen auch S. 309 ff. / Merkblatt Symposienprogramm.

V. Auskünfte

Für weitere Auskünfte steht die Geschäftsstelle der Stiftung Volkswagenwerk, Hannover (Dr.-Ing. Michael Maurer, Tel.: 05 11 / 83 81-3 76), zur Verfügung.

Stiftung Volkswagenwerk

**Merkblatt
für Antragsteller** **29**

Postfach 81 05 09   D-3000 Hannover 81
Telex 9 - 22965
Telefon Vermittlung (0511) 8381 - 0
Telefon Durchwahl   8381 - 374

Kastanienallee 35   Hannover-Dohren

Schwerpunkt
Verhalten metallischer und keramischer Werkstoffe
unter Betriebsbedingungen

I. *Ziel des Förderungsprogramms*

Das Förderungsprogramm soll zur Erforschung des Werkstoffverhaltens unter den oft komplexen Bedingungen der Praxis beitragen; es wendet sich an alle ingenieurwissenschaftlichen Disziplinen, die mit der Herstellung, Verarbeitung und Anwendung metallischer und keramischer Werkstoffe zu tun haben. Dabei können vor allem solche Vorhaben gefördert werden, die neue Ansätze für eine möglichst exakte Vorausbestimmung des Werkstoffverhaltens verfolgen, um die Eignung eines Werkstoffes sicherer beurteilen oder die Zuverlässigkeit technischer Konstruktionen, soweit sie durch das Werkstoffverhalten bedingt ist, genauer berechnen zu können.

II. *Thematik des Förderungsprogramms*

Der Schwerpunkt ist auf das Verhalten metallischer und keramischer Werkstoffe, insbesondere des Anlagen- und Maschinenbaus unter Betriebs- bzw. betriebsnahen Bedingungen ausgerichtet. Unter Betriebsbedingungen wird hier das Zusammenwirken beispielsweise mechanischer, thermischer und umgebungsbedingter, insbesondere korrosiver Beanspruchungen verstanden.

Bevorzugt sollen solche Vorhaben gefördert werden, die darauf ausgerichtet sind

- geeignete Methoden zu entwickeln, die an den Werkstoff unter Betriebsbedingungen gestellten Anforderungen vollständig zu erfassen und zu quantifizieren sowie die Reaktion des Werkstoffs auf diese Anforderungen quantitativ zu beschreiben,
- den Zusammenhang zwischen Gefügeparametern und dem Verhalten unter Betriebsbedingungen zu erforschen, geeignete Modelle für eine Berechnung zu entwickeln sowie Methoden für die Realisierung bestimmter Gefüge zu erarbeiten,
- die prinzipiellen Mechanismen für ein Werkstoffversagen unter Betriebsbedingungen zu erforschen oder
- neue Ansätze für die Herstellung praxisrelevanter Werkstoffe zur Verbesserung ihres Betriebsverhaltens zu verfolgen.

III. *Förderungsmöglichkeiten*

• *Forschungsprojekte*

Es können theoretische und experimentelle Forschungsprojekte durch Vergabe von Personal- und Sachmitteln einschließlich Reisekostenzuschüssen an wissenschaftliche Einrichtungen gefördert werden.

• *Symposien, Sommerschulen*

Unterstützung von Symposien, Sommerschulen und ähnlichen Tagungen über ein abgegrenztes Thema, insbesondere durch Vergabe von Reise- und Aufenthaltszuschüssen an veranstaltende wissenschaftliche Einrichtungen. Der Teilnehmerkreis sollte bei Symposien oder vergleichbaren Veranstaltungen auch bei anzustrebender Beteiligung mehrerer Disziplinen oder Arbeitsrichtungen auf 30 Personen beschränkt sein; die Teilnehmerzahl kann bis auf 60 (unter Einschluß von Zuhörern) erhöht werden, wenn dafür besondere Gründe sprechen, z. B. um verstärkt jüngere Wissenschaftler zu beteiligen. Auch bei Kursen sollte die Teilnehmerzahl höchstens 60 betragen. Einzelreisen zu Tagungen oder Kongressen können in der Regel nicht gefördert werden.

• *Nachwuchsförderung*

Vergabe von Stipendien an wissenschaftliche Einrichtungen für promovierte jüngere Wissenschaftler für Auslandsaufenthalte zu Forschungs- und Ausbildungszwecken. Die Laufzeit sollte zwei Jahre nicht übersteigen. Bewerbungsbogen sind bei der Geschäftsstelle der Stiftung erhältlich.

Ferner ist die Förderung Habilitierter zur Sicherung des wissenschaftlichen Nachwuchses möglich (nähere Informationen hierzu können bei der Stiftung angefordert werden).

Allgemein können nur solche Vorhaben berücksichtigt werden, für die keine gezielten Förderungsprogramme bei anderen Institutionen bestehen.

IV. *Antragstellung*

Anträge können schriftlich ohne weitere Formerfordernisse bei der Stiftung Volkswagenwerk vorgelegt werden.
Anträge aus dem Ausland sind deutschen Anträgen prinzipiell gleichgestellt, jedoch erwartet die Stiftung in diesem Schwerpunkt angesichts der in den Natur- und Ingenieurwissenschaften allgemein üblichen internationalen Zusammenarbeit, daß die Notwendigkeit einer speziellen Kooperation mit deutschen Wissenschaftlern oder Instituten aus der spezifischen Situation des Vorhabens heraus belegt wird.

Zur Abfassung der Anträge / Anhaltspunkte für die im allgemeinen benötigten Informationen / Kostenplan: siehe Kap. III, S. 67f. / Hinweise zur Antragstellung; für wissenschaftliche Veranstaltungen auch S. 309ff. / Merkblatt Symposienprogramm.

V. *Auskünfte*

Für weitere Auskünfte steht die Geschäftsstelle der Stiftung Volkswagenwerk, Hannover (Dr. Herbert Steinhardt, Tel.: 05 11 / 83 81-374) zur Verfügung.

Stiftung Volkswagenwerk		
Merkblatt für Antragsteller	**30**	Postfach 81 05 09 D-3000 Hannover 81 Telex 9 - 22965 Telefon Vermittlung (05 11) 8381 - 0 Telefon Durchwahl 8381 - 237
		Kastanienallee 35 Hannover-Döhren

Schwerpunkt
Süderweiterung der Europäischen Gemeinschaft

I. *Zielsetzung*

Dieser Förderungsschwerpunkt soll Untersuchungen zur Europapolitik, für die die Stiftung Volkswagenwerk schon bisher Interesse gezeigt hatte, mit Fragestellungen zusammenführen, die eine verstärkte Unterstützung der problemorientierten sozialwissenschaftlichen Forschung in Südeuropa erlauben.

Mit Rücksicht auf derzeit erkennbare Forschungslücken und den Informationsbedarf politischer Entscheidungsträger werden zunächst Untersuchungen der gesellschaftlichen, politischen und wirtschaftlichen Strukturprobleme und Entwicklungsprozesse *Griechenlands, Portugals* und *Spaniens* in den Vordergrund gestellt, die durch den EG-Beitritt dieser Länder eine gesamteuropäische Dimension gewinnen. Ferner können grenzüberschreitende Verflechtungen, in die Beitrittsländer einbezogen werden, sowie Auswirkungen der Süderweiterung auf die Europäische Gemeinschaft im Innenverhältnis und auf ihre Außenbeziehungen behandelt werden.

Die *Türkei* kann im Hinblick auf europabezogene Themen und – ebenso wie weitere Mittelmeerländer – bei internationalen Vergleichsuntersuchungen in diesem Schwerpunkt berücksichtigt werden. Im übrigen wird für die *Mittelmeerländer* auf Förderungsmöglichkeiten in den Schwerpunkten

- „Demokratische Industriegesellschaften im Wandel" (Frankreich, Italien)
- „Grundlegende Entwicklungen in Lateinamerika, Asien und Afrika" (östliche und südliche Mittelmeeranrainer)

hingewiesen.

II. *Thematik*

Gedacht ist an die Förderung von Untersuchungen zu folgenden Themenbereichen:

- Gesellschaftliche, politische und wirtschaftliche Entwicklungsprozesse und Strukturen der Beitrittsländer sowie damit zusammenhängende Probleme (z. B. Festigung des demokratischen politischen Systems, Abbau regionaler Entwicklungsunterschiede, internationale Wettbewerbsfähigkeit der Industrie, Modernisierung der Landwirtschaft)

- Einbeziehung dieser Länder in grenzüberschreitende Verflechtungen (z. B. durch Güter- und Faktorbewegungen oder transnationale Partei- und Verbandszusammenschlüsse)

- Veränderungen im Innenverhältnis der Europäischen Gemeinschaft, die aus der Süderweiterung resultieren, insbesondere bei zentralen EG-Politiken (z. B. Agrar-, Industrie-, Regional-, Außenwirtschafts- oder Haushaltspolitik)

- Auswirkungen der Süderweiterung auf die Außenbeziehungen der Europäischen Gemeinschaft (insbesondere zu den übrigen Mittelmeerländern, den AKP-Staaten und Lateinamerika)

- Beitrittsverhandlungen und Anpassungsprozesse in Südländern.

Entsprechend der Zielsetzung wird diesen Themenbereichen zunächst in der genannten Reihenfolge Vorrang eingeräumt. Die Stiftung behält sich jedoch vor, im Verlauf der Förderung weitere Themenvorgaben zu entwickeln und in geeigneter Form bekanntzumachen.

Durch die Schwerpunktthematik besonders angesprochene Disziplinen sind Politikwissenschaft, Soziologie und Wirtschaftswissenschaft; daneben kommen – vor allem mit Blick auf die südeuropäischen Adressaten dieses Förderungsangebots – Rechtswissenschaft und Zeitgeschichtsforschung sowie bei geeigneten Fragestellungen (z. B. Regionalentwicklung) Sozial- und Wirtschaftsgeographie in Frage.

Ein wichtiges Kriterium bei Förderungsentscheidungen wird die Anwendung theoretisch fundierter und methodologisch abgesicherter Verfahren der empirischen Sozial- und Wirtschaftsforschung darstellen. Dabei sollten die spezifischen Anwendungsbedingungen derartiger Verfahren in südeuropäischen Untersuchungsländern berücksichtigt werden.

III. *Förderungsmöglichkeiten*

Gefördert werden können

- Forschungsprojekte (durch Bereitstellung von Personal- sowie laufenden und einmaligen Sachmitteln einschließlich Reisekostenzuschüssen, auch für ausländische Kooperationspartner)

- wissenschaftliche Veranstaltungen (Arbeitstagungen und Sommerschulen) mit beschränktem Teilnehmerkreis, geeignetenfalls auch bei ausländischen Veranstaltungsorten, namentlich in Südeuropa

- Nachwuchsausbildung in Forschungs- und Ausbildungsprojekten für kleinere Gruppen von Stipendiaten unter Betreuung durch erfahrene Wissenschaftler.

Besonderer Wert wird auf die Zusammenarbeit zwischen Wissenschaftlern und Forschungsinstitutionen in der Bundesrepublik Deutschland und in südeuropäischen Untersuchungsländern gelegt. Südeuropa- und vor allem länderbezogene Themen sollen vornehmlich von wissenschaftlichen Einrichtungen aus diesen Ländern (unter deutscher Beteiligung) bearbeitet werden.

IV. *Antragstellung*

Anträge können schriftlich ohne weitere Formerfordernisse bei der Stiftung Volkswagenwerk vorgelegt werden.
Anträge aus dem Ausland sind deutschen Anträgen prinzipiell gleichgestellt, doch werden für eine nähere Prüfung Angaben über eine definierte Kooperation mit wissenschaftlichen Einrichtungen oder Wissenschaftlern in der Bundesrepublik Deutschland grundsätzlich vorausgesetzt.

Zur Abfassung der Anträge / Anhaltspunkte für die im allgemeinen benötigten Informationen: siehe Kap. III, S. 67 f. / Hinweise zur Antragstellung; für wissenschaftliche Veranstaltungen auch S. 309 ff. / Merkblatt Symposienprogramm.

V. *Auskünfte*

Für weitere Auskünfte zu diesem Schwerpunkt steht die Geschäftsstelle der Stiftung Volkswagenwerk, Hannover (Dr. Alfred Schmidt, Tel.: 05 11 / 83 81-2 37), zur Verfügung.

Stiftung Volkswagenwerk

Merkblatt für Antragsteller **31**

Postfach 81 05 09   D-3000 Hannover 81
Telex 9 - 22965
Telefon Vermittlung (05 11) 83 81 - 0
Telefon Durchwahl   83 81 - 256

Kastanienallee 35   Hannover-Döhren

Schwerpunkt
Geschichte und Zukunft europäischer Städte –
Historisch-sozialwissenschaftliche Stadtforschung

I. *Zielsetzung*

Der Schwerpunkt soll zur Grundlagenforschung über die Wandlungsprozesse der europäischen Städte, die Ursachen und Folgen ihrer akuten Struktur- und Funktionsprobleme sowie die Veränderungen der städtischen Lebensverhältnisse anregen.

Besonders angesprochen sind die an der Stadtforschung interessierten sozialwissenschaftlichen Disziplinen (Stadtsoziologie, Stadtökonomie, lokale Politik- und Verwaltungsforschung, Architektur und Städtebau) sowie – zur Berücksichtigung der historischen Dimensionen – die historische Urbanisierungsforschung und vergleichende Stadtgeschichte des 19. und 20. Jahrhunderts. Besonderes Interesse besteht an einer Intensivierung der fachübergreifenden Kooperation mit Historikern sowie mit Wirtschafts- und Sozialwissenschaftlern aus dem europäischen Ausland.

II. *Thematik und Abgrenzung*

In den europäischen Städten treten heute – ähnlich drängend wie zu Beginn des Urbanisierungsprozesses in Europa Ende des 19. Jahrhunderts – die sozialen, ökonomischen und politischen Probleme der Industriegesellschaft zuerst und mit besonderer Schärfe auf. Deshalb werden historische wie sozialwissenschaftliche Forschungsvorhaben angeregt, die den gesellschaftlichen Problemen und Konflikten in den Städten, deren Auswirkungen auf spezifisch städtische (auch räumliche) Entwicklungen und ihren Einfluß auf den Wandel städtischer Lebensverhältnisse besondere Aufmerksamkeit widmen. Sie sollen zur Klärung der Frage beitragen, ob die behauptete „Krise der Stadt" eine historische Umbruchsituation des Verstädterungsprozesses anzeigt. Herkömmliche Deutungsmuster und Paradigmen der Stadtforschung (z. B. Stadt-Land-Gegensatz, Stadttypen, lokale Stadtidentitäten) sollten dabei überprüft und weiterentwickelt werden. Dabei kommt der Einbindung der Städte in überlokale Entwicklungen und föderative/zentralstaatliche Strukturen besondere Bedeutung zu wie auch der Frage nach der besonderen Funktion und dem möglichen Beitrag der städtischen Gesellschaft und ihrer Institutionen für die Gesamtgesellschaft.

Der thematische Rahmen ist für weitere Fragestellungen offen, einige zentrale Fragestellungen bieten sich jedoch zur Behandlung an. Die Themenauswahl sollte vor allem auf die Klärung der folgenden Zusammenhänge gerichtet sein:

- Ökonomisch-technologische Entwicklungen und räumlicher Wandel der Städte

- Soziale/kulturelle Veränderungen und Wandel der städtischen Lebensverhältnisse

- Städtische Institutionen und politische Organisations- sowie lokale Konfliktformen

Auch ideengeschichtliche und methodenkritische Arbeiten zu Konzepten, Instrumenten und Methoden der Stadtanalyse, Siedlungs- und Stadtreform können gefördert werden, wenn sie zur Erklärung abgelaufener Prozesse und heutiger Probleme wichtige, z. B. historisch „verschüttete" oder neue Erklärungsansätze erwarten lassen.

Bevorzugt werden Arbeiten mit komparativen Ansätzen; sie sollten sich um Erklärungen der Zusammenhänge zwischen sozialen, ökonomischen und räumlichen Entwicklungen bemühen und vor allem in (international) vergleichenden Studien auch innovatorische Impulse etwa in der Stadtentwicklungsplanung, der Stadterneuerung, im Städte- und Wohnungsbau, im Infrastrukturbereich etc., sowie neue Formen der Problemverarbeitung im städtischen Kontext aufgreifen.

Arbeiten zur modernen (vergleichenden) Stadtgeschichte sollten sich auf die Urbanisierungsprozesse insbesondere der Zeit nach dem Ersten Weltkrieg bis zur Gegenwart beziehen, da für diese Zeit in der historischen wie wirtschafts- und sozialwissenschaftlichen Stadtforschung besondere Forschungsdefizite gesehen werden.

Auf Großstädte bezogene Arbeiten haben Priorität, empirische (vergleichende) Untersuchungen über kleinere und mittlere Städte sind jedoch – vor allem, wenn sie Beispielcharakter haben – möglich. Besondere Bedeutung wird der Kooperation mit ausländischen Wissenschaftlern und wissenschaftlichen Einrichtungen vor allem in Europa zugemessen.

III. *Förderungsmöglichkeiten*

Gefördert werden können

- Forschungsprojekte (durch Vergabe von Personal- und Sachmitteln einschließlich Reisekostenzuschüssen, auch für ausländische Kooperationspartner)
- Fachtagungen und Symposien (mit beschränktem Teilnehmerkreis und in besonderen Fällen auch mit ausländischem Veranstaltungsort)
- Auslandsaufenthalte (durch Reisekostenzuschüsse und befristet auf zwei bis sechs Monate) im Zusammenhang mit der Vorbereitung und/oder Projektdurchführung
- fachübergreifende/internationale Studiengruppen zur Stadtforschung (zeitlich befristet und im wesentlichen durch Reisekostenzuschüsse und geringe Sachmittel)

Ferner wird auf die besonderen Möglichkeiten der Förderung habilitierter Wissenschaftler sowie auf die Vergabe von Akademie-Stipendien für Hochschullehrer hingewiesen (nähere Informationen hierzu können bei der Stiftung angefordert werden).

IV. *Antragstellung*

Anträge können schriftlich ohne weitere Formerfordernisse bei der Stiftung Volkswagenwerk vorgelegt werden.
Anträge aus dem Ausland sind deutschen Anträgen prinzipiell gleichgestellt, doch werden für eine nähere Prüfung Angaben über eine definierte Kooperation mit wissenschaftlichen Einrichtungen oder Wissenschaftlern in der Bundesrepublik Deutschland grundsätzlich vorausgesetzt.

Zur Abfassung der Anträge / Anhaltspunkte für die im allgemeinen benötigten Informationen: siehe Kap. III, S. 67 f. / Hinweise zur Antragstellung und S. 309 ff. / Merkblatt Symposienprogramm.

V. *Auskünfte*

Für weitere Auskünfte steht die Geschäftsstelle der Stiftung Volkswagenwerk, Hannover (Dr. Nobert Marahens, Tel.: 05 11 / 83 81-2 56), zur Verfügung.

Stiftung Volkswagenwerk

Merkblatt für Antragsteller **32**

Postfach 81 05 09   D-3000 Hannover 81
Telex 9 - 22965
Telefon Vermittlung (05 11) 83 81 - 0
Telefon Durchwahl   83 81 - 245

Kastanienallee 35   Hannover-Döhren

Schwerpunkt
Antike in der Moderne – Wirkungs- und
Rezeptionsgeschichte des „klassischen" Altertums

I. *Zielsetzung*

Unter den Traditionsbeständen der Neuzeit nimmt das „klassische" Altertum eine herausragende Stellung ein: Es hat nicht nur die Entstehung und Entwicklung der neuzeitlichen Wissenschaft, Literatur und Kunst, sondern auch Politik, Wirtschaft, Bildung, Religion und Alltagswelt wesentlich beeinflußt und mitbestimmt – und dies bis heute. Wie sich die Wirkung der griechisch-römischen Antike in den verschiedenen Bereichen des geistigen, gesellschaftlichen und politischen Lebens der Moderne vollzogen hat und noch vollzieht, wie man sich mit dieser Tradition auseinandersetzt(e) und was die unterschiedlichen Formen ihrer Wirkung und Rezeption über den „Standort" und das „herrschende Bewußtsein" des oder der jeweiligen Rezipienten, ihrer Epochen und Kulturkreise auszusagen vermögen, bedarf großenteils noch genauerer wissenschaftlicher Aufarbeitung. Forschungen zu unterstützen, die diese Zusammenhänge zu klären und damit zugleich die Voraussetzungen für das Verständnis der Gegenwart zu verbessern suchen, ist das Ziel des Schwerpunkts.

II. *Thematische Abgrenzung*

Zentraler Untersuchungszeitraum sind das 19. und das 20. Jahrhundert. In begründeten Einzelfällen und insbesondere dort, wo dies für ein adäquates Verständnis von Wirkungs- und Rezeptionsphänomenen innerhalb dieser Zeit unerläßlich ist, können jedoch auch weiter zurückliegende Epochen einbezogenen werden. Besonders erwünscht sind fundierte international vergleichende Untersuchungen.

Thematische Priorität erhalten die in der Forschung bislang nicht oder nicht hinreichend berücksichtigten Wirkungs- und Rezeptionsfelder und hier vor allem die außerwissenschaftlichen Bezirke wie Politik, Wirtschaft und Alltagswelt, aber auch Religion und Bildungswesen. Demgemäß sind vorrangig angesprochen Disziplinen wie Sozial- und Politikwissenschaft, Ökonomie, Allgemeine Geschichtswissenschaft, Philosophie, Theologie und Religionsgeschichte, Pädagogik und Bildungsgeschichte, Volkskunde, Medizingeschichte, Musik- und Theaterwissenschaft und die Neuphilologien – mithin Disziplinen, die sich dieser Thematik bislang zumeist nur am Rande zugewandt haben. Die schon traditionellerweise mit ihr befaßten Fächer wie Literatur-, Kunst-,

Wissenschafts- und Rechtsgeschichte sind damit jedoch ebenso wie Altertumswissenschaft und klassische Philologie nicht von einer Förderung ausgeschlossen, können allerdings nur soweit in Betracht kommen, als sie ihrerseits neue Ansätze und Fragestellungen im Sinne des Schwerpunktkonzepts zu verfolgen oder aber ihr wissenschaftliches Potential in entsprechende fachübergreifende Kooperationen einzubringen beabsichtigen.

III. *Förderungsmöglichkeiten*

1. *Projekte*

Vergabe von Personal- und Sachmitteln einschließlich Reisekostenzuschüssen zur Durchführung von Forschungsprojekten. Es werden sowohl einzelne Wissenschaftler wie (insbesondere interdisziplinär und international zusammengesetzte) Arbeitsgruppen gefördert.

2. *Wissenschaftliche Kommunikation*

Vergabe von Sachmitteln, vor allem Reisekostenzuschüssen zur Durchführung von Fachtagungen und Seminaren. Die Veranstaltungen sollten möglichst eine interdisziplinäre und internationale Zusammenarbeit herbeiführen. Die aktive Mitwirkung aller Veranstaltungsteilnehmer sowie die Beteiligung jüngerer Wissenschaftler sollten sichergestellt sein.

3. *Wissenschaftlicher Nachwuchs*

Nachwuchsförderung kann erfolgen in Zusammenhang mit Forschungsprojekten. Außerdem eröffnet die Stiftung in diesem Schwerpunkt die Möglichkeit der Förderung von Vorhaben, die speziell der Nachwuchsförderung gelten und mehrere (mindestens zwei, jedoch in der Regel nicht mehr als drei) Stipendiaten beteiligen (s. dazu die Anlage zu diesem Merkblatt*).

Voraussetzungen:

- *ein Rahmenthema, das sich innerhalb der Schwerpunktthematik besonders gut für die Verbindung von Forschung und Nachwuchsförderung eignet;*
- *ausführliche Darstellung der Einzelvorhaben, die von der Anlage her einen weiterführenden Forschungsbeitrag erwarten lassen;*
- *individuelle Anleitung und Betreuung der Stipendiaten durch einen Hochschullehrer;*
- *in geeigneten Fällen Einbeziehung von Auslandsaufenthalten und ggf. Sprachausbildung, möglichst in Zusammenarbeit mit einem oder mehreren ausländischen Partnerinstituten.*

Bevorzugt Promotionsvorhaben; nur in besonders begründeten Fällen auch im Anschluß an die Promotion. Förderungsdauer bis zu 30 Monaten. In der Regel nur für deutsche Staatsangehörige.

---

* Nicht abgedruckt; vgl. auch S. 306 f. / Grundsätzliches zur Vergabe von Forschungsstipendien zur Aus- und Fortbildung.

IV. Antragstellung

Anträge können schriftlich ohne weitere Formerfordernisse bei der Stiftung Volkswagenwerk vorgelegt werden.
Anträge aus dem Ausland sind deutschen Anträgen prinzipiell gleichgestellt, doch werden für eine nähere Prüfung Angaben über eine definierte Kooperation mit wissenschaftlichen Einrichtungen oder Wissenschaftlern in der Bundesrepublik Deutschland grundsätzlich vorausgesetzt.

Zur Abfassung der Anträge / Anhaltspunkte für die im allgemeinen benötigten Informationen: siehe Kap. III, S. 67 f. / Hinweise zur Antragstellung und S. 309 ff. / Merkblatt Symposienprogramm.

V. Auskünfte

Für weitere Auskünfte steht die Geschäftsstelle der Stiftung Volkswagenwerk, Hannover (Dr. Axel Horstmann, Tel.: 05 11 / 83 81-2 45), zur Verfügung.

Stiftung Volkswagenwerk

Merkblatt für Antragsteller 33

Postfach 81 05 09   D-3000 Hannover 81
Telex 9 - 22965
Telefon Vermittlung (05 11) 83 81 - 0
Telefon Durchwahl   83 81 - 218

Kastanienallee 35   Hannover-Döhren

Schwerpunkt
Prozeßmodelle von trennenden und umformenden Fertigungsverfahren

I. Zielsetzung

Moderne Fertigungsanlagen bieten neue Möglichkeiten zur Prozeßführung, für deren optimale Nutzung alle den Fertigungsprozeß bestimmenden Größen, ihre gegenseitige Beeinflussung und ihre Auswirkung auf das Arbeitsergebnis bekannt sein müssen. Der Schwerpunkt soll zu einer verstärkten Forschung auf diesem Gebiet anregen.

Es ist die Förderung solcher Vorhaben vorgesehen, die sich mit Methodenentwicklung und Prozeßabbildung im Sinne eines Modells befassen. Dabei soll das Ziel verfolgt werden, die Voraussetzungen zur Optimierung von Qualität und Zuverlässigkeit fertigungstechnischer Produkte zu verbessern.

Da die Aufgaben der Fertigungstechnik viele Disziplinen berühren, sind im Rahmen einer fachübergreifenden Zusammenarbeit neben der Fertigungstechnik auch andere ingenieur- und naturwissenschaftliche Fachgebiete angesprochen. Hier sind besonders die Fächer Physik, Werkstofftechnik, Regelungstechnik, Informatik und Angewandte Mathematik zu nennen. Im Mittelpunkt muß aber stets der fertigungstechnische Prozeß stehen.

II. *Thematik*

Die Förderung bezieht sich auf trennende und umformende Fertigungsverfahren. Dabei kommen sowohl konventionelle als auch ganz neuartige Verfahren in Betracht.

Den Kern eines Projektes muß die modellmäßige Erfassung einer Ursache-Wirkungs-Beziehung bilden, in der das Wirkpaar, bestehend aus Werkzeug einerseits und Werkstück andererseits, betrachtet wird.

Die zu entwickelnden Prozeßmodelle können sowohl phänomenologischer als auch deterministischer Art sein; sie sollten aber die Zusammenhänge jeweils quantitativ darstellen. Sie müssen durch Experimente abgesichert und sollen im Hinblick auf ihre Anwendbarkeit im praktischen Versuch überprüft werden.

Nicht in die Förderung eingeschlossen sind:
- Management- und organisatorische Fragen einschließlich Förder-, Transport- und Lager-Probleme
- Entwicklung von Robotern, Sensoren und Stellelementen
- Modelle ohne Validierungsaspekte
- Systemtheoretische Entwicklung ohne Bezug zur Fertigungstechnik

III. *Förderungsmöglichkeiten*

• *Forschungsprojekte*

Es können Forschungsprojekte durch Vergabe von Personal- und Sachmitteln einschließlich Reisekostenzuschüssen an wissenschaftliche Einrichtungen gefördert werden. Die Laufzeit eines Vorhabens sollte zwei bis drei Jahre nicht überschreiten.

• *Symposien, Sommerschulen*

Hinzu kommt die Unterstützung von Symposien, Sommerschulen und ähnlichen Tagungen über ein abgegrenztes Thema, insbesondere durch Vergabe von Zuschüssen zu Reise- und Aufenthaltskosten an veranstaltende wissenschaftliche Einrichtungen. Der Tagungsort sollte in der Bundesrepublik Deutschland einschließlich Berlin (West) liegen. Der Teilnehmerkreis sollte bei Symposien oder vergleichbaren Veranstaltungen auch bei anzustrebender Beteiligung mehrerer Disziplinen oder Arbeitsrichtungen auf 30 Personen beschränkt sein; die Teilnehmerzahl kann bis auf 60 (unter Einschluß von Zuhörern) erhöht werden, wenn dafür besondere Gründe sprechen, z. B. um verstärkt jüngere Wissenschaftler zu beteiligen. Auch bei Kursen sollte die Teilnehmerzahl höchstens 60 betragen.

• *Nachwuchsförderung*

Die Förderung des wissenschaftlichen Nachwuchses kann erfolgen durch die Vergabe von Stipendien an wissenschaftliche Einrichtungen für diplomierte und promovierte jüngere Wissenschaftler zu Forschungs- und Ausbildungszwecken in anderen Institutionen im In- und Ausland. Die Laufzeit sollte zwei Jahre nicht übersteigen. Bewerbungsbogen sind bei der Geschäftsstelle der Stiftung erhältlich.

Ferner ist die Förderung Habilitierter zur Sicherung des wissenschaftlichen Nachwuchses möglich (nähere Informationen hierzu können bei der Stiftung angefordert werden).

Allgemein können nur solche Vorhaben berücksichtigt werden, für die keine Programme bei anderen Förderungsinstitutionen bestehen.

IV. *Antragstellung*

Anträge können schriftlich ohne weitere Formerfordernisse bei der Stiftung Volkswagenwerk vorgelegt werden.

Anträge aus dem Ausland sind deutschen Anträgen prinzipiell gleichgestellt, jedoch erwartet die Stiftung in diesem Schwerpunkt angesichts der in den Natur- und Ingenieurwissenschaften allgemein üblichen internationalen Zusammenarbeit, daß die Notwendigkeit einer speziellen Kooperation mit deutschen Wissenschaftlern oder Instituten aus der spezifischen Situation des Vorhabens heraus belegt wird.

Zur Abfassung der Anträge / Anhaltspunkte für die im allgemeinen benötigten Informationen / Kostenplan: siehe Kap. III, S. 67 f. / Hinweise zur Antragstellung und S. 309 ff. / Merkblatt Symposienprogramm.

V. *Auskünfte*

Für weitere Auskünfte steht die Geschäftsstelle der Stiftung Volkswagenwerk, Hannover (Dr. Hans Plate, Tel.: 05 11 / 83 81-2 18), zur Verfügung.

Stiftung Volkswagenwerk

Merkblatt für Antragsteller 34

Postfach 81 05 09   D-3000 Hannover 81
Telex 9 - 22965
Telefon Vermittlung (05 11) 83 81 - 0
Telefon Durchwahl   83 81 -(-)

Kastanienallee 35   Hannover-Döhren

Schwerpunkt
Parasitäre Krankheiten von Holzgewächsen
– Ausbildung in der Holzpathologie –

I. *Zielsetzung*

Zur Erforschung der Erregerkrankheiten von Holzgewächsen bedarf es mikrobiologischer, molekularbiologischer und biochemischer Kenntnisse und Methoden. Mit der Gewährung von Stipendien möchte die Stiftung junge Wissenschaftler in erster Linie aus Biologie und Biochemie, aber auch aus den Forst- und Agrarwissenschaften anregen, sich in dieses Gebiet einzuarbeiten. Der Schwerpunkt soll damit auch einen Beitrag zur Stärkung der Forstpathologie in der Bundesrepublik Deutschland leisten.

Gefördert werden können Doktoranden und promovierte Wissenschaftler. Die Arbeiten können sich sowohl mit heimischen als auch mit Holzgewächsen anderer (z.B. tropischer) Klimazonen befassen. Untersuchungen über Krankheiten nichtpilzlichen Ursprungs werden vorrangig gefördert. Auch epidemiologische Fragestellungen können berücksichtigt werden. Dagegen sind Arbeiten aus den Gebieten Phytotoxikologie, Bodenkunde und Entomologie von einer Förderung ausgenommen.

II. *Förderungsmöglichkeiten*

Zur Einarbeitung in das Arbeitsgebiet können Stipendien für Forschungsvorhaben vergeben werden, die an einem Institut des In- oder Auslands durchgeführt werden sollen. Im Falle eines längerfristigen Auslandsaufenthalts soll das letzte Jahr der Forschung an einem deutschen Institut verbracht werden. Der Antragszeitraum sollte zunächst zwei Jahre nicht überschreiten; eine Verlängerung um bis zu zwei Jahren ist möglich.

Antragsberechtigt sind diplomierte und jüngere promovierte deutsche Wissenschaftler. Anstelle von Stipendien kann in besonders begründeten Fällen (z.B. wenn der Bewerber bereits als wissenschaftlicher Mitarbeiter an einem Institut tätig ist) eine Vergütung in Anlehnung an den BAT gewährt werden. Die Stiftung richtet ihre Bewilligungen nur an wissenschaftliche Einrichtungen wie Hochschulinstitute oder vergleichbare wissenschaftliche Arbeitseinheiten, nicht an einzelne Bewerber. Auch aus diesem Grund sollte die Bewerbung in Abstimmung mit einem an einem deutschen Institut tätigen wissenschaftlichen Betreuer (z.B. Doktorvater) und der als Bewilligungsempfänger vorgesehenen Institution erfolgen.

Die Höhe der Stipendien folgt den Richtlinien der Stiftung Volkswagenwerk *(vgl. S. 306 f. / Grundsätzliches zur Vergabe von Forschungsstipendien zur Aus- und Fortbildung).*

III. *Antragstellung*

Anträge können schriftlich und ohne weitere Formerfordernisse an die Geschäftsstelle der Stiftung Volkswagenwerk, Kastanienallee 35, 3000 Hannover 81, gerichtet werden. Sie sollen – auch sprachlich – so abgefaßt sein, daß sie sowohl der Stiftung als auch den von ihr zu Rate gezogenen Fachgutachtern ein verständliches und für die Prüfung ausreichendes Bild des geplanten Vorhabens vermitteln. Fachliche Ausführungen können dem Antrag auch als Anlage beigegeben werden.

Als Anhalt für die benötigten Angaben seien folgende Punkte genannt:
- Thema
- Angaben zur Person des Bewerbers (Lebenslauf mit Zeugnissen und evtl. jüngsten Prüfungsergebnissen, Familienstand, Zahl der Kinder, Einkünfte des Ehepartners)

- ausführlicher Arbeits- und Zeitplan
- Kostenplan
- Zusammenfassung (1–2 Seiten)
- Bezeichnung der wissenschaftlichen Einrichtung, über die das Stipendium abgewickelt werden soll
- Stellungnahme des wissenschaftlichen Betreuers
- ein Fachwissenschaftler als Referenz
- Angaben zur Vorlage des Antrags oder thematisch verwandter Anträge bei anderen Förderungsinstitutionen

IV. *Auskünfte*

Für weitere Auskünfte steht die Geschäftsstelle der Stiftung Volkswagenwerk, Hannover (Tel.: 05 11/83 81-0), zur Verfügung.

Stiftung Volkswagenwerk

Merkblatt für Antragsteller 35

Postfach 81 05 09   D-3000 Hannover 81
Telex 9 - 22965
Telefon Vermittlung (05 11) 83 81 - 0
Telefon Durchwahl   83 81 - 256

Kastanienallee 35   Hannover-Döhren

Schwerpunkt
Management von Forschung und Entwicklung

I. *Zielsetzung*

Das Förderungsprogramm soll zur verstärkten wissenschaftlichen Beschäftigung mit den besonderen Aufgaben sowie den unternehmensinternen Problemen und Lösungen im industriellen FuE-Management in der Bundesrepublik Deutschland anregen. Dabei sollte die Einbindung dieses Managementbereichs in die Unternehmungsführung großer wie kleiner Unternehmungen berücksichtigt werden.

Die Stiftung möchte mit ihrer Förderung dazu beitragen, den Mangel an analytischen und empirisch fundierten (auch international vergleichenden) Forschungen über die in der Unternehmenspraxis vorhandenen Managementprobleme, Instrumentarien und Erfahrungen zu beheben. Darüber hinaus sollen Ergebnisse der ausländischen Forschung und Managementlehre für Forschung, Lehre und Wirtschaftspraxis in der Bundesrepublik erschlossen werden. Die Entwicklung neuer Formen und praxisnaher Lösungsansätze für eine engere Zuammenarbeit von Hochschulen und Industrie im Rahmen von Forschungsvorhaben und bei der Kooperation zur ergänzenden fachlichen Aus- und Fortbildung deutscher Graduierter im FuE-Management soll angeregt werden.

Die Förderung wendet sich vor allem an Wirtschaftswissenschaftler, insbesondere Betriebswirte, sowie interessierte Ingenieur- und Naturwissenschaftler. Im Interesse einer besseren Kommunikation und Kooperation zwischen Hochschulen und Industrie sollen solche Vorhaben und Initiativen bevorzugt gefördert werden, die auf die Vorbereitung und Durchführung gemeinsamer Forschungsprojekte, Aus- und Fortbildungsangebote sowie auf den Erfahrungsaustausch zwischen Wissenschaft und Praxis zum FuE-Management gerichtet sind.

II. *Thematik*

Die Förderung soll sich vor allem auf solche Vorhaben erstrecken, die versuchen, die besonderen ökonomischen und technischen Sachzusammenhänge, die wissenschaftlichen Erkenntnisse und Methoden sowie das praktische Erfahrungswissen zum FuE-Management zu systematisieren, zu überprüfen, zu erweitern und praxisnah zu vermitteln. Der Einbindung von Forschung und Entwicklung in die strategische und operative Unternehmensplanung und -führung sowie der Abstimmung mit den übrigen unternehmerischen Aufgaben, Teilbereichen und Ressourcen kommt besondere Bedeutung zu.

Erfolgreiches industrielles FuE-Management ist in besonderer Weise darauf angewiesen, daß auch längerfristige technologische Trends und mögliche Trendbrüche sowie ökonomische und soziale Entwicklungen frühzeitig erkannt und bewertet werden, um die unternehmensinternen Forschungs- und Entwicklungsprogramme entsprechend ausrichten und die damit verbundenen Organisationsprobleme bewältigen zu können. Das hierzu in der Wirtschaft vorhandene Erfahrungswissen sollte wissenschaftlich stärker erschlossen und nutzbar gemacht werden.

Besondere Beachtung sollte Problemen und Methoden des Personal-Managements (z.B. Personalauswahl, -planung, -führung im Zusammenhang mit neuen Technologien, Arbeitshemmnisse, neue Arbeitsformen, Projektmanagement) in unterschiedlich strukturierten FuE-Bereichen und Wirtschaftszweigen gewidmet werden. Es käme auch darauf an, hierzu in Großunternehmen vorhandene Kenntnisse wissenschaftlich auszuwerten und allgemein verfügbar zu machen sowie speziell für kleinere und mittlere Unternehmen geeignete Lösungsansätze und Instrumentarien zu entwickeln. Daneben sollten Erfahrungen mit dem Wissens- und Personaltransfer sowie mit der Forschungskooperation zwischen Wirtschaft und Hochschulen anhand exemplarischer Modelle, Institutionen und Projekte im In- und Ausland ausgewertet werden.

Priorität im Rahmen der von der Stiftung Volkswagenwerk angebotenen Forschungsförderung haben zunächst folgende Problembereiche:

• Einbindung des Managements von Forschung und Entwicklung (Konzepte, Methoden und Instrumente) in die (strategische) Unternehmensführung

• Gestaltung von Personalwirtschaft und Arbeitsorganisation in industriellen FuE-Bereichen einschließlich der Aspekte der Mitbestimmung und Mitwirkung der Arbeitnehmer(-vertretungen)

- Aufgaben, Probleme und Methoden der Ressourcenlenkung, Effizienzkontrolle (inklusive Budgetplanung, Controlling) in industriellen FuE-Bereichen sowie der Informationsvermittlung/-verarbeitung und der mit modernen Informationstechnologien verbundenen Implikationen insbesondere für kleine und mittlere Unternehmungen

- Empirische (auch international vergleichend angelegte) Analysen über die unternehmerische Praxis im FuE-Bereich sowie praktizierte Formen/Modelle der Forschungskooperation, des Wissens-, Technologie- und Personaltransfers zwischen Wirtschaft und Hochschulen.

III. *Förderungsmöglichkeiten*

1. *Forschungsprojekte*

Vergabe von Personal- und Sachmitteln einschließlich Reisekostenzuschüssen zur Durchführung von Forschungsprojekten. Bei allen Vorhaben muß der internationale Forschungsstand berücksichtigt werden. Es erscheint als wünschenswert, in die Projektplanung und -durchführung Praktiker einzubeziehen.

2. *Wissenschaftliche Kommunikation und Kooperation*

Unterstützung von Symposien, Seminaren, Sommerschulen und ähnlichen Veranstaltungen über ein abgegrenztes Thema, insbesondere durch Vergabe von Reise- und Aufenthaltszuschüssen an wissenschaftliche Einrichtungen. Entsprechende Veranstaltungen können auch zur ergänzenden fachlichen Weiterbildung von (auch in der Praxis tätigen) Absolventen betriebs- und ingenieurwissenschaftlicher Studiengänge im FuE-Management dienen. Die Mitwirkung erfahrener Praktiker sollte vorgesehen werden. Der Teilnehmerkreis sollte bei Symposien oder vergleichbaren Veranstaltungen auch bei anzustrebender Beteiligung mehrerer Disziplinen oder Arbeitsrichtungen sowie von Praktikern auf 30 Personen beschränkt sein; die Teilnehmerzahl kann bis auf 60 (unter Einschluß von Zuhörern) erhöht werden, wenn dafür besondere Gründe sprechen, z. B. wenn dies zur ergänzenden fachlichen Weiterbildung jüngerer Wissenschaftler beiträgt. Auch bei Kursen sollte die Teilnehmerzahl höchstens 60 betragen.

In besonderen Fällen (z. B. zur Vorbereitung eines Forschungsprojekts oder im Rahmen eines geförderten Vorhabens) können Zuschüsse auch bei Einzelreisen für Arbeitsaufenthalte an wissenschaftlichen Einrichtungen, in Wirtschaftsunternehmungen oder zum Besuch wichtiger Veranstaltungen (ohne Kongresse) gewährt werden.

3. *Nachwuchsförderung*

Stipendien können an

- Graduierte zur Aus- und Fortbildung (Promotion, Ergänzungsstudien, Weiterbildung) im FuE-Bereich

- qualifizierte Wissenschaftler (Hochschulabschluß) aus industriellen FuE-Bereichen für zeitlich befristete Mitwirkung an Forschungsarbeiten im Hochschulbereich sowie zur ergänzenden fachlichen Fortbildung in universitären Forschungseinrichtungen vergeben werden. Besonderer Wert wird auf die fachliche Betreuung der Stipendiaten gelegt. Auch Stipendien können nur über wissenschaftliche Einrichtungen vergeben werden. (Nähere Informationen hierzu siehe Anlage*)

4. *Personaltransfer*

Als Anreiz für Hochschullehrer (C 2–C 4) und promovierte Wissenschaftler mit Daueranstellung im Hochschulbereich (Oberassistenten, Akademische Räte), die thematisch einschlägige wissenschaftliche Arbeiten im Unternehmen eines Kooperationspartners in der Industrie durchführen wollen, bietet die Stiftung in diesem Schwerpunkt eine besondere finanzielle Unterstützung an:

a) für Hochschullehrer (C 2–C 4) die Inanspruchnahme zusätzlicher Freisemester durch Finanzierung von Lehrvertretungen

b) für promovierte Wissenschaftler mit Daueranstellung im Hochschulbereich für die Zeit ihrer Beurlaubung von der Hochschule die Fortzahlung der persönlichen Bezüge.

Diese besondere Art der Förderung wird in der Regel für ein Jahr gewährt; sie kann jedoch auch für mindestens sechs Monate vergeben werden. Die Stiftung geht davon aus, daß den Stipendiaten die für die Durchführung ihrer Arbeiten nötigen Arbeitsmittel vom jeweiligen industriellen Kooperationspartner zur Verfügung gestellt werden.

Bewerber sollten vor Antragstellung Fragen zur Freistellung von Lehr-/Selbstverwaltungsaufgaben und Lehrvertretung oder Beurlaubung mit der Hochschulverwaltung geklärt haben.

Auch diese Förderung wird nur über wissenschaftliche Einrichtungen vergeben; die Stiftung wird in keinem Fall zum Arbeitgeber der Geförderten.

Die Förderung soll die öffentliche Hand von ihren Verpflichtungen zur Gewährung von Freisemestern an Hochschullehrer und zur Weiterbeschäftigung der für die Dauer des Stipendiums beurlaubten Wissenschaftler nicht freistellen. Für die Lehrvertretung von Hochschullehrern sollten vorrangig habilitierte Wissenschaftler in ungesicherter Position gewonnen werden.

IV. *Antragstellung*

Anträge können jederzeit schriftlich ohne weitere Formerfordernisse an die Geschäftsstelle der Stiftung Volkswagenwerk, Kastanienallee 35, 3000 Hannover 81, gerichtet werden. Die Stiftung ist gehalten, vor einer Entscheidung die jeweils zuständige oberste Behörde zu befragen. Bei Stipendien für den Personaltransfer wird dies in der Regel im Anschluß an die Begutachtung geschehen, so daß für dieses Verfahren bis zur Ent-

---

* Nicht abgedruckt; vgl. auch S. 306 f. / Grundsätzliches zur Vergabe von Forschungsstipendien zur Aus- und Fortbildung.

scheidung mit einer Bearbeitungszeit von sechs Monaten gerechnet werden muß.

Anträge aus dem Ausland sind deutschen Anträgen prinzipiell gleichgestellt, doch sind Angaben über eine definierte Kooperation mit wissenschaftlichen Einrichtungen oder Wissenschaftlern in der Bundesrepublik Deutschland erforderlich.

Die Anträge sollten – auch sprachlich – so abgefaßt sein, daß sie sowohl der Stiftung als auch den von ihr zu Rate gezogenen Fachgutachtern ein verständliches und für die Prüfung ausreichendes Bild des geplanten Vorhabens vermitteln. Fachliche Ausführungen können dem Antrag gegebenenfalls auch als Anlage beigegeben werden.

Zur Abfassung der Anträge / Anhaltspunkte für die im allgemeinen benötigten Informationen / Kostenplan: siehe Kap. III, S. 67 f. / Hinweise zur Antragstellung; für wissenschaftliche Veranstaltungen auch S. 309 ff. / Merkblatt Symposienprogramm.

Anträge auf Förderung des Personaltransfers sollten zusätzlich informieren über

- Angaben über den vorgesehenen Arbeitsort, den Beginn des Stipendiums und die Zeitplanung
- Angaben zum Status des Bewerbers an der Hochschule sowie über bisherige und künftige Freisemester des Landes
- Lebenslauf mit Angaben zum Familienstand des Bewerbers
- Angaben zur Regelung der Lehrvertretung
- Bei Arbeitsaufenthalten in der Industrie empfiehlt es sich, eine Einladung des jeweiligen Kooperationspartners in der Industrie beizufügen.

Zu Anträgen auf Gewährung eines Stipendiums für den Personaltransfer Hochschule/Industrie bittet die Stiftung regelmäßig nach der grundsätzlichen Entscheidung über eine Förderung die Hochschule um eine auf die Bezüge des jeweiligen Lehrvertreters zugeschnittene Spezifikation der Kosten. Als Obergrenze dafür gilt ein Betrag in Höhe des durchschnittlichen Grundgehalts eines C 4-Professors zuzüglich Ortszuschlag (derzeit jährlich 100 000 DM). Außerdem können die Stipendiaten selbst Zuschüsse für Reisekosten sowie – bis zur Höhe von 10 000 DM jährlich – für zusätzliches Personal und Sachaufwendungen erhalten.

Zusätzliche Angaben bei wissenschaftlichen Veranstaltungen

- Angaben zur interdisziplinären oder überörtlichen Zusammenarbeit sowie zur Mitwirkung von Praktikern
- Angaben zur Auswahl der Teilnehmer (insbesondere auch hinsichtlich des Umfangs der Beteiligung ausländischer und jüngerer (auch in der Praxis tätiger) Wissenschaftler)

V. *Auskünfte*

Für weitere Auskünfte steht die Geschäftsstelle der Stiftung Volkswagenwerk, Hannover (Dr. Norbert Marahrens, Tel.: 05 11 / 83 81-2 56), zur Verfügung.

**Merkblatt
für Antragsteller** 36

Postfach 81 05 09   D-3000 Hannover 81
Telex 9 - 22965
Telefon Vermittlung (05 11) 83 81 - 1
Telefon Durchwahl   83 81 - 214

Kastanienallee 35   Hannover-Dohren

Schwerpunkt
Forschungen zum deutschen Widerstand 1933–1945

I. *Zielsetzung*

Um dem gesteigerten Interesse an der deutschen Zeitgeschichte und ihrer weiteren Erforschung zu entsprechen (vgl. auch den Förderungsschwerpunkt „Deutschland nach 1945 – Entstehung und Entwicklung der Bundesrepublik Deutschland und der DDR"), hat die Stiftung Volkswagenwerk 1982 ein zunächst finanziell begrenztes Förderungsprogramm „Forschungen zum deutschen Widerstand 1933–1945" eingerichtet. Diese Förderung wird seit März 1985 im Rahmen eines Schwerpunktes fortgeführt. Die Stiftung sieht somit in weiteren Forschungen zum deutschen Widerstand 1933–1945 auch nach den Gedenktagen des Jahres 1984 eine wichtige wissenschaftliche Aufgabe.

Die Förderung soll dazu anregen und Möglichkeiten eröffnen,

qualifizierte wissenschaftliche Beiträge zum deutschen Widerstand zu erarbeiten, auch als Beitrag zur allgemeinen Verbreitung zeithistorischer Kenntnisse,

den Widerstand in verschiedenen weltanschaulichen, sozialen und politischen Gruppierungen und ihre Verknüpfungen untereinander aufzuzeigen,

die intellektuellen und politischen Wurzeln des Widerstandes (auch in der Zeit vor 1933) und seiner Folgewirkungen nach 1945 zu behandeln,

den Widerstand historiographisch in die allgemeine Zeitgeschichte einzufügen,

die Quellengrundlage für die Widerstandsforschung durch sorgfältige Erfassung und Erschließung von Überlieferungen zu verbreitern.

Das Förderungsangebot der Stiftung ist fachoffen angelegt, schließt also neben der Geschichtswissenschaft auch andere geistes- und sozialwissenschaftliche Disziplinen ein.

II. *Thematik*

Auch angesichts bereits erschienener bzw. in Entstehung begriffener Arbeiten werden weiterhin Forschungsdesiderate zu folgenden Themenbereichen und Fragestellungen gesehen:

• Biographische und quelleneditorische Arbeiten

- Reaktive und initiatorische Entwicklungsstufen von Widerstandshaltungen vor dem Hintergrund der Politik des NS-Regimes
- Gruppenbiographien, geordnet nach (verbindenden) Traditionen und Milieus
- Zeitliche Querschnittuntersuchungen über das Verhalten von Gruppen, die unterschiedliche politische, soziale, kulturelle oder konfessionelle Milieus und Traditionen verkörpern
- Herausarbeitung der Zeithorizonte des Widerstandes (Widerstand als Resultat bzw. Alternative konkreter historischer Zeitumstände)
- Systematische Untersuchungen über Startvoraussetzungen und daraus folgende Sensibilitäten für Widerstandsverhalten
- Karrieren im Widerstand
- Neue politische Konsensbildungen im Widerstand zwischen Vertretern unterschiedlicher Traditionen
- Beziehungen zwischen Widerstand und Exil
- Einfügung des Widerstandes in die allgemeine Geschichte der NS-Zeit
- Argumentationsmuster und konspirative Techniken im Widerstand
- Zieldiskussionen des Widerstandes in ihrer zeitlichen Entwicklung
- Regionalgeschichten des Widerstandes
- Rezeptionsgeschichte des Widerstandes gegen den Nationalsozialismus nach 1945

III. *Förderungsmöglichkeiten*

Anträge können sich beziehen auf die Förderung von

- Forschungsprojekten (durch Vergabe von Personal- und Sachmitteln einschließlich Reisekostenzuschüssen)
- Fachtagungen (auch unter Einschluß ausländischer Teilnehmer und jüngerer Wissenschaftler und unter Beachtung multidisziplinärer Betrachtungsweisen)
- Nachwuchswissenschaftlern durch die Vergabe von Stipendien an Graduierte, Doktoranden und Promovierte bei Vorlage über wissenschaftliche Einrichtungen.

IV. *Antragstellung*

Anträge können schriftlich ohne weitere Formerfordernisse bei der Stiftung Volkswagenwerk vorgelegt werden.
Anträge aus dem Ausland sind deutschen Anträgen prinzipiell gleichgestellt, doch werden für eine nähere Prüfung Angaben über eine definierte Kooperation mit wissenschaftlichen Einrichtungen oder Wissenschaftlern in der Bundesrepublik Deutschland grundsätzlich vorausgesetzt.

Zur Abfassung der Anträge / Anhaltspunkte für die im allgemeinen benötigten Informationen: siehe Kap. III, S. 67 f. / Hinweise zur Antragstellung und S. 309 ff. / Merkblatt Symposienprogramm.

V. *Auskünfte*

Für weitere Auskünfte steht die Geschäftsstelle der Stiftung Volkswagenwerk, Hannover (Prof. Dr. Wolfgang Wittwer, Tel.: 05 11/83 81-214), zur Verfügung.

Stiftung Volkswagenwerk

Merkblatt
für Antragsteller **37**

Postfach 81 05 09   D-3000 Hannover 81
Telex 9 - 22965
Telefon Vermittlung (05 11) 8381-0
Telefon Durchwahl   8381-376

Kastanienallee 35   Hannover-Döhren

Schwerpunkt
Metallorganische Reaktionen für die organische Synthese

I. *Zielsetzung*

Der Schwerpunkt soll dazu beitragen, metallorganische Reaktionen verstärkt für synthetische Aufgaben zu nutzen. Die Stiftung möchte durch ihre Förderung die anorganisch-strukturelle metallorganische Chemie und die reaktionsweg- und syntheseorientierte organische Chemie zu gemeinsamen wissenschaftlichen Arbeiten anregen. Vorhaben, die bereits im Konzept die Zusammenarbeit zwischen Anorganikern und Organikern vorsehen, können vorrangig berücksichtigt werden.

II. *Thematik*

Gefördert werden Arbeiten, die sich mit dem Einsatz von metallorganischen Verbindungen in der organischen Synthese beschäftigen. Dabei können sowohl stöchiometrische als auch katalytische Prozesse studiert werden. Die Verwendung von Übergangsmetallen sollte im Vordergrund stehen, aber auch Metalle der Hauptgruppen oder Halbmetalle können berücksichtigt werden, soweit dabei über die bekannten Anwendungen hinausgegangen wird. Gedacht ist an die Förderung wissenschaftlicher Vorhaben, die sich insbesondere mit folgenden Aspekten beschäftigen:

- Steuerung der Selektivität durch Variation der Metalle bzw. Metalliganden sowie der Metall-Oxidationsstufe in den Agenzien. Die gezielte Beeinflussung der Reaktionen kann dabei zu Chemo-, Regio-, Stereo- und Enantioselektivität führen.
- Entwicklung neuer Reaktionstypen, die besser oder schneller zum organischen Syntheseziel führen als klassische Synthesewege.
- Physikalisch-metallorganische Untersuchungen, die dem Verständnis des Reaktionsweges oder der Zwischenprodukte dienen (Struktur und bindungstheoretische Beschreibung metallorganischer Agenzien und Zwischenprodukte, Mechanismus und Kinetik der Reaktion).

III. *Förderungsmöglichkeiten*

- *Forschungsprojekte*

Forschungsprojekte können durch Vergabe von Personal- und Sachmitteln einschließlich Reisekostenzuschüssen an wissenschaftliche Einrichtungen gefördert werden. Die Projektlaufzeit sollte den Erfordernissen des jeweiligen Vorhabens entsprechend bemessen werden.

Eine Förderung durch die Stiftung ist nicht an das Haushaltsjahr gebunden, darf jedoch andererseits eine Dauer von längstens fünf Jahren nicht überschreiten. Mittel für wissenschaftliches Personal können sowohl für Doktoranden (BAT II a/2) als auch für promovierte Wissenschaftler (Post-docs) beantragt werden; promovierte Wissenschaftler sollten jedoch in der Regel in anderen Arbeitskreisen des In- oder Auslands promoviert haben. Bei Reisen sind neben allgemeinem Informationsaustausch auch (mehrmonatige) Aufenthalte von auswärtigen Gästen und umgekehrt Aufenthalte an auswärtigen Instituten möglich, z. B. zur Realisierung gemeinsamer Projekte, zur Nutzung eines vorhandenen Gerätes oder zum Erlernen einer speziellen Methode.

- *Symposien, Sommerschulen*

Unterstützt werden Symposien, Sommerschulen und ähnliche Tagungen über ein abgegrenztes Thema durch Vergabe von Zuschüssen zu Reise- und Aufenthaltskosten an veranstaltende wissenschaftliche Einrichtungen. Der Tagungsort sollte in der Bundesrepublik Deutschland einschließlich Berlin (West) liegen. Der Teilnehmerkreis sollte bei Symposien oder vergleichbaren Veranstaltungen auch bei anzustrebender Beteiligung mehrerer Disziplinen oder Arbeitsrichtungen auf 30 Personen beschränkt sein; die Teilnehmerzahl kann bis auf 60 (unter Einschluß von Zuhörern) erhöht werden, wenn dafür besondere Gründe sprechen, z. B. um verstärkt jüngere Wissenschaftler zu beteiligen. Auch bei Kursen sollte die Teilnehmerzahl höchstens 60 betragen.

- *Nachwuchsförderung*

Bei Mitarbeit im Rahmen von Forschungsvorhaben kann auch der wissenschaftliche Nachwuchs (Doktoranden und jüngere Promovierte) gefördert werden.
Unabhängig von solchen Projekten wird auf das „Kekulé-Stipendium der Stiftung Volkswagenwerk" hingewiesen, das die Vergabe von Promotionsstipendien an besonders qualifizierte diplomierte Chemiker vorsieht, die bereit sind, zur Durchführung ihrer Dissertation in einen wissenschaftlich ausgewiesenen Arbeitskreis einer anderen deutschen Hochschule zu wechseln. (Nähere Informationen dazu können bei der Stiftung Stipendien-Fonds des Verbandes der Chemischen Industrie, Karlstraße 21, 6000 Frankfurt am Main, angefordert werden.)
Ferner ist die Förderung Habilitierter zur Sicherung des wissenschaftlichen Nachwuchses möglich. *(Merkblatt 23)*

IV. *Antragstellung*

Anträge können schriftlich ohne weitere Formerfordernisse bei der Stiftung Volkswagenwerk vorgelegt werden.
Anträge aus dem Ausland sind deutschen Anträgen prinzipiell gleichgestellt, jedoch erwartet die Stiftung in diesem Schwerpunkt angesichts der in den Natur- und Ingenieurwissenschaften allgemein üblichen internationalen Zusammenarbeit, daß die Notwendigkeit einer speziellen Kooperation mit deutschen Wissenschaftlern oder Instituten aus der spezifischen Situation des Vorhabens heraus belegt wird.

Zur Abfassung der Anträge / Anhaltspunkte für die im allgemeinen benötigten Informationen / Kostenplan: siehe Kap. III, S. 67 f. / Hinweise zur Antragstellung; für wissenschaftliche Veranstaltungen auch S. 309 ff. / Merkblatt Symposienprogramm.

V. *Auskünfte*

Für weitere Auskünfte steht die Geschäftsstelle der Stiftung Volkswagenwerk, Hannover (Dr.-Ing. Michael Maurer, Tel. 05 11 / 83 81 - 3 76), zur Verfügung.

Stiftung Volkswagenwerk

Merkblatt für Antragsteller 38

Postfach 81 05 09   D-3000 Hannover 81
Telex 9 - 22965
Telefon Vermittlung (05 11) 83 81 - 1
Telefon Durchwahl   83 81 - 374

Kastanienallee 35   Hannover-Döhren

Schwerpunkt
Mikrocharakterisierung von Werkstoffen und Bauelementen

I. *Ziel des Förderungsprogramms*

Der Schwerpunkt soll zur Neu- und Weiterentwicklung von Methoden der Mikrocharakterisierung und zu ihrer verstärkten Anwendung im Bereich der Materialforschung beitragen. Angesprochen sind vor allem Werkstoffwissenschaften, Physik und Mineralogie.
Dabei sollen die mit modernen Instrumenten, wie beispielsweise Durchstrahlungs- und Rasterelektronenmikroskop einschließlich analytischem Elektronenmikroskop, Feldionenmikroskop, Atomsonde oder auch Tunnelmikroskop, gegebenen Möglichkeiten der Hochauflösung genutzt werden, um strukturelle Details in Werkstoffen auf atomarer oder mikrostruktureller Ebene mit Elektronen-, Ionen- und Röntgenstrahlung sichtbar zu machen. Insbesondere ist an die Kombination der hochauflösenden Mikroskopie zur Erforschung von Strukturen im Bereich weniger Angström und der Mikroanalyse zur Bestimmung der chemischen Zusammensetzung in solchen Dimensionen gedacht.
Gemeinsam von mehreren Wissenschaftlern geplante Vorhaben, zum Beispiel mit dem Ziel der Nutzung unterschiedlicher, sich ergänzender Geräteausstattungen an verschiedenen Orten oder einer Zusammenarbeit von Wissenschaftlern auf dem Gebiet der Methodenentwicklung und der Werkstoff-Forschung, sind erwünscht.

II. *Thematik*

Für die Entwicklung und für das Verständnis von Werkstoffen sind die Kenntnis der Entstehung und die Charakterisierung von Heterogenitäten im Material wesentlich. Dies gilt insbesondere für hochfeste Legierungen und Dispersionswerkstoffe, für duktile Keramiken und Oxidleiterwerkstoffe bzw. Magnetwerkstoffe sowie für den Bereich der Halbleitermaterialien und Halbleiterbauelemente. Die Förderung konzentriert sich daher bevorzugt auf:

• Untersuchungen zur Erforschung von Fehlern des kristallinen Aufbaus und der Verteilung verschiedener Atomsorten in mehrphasigen Werkstoffen und in Bauelementen.

• Strukturelle und analytische Untersuchungen der Frühstadien von Entmischungsvorgängen.

• Untersuchungen von dynamischen Prozessen im atomaren Maßstab an der Reaktionsfront von Stoffgemischen.

• Neu- und Weiterentwicklungen von Methoden der Mikrocharakterisierung in Kombination mit den werkstoffwissenschaftlichen Fragestellungen, wobei die Methoden insbesondere hohe laterale Auflösung besitzen sollen. Auch die Weiterentwicklung der Bildverarbeitung und Computersimulation für eine optimale Interpretation der Daten bei hochauflösenden Methoden kann berücksichtigt werden.

• Entwicklung geeigneter Präparationstechniken für hochauflösende Untersuchungsverfahren.

Abgrenzung:

Rein bauelementorientierte Untersuchungen ohne Mikrocharakterisierungsaspekt sind von der Förderung ausgeschlossen. Dies gilt auch für Untersuchungen an organischen Naturstoffen und Aufgaben aus dem Bereich der Biowissenschaften.

Allgemein können nur solche Vorhaben gefördert werden, für die keine gezielten Förderungsprogramme bei anderen Institutionen bestehen.

III. *Förderungsmöglichkeiten*

• *Forschungsprojekte*

Für die Durchführung von Forschungsprojekten können Personal- und Sachmittel einschließlich Reisekostenzuschüssen an wissenschaftliche Einrichtungen vergeben werden.

Dabei können auch Mittel vorgesehen werden, um die Peripherie und Benutzbarkeit hochauflösender Mikroskope zu verbessern und sie in der modernen Werkstoff-Forschung verstärkt einzusetzen. Die Grundausstattung an Geräten sollte vorhanden sein.

Im Rahmen von Forschungsprojekten können Reise- und Aufenthaltszuschüsse auch für längere Aufenthalte an anderen Instituten gewährt werden, beispielsweise um Experimente durchzuführen, für die die apparative Ausstattung am Ort nicht ausreichend ist, oder um besondere projektrelevante experimentelle Methoden zu erlernen.

• *Nachwuchsförderung*

Bei Ortswechsel können für Forschungs- und Ausbildungszwecke Stipendien an wissenschaftliche Einrichtungen für jüngere diplomierte bzw. promovierte Wissenschaftler vergeben werden. Die Laufzeit kann maximal zwei Jahre betragen.

Ferner ist die Förderung habilitierter Wissenschaftler zur Sicherung des wissenschaftlichen Nachwuchses möglich. *(Merkblatt 23)*

- *Symposien und Sommerschulen*

IV. *Antragstellung*

Zur Abfassung der Anträge / Anhaltspunkte für die im allgemeinen benötigten Informationen / Kostenplan: siehe Kap. III, S. 67 f. / Hinweise zur Antragstellung; für wissenschaftliche Veranstaltungen auch S. 309 ff. / Merkblatt Symposienprogramm.

Zusätzliche Angaben: Für die Projektdurchführung zur Verfügung stehende Ausrüstung.

V. *Auskünfte*

Für weitere Auskünfte steht die Geschäftsstelle der Stiftung Volkswagenwerk, Hannover (Dr. Herbert Steinhardt, Tel.: 05 11 / 83 81-374), zur Verfügung.

Stiftung Volkswagenwerk

Merkblatt für Antragsteller 39

Postfach 81 05 09   D-3000 Hannover 81
Telex 9 - 22965
Telefon Vermittlung (05 11) 83 81 - 0
Telefon Durchwahl   83 81 - (-)

Kastanienallee 35   Hannover-Döhren

Schwerpunkt
China-Programm: Förderung der deutsch-chinesischen wissenschaftlichen Zusammenarbeit

I. *Ziel des Förderungsprogramms*

Die Stiftung Volkswagenwerk möchte mit diesem fachoffenen Programm einen langfristig wirksamen Beitrag zur Zusammenarbeit zwischen Wissenschaftlern beider Länder leisten. Das Programm richtet sich an die Natur- und Ingenieurwissenschaften, die Medizin und die Geistes- und Gesellschaftswissenschaften. Im Mittelpunkt stehen die partnerschaftliche Kooperation im Rahmen von Forschungsvorhaben sowie der wissenschaftliche Erfahrungsaustausch. Auch auf die Aus- und Weiterbildung junger Wissenschaftler in der Volksrepublik China wird Wert gelegt.
Übersetzungen belletristischer Literatur und Projekte mit eindeutig entwicklungspolitischem Bezug können nicht gefördert werden.

II. *Förderungsmöglichkeiten*

- *Projektförderung*

Gefördert werden können Forschungsvorhaben unter Mitwirkung deutscher und chinesischer Wissenschaftler einschließlich der damit gegebenenfalls verbundenen Lehrveranstaltungen. Die Auswahl der Themen liegt bei den beteiligten Wissenschaftlern.

Bei einer Laufzeit von durchschnittlich zwei bis drei Jahren können Mittel bis zu 100 000 DM bereitgestellt werden. Sie sind in erster Linie für den Partner aus der Volksrepublik China bestimmt, wobei beschaffte Geräte, Bücher etc. in dessen Eigentum übergehen. Die Mittel werden aber an das deutsche Institut bewilligt und von diesem verwaltet. Eine Verlängerung bis zu maximal fünf Jahren ist möglich.

- *Bilaterale wissenschaftliche Veranstaltungen, Fachtagungen*

Zuschüsse können sowohl für bilaterale Symposien, Workshops und Sommerkurse als auch für Arbeitstagungen deutscher Wissenschaftler auf Fachebene mit dem Ziel des Erfahrungsaustausches vergeben werden.

III. *Anträge*

Projektförderung

Gemeinschaftsanträge für Forschungsvorhaben können jederzeit schriftlich in deutscher oder englischer Sprache an die Geschäftsstelle der Stiftung Volkswagenwerk gerichtet werden (Antragsformulare sind nicht vorgesehen). Sie sollen so abgefaßt sein, daß sie sowohl der Stiftung als auch den von ihr zu Rate gezogenen Gutachtern ein für die Prüfung ausreichendes Bild des geplanten Projekts und der innerhalb von zwei bis drei Jahren tatsächlich durchzuführenden Arbeiten vermitteln.

Für das Institut in der VR China können beantragt werden:
- Geräte
- Literatur
- Verbrauchsmaterial

Für das deutsche Institut können beantragt werden:
- Aufenthaltskosten chinesischer Wissenschaftler für Aufenthalte in der Bundesrepublik Deutschland, vorzugsweise am Partnerinstitut. Als Obergrenze können in den ersten 14 Tagen bis zu 95 DM pro Tag (Tage- und Übernachtungsgeld), bei längerem Aufenthalt bis maximal 70 DM pro Tag veranschlagt werden.
- Fahrtkosten chinesischer Wissenschaftler innerhalb der Bundesrepublik Deutschland
- Fahrtkosten deutscher Wissenschaftler für Reisen in die VR China, vorzugsweise zum Partnerinstitut, und zurück
- Verbrauchsmaterial
- sonstige Mittel (z. B. für Betreuungsmaßnahmen)

Vom chinesischen Partner werden Angaben zu folgenden Punkten erwartet:
- Projekttitel
- Projektziel, Arbeits- und Zeitplan
- Kostenplan

- Aufgaben und vorhandene Ausstattung des Instituts
- beteiligte Wissenschaftler (wissenschaftlicher Werdegang, Publikationsliste, Titel in der publizierten Sprache)

Es wird erwartet, daß die chinesischen Kooperationspartner bei Projekten in den Geistes- und Gesellschaftswissenschaften über ausreichende Kenntnisse der deutschen Sprache in Wort und Schrift verfügen. Für die Natur- und Ingenieurwissenschaften sowie die Medizin werden zumindest ausreichende Englischkenntnisse vorausgesetzt.

Vom deutschen Partner werden erwartet:
- Projekttitel
- Darstellung des Partnerschaftsvorhabens, insbesondere der bestehenden personellen und institutionellen Kontakte
- Kostenplan
- Angaben über Vorlage dieses Antrags oder thematisch verwandter Anträge bei anderen Förderungsinstitutionen

Bilaterale wissenschaftliche Veranstaltungen, Fachtagungen

Es werden Angaben zu folgenden Punkten erwartet:
- Thema und wissenschaftliches Programm der Veranstaltung (zumindest vorläufige Übersicht)
- Ort, Datum und Dauer der geplanten Veranstaltung (ggf. auch Erläuterungen zum Zusammenhang mit einer anderen Veranstaltung)
- Begründung und Aufschlüsselung der bei der Stiftung beantragten Positionen einschließlich Angaben zur Gesamtfinanzierung der Veranstaltung
- Namensliste der vorgesehenen bzw. eingeladenen Teilnehmer sowie bereits vorliegende Zusagen (zumindest für die Vortragenden)
- Angaben zur Auswahl der Teilnehmer (insbesondere auch hinsichtlich des Umfangs der Beteiligung chinesischer und jüngerer Wissenschaftler)
- Bezeichnung des Veranstalters bzw. der einladenden Institution

Der Teilnehmerkreis sollte entsprechend der jeweiligen Thematik gezielt ausgewählt und zahlenmäßig so begrenzt werden, daß eine aktive Mitwirkung der Beteiligten und ein intensiver Meinungsaustausch im Plenum gesichert ist. Als obere Grenze sieht die Stiftung in der Regel eine Teilnehmerzahl von 30 vor. Für Aufenthaltskosten gilt die Regelung wie für Forschungsvorhaben. Etwa anfallende Kosten für Dolmetscher können nicht übernommen werden.

Allgemeine Hinweise

Sowohl bei Forschungsprojekten als auch bei Veranstaltungen unterbreitet der deutsche Partner der Stiftung alle Unterlagen als Antrag, er ist Antragsteller im formalen Sinne.

Die Stiftung geht davon aus, daß entsprechend den Vereinbarungen des Kulturabkommens beider Länder die Kosten für Reisen chinesischer Wissenschaftler in die Bundesrepublik Deutschland sowie die Aufenthaltskosten deutscher Wissenschaftler in der VR China von der chinesischen Seite übernommen werden.

Bei Geräten ist besonderer Wert auf die Auswahl zu legen und im Antrag dazu näher Stellung zu nehmen. Dabei sollten auch die örtlichen Gegebenheiten sowie die Möglichkeiten der Serviceleistungen der Herstellerfirma am Aufstellungsort vorgeklärt werden.

Reine Sprachvermittlung kann nur in Verbindung mit Forschungsprojekten erfolgen. Einzelstipendien werden nicht vergeben.

Die Stiftung kann Förderungsmittel satzungsgemäß nur an wissenschaftliche Einrichtungen vergeben.

Hingewiesen wird im übrigen auf die Förderungsmöglichkeiten für auf die VR China bezogene gesellschaftswissenschaftliche Forschungen deutscher wissenschaftlicher Einrichtungen im Rahmen des Schwerpunktes „Grundlegende Entwicklungen in Lateinamerika, Asien und Afrika" (Merkblatt 26).

IV. *Auskünfte*

Für weitere Auskünfte stehen in der Geschäftsstelle der Stiftung Volkswagenwerk, Hannover, zur Verfügung:

Naturwissenschaften, Ingenieurwissenschaften, Medizin: Dipl.-Ing. Horst Penschuck, Tel.: 05 11 / 83 81-2 17

Geistes- und Gesellschaftswissenschaften: Dr. Siegfried Englert, Tel.: 05 11 / 83 81-2 12

Stiftung Volkswagenwerk

Merkblatt für Antragsteller 40

Postfach 81 05 09   D-3000 Hannover 81
Telex 9 - 22965
Telefon Vermittlung (05 11) 83 81 - 0
Telefon Durchwahl   83 81 - 214
Kastanienallee 35   Hannover-Döhren

Schwerpunkt
Forschungen zur frühneuzeitlichen Geschichte:
Vom vor-reformatorischen Reich zum
nach-napoleonischen Deutschland (1500–1820)

I. *Zielsetzung*

Die Geschichte des Zeitraumes vom Beginn des 16. Jahrhunderts bis zu der Umbruchphase am Ende des 18. Jahrhunderts findet in jüngster Zeit ein gesteigertes wissenschaftliches Interesse. Dieses zeigt sich vor allem in der offenen Bilanzierung des Forschungsstandes mit dem Nachweis ganz erheblicher Kenntnislücken. Aber auch die Wiederbelebung der Diskussion über eine besondere deutsche Entwicklung in der europäischen Geschichte und über das Verhältnis von Einheit und politisch-staatlichem Polyzentrismus in der deutschen Geschichte, ist dafür ein Indiz.

Die Stiftung Volkswagenwerk möchte mit diesem Schwerpunkt Forschungsarbeiten über den Prozeß der Herausbildung des Reiches als einer eigentümlichen politisch-sozialen Form in Mitteleuropa bis zu seiner Auflösung zu Beginn des 19. Jahrhunderts anregen und unterstützen. Dabei sollten insbesondere Funktion und Leistungen dieses komplexen Gebildes, aber auch seine zunehmende Stagnation und Funktionsstörung gesehen werden. Die schließlich eingetretene Erstarrung bildet wiederum die Voraussetzung dafür, daß die äußeren Einwirkungen der Französischen Revolution und des napoleonischen Frankreich eine neue dynamische Entwicklung in Deutschland einleiten konnten.

Der Förderungsschwerpunkt „Forschungen zur frühneuzeitlichen Geschichte" schließt folgende leitende Aspekte ein:

- Funktion und Wirkungsweise des Reiches in institutioneller, sozialer und kultureller Hinsicht

- Leistungen des Reiches auf rechtlichen, friedenspolitischen und institutionenbildenden Gebieten, aber auch Erklärung seiner relativen „Rückständigkeit" im europäischen Vergleich

- kulturelle und gesellschaftliche Prägungen des Reiches und seiner Regionen

- politisch-soziale Veränderungen im Reich und seinen Territorien unter den Einwirkungen der Französischen Revolution und der napoleonischen Zeit.

Die Förderung der Stiftung ist fachoffen angelegt, schließt also neben der Geschichtswissenschaft auch andere geistes- und sozialwissenschaftliche Disziplinen wie z. B. Rechts- und Kirchengeschichte sowie Politik- und Literaturwissenschaft ein.

II. *Thematik*

Um die begrenzt vorhandene Forschungskapazität zur frühneuzeitlichen Geschichte zu konzentrieren, wird die Thematik des Schwerpunktes zunächst eingegrenzt auf die Themenbereiche

1. *Reichsgeschichte vom 16. bis zum beginnenden 19. Jahrhundert*

- Institutionengeschichtliche Aspekte
  (z. B. vergleichende Untersuchungen zwischen den deutschen Reichstagen und den Formen und Funktionen zentraler ständischer Repräsentationen in anderen europäischen Staaten; das Reichskammergericht als oberste Gerichtsbarkeit im Vergleich zu anderen Staaten sowie das Rechtswesen insgesamt; Forschungen zum Reichshofrat; Untersuchung der Reichskreise als Koordinierungsformen der Reichspolitik; das Gesandtschaftswesen des Reiches; das Heerwesen; die Reichskanzlei; Reichsverfassung und Reichskirchenverfassung)

- Außenpolitische Aspekte der Reichspolitik
  (z. B. Rolle der Türkenkriege für das Reich; Reichspolitik im Ostseeraum; die Reichsrepräsentation in Italien)

- Kulturgeschichtliche Aspekte
  (z. B. Funktion der Reichsstädte als Tagungsorte reichsständischer Versammlungen; die Bedeutung der Verkehrswege und Verkehrsmöglichkeiten im Rahmen der reichsständischen und kaiserlichen Politik; Voraussetzungen, Entfaltung und Wirksamkeit der politischen Propaganda des Kaisers, der Reichsstände und der auswärtigen Mächte im Reich; Fragen der Identität im Spannungsfeld von Regionalismus und Supranationalismus, von sprachlicher, kultureller und dynastischer Zugehörigkeit; kultureller Regionalismus; das Problem der Grenzverschiebung im östlichen Frankreich und in Italien; Bildungs- und Universitätsgeschichte; Reichspublizistik)
- Sozialgeschichtliche Fragestellungen
  (z. B. Rekrutierung und Ausbildung des Reichspersonals)

2. *Französische Revolution, napoleonische Zeit und ihre Wirkungen in Deutschland*
   - Die Französische Revolution und ihre Rezeption in Deutschland
   - Soziale Protestbewegungen am Ende des 18. Jahrhunderts und die Einwirkungen von Revolution und Revolutionsfurcht
   - Die Haltung der traditionellen Führungsschichten und der Regierenden zur Französischen Revolution und zu der von ihr ausgehenden Bedrohung
   - Die Franzosen in Deutschland
   - Reformen und Veränderungen in Deutschland während der napoleonischen Zeit
   - Forschungen zur Französischen Geschichte der Revolutionsepoche und der napoleonischen Zeit.

III. *Förderungsmöglichkeiten*

Anträge können sich beziehen auf die Förderung von

- Forschungsprojekten (durch Vergabe von Personal- und Sachmitteln einschl. Reisekostenzuschüssen)
- Fachtagungen (auch unter Einschluß ausländischer Teilnehmer und jüngerer Wissenschaftler und unter Beachtung fachübergreifender Betrachtungsweisen)
- Nachwuchswissenschaftlern im Rahmen von Forschungs- und Ausbildungsprojekten für kleinere Stipendiatengruppen (unter fachkundiger Betreuung)
- Habilitierten entsprechend den allgemeinen Richtlinien für die Habilitiertenförderung durch die Stiftung Volkswagenwerk.

IV. *Abgrenzungen*

Forschungen mit einzelterritorialstaatlicher Perspektive können im Themenbereich 1 („Reichsgeschichte vom 16. bis zum beginnenden 19. Jahrhundert") nicht gefördert werden und im Themenbereich 2 („Französische Revolution, napoleonische Zeit und ihre Wirkungen in Deutschland") nur dann, wenn übergeordnete Fragestellungen verfolgt werden.

Im Themenbereich zur Reichsgeschichte bleibt die eigentliche Reformationsgeschichte ausgeklammert. Erschließungs- und Editionsvorhaben können nur dann gefördert werden, wenn sie zeitlich strikt begrenzt sind und wenn sie Modellcharakter auch für die Erprobung neuer Erschließungs- bzw. Editionstechniken besitzen.

V. *Antragstellung*

Anträge können schriftlich ohne weitere Formerfordernisse bei der Stiftung Volkswagenwerk vorgelegt werden.
Anträge aus dem Ausland sind deutschen Anträgen prinzipiell gleichgestellt, doch werden für eine nähere Prüfung Angaben über eine definierte Kooperation mit wissenschaftlichen Einrichtungen oder Wissenschaftlern in der Bundesrepublik Deutschland grundsätzlich vorausgesetzt.

Zur Abfassung der Anträge / Anhaltspunkte für die im allgemeinen benötigten Informationen: siehe Kap. III, S. 67 f. / Hinweise zur Antragstellung; für wissenschaftliche Veranstaltungen auch S. 309 ff. / Merkblatt Symposienprogramm.

Zur Förderung von *Stipendienvorhaben* können nähere Informationen auf Wunsch gesondert zur Verfügung gestellt werden.

VI. *Auskünfte*

Für weitere Auskünfte steht die Geschäftsstelle der Stiftung Volkswagenwerk, Hannover (Prof. Dr. Wolfgang Wittwer, Tel. 05 11 / 83 81-214), zur Verfügung.

Partnerschaftsprogramm
Ingenieur- und Naturwissenschaften /
Programme of Partnerships Engineering, Natural Sciences
(dt.-engl. Informationsblatt; Auszug)

Durch den Schwerpunkt „Partnerschaft mit ingenieur- und naturwissenschaftlichen Instituten im Ausland" sollen Zusammenarbeit und Informationsaustausch zwischen Wissenschaftlern in den unten genannten Ländern und der Bundesrepublik Deutschland gefördert werden. Die Mittel sind in erster Linie für den ausländischen Kooperationspartner bestimmt.

Forschungsvorhaben in den südeuropäischen und Mittelmeerländern

• Griechenland • Portugal • Spanien • Ägypten • Türkei

sowie in Ländern mit sich entwickelnden Wissenschaftsstrukturen in

• Afrika • Asien (ohne VR China – für diese gilt das „China-Programm") • Lateinamerika

können im Rahmen dieses Schwerpunkts unter Mitwirkung deutscher Wissenschaftler gefördert werden.

Anträge können aus allen Bereichen der

- Ingenieurwissenschaften
- Naturwissenschaften (einschließlich der theoretischen Medizin)

gestellt werden. Die Auswahl der Themen liegt bei den beteiligten Wissenschaftlern. Projekte mit eindeutig entwicklungspolitischem Bezug sollten jedoch nach Möglichkeit über bestehende Programme bei anderen Organisationen beantragt werden.

Förderungsmöglichkeiten

Bei einer Laufzeit von zwei bis drei Jahren können Mittel bis zu 100 000 DM bereitgestellt werden. Sie sind in erster Linie für den ausländischen Partner bestimmt, werden aber an das deutsche Institut bewilligt und von diesem verwaltet. Eine Verlängerung bis zu einer maximalen Laufzeit von fünf Jahren ist möglich.

Für das *ausländische* Institut können beantragt werden:

- Geräte
- Literatur
- Verbrauchsmaterial
- Reisen in die Bundesrepublik Deutschland zum Partnerinstitut (ggf. auch für einen längeren Aufenthalt bis zu einem Jahr, um sich z. B. mit der Benutzung eines bestimmten Gerätes vertraut zu machen oder eine spezielle Methode zu erlernen); pro Tag können in den ersten 14 Tagen bis 95 DM (Tage- und Übernachtungsgeld), danach maximal 70 DM veranschlagt werden.

Für das *deutsche* Institut können beantragt werden:

- Reisen zum Partnerinstitut (ggf. auch längere Aufenthalte von erfahrenen Mitarbeitern, die beim Aufbau/Einfahren eines Gerätes oder der Durchführung spezieller Forschungsarbeiten mitwirken); pro Tag können in den ersten 14 Tagen bis 95 DM (Tage- und Übernachtungsgeld), danach maximal 70 DM veranschlagt werden.
- Sonstige laufende Sachmittel (z. B. Kopien, Telefongespräche).

Anträge

Gemeinschaftsanträge können jederzeit schriftlich in deutscher oder englischer Sprache an die Geschäftsstelle der Stiftung Volkswagenwerk gerichtet werden. (Antragsformulare sind nicht vorgesehen.) Sie sollen so abgefaßt sein, daß sie sowohl der Stiftung als auch den von ihr zu Rate gezogenen Gutachtern ein verständliches und für die Prüfung ausreichendes Bild des geplanten Projekts und der innerhalb von 2 bis 3 Jahren tatsächlich durchgeführten Arbeiten vermitteln. Jedes Institut sollte sich nur an jeweils einem Partnerschaftsvorhaben beteiligen.

Vom *ausländischen* Partner werden Angaben zu folgenden Punkten erwartet:

- möglichst kurzer Projekttitel
- Projektziel, Arbeits- und Zeitplan
- Kostenplan

- Aufgaben und vorhandene Ausstattung des Instituts
- beteiligte Wissenschaftler (wissenschaftl. Werdegang, Publikationsliste)

Vom *deutschen* Partner werden erwartet:

- deutscher Projekttitel
- Darstellung des Partnerschaftsvorhabens, insbesondere geplante und ggf. schon bestehende Kooperation
- Kostenplan
- Angaben über Vorlage dieses Antrags oder thematisch verwandter Anträge bei anderen Förderungsinstitutionen

Der deutsche Partner unterbreitet der Stiftung alle Unterlagen als Antrag, er ist Antragsteller im formalen Sinne.

Kostenplan

Für jeden Partner soll ein getrennter Kostenplan aufgestellt werden. Die Bearbeitung des Antrags wird erleichtert, wenn er nach folgenden Positionen gegliedert ist:

- Einmalige Sachmittel
  Geräte
  sonstige einmalige Beschaffungen (z. B. Literatur)
- Laufende Sachmittel
  Reisekosten (mit Angabe von Anzahl und Dauer der Aufenthalte)
  sonstige laufende Sachkosten (z. B. Verbrauchsmaterial)

Gerätebeschaffung

Bei Geräten ist besonderer Wert auf die Auswahl zu legen und im Antrag dazu näher Stellung zu nehmen. Dabei sollten auch die örtlichen Gegebenheiten, die Möglichkeiten für Serviceleistungen der Herstellerfirma am Aufstellungsort und die Modalitäten der (zollfreien) Einfuhr vorgeklärt werden.

Im Partnerschaftsprogramm werden die Förderungsmittel vom deutschen Partnerinstitut als Bewilligungsempfänger verwaltet. Bewegliche Sachen (Geräte, Bücher, Kraftfahrzeuge usw.), die zur Verwendung bei einer ausländischen wissenschaftlichen Einrichtung bewilligt werden, gehen mit einer Schenkungsurkunde unmittelbar in deren Eigentum über.

Register: Hochschulen (Inland/ortsalphabetisch; Bewilligungen 1986/87)

Außeruniversitäre Institutionen (Inland/ortsalphabetisch; Bewilligungen 1986/87)

Ausländische wissenschaftliche Institutionen (länderalphabetisch; 1986/87)

Stichwortregister (U2 = 2. Umschlagseite)

Publikationen

Jahresberichte der Stiftung Volkswagenwerk: seit Bericht 1962 jährl. im Herbst, Hannover u. Göttingen 1963 ff.   ISSN 0585-3044

Outlines (englischsprachige Kurzfassung zum Jahresbericht)

Rapport sommaire d'activité (französischsprachige Kurzfassung zum Jahresbericht)

Die Stiftung Volkswagenwerk. Bebilderte Informationsschrift, 16. S. Hannover, Februar 1987

Reihe: *Die Stiftung Volkswagenwerk informiert*

Gesellschaftswissenschaften. Förderungsmöglichkeiten. Hannover 1986 [4]

Ingenieurwissenschaften. Förderungsmöglichkeiten. Hannover 1984 [2]

Kleine Schriften / Einzelpublikationen

Parlamentarischer Abend. 10 Jahre Stiftung Volkswagenwerk. Ansprachen Dezember 1971. Hannover 1972

Gotthard Gambke. Generalsekretär der Stiftung Volkswagenwerk 1962–1975. Ansprachen beim Abschiedsempfang November 1975. Hannover 1976

20 Jahre Stiftung Volkswagenwerk. Rückschau anläßlich des Arbeitsjubiläums im Juni 1982. Hannover 1982

Stiftung Volkswagenwerk. Festakt zum 20jährigen Arbeitsjubiläum. Ansprachen am 19. Juni 1982 in Berlin. Hannover 1982

Stiftung Volkswagenwerk. Opening Ceremony 17 Bloomsbury Square, London, December 2, 1982. Hannover 1982 (Übergabe des Hauses als neuer Sitz des Deutschen Historischen Instituts London u. a.)

Forschungsförderung für Lateinamerika. Katalog zur Ausstellung der Stiftung Volkswagenwerk im Nieders. Landtag Dez. 1985/Jan. 1986. (Im Zusammenhang mit der Ausstellung der Herzog August Bibliothek Wolfenbüttel „Lateinamerika in Niedersachsen – Von Kolumbus bis Bolívar")

Mathematisches Forschungsinstitut Oberwolfach. Anniversarium 1984. Hrsg. Ges. für mathematische Forschung e.V., Freiburg, im Zusammenwirken m. d. Stiftung Volkswagenwerk, Hannover. 1984 (Englische Ausgabe 1986)

Sonderdrucke

GOTTHARD GAMBKE, Funktion und Probleme einer vom Staat gegründeten Stiftung – Die Stiftung Volkswagenwerk, in: Universitas, 30. Jg. (1975) Heft 2, S. 151–166

WERNER SEIFART, Grenzen staatlicher Stiftungskontrolle, in: Wissenschaftsrecht, Wissenschaftsverwaltung, Wissenschaftsförderung, Bd. 7 (1974) Heft 1, S. 35–41

–, The Support of Research by German Foundations: Functional and Legal Aspects, in: Minerva, Vol. XIX, No. 1 (1981), New York 1982, p. 72–91

Schriftenreihe der Stiftung Volkswagenwerk

Verlag Vandenhoeck & Ruprecht, Göttingen   *ISSN 0172-164 X*

CLAUS MÜLLER-DAEHN, Zum Problem der Abwanderung deutscher Wissenschaftler. 1967, [Bd.1] 122 S. (vergriffen)

KARL OTTO PÖHL, Wirtschaftliche und soziale Aspekte des technischen Fortschritts in den USA. 1967, [Bd.2] 219 S., kart. DM 17,50. ISBN 3-525-85340-8

FRITZ GEBHARDT, Promotion und Stipendium. 1967, [Bd.3] 211 S., kart. DM 17,50. ISBN 3-525-85337-8

WILLI PÖHLER, Auslese und Förderung. Das Auswahlsystem und die Zweitstudienförderung der Stiftung Volkswagenwerk. 1968, [Bd.4] 202 S., kart. DM 17,50. ISBN 3-525-85341-6

MARIE LUISE ZARNITZ, Molekulare und physikalische Biologie. 1968, [Bd.5] 106 S., kart. DM 11,-. ISBN 3-525-85342-4

GERD KLASMEIER, Biomedizinische Technik. 1969, [Bd.6] 139 S., kart. DM 11,-. ISBN 3-525-85339-4

CHRISTIAN VON FERBER, FRITZ GEBHARDT, WILLI PÖHLER, Begabtenförderung oder Elitebildung. Erhebung über das Förderungsprogramm der Hochbegabtenförderungswerke. 1970, [Bd.7] 174 S., kart. DM 15,80. ISBN 3-525-85335-1

KARL KAISER, Friedensforschung in der Bundesrepublik. 1970, [Bd.8] 271 S., kart. DM 18,-. ISBN 3-525-85338-6

ERICH ZAHN, Systemforschung in der Bundesrepublik Deutschland. 1972, [Bd.9] 139 S., kart. DM 12,-. ISBN 3-525-85350-5

Das Informationssystem der Stiftung Volkswagenwerk. 1972, [Bd.10] (vergr.)

HANSPETER BENNWITZ, FRANZ EMANUEL WEINERT (Hrsg.), CIEL – Ein Förderungsprogramm zur Elementarerziehung und seine wissenschaftlichen Voraussetzungen. 1973, [Bd. 11] 374 S., kart. DM 25,-. ISBN 3-525-85352-1

HELEN VON BILA, Gerontologie. Bestandsaufnahme. 1974, [Bd. 12] 108 S., kart. DM 12,-. ISBN 3-525-85354-8

RAINER BÜREN, Gegenwartsbezogene Orientwissenschaft in der Bundesrepublik Deutschland. 1974, [Bd. 13] 212 S., kart. DM 24,-. ISBN 3-525-85355-6

OSKAR HARTWIEG, Rechtstatsachenforschung im Übergang. Bestandsaufnahme. 1975, [Bd. 14] 162 S., kart. DM 19,-. ISBN 3-525-85356-4

BERNHARD DAHM, Die Südostasienwissenschaft in den USA, in Westeuropa und in der Bundesrepublik Deutschland. 1975, [Bd. 15] 121 S., kart. DM 18,-. ISBN 3-525-85357-2

JOHANNES M. SAUER, Erwachsenenbildung. Stand und Trend. 1976, [Bd. 16] 132 S., kart. DM 18,-. ISBN 3-525-85358-0

ALHEIDIS VON ROHR, Kulturgut – Erfassen, Erschließen, Erhalten. Bestandsaufnahme zu Archiven, Bibliotheken, Museen, Denkmalpflegeämtern in der Bundesrep. Deutschland. 1977, Bd. 17, 174 S., kart. ISBN 3-525-85359-9 (vergr.)

Hochschulzugang in den USA und der Bundesrepublik Deutschland. Bericht einer deutsch-amerikanischen Studiengruppe des ICED, hrsg. von James A. Perkins u. Barbara B. Burn, Beiträge von Wilhelm A. Kewenig u. Ulrich Karpen. 1980, Bd. 18, 272 S., kart. DM 26,–. ISBN 3-525-85360-2

KLAUS LOMPE, HANS HEINRICH RASS, DIETER REHFELD, Enquête-Kommissionen und Royal Commissions. Beispiele wissenschaftlicher Politikberatung in der Bundesrepublik Deutschland und Großbritannien. 1981, Bd. 19, 376 S., kart. DM 32,–. ISBN 3-525-85362-9

Alternsforschung. Berichte zu einem Förderungsschwerpunkt. Hrsg. Stiftung Volkswagenwerk. 1981, Bd. 20, 209 S., kart. DM 26,–. ISBN 3-525-85361-0

ROLF KAPPEL, INGO A. SCHWARZ, Systemforschung 1970–1980, Entwicklungen in der Bundesrepublik Deutschland. Materialien zu einem Förderungsschwerpunkt d. Stiftung Volkswagenwerk. 1981, Bd. 21, 223 S., kart. DM 25,–. ISBN 3-525-85363-7

ARIANE GARLICHS, DORIS KNAB, FRANZ E. WEINERT (Hrsg.), CIEL II – Fallstudie zu einem Förderungsprogramm der Stiftung Volkswagenwerk zur Elementarerziehung. 1983, Bd. 22, 406 S., kart. DM 38,–. ISBN 3-525-85364-5

HERMANN KORTE, ALFRED SCHMIDT, Migration und ihre sozialen Folgen. Förderung der Gastarbeiterforschung durch die Stiftung Volkswagenwerk 1974–1981. 1983, Bd. 23, 170 S., kart. DM 22,–. ISBN 3-525-85366-1

BERNHARD FABIAN, Buch, Bibliothek und geisteswissenschaftliche Forschung – Zu Problemen der Literaturversorgung und der Literaturproduktion in der Bundesrepublik Deutschland. 1983, Bd. 24, 346 S., kart. DM 28,–. ISBN 3-525-85368-8

Weitere Veröffentlichungen

… gefördert von der Stiftung Volkswagenwerk. 20 Jahre Wissenschaftsförderung – 20 Forschungsbeispiele aus Berlin. Wissenschaftsjournalisten u. Wissenschaftler berichten; Einf. von Walter Borst. Verlag Vandenhoeck & Ruprecht, Göttingen 1982, 171 S., kart. DM 28,–. ISBN 3-525-85365-3

ERHARD LOUVEN, MONIKA SCHÄDLER, Wissenschaftliche Zusammenarbeit zwischen der Volksrepublik China und der Bundesrepublik Deutschland. Bestandsaufnahme und Anregungen für die Forschungsförderung. Ein Bericht im Auftrag der Stiftung Volkswagenwerk, Hannover. Mitteilungen des Instituts für Asienkunde, Hamburg, Nr. 149. 1986, 174 S.

PETER KREIENSCHULTE, Der Rechtscharakter der Stiftung Volkswagenwerk. Diss. iur. Münster, 1969

THOMAS OPPERMANN, Zur Finanzkontrolle der Stiftung Volkswagenwerk. Folgerungen aus der Wahrnehmung öffentlich bedeutsamer Aufgaben in privatrechtlicher Form. Metzner, Frankfurt 1972, 112 S. ISBN 3-7875-5223-5

WERNER SEIFART, Stiftung und Rechnungskontrolle, in: F. LETZELTER/H. REINERMANN (Hrsg.), Wissenschaft, Forschung und Rechnungshöfe. Schriftenr. d. Hochschule Speyer, Bd. 85. Duncker & Humblot, Berlin 1981, S. 282–296

–, Die Stiftung Volkswagenwerk, in: Lebensbilder deutscher Stiftungen, Bd. 4 Stiftungen aus Vergangenheit und Gegenwart (hrsg. v. R. Hauer i. A. Arbeitsgem. Deutscher Stiftungen). Verlag Mohr, Tübingen 1982, S. 385–404